Inhalt

Teheran und der Norden 7

Das Dorf am Sayande Rud 65

Durch die Wüste. Yazd, Kerman und Bam 101

Schiraz und der Abschied 135

Zwischen den Reisen 148

Im heißen Süden. Chusestan 156

Verliebt in Isfahan 207

Warten in Teheran 261

Schiraz und die Höhle 268

Abschied vom Orient 318

Glossar 336

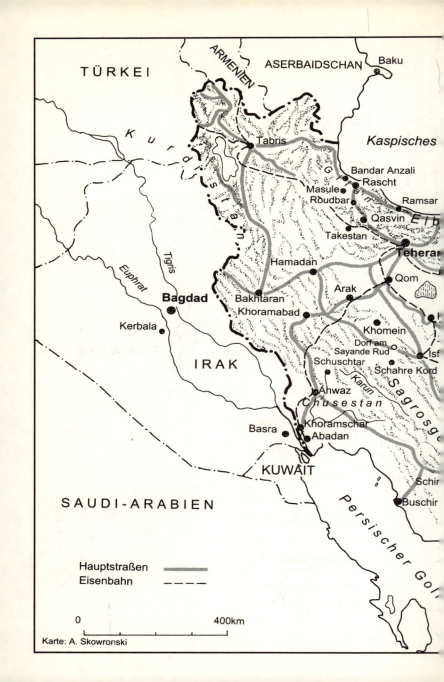

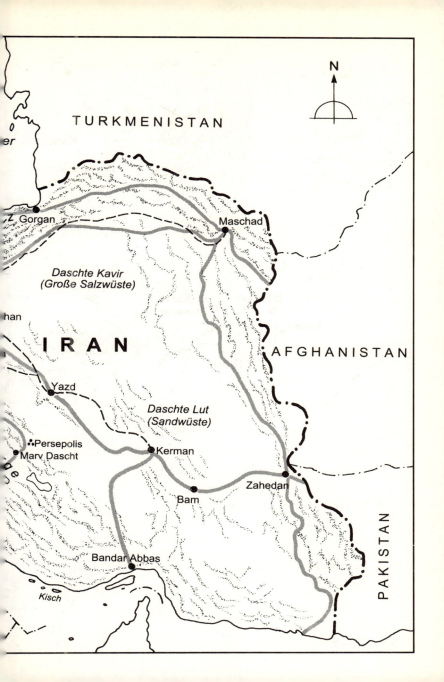

Teheran und der Norden

*L*ange bevor die Maschine ihre Runde über Teheran drehte und »Meydane Azadi«, der »Platz der Freiheit«, mit seinem hell erleuchteten Monument unter uns auftauchte, hatte diese Reise begonnen. Das kleine Fenster mit dem Dunstwasser zwischen den beiden Scheiben gibt den Blick auf eine vibrierende Tragfläche frei. Die abwärts gerichteten Landeklappen wirken wie das Zeichen zum unabwendbaren Start in ein Abenteuer. Nun gibt es kein Zurück mehr, gleich werden die Räder iranischen Boden berühren, und mein Handrücken wischt über eine feuchte Stirn. Ich bin auf dem Weg, den vielen Geschichten von süßestem Obst und körnigstem Reis, höchsten Bergen und tiefsten Schluchten, Wüsten und Meeren, Windtürmen und Feuertempeln zu folgen. Aus einer harmlosen Begeisterung für dieses Land im Orient war schließlich ein hartnäckiges Verlangen geworden. Fern ihrer eigenen Heimat hatten mich die Freunde mit ihren Erzählungen unstillbar neugierig gemacht. Immer wieder wollte ich die Geschichten über Liebe und Leiden, Verlangen und Heimweh, Flucht und Exil hören, und wir opferten ihnen bereitwillig den Schlaf zahlloser Nächte. Es waren ihre ausufernden Schwärmereien, ihr Schmerz und ihre Sehnsucht, die mich schließlich in dieses Flugzeug steigen ließen.

Die Landebahn kommt näher, und ich muss plötzlich gegen jene aufdringlichen, bisher jedoch unerhörten Stimmen kämpfen, die mit ihrem sorgenvollen und warnenden Unterton nun so deutlich in meinen Ohren klingen. Ausgerechnet jetzt, da die Lichter der großen Stadt am Fuße des Elborz unter mir vorüberziehen, melden sie sich zurück und mahnen: Iran? Warum ausgerechnet zu den Mullahs? Sie sind fanatisch, fundamentalistisch und hassen alle

Europäer. Du musst dich verschleiern. Frauen sind dort rechtlose Wesen. Vielleicht lassen sie dich nicht wieder hinaus. Du kannst nicht allein auf die Straße. Wie willst du dich verständigen?

Hatten sie am Ende gar Recht? Mein Vorhaben wurde von vielen, wenn auch eher stillschweigend, in die Kategorie »Sie weiß nicht, was sie tut« eingeordnet. In den letzten Tagen hatte ich mich wegen der vielen ungläubig schauenden Gesichter bereits als Reisende in eine wahrhaftig entlegene Welt gefühlt. Selbst dieses wenig romantische und sehr zeitgemäße Transportmittel kann mir das schaurig schöne Gefühl von unbekannter Ferne nicht gänzlich nehmen. Unruhig spiele ich mit den Knöpfen an meinem langen Mantel und würde jetzt, wenige Minuten vor dem Aufsetzen, am liebsten den Orient weit entfernt wissen und in sicherer Position auf meinem Sofa den Geschichten der Freunde lauschen und in ihren Alben blättern. Doch unausweichlich kommt das Land der Mullahs näher. Langsam hole ich das Kopftuch aus der Tasche. Etwas unbeholfen knote ich es unterm Kinn und habe das Gefühl, nicht mehr gut hören zu können. Andere Frauen sind gleichermaßen beschäftigt. Ich halte Ausschau nach der stark geschminkten Blonden. Sie war mir in Damaskus aufgefallen. Beim Einsteigen in das Flugzeug trug sie hochhackige Pumps, enge Jeans und einen weißen, durchscheinenden Mantel. Aber statt sich während des Flugs umzuziehen und abzuschminken, wie ich es erwartet hatte, strahlen ihre Lippen weiterhin in einem perfekten Tiefrot. In großen Buchstaben ist auf ihrem hellen Kopftuch »Chanel« zu lesen. Sie erwidert meinen Blick und schenkt mir ein Lächeln. Auch die junge Frau, die von einem Kongress auf Zypern zurückkommt, zeigt weiterhin ihre nackten Füße in Riemchensandalen. Was ich über die Kleiderordnung gehört habe, scheint nicht mehr aktuell zu sein.

Die Maschine setzt auf, und Gefühle von Erleichterung, diffuser Freude und Angst vermischen sich zu einem halbbitteren Cocktail. Die Mixtur schlägt mir auf den Magen und erzeugt einen wachsenden Druck. Ich bin allein und kenne niemanden. Habe nur das blaue Notizbuch, prall gefüllt mit Adressen in allen Landesteilen.

Meine Knie sind weich, und mir wird heiß. Ich will meinen Widerstand bezwingen und lenke meine Gedanken hin zur Vorfreude auf eine besondere Reise. ›Ja, ich bin froh, hier zu sein. Es ist der einzige Ort, an dem ich jetzt sein möchte, und ich habe genau die richtige Entscheidung getroffen.‹

Wir dürfen die Sicherheitsgurte lösen.

»Nun geht es los«, höre ich Madjid neben mir sagen, und dabei zittert seine Stimme ein wenig. Um seine Mundwinkel zuckt ein nervöses Lächeln. Die letzten Stunden hatten uns Fremde zu Verbündeten gemacht. Ich hatte ihn in Damaskus angesprochen, wo wir viele Stunden auf unseren Anschlussflug warten mussten. An dem braunen Pass in seiner Hand war er deutlich als Iraner zu erkennen.

»Fliegen Sie auch nach Teheran?«, hatte ich ihn auf Englisch gefragt.

»Oui. Pardon, excuse me, yes«, war seine verwirrende Antwort.

»Wissen Sie, wie lange wir noch warten müssen?«, begann ich ein Gespräch, das uns über acht kurzweilige Stunden bescherte. Iran schien ihm fast genauso fremd zu sein wie mir, mit dem Unterschied, dass ich über das Wissen einer neugierigen Touristin verfügte, während aus ihm die Bilder seiner Kindheit hervorsprudelten. Zwölf Jahre war er nicht mehr in seiner Heimat gewesen. Genau wie Farid, mein guter alter Freund, dachte ich, und er fehlte mir umso mehr.

»Ob ich lieber eine Jacke überziehe?«, fragt Madjid jetzt, und ich befreie mein Ohr von dem störenden Tuch. »Angeblich haben sie hier etwas gegen unbedeckte Arme.«

»Ich weiß nicht. Wie sehen denn die anderen Männer aus?«

Er holt schließlich eine leichte Sommerjacke aus der Reisetasche und will mit dieser zusätzlichen Garderobe vielleicht auch nur seine Angst vor den Einreisekontrollen besänftigen. Nicht, dass er ein großer Revolutionär wäre, aber natürlich hat er, wie so viele andere, im Exil gegen das Regime der Islamischen Republik, gegen Unterdrückung, Folter und Hinrichtungen protestiert. Ob sie ihm Schwierigkeiten machen werden?

Die Stewardess öffnet mit einem kräftigen Ruck die Tür der kleinen Maschine, und eine milde Brise empfängt uns. An der Treppe wartet ein Bus. In der Ferne werden triste Hallen von grellen Scheinwerfern beleuchtet, und ein stattlicher Fuhrpark aus Flugzeugen, Bussen und Transportern steht regungslos im Halbdunkel. Plötzlich erscheint es mir zutiefst unwürdig, den ersten Blick auf dieses Land der Sehnsucht durch das Fenster eines schaukelnden Flughafenbusses zu werfen. Hier ist kein Ort für Romantik und Ehrfurcht, Gefühle, wie sie beim Betreten unbekannter Erde aufkeimen könnten. Nur der ungewohnte Geruch und der schief hängende Mond sind Boten einer anderen Welt. Sehr viel angemessener für diesen Moment, für das Ankommen im Orient, erschiene mir ein Schiff, dessen Leinen schnauzbärtigen Hafenarbeitern zugeworfen würden, die fremdartig klingende Worte herüberriefen. Endlich ist die Gangway bereit für die Schritte der Reisenden, die sich freuen, ihr Ziel erreicht zu haben.

Ein Blick in Madjids Gesicht spricht Bände. Wir reihen uns in die beiden kurzen Schlangen vor den Kontrollschaltern ein. Erstmals arabische Buchstaben, mit deren Entzifferung ich mich von nun an wohl häufig werde beschäftigen müssen.

Ohne die Miene zu verziehen, nimmt ein Uniformierter Madjids Pass und öffnet lange Schubladen mit Kärtchen. Schließlich hat er den Buchstaben P für Madjids Familiennamen erreicht. Er geht eine Liste mit den Namen »unliebsamer Personen« durch. Ein erstes Stocken und ein Blick in das Gesicht eines Mannes, der sein Land in Kriegszeiten im Stich gelassen hat. Jede Geste lässt das Herz schneller schlagen. Ich habe Angst um Madjid. Der Puls rast. Was, wenn sie ihn verwechseln und sein Name auf einem dieser Kärtchen registriert ist? Oder wenn ein Regimetreuer, ein Mitarbeiter der Botschaft, ihn damals beobachtet hat. Vielleicht der Typ, der bei Demonstrationen regelmäßig mit seinem auffälligen Schnauzbart am Gare Montparnasse stand und durch dicke Brillengläser starrte. Außerdem war er Percussionspieler in einer iranischen Band gewesen und bei Veranstaltungen oppositioneller Parteien aufgetreten. Wenn sie Fotos haben aus dieser Zeit, die bereits fast ein Jahrzehnt zurückliegt? In diesem Land sind schon Menschen wegen geringerer Vergehen verschwunden. Aber kann das auch jetzt noch passieren? Es heißt, die Verhältnisse hätten sich gebessert und Heimkehrer seien willkommen. Aber es gibt auch andere Versionen. Er hätte nicht so leichtsinnig sein sollen, hierher zu kommen, schließlich hat er doch ein schönes Leben in Paris. Ich höre sein Herz klopfen, oder ist es meins? Nur nicht in die unergründlichen Fänge dieses Regimes geraten. Vergeht die Zeit so langsam, oder steht sie nur für uns still?

Ich warte am Schalter neben ihm. Der Beamte schaut auf mein Visum, um das ich so lange kämpfen musste und das ich am Ende nur über aberwitzige Umwege und ein absurdes Empfehlungsschreiben erhielt. Meinen Pass hatte ich vor kaum einem Monat durch den Gitterzaun des iranischen Konsulats gereicht, denn das Gelände durfte nach einem politisch motivierten Anschlag nicht mehr betreten werden. Es war mein letzter Versuch, und die Wartezeit vor dem Zaun erschien mir endlos. Schließlich kam der Mann mit dem dunklen Anzug über die Hofeinfahrt geschritten und hielt das rote Dokument in seinen Händen. Doch statt es mir zu reichen, fragte er nach meinem Familienstand. Das war's, dachte ich. Ledige Frauen dürften ein Dorn im Auge der Islamischen Republik sein. Er rümpfte die Nase, nahm einen wichtigen Gesichtsausdruck an und drückte mir mit beinah feierlicher Geste das begehrte Stück in die Hand. Hier nun reicht ein prüfender Blick, ein Durchforsten der Karteikarten, und ich kann weitergehen. Ich lasse Madjid zurück, ohne mich umzudrehen. Die Bekanntschaft mit einer allein reisenden Ausländerin kann ihm sicher in keinem Fall etwas nützen, zumal der Kontakt zwischen nichtverwandten Männern und Frauen sehr schnell die Grenze des Erlaubten überschreitet.

Über ein paar Treppenstufen laufe ich in eine Halle. Für den Flughafen einer Hauptstadt wirkt sie erstaunlich klein. Koffer und Taschen liegen auf dem Fließband und werden eilig von ihren Besitzern ergriffen. Meine Hände bleiben leer, so leer wie das Band. Als hätte es nie einen Flug aus Damaskus gegeben, kommt es nach einigen kofferlosen Runden mit einem sanften Klack zum Stillstand. Ich starre weiterhin auf das schwarze Gummi und male mir aus, wie schön die große Tennistasche darauf aussehen würde. An ihren Inhalt mag ich gar nicht erst denken. Fast zwanzig Kilo Geschenke iranischer Freunde an ihre Familien und ein Großteil meiner Kleidung. Was soll ich nur machen? Warum kommt meine Tasche nicht? Madjid, der bald nach mir die Kontrollen passiert hat, steht erwartungsvoll neben seinem Gepäck. Er bemüht sich um ein mitfühlendes Gesicht, als er meine Ratlosigkeit erkennt, aber deutlich zeigen seine geröteten Wangen die freudige Aufregung eines Heimkehrers, dem jede weitere Sekunde des Wartens unerträglich ist. Ich bitte ihn, zu gehen. Seine Familie platzt in der Halle sicher schon vor Ungeduld. Er gibt mir eine Telefonnummer, und wir verabreden ein Treffen in den nächsten Wochen. »Au revoir. Und viel Glück!« Was heißt »lost and found« auf Persisch? Mein erster sprachlicher Gehversuch steht bevor. »Salam!«

»Salaam! Wie geht es Ihnen? Geht es Ihnen gut? Ist alles in Ordnung? Ihr Befinden? Willkommen in Teheran. Geht es Ihnen wirklich gut? Hatten Sie einen angenehmen Flug?«

Habe ich alles richtig verstanden? War das eine normale Begrüßung? Warum wiederholt er alles einige Male? Das strahlende Lächeln eines jungen Mannes wartet auf ein Wort von mir.

»Ähm, danke, mir geht es gut, aber meine Tasche ist nicht angekommen.«

Wortreich gibt er mir ein Formular, mit dem ich nichts anfangen kann.

»Wie sieht die Tasche aus?«, fragt er. »Welche Farbe? Wie groß? Wie schwer? Wie viele Kilos?«

Ich versuche eine Beschreibung, und mir fällt eine wichtige Besonderheit ein.

»Meine Tasche hat die Aufschrift ›Agassi‹«, und ich mache eine Handbewegung, als schriebe ich etwas.

»Aghasih?! Der Tennisspieler! Er ist Iraner.« Mein Gegenüber ist sichtlich begeistert, und einen Moment lang vergesse ich meine Sorge um den wertvollen Inhalt der Tasche.

»Nein, er ist Amerikaner«, gebe ich meine Unkenntnis preis. Tatsächlich stammt er aus einer armenischen Familie, die aus dem Iran in die USA emigriert ist.

Mit der nächsten Maschine werde mein Gepäck sicher kommen. Ich solle mir keine Sorgen machen und doch einfach morgen anrufen. Er gibt mir eine Telefonnummer und lächelt. Ich denke an mein Kopftuch und versuche mir vorzustellen, dass ich für ihn ganz normal aussehe. Was hat das alles nur zu bedeuten? Werde ich mein Gepäck jemals wieder sehen, wenn ich jetzt gehe? Die Halle ist inzwischen leer, und ich laufe unbehelligt durch die Zollkontrolle.

Hoffentlich werde ich auch wirklich erwartet. Es dürfte kein Problem sein, mich zu erkennen. Ich war die einzige Europäerin an Bord. Und da stehen sie auch schon und winken aufgeregt hinter einer Glasscheibe. Es ist unverkennbar das Paar auf dem Hochzeitsfoto, das in Farids Zimmer an der Wand hängt. Gleich neben dem Zehnpesetenschein aus Kuba mit Che Guevara drauf. Ein Souvenir, das er sich damals von mir gewünscht hatte.

Sein Bruder Farhad mit seiner Frau Mahtab. Er ist größer und kräftiger als Farid, und sein Haar lichtet sich bereits. Ich kann nichts von dem jungenhaften Äußeren seines älteren Bruders entdecken. Er kommt auf mich zu mit dem Gang eines Mannes, der Verantwortung auf seinen Schultern trägt. Doch die Nase ist unverkennbar und das Lächeln vertraut. Mahtab ist sehr klein, und in meinen Armen fühlt sie sich an wie meine zwölfjährige Nichte. Ihr dichtes schwarzes Haar ist hoch gesteckt und lugt unterm Kopftuch hervor. Es ist eine herzliche Begrüßung, und wir lachen über mein holpriges Persisch. Bisher hatten sie noch keine Ausländer Persisch sprechen hören und finden es »schirin«, »süß«. Meine Hoffnungen auf Englischkenntnisse werden leider enttäuscht.

Doch zunächst richte ich Grüße aus und erzähle von der Tasche. Viele der Geschenke sind für die beiden bestimmt. Einiges hatten sie sich nach bohrenden Nachfragen gewünscht, und ich bange besonders um das Videoband, auf dem Farid ausführlich von seinem Leben in Deutschland erzählt. Dann erinnere ich mich an einen wichtigen Auftrag. Ich soll Farhad in Vertretung seines Bruders küssen.

»Aber nur, wenn es geht«, hatte er gesagt, »du weißt schon, wegen seiner Frau und so. Keine Ahnung, wie die da jetzt drauf sind. Du wirst das schon machen.« Ich denke an die vielen anderen Kurierdienste und Aufträge, und es gibt nur noch das schöne Gefühl der Vorfreude.

Auch jetzt, um fünf Uhr morgens, ist es warm wie in einer lauen Sommernacht, und langsam wird es hell. Noch sind die Straßen von einem fremdartigen Orangegelb beleuchtet. Riesige Berge, die als ungeheure Schatten aus der Dunkelheit auftauchen, überragen die Stadt im Norden. So hoch und gewaltig hatte ich sie mir nicht vorgestellt.

Über mehrspurige Autobahnen und verwirrende Zubringerstraßen erreichen wir mit dem ersten Sonnenlicht ein modernes Appartementhaus. Klotzig, edel und schneeweiß steht es in einer ruhigen, kleinen Straße. Von weitem hatte ich schon die leuchtend grünen Ziegel gesehen, die sich so auffällig von den Flachdächern der anderen Gebäude absetzen. Der Fahrstuhl bringt uns in die zehnte Etage. Farids Mutter und die übrige Familie schlafen noch. Farhad öffnet die Balkontür, bedeutet mir hinauszugehen und zeigt in östliche Richtung. Da ist er. Der majestätische Damavand. Mit über fünftausend Metern der höchste Berg des Irans. Ein seit ewigen Zeiten erloschener Vulkan, der einsam am südlichen Elborz thront und dessen Schönheit einen Hauch von Demut in mir aufkommen lässt. Fast macht sein Anblick mich verlegen. Wie lebt es sich in einer Stadt zu Füßen eines kolossalen Vulkans?

Ich weiß so viel über diese Familie. Jede Person ist mir bekannt. Farid hatte alles erzählt – oder zumindest das, was er aus der Distanz mitbekommen hatte. Doch war er seit fast fünfzehn Jahren nicht mehr hier. Persönlich kennt er nicht einmal seine Schwägerin, geschweige denn die Kinder. Diese Wohnung hat er nie gesehen. Sie liegt in einem teuren Viertel im Norden der Stadt. Mahtab hat sie geerbt. Eigentlich können sie sich das Leben hier nicht leisten. Farid hatte in den letzten Monaten gespart und viele Extraschichten gearbeitet, damit er mir Geld für seine Familie mitgeben konnte.

Die Wohnung ist geräumig und hell. Überall liegen farbenfrohe Teppiche. Nach deutschen Maßstäben erscheint die Möblierung eher sparsam und sehr bürgerlich. Aber sie ist gemütlich, und ich fühle mich auf Anhieb wohl.

Farid hatte versucht, die Familie auf meinen Besuch vorzubereiten, und nach langer Zeit eines eher sporadischen Briefwechsels wieder ausgiebig mit ihr telefoniert. Meine Reisevorbereitungen waren auch zu seinen geworden, und manchmal hätte niemand mehr mit Sicherheit sagen können, wer von uns beiden aufgeregter gewesen war. Nun kommt es mir beinahe so vor, als reise er mit mir, doch hätte er es getan, wäre er ein großes Risiko eingegangen. Schließlich hatte er keinen Militärdienst geleistet und sich außerdem oft genug gegen das Regime ausgesprochen. Seine Familie weiß, dass wir beste Freunde sind. Doch was bedeutet »beste Freunde« für eine iranische Familie? Ich möchte erklären, doch fehlen mir noch die passenden Worte. Wir sprechen über das Leben in Deutschland, Farids Studium, seine Arbeit und seine Freunde. Ich könne ganz offen reden, hatte er mir beim Abschied gesagt. Schließlich versuche ich, über den schweren Schlag vor drei Jahren zu sprechen, als er vom Tod seines Vaters erfuhr, eine Nachricht, der wochenlang verzweifelte Telefongespräche vorangegangen waren, während sein Vater schwer krank in einem Teheraner Hospital gelegen hatte. Und schließlich kam die Todesbotschaft aus einer weit entfernten Welt. Sie hatten sich über zehn Jahre nicht gesehen, und nun lebte der Vater plötzlich nicht mehr. Wie soll man sich den Tod eines geliebten Menschen vorstellen, den man vor vielen Jahren an einem schönen Spätsommertag zuletzt durch eine Sicherheitsschranke am Frankfurter Flughafen hat gehen sehen? Einmal hatte er sich noch umgedreht, dann waren nur noch sein graues Haar und der breite Rücken zu erkennen gewesen, bis auch sie in der Menge verschwanden.

Erst nach einigem Zögern erzähle ich von unserer »Trauerfeier«. Farid hatte die Lieblingsgerichte des Vaters gekocht. Stundenlang stand er in der Küche, hatte rote feuchte Augen, rauchte ununterbrochen und war kaum ansprechbar, während in den Töpfen Gaumenfreuden brutzelten. Genau wie sein Vater ist er ein großer Genießer, und ich erinnere mich an Gerichte wie »Bademjan«, für das er fast eine ganze Kiste Auberginen gekauft hatte: Natürlich köchelte schon seit Stunden »Ghormesabzi« mit seiner leckeren Kräutermischung, Lammfleisch, roten Bohnen und getrockneten Limonen im Topf. Besonderer Wert wurde auf die Zubereitung des Reises gelegt, und es war mir wie immer streng verboten, den Deckel zu heben, um den er ein Handtuch gewickelt hatte. Manchmal hielt er sein Ohr fast verschwörerisch an den Topf, als hätte dieser ihm etwas auf Farsi mitzuteilen. Zu Ehren des Verstorbenen hatte ich eine Flasche Tequila gekauft. Denn neben dem Hochzeitsbild und Che Guevara gibt es auch ein Foto aus der Zeit, als der Vater Farid in Deutschland besucht hatte. Darauf sind zwei glückliche Menschen zu sehen, die bis auf ihre Gesichtszüge mit den breiten Nasen und dem verschmitzten Lächeln kaum Ähnlichkeiten aufweisen: Farids Vater, von Kopf bis Fuß wie ein Gentleman gekleidet, im Anzug mit Weste und Krawatte, die er meistens schon vor dem Frühstück trug. Das hatte er sich auch von den Mullahs nicht nehmen lassen, für die eine derartige Kleidung als verhasstes Sinnbild westlicher Dekadenz gilt. Und der Sohn, wie üblich unrasiert im T-Shirt mit provokanter Aufschrift und ausgetretenen Plastikbadelatschen. Beide sitzen am Küchentisch und prosten sich mit Tequila zu.

Nach der Kunde von seinem plötzlichen Tod war es an uns zu trinken. Und die Wirkung ließ nicht lange auf sich warten. Nach jedem Glas leckten wir an den Zitronen, deren saures Fleisch im-

mer erträglicher wurde, wie auch die Traurigkeit bald ihren läh-
menden Beigeschmack verlor. Schon klangen Melodien der Erinnerung von sorgsam gehorteten Schallplatten. Bei »Besame mu-
cho« erzählte Farid, wie seine Eltern damals im Wohnzimmer vor
den Augen der Kinder Rumba und Cha-Cha-Cha tanzten, und er
war überzeugt: Diese Trauerfeier hätte seinem Vater gefallen.
Nun sitze ich seiner Mutter gegenüber und muss weinen. Sie streichelt vorsichtig meine Hand. Ja, sie muss einmal wunderschön
gewesen sein. Farid, könntest du doch nur hier sein, wird sie sicher
denken.
»Und wo ist *unser* Tequila?«, fragt Farhad schließlich, und wir müssen lachen.
Trotz der wenigen Stunden Schlaf in den letzten beiden Nächten
spüre ich kein Bedürfnis nach Ruhe. Auch im Sessel hält es mich
nicht. Ich laufe durch die Wohnung und wieder auf den Balkon.
Gegen den Dunst der erwachenden Großstadt kommt auch der
mächtige Damavand nicht an; er verschwindet im Nichts. Ich stecke mir eine Zigarette an und betrachte das endlose Häusermeer.
In Richtung Süden erstreckt sich die Stadt, so weit der Blick reicht.
Doch ist es nur ein kurzes Stück bis zu den letzten Häuserreihen
im Norden, wo steile Felsen und Schluchten dem Moloch eine na-
türliche Grenze setzen. Über vierzehn Millionen Menschen leben
hier, und Teheran wuchert ständig weiter. Unter Kränen und Ge-
rüsten wachsen immer neue Gebäude in den Himmel.
Mahtab versteht meine Unruhe. »Müde bist du nicht, oder? Lass
uns einkaufen gehen.«
Ich war selten so wach und brenne darauf, das Straßenleben kennen zu lernen. Fast vergesse ich, die verordnete Kleidung überzu-
ziehen. Mahtab gibt mir ein anderes Kopftuch. Meines rutscht entweder ständig herunter oder macht mich schwerhörig, wenn ich es
zu fest binde.
»Wir müssen noch kurz zu meiner Nachbarin.«
Sie klingelt an einem großen Tor. Der Blick auf das Grundstück ist
vollkommen versperrt. Ich schaue die Straße hinunter und sehe

überall Mauern mit Toren. Ein Summen ertönt, der Eingang lässt sich mit einem leichten Druck öffnen. Der blumige Garten wirkt wie ein Vorhof zu einer anderen Welt. Das Tor schließt sich, und von den Geräuschen der Metropole bleibt ein dumpfes Gewirr von Brummen, Klopfen und Hupen übrig. Ich traue meinen Augen nicht, als ich eine Frau im Bikini am Pool stehen sehe. Sie kommt auf uns zu und begrüßt mich in perfektem Englisch.

Auf der Terrasse sitzt eine ältere Dame und raucht. Sie scheint nur auf den Besuch einer Fremden gewartet zu haben und erkundigt sich sofort nach meinen Plänen. Sie heißt Fereschte, überhäuft mich mit Reisevorschlägen und nennt mir zahlreiche sehenswerte Orte.

»Ich war überall. Damals, als ich jung war und dieses Land frei. Jetzt macht mir das Reisen keine Freude mehr. Überall Kontrollen und diese lächerliche Kleidung.«

»Ich möchte zuerst in den Norden. An das Kaspische Meer, nach Bandar Anzali und die Küste entlang Richtung Osten. In Teheran will ich nur wenige Tage bleiben.«

Das trifft sich gut, denn sie will am kommenden Wochenende ihre Schwester in Anzali besuchen und lädt mich ein, sie zu begleiten.

Farhad wartet derweil auf der Straße und plaudert mit einem Nachbarn, der mir beim Herauskommen sofort vorgestellt wird. »Wie geht es Ihnen? Geht es Ihnen gut? Wie ist Ihr Befinden? Ihre Gesundheit?« Ich antworte diesmal etwas ausführlicher und erkundige mich gleichermaßen mehrfach, wie es ihm gehe.

Wir machen uns auf den Weg zum nahe gelegenen Basar im Stadtteil Tadjrisch.

Meine ersten Schritte in Teheran. Es ist warm und riecht nach Süden. Dieser besondere Duft, der mich neidisch werden lässt auf ein Leben unter warmer Sonne. Eine Mischung aus den Aromen unbekannter Pflanzen, intensiv zwar, aber von einer Leichtigkeit, die dem Blau des Himmels verwandt ist, gepaart mit dem Dunst aus offenen Küchenfenstern oder dem Geruch frischer Brotfladen, die ein alter Mann auf seinen Schultern trägt. Jeder Windzug kitzelt meine Nase. Eine Mutter ruft nach ihrem Kind, und ich versuche, ihre Worte zu verstehen. Wir gehen vorbei an hohen Mauern, über die sich schwere Bougainvilleazweige aus den Gärten stehlen und ihre Schönheit großzügig an die Gasse weitergeben. Dieses edelste aller Parfums wird im nächsten Moment von einem beißenden Abgasgemisch verdrängt. Ein Moped knattert an uns vorbei. Es kämpft schwer mit seiner vierköpfigen Last. Ein Tschador verfängt sich beinahe in den Speichen.

Wir erreichen die große Prachtstraße mit den wechselnden Namen. »Pahlevi« war der ursprüngliche, der natürlich sofort nach der Revolution geändert wurde; eine kurze Zeit lang trug die Allee den Namen »Mossadegh« nach dem beliebten Politiker aus den fünfziger Jahren. Doch mit der Etablierung des Khomeiniregimes wurde die Straße erneut umbenannt. Nichts Weltliches haftet dem Namen mehr an: »Valie Asr« ist eine Bezeichnung für den zwölften »entrückten« Iman, der nach dem Glauben der Schiiten eines Tages auf die Erde zurückkehren wird. Über dreißig Kilometer zieht sich die Prachtstraße von Tadjrisch aus in den Süden der Stadt und überwindet dabei einige hundert Meter Höhenunterschied.

An dieser Stelle hat sie zwei Spuren in jede Richtung mit einer doppelten durchgezogenen Linie in der Mitte. An den Fahrbahnrändern stehen riesige Platanen in rauschenden Bächen und bilden eine schattige Allee. Breite Fußgängerwege säumen die alte »Pahlevi« und laden zum Bummeln in edlen Geschäften ein, die sich hier in dichter Folge aneinander reihen.

Hinter einem verwirrenden Kreisverkehr beginnt der Basar. Er wirkt ursprünglich und einfach. Wellblechdächer über den Gassen geben Schutz bei jedem Teheraner Wetter. Den erbarmungslosen Sonnenstrahlen des Sommers wird genauso wie den Schneemassen mancher Winter der Einlass verwehrt. Melonen über Melonen, meterhoch gestapelt, leuchtend rote Granatäpfel auf hölzernen Wagen und frische Pistazien, die noch ihre Fruchthaut über der harten Schale tragen. Und überall Stände mit Zitronen. Ich will diese frischen Eindrücke festhalten und hole zaghaft meine Kamera hervor.

»Ist es okay, wenn ich hier fotografiere?«

»Warum nicht?«

Auf meinem ersten Foto sehe ich später eine junge Frau im Profil. Sie trägt einen hauchdünnen schwarzen Mantel, der behutsam auf Taille geschnitten ist. Ihre nackten Füße stecken in weißen Ballerinas, die Enden ihres schwarzen Kopftuches sind leger nach hinten gelegt. Eine akkurat frisierte, volle Strähne lässt ihre schöne Haarpracht erahnen, und eine passende Sonnenbrille erinnert an Sommerausflüge im Cabriolet. Das Foto zeigt eine Art Garage, die bis unter die Decke mit verschiedenen Sorten Melonen gefüllt ist. Die großen Wassermelonen liegen auf der Erde, längliche, gelbe Früchte stapeln sich auf Regalen, und runde, hellgrüne liegen in einem großen Korb. Eine Waage findet kaum Platz inmitten der Melonenberge und steht doch bereit, die riesigen Früchte zu fassen, von denen manche zu schwer sein mögen, um von zwei Händen allein getragen zu werden.

Der Basarduft betäubt mich fast. Ich bin so froh, hier zu sein, und denke an Farid. Er würde alles geben, um mit mir tauschen zu können. Vor ein paar Stunden hatte er angerufen, und in seiner Stimme lag eine Mischung aus Freude, Erregung und tiefem Schmerz.

Ein alter Mann spricht mich an und macht ein Zeichen, näher zu kommen. Ich soll ihn in seinem Kräutergeschäft fotografieren. Der kleine Laden ist übervoll mit frischen Bündeln Petersilie, Basilikum, Estragon, Lauchzwiebeln, Sellerie und unbekannten Pflanzen: Für immer möchte ich in diesem üppigen Garten sitzen. Wir plaudern über Deutschland. Zum ersten Mal erzähle ich die nicht ganz wahre Geschichte über den Anlass meiner Reise. »Mein Ehemann ist Iraner, und ich möchte seine Heimat kennen lernen« – so wird sie meistens beginnen und dann je nach Gesprächspartner variieren.

Später zeigt mir Mahtab eine kleine Moschee. Die wenigen Gläubigen waschen sich an einem reich verzierten Becken im Hof und verschwinden im Gotteshaus, nachdem sie ihre Schuhe in ein Regal gestellt haben. Ich bin zu schüchtern, ihnen zu folgen, und Mahtab geht ohnehin nie hinein. »Hier gibt es nichts Besonderes zu sehen. Geh lieber in die großen Moscheen von Isfahan und Schiraz.«

Ich möchte am liebsten in alle Richtungen gleichzeitig schauen, bezwinge die hohen Bordsteine, stolpere beinahe über meinen langen Mantel und versuche, möglichst viele persische Worte zu verstehen. Das meiste klingt ungewohnt. Ich muss dringend die Zahlen richtig lernen. Warum fällt mir das bei jeder Fremdsprache immer so schwer? Siebzehn und achtzehn kann ich mir einfach nicht merken, und ich verwechsle sie mit siebzig und achtzig. Außerdem verwirrt mich, dass die Umgangssprache besonders bei diesen Zahlen von der Hochsprache abzuweichen scheint. Es wird auch nicht in der offiziellen Währung Rial abgerechnet, sondern in Tuman, was immer genau ein Zehntel der Rialsumme ausmacht. Zum ersten Mal sehe ich iranische Geldscheine. Überall treffen mich Blicke, und viele Leute lächeln mir zu. Spätestens, wenn ich meinen Mund aufmache, biete ich eine willkommene Attraktion für die Umstehenden.

»Charedji«, »Ausländerin«, höre ich sie mit einem interessierten Unterton im Vorbeigehen sagen.

An den gegrillten Leberspießen, die unverhofft vor uns auftauchen, komme ich nicht vorbei. Das winzige Lokal im Zentrum des Basars liegt an einem kleinen überdachten Platz. Es gibt nur zwei Tischchen mit niedrigen Bänken, auf denen geknüpfte Teppiche zum Sitzen einladen. Der Raum ist gekachelt, und eine Vitrine mit vorbereiteten Fleisch- und Leberstückchen in einer Plastikschüssel versperrt beinahe den Eingang. Vor metallenen Kebabspießen klemmt ein großen Foto von Tachti, dem berühmten Ringer und Volkshelden aus vorrevolutionärer Zeit. An der Wand hängen in scheinbarem Durcheinander gerahmte Fotos eines Mullahs und eines »Schahids«, »Märtyrers« – möglicherweise der Sohn des Besitzers, denn er hat die gleichen zusammengewachsenen Augenbrauen wie der Wirt. Eine Ali-Darstellung und eine bekannte Koransure, die kunstvoll in goldenen Schriftzeichen auf schwarzem Untergrund leuchtet, erinnert an eine Botschaft Gottes an Mohammed: »Sei nicht traurig, mit meiner Hilfe ist der Sieg des Islam nah.« Das Mullah-Foto zeigt den verstorbenen Taleghani, einen sehr bekannten Mullah, der während der Schahzeit viele Jahre im Gefängnis verbringen musste.

Der Wirt scheint selbst ein Ringer zu sein, denn seine fleischigen und auffällig verformten Ohren zeigen die typischen Merkmale eines Mannes, der viel Zeit auf dem Mattenboden zugebracht hat. Nur mit Mühe kann ich mich zurückhalten, dieses besondere Kennzeichen unentwegt anzustarren. Auf Grund der Knorpelbrüche sind seine Ohrmuscheln mindestens fingerdick und erinnern an Blumenkohlröschen, die wild wuchernd an seinem Kopf sitzen. Doch mit einem derartigen Makel ist er im Iran in bester Gesellschaft. Ringer genießen in weiten Kreisen große Hochachtung, und auch über Ali, den Gebieter der schiitischen Gläubigen, gibt es zahlreiche Legenden, die seine übermenschliche Kraft preisen. In einer entscheidenden Schlacht soll er mit bloßen Händen das gewaltige Tor einer Festung geöffnet und seinen Kämpfern so den Sieg ermöglicht haben. Berühmten Ringern wird als guten Menschen – es heißt dann »gut wie Ali« – große Hochachtung gezollt. Nicht selten wird das Training der starken Männer in den »Krafthäusern« von rhythmischen Sprechgesängen und dem Rezitieren besonderer Verse begleitet.

Als der Wirt meine Fragen an Farhad hört, schaltet er sich ein.

»Das Foto von Tachti hängt hier, weil er der unbestrittene Liebling der Nation war. Jeder kannte ihn.«

»Es ist ein sehr altes Foto. Wann hat Tachti gelebt?«

»Als ich jung war, vor zwanzig Jahren. Wissen Sie, wenn er damals von den Olympischen Spielen nach Hause kam, haben am Flughafen Tausende auf ihn gewartet. Er war ein großes Idol.«

»Was ist aus ihm geworden?«

»Sie haben ihn umgebracht.«

»Umgebracht? Wer?«

»In einem Hotelzimmer. Keiner weiß genau, was passiert ist, aber bestimmt waren es die Leute vom Schah, die Savak, Sie verstehen?«

Farhad wundert sich über meine Fragerei nach einem längst verstorbenen Ringer und ist belustigt über die Mischung aus Persisch und Zeichensprache, mit der ich mich verständige.

»Hattest du schon mal was von Tachti gehört?«, fragt er mich.

»Ja schon, aber ich hatte den Namen wieder vergessen. Ein Bekannter von mir ist Ringer.«

»Iraner?«

»Na klar.«

Der schwergewichtige Wirt legt drei kleine Spieße auf ein hauchdünnes Brot und reicht mir zwei gegrillte Tomaten dazu. Es schmeckt köstlich, und ich sehe traumhafte Gaumenfreuden auf mich zukommen.

Jetzt brauche ich aber wirklich langsam mein eigenes Geld und frage Farhad und Mahtab, wo ich wechseln kann. »Am besten, ihr beide fahrt zur Ferdousi-Straße, und ich bringe die Einkäufe nach Hause«, schlägt Mahtab vor. Was sie wohl mit einer ganzen Tasche voller Zitronen anfangen will, überlege ich.

Wir halten ein Taxi an. Farhad öffnet die Beifahrertür und gibt mir ein Zeichen, ihm zu folgen. So zwängen wir uns beide neben den Fahrer. Das ist also einer dieser berühmten Peykans. Er ist etwa so groß wie ein Mittelklassewagen aus den siebziger Jahren, doch finden mindestens sechs Erwachsene in ihm Platz. Der Fahrer schätzt meine Herkunft richtig ein: »Almani?!« Auf der hinteren Bank sitzen noch drei weitere Fahrgäste, die sofort ihr Interesse zeigen und uns grüßen. »Wo ist es besser? In Deutschland oder hier?«, fragt mich eine Frau. Noch bevor ich antworten kann, entsteht eine lebhafte Diskussion. Kein Zweifel – es kann nur in Deutschland besser sein, findet die Mehrheit der Anwesenden. Dort gibt es schließlich Freiheit.

»Ich kenne noch nichts vom Iran. Dies ist meine erste Taxifahrt, überhaupt ist heute mein erster Tag. Ich bin ganz ›frisch‹ angekom-

men«, erkläre ich und benutze ein Wort, das der Wirt mir beige-
bracht hat. Nun werde ich noch einmal besonders freundlich willkommen geheißen: »Chosch amadid!«

Die Architektur auf dem Weg vom Norden in das Zentrum ist
modern und allenfalls funktional. Es gibt kaum interessante oder
alte Gebäude, dafür umso mehr Baustellen und Autobahnzubrin-
ger mit neu angelegten Grünflächen in ihrem Rund.
»Sie wollen Teheran schön machen«, erklärt die Frau hinter mir.
»Es wird aber auch Zeit. Der Krieg ist lange vorbei.«
»Das machen sie nur, damit nicht alle ins Ausland abhauen.«
Ihre Offenheit und unterschwellige Kritik am Regime überraschen
mich sehr.
Als wir eine Schnellstraße entlangrasen, deutet Farhad auf eine
Wandmalerei an einem Hochhaus. »Down with USA« ist dort
über dem blau-rot-weißen amerikanischen Banner zu lesen, dessen
Sterne sich auf der Abbildung zu herabstürzenden Bomben gewan-
delt haben. Bald danach hält der Wagen, und Farhad gibt dem
Fahrer zwei graue Scheine.
»Dies ist die Ferdousi-Straße, und da drüben an der nächsten Ecke
ist die deutsche Botschaft.«
»Und wo tauschen wir das Geld?«
»Das wirst du gleich sehen.«
Hier, weiter südlich in der Stadt, tragen viele Frauen den Tschador,
und wie gebannt schaue ich den schwarzen Gestalten nach. Der
Saum schleift über den Boden, eine Hand hält das Tuch, die andere
Taschen oder ein Kind. Und fällt das unförmige Gewand doch
einmal herab, dann ist das Haar immer noch von einem Kopftuch
bedeckt.
»Trägt Mahtab auch manchmal den Tschador?«
»Mahtab? Sie wüsste nicht mal, wo oben und unten ist.«
Ich sehe einen kleinen Laden, in dem frisch gepresste Obstsäfte
angeboten werden, und entziffere stolz die Beschriftung am Schau-
fenster: »Abmiwe«, »Obstwasser«. Auf dem Verkaufstresen direkt

an der Straße stehen elektrische Küchenmaschinen zur Saftberei-
tung.
Granatäpfel, Melonen und Möhren liegen in buntem Durcheinander daneben. Das weitere Sortiment besteht aus Pepsi- und Mirin-
dadosen, alkoholfreiem Bier und Marlborozigaretten, die unter
einer Glasvitrine aufgereiht sind. Bunte Glühbirnen und eine rot-
blau gestreifte Pergola geben dem Lokal ein fröhliches Aussehen.
Farhads verwaschene Jeans und sein pinkfarbenes Sweatshirt vervollkommnen das farbige Bild. Er wartet geduldig hinter einer kleinen Frau im Tschador und bestellt schließlich eine Köstlichkeit, die
vom ersten bis zum letzten Tag der Reise mein Lieblingsgetränk
sein wird: »Abe talebi«, »Melonensaft« aus einer grünlichen, sehr
süßen Frucht.
Diese Straße mit ihren kleinen zweistöckigen Gebäuden erweckt
nicht den Eindruck eines Bankenviertels. Und so ist die Ware des
Händlers, der gleich neben dem Saftausschank ein Tischchen mit
Dollarscheinen und anderen Banknoten dekorativ aufgereiht hat,
ein Hinweis auf den Ort meines anstehenden Tauschgeschäftes.
Schon rufen uns andere Geldwechsler Zahlen zu, und ich sehe
weitere Tischchen mit farbenfrohen Banknoten.
»Wir tauschen dein Geld in einem der kleinen Geschäfte. Nicht
direkt hier auf der Straße. Alle schauen schon herüber zu dir.«
Der Glastresen in dem winzigen Raum erinnert an ein Juwelierge-
schäft, doch abgesehen von einer Tafel für die Wechselkurse, die
ich an den verschiedenen Flaggen neben den persischen Zahlen
erkenne, und einigen Papierstapeln sowie Stempelkissen deutet
nichts auf eine käufliche Ware hin.
Farhad wechselt unverständliche Worte mit dem Mann hinterm
Tresen, der daraufhin hektisch Zahlen in eine Rechenmaschine
tippt. Für eine Deutsche Mark will er fünfundneunzig Tuman zahlen. ›So viel?‹, wundere ich mich, denn als Farid 1979 nach
Deutschland kam, lag der Kurs bei vier Tuman, und kürzlich hatte
mir jemand etwas von siebzig oder achtzig Tuman erzählt. Geschickt blättert Farhad die Bündel durch: Seine Finger ertasten rou-

tiniert und in Sekundenschnelle die Anzahl der Scheine. Wie gut, ihn bei mir zu haben. Er ist mit dem Packen Papier zufrieden und reicht mir die vielen tausend Tuman herüber, die meine Reisekasse ausmachen. Nun halte ich zum ersten Mal iranisches Geld in meinen Händen. Farben und Motive auf dem Papier sind noch fremd, doch erkunde ich mit Vergnügen die verschiedenen Abbildungen. Das also werde ich mir in den nächsten Wochen ständig vor Augen führen, wenn auch die nackten Zahlen die wichtigste Mitteilung auf den Scheinen sein mögen.

Ich schaue auf die Noten, und die immer gleiche Frage drängt sich mir auf: Was soll Käufern und Verkäufern, die ohne dieses Papier wohl kaum existieren könnten, durch die aufwendige Gestaltung mitgeteilt werden?

Den Tausend-Rial-Schein, der allerdings immer als Hundert-Tuman-Schein bezeichnet wird, ziert eine Abbildung des Felsendoms von Jerusalem. Dieses imposante Bauwerk halten viele für eine Moschee, doch ist es in Wirklichkeit ein reich verzierter, kolossaler Schrein, der durch seine enorme Größe und die leuchtende Goldkuppel mehr als jedes andere Gebäude das Bild von Jerusalem prägt. Er liegt exponiert auf dem höchsten Punkt des jüdischen Tempelbezirks. Der beeindruckend harmonische Bau ist um den heiligen Felsen errichtet, der gläubigen Juden als Mittelpunktstein der Welt und künftige Stätte des heiligen Gerichts gilt.

Nach islamischer Auffassung ist dieser Stein der Ort in Mohammeds Vision, an den sein heiliges Pferd el-Burak ihn gebracht hatte und von dem aus der Prophet nach seiner nächtlichen Himmelsreise zum Allmächtigen getragen wurde. Obwohl es noch heiligere Stätten für Moslems gibt, hat sich das Regime der Islamischen Republik weder für eine Mekka- noch für eine Medinadarstellung entschieden, sondern für eben dieses Motiv auf einem der wichtigsten iranischen Geldscheine, vielleicht als Ausdruck der legendären Feindschaft, besonders Khomeinis, gegen Israel. Schon in den sechziger Jahren predigte dieser, Israel und seine »bösen Agenten« wollten die Existenz des Islam vernichtet sehen. Und auch heute noch vergeht keine Demonstration ohne »Marg bar Esrail«-, »Nieder mit Israel«-Parolen.

Bei genauem Hinschauen gibt der Hundert-Tuman-Schein schließlich im Wasserzeichen, direkt neben dem Felsendom, sein entscheidendes Gesicht preis. Hält man ihn gegen das Licht, zeigt sich, umrahmt von einem Tulpenkranz, das Konterfei des Kriegsmärtyrers Hussein Famideh. Dieser dreizehnjährige Junge hatte seinen Körper mit Sprengstoff umwickelt und sich als lebende Bombe vor einen irakischen Panzer geworfen. Khomeini hat diesen kindlichen Freitod über alle Maßen gerühmt und sich zu der Äußerung veranlasst gesehen, nicht er führe das iranische Volk, sondern Menschen wie Hussein Famideh, die ihr Leben für den Islam opfern. Solche Märtyrer sollten eines Tages den Weg zum schiitischen Heiligtum in Kerbala im Irak freikämpfen und später nach Westen bis Palästina und zum Felsendom vorstoßen.

Doch auch diese Botschaft wird sicher lieblos in staubigen Hosentaschen zerknüllt und wie das viele andere bunt bedruckte Papier mit seinen Geschichten hinter abgestoßenen Rockbünden ausharren müssen, bis der nächste Tausch erfolgt.

Nun habe ich im wahrsten Sinne des Wortes die Taschen voller Geld. Portemonnaies sind hier vollkommen überflüssig, könnten sie doch diese Scheineflut ohnehin nie fassen. Ich brenne darauf, mein erstes Geschäft abzuschließen, und gehe zielstrebig in eine Art Boutique für Kopftücher. Nach einer ausgiebigen Befragung über mein Befinden, meine Herkunft und Meinung über den Iran kann schließlich ein Blick auf das Angebot folgen. Neben einigen schlichten, dunklen Tüchern überwiegen farbige in arabischem Design, wie der Verkäufer mir erklärt. Es handelt sich um die neueste Teheraner Mode, die den Kopfbedeckungen arabischer Männer nachempfunden ist. Diese länglichen, locker gewebten Tücher werden gern von Teenagern getragen. Auch mir gefallen sie, und ich kaufe ein grünes und noch einige »klassische« mit Blumenmotiven für die Frauen aus Farids Familie. Der Verkäufer lobt meine Sprachkenntnisse, und ich freue mich über jedes verstandene Wort.

Später schlendern wir die Ferdousi-Straße entlang, und Farhad wird mir mit jedem Moment vertrauter. Er hat sich sehr schnell auf meinen beschränkten Wortschatz eingestellt.

»Erzähl mir von Farid. Wie lebt er? Was macht er? Was denkt er über seine Heimat? Mein größter Wunsch ist, ihn bald wieder zu sehen, glaub mir.«

»Seiner auch. Was er macht? Es ist so, wie ich heute Morgen gesagt habe.«

»Wirklich? Mir kannst du alles sagen. Hat er in all den vielen Jahren keine Dummheiten gemacht?«

»Was meinst du?«

»Ich weiß nicht – vielleicht etwas angestellt oder irgendwo Kinder gezeugt oder so etwas.«

»Nein, er ist ziemlich brav. Nur das Restaurant, von dem ich gesprochen habe, ist eher eine Kneipe.«

»Eine Bar? Ist ja toll.«

»Wie soll ich das erklären, keine Bar, eher eine Art Café mit Alkoholausschank. Ich dachte, eure Mutter würde darüber nicht erfreut sein.«

»Na ja, du hast Recht, aber wie du siehst, ist unsere Familie nicht streng oder religiös oder so etwas.«

»Das habe ich bei dem Bruder auch nicht erwartet, aber für mich ist alles neu, und Farid kennt die Islamische Republik schließlich auch nicht. Er macht sich Sorgen, dass sich alles total verändert hat.«

»Aber doch nicht unsere Familie.«

»Ihr seid wohl keine typisch iranische Familie, was?«

»Ich glaube nicht. Aber was ist mit euch beiden? Seid ihr ein Paar? Ich meine, wie Mann und Frau?«

»Nein, das ist vorbei. Er hat eine andere Freundin, aber wir werden immer enge Freunde bleiben.«

»Das verstehe ich nicht.«

»Das glaube ich. Ist wohl eine westliche Spezialität.«

Langsam machen wir uns auf den Rückweg, und ich will unbedingt erfahren, wie ein Taxi angehalten wird, und vor allem, wie ich dem Fahrer klar mache, wohin es gehen soll.

»Das ist nicht schwierig. Lass uns auf die andere Straßenseite gehen. Dort fahren die Taxis in unsere Richtung.«

Ich schaue auf den chaotischen Verkehr.

»Das kann ich nicht.«

»Komm schon. Was ist?«

Sechs Spuren, jedenfalls ist das meine Vermutung, Linien gibt es nicht. Oder sind es acht rasende Reihen Peykans? Wie soll ich über diese Straße kommen? Ich stehe am Bordstein wie auf einem Dreimeterbrett vor dem Kopfsprung. Fußgänger stürzen sich wagemutig in die Fluten und erreichen wie durch ein Wunder das andere Ufer. Farhad schaut mich an, lacht und nimmt meine Hand. Wie ein Kind werde ich geführt, lasse es geschehen, bewege mich in seinem Schatten und würde am liebsten die Augen schließen. Er stoppt, geht schnell weiter, stoppt wieder, geht einen Schritt zurück und wieder einige vorwärts. Geschafft! Ich sehne den Tag herbei, an dem ich das allein kann. Jetzt stehen wir auf der richtigen Seite, und Farhad ruft unser Fahrtziel und den Preis, den er zu zahlen bereit ist: »Vanak, fünfzig Tuman!« Ein Wagen rollt langsam heran, der Fahrer beugt sich über den Beifahrersitz und spitzt seine Ohren. »Meydane Vanak«, wiederholt Farhad. Und als hätte er damit eine Beleidigung ausgesprochen, gibt der Fahrer Gas und rauscht davon. Ich lache laut los, Farhad zuckt mit den Schultern und sagt in seinem für mich konstruierten Einfachpersisch: »Nicht gut.«

Lachend stehen wir am Meydane Ferdousi und rufen: »Vanak!«

Zu Hause warten ein üppiges Abendessen und ein Berg Zitronen. Mahtab viertelt die Früchte, und jeder greift sich ein Stück. Mir zieht sich schon beim Gedanken an das Reinbeißen der Mund zusammen.

»Nimm ein Stück! Sie sind lecker und gesund!«

Zitronen wie Orangen essen? Farhad deutet meine Zurückhaltung richtig und beißt zur Demonstration kräftig in sein Viertel hinein. Ich kann kaum hinsehen.

»Sie sind nicht sauer. Probier schon!«

Meine Überwindung wird mit einer fruchtigen Süße belohnt. Es ist die Zeit von »Limuschirin«, »süßen Zitronen«, die vom Herbst bis zum Frühjahr geerntet werden. Noch eine wohlschmeckende Entdeckung. Wenn es so weitergeht, dann wird diese Reise zur kulinarischen Überraschungstour.

Nach dem Essen bedanken sich alle bei Farids Mutter für das köstliche Mahl: »Mögen Ihre Hände niemals schmerzen!«

Sich in dieser ausufernden Metropole zurechtzufinden und fortzubewegen erscheint mir äußerst kompliziert, denn es gibt weder ein U-Bahnnetz noch eine Straßenbahn oder ein anderes nennenswertes öffentliches Transportsystem. Es bleibt allein die Fahrt in einem der angeblich hunderttausend Taxis, die im Minutentakt die Hauptstraßen auf- und abfahren. Doch ohne U-Bahnhöfe und einen entsprechenden Plan mit farbigen Linien, die in alle Himmelsrichtungen ausstrahlen, wirkt dieser Moloch uferlos. Noch begreife ich nicht einmal, ob es so etwas wie eine Innenstadt gibt. Ist der Basar in der Nähe des Bahnhofs das Zentrum oder eher »uninteressant«, wie die wohlhabenden Nordteheraner behaupten. Sie verlassen ihr bevorzugtes Viertel offenbar allenfalls, um in Richtung Norden über das Elborzgebirge an das Kaspische Meer zu fahren. Aber ich will nicht nur die Straßen der Reichen sehen und habe außerdem noch einige Kontaktadressen in anderen Stadtteilen. Doch noch fühle ich mich in Teheran ein wenig unsicher und verlasse mich lieber auf die Hilfe Farhads und seiner Frau.

Meinen Vorschlägen für Besichtigungstouren folgen sie gern und besuchen auf diese Art zum ersten Mal das Historische Museum. Touristische Sehenswürdigkeiten hatten für sie offenbar nie eine Rolle gespielt. Nur im angrenzenden Viertel kann ich mich schon recht gut orientieren und nutze jede Gelegenheit, mich auf den Straßen umzusehen. Immer wieder bin ich erstaunt über die Auslagen in den teuren Geschäften an der Valie Asr. Edle Kleidung und Parfums aus Europa sind ebenso erhältlich wie jede Art von

Luxusgütern. Juweliere überbieten sich mit ihren Kollektionen, und ein wenig abgeschieden findet sich auch eine Pizzeria. Elegante Damen mit teuren Sonnenbrillen und modische Teenager, die mit viel Fantasie das Bestmögliche aus den Kleidervorschriften herausholen, flanieren durch brandneue Einkaufspassagen. Unter den Mänteln der jungen Frauen schauen oft Jeans und Turnschuhe hervor, und kaum ein Gesicht ist ungeschminkt. Als besonders gelungen erscheint mir eine angesagte Spielerei, die den Eindruck erweckt, der Mantel werde – was selbstverständlich verboten ist – offen getragen. Doch unter dem geöffneten Reißverschluss verbirgt sich ein geschickt eingesetzter Stoff mit Knopfleiste.

Bevor ich an das Kaspische Meer reise, muss ich dringend mein Visum verlängern und meinen Flug entsprechend umbuchen. Schaudernd denke ich an die Ablehnungen meines ersten Visaantrags beim iranischen Konsulat in Deutschland, doch mit den vier Wochen, die mir schließlich nach langwierigen Querelen gewährt wurden, komme ich keinesfalls aus.
Die Ausländerbehörde soll in der Nähe vom Hafte-Tir-Platz liegen, wo auch immer das sein mag. Ich mache mich allein auf den Weg durch das Chaos namens Teheran, weil ich diese reizvolle Herausforderung unbedingt meistern möchte. Der gelungene Akt wäre für mich so etwas wie eine bestandene »Orientalische Großstadtprüfung«. Farhad und Mahtab haben zwar mit allen Mitteln versucht, mich von diesem heiklen Unternehmen abzuhalten, doch schließlich gaben sie mir doch die ungefähre Route preis. Nun stehe ich also an der Valie Asr und hoffe auf ein Gelingen meines Vorhabens. Autos rauschen vorbei, und ich weiß noch immer nicht genau, woran ich ein Taxi erkennen kann. Ein Wagen verringert seine Fahrt, ich beuge mich auf Fensterhöhe hinab und nenne mein erstes Etappenziel. Bis Meydane Vanak nimmt mich der Fahrer des beinahe vollbesetzten Wagens mit, und ich spreche ausnahmsweise kein Wort mit den anderen Fahrgästen. Da niemand mir Beachtung schenkt, überkommt mich das Gefühl, alles perfekt gemacht

zu haben. Ich kenne sogar den üblichen Fahrpreis bis zu diesem Kreuzungspunkt und reiche dem Fahrer einen entsprechenden Geldschein. Als er mir unerwartet zehn Tuman Wechselgeld zurückgibt, bilde ich mir, in einem Anflug von Stolz, sogar ein, als Einheimische durchzugehen.

Die zweite Etappe bis zum Hafte Tir wird etwas komplizierter, denn ich verstehe nicht, in welche Richtung das Taxi unterwegs ist. Ein Fahrgast bietet seine Hilfe an, und so fahre ich mit, bis mir geraten wird, auszusteigen und an der Kreuzung einen Wagen zu suchen, der in die nächste Querstraße einbiegt. Da niemand die Ausländerbehörde kennt, nenne ich den Namen der nächstgrößeren Straße. Auf verwirrenden Umwegen und konfrontiert mit einem kräftigen kurdischen Akzent erreiche ich schließlich das Gebäude mit der großen iranischen Flagge über dem Eingang. Zielstrebig gehe ich die Eingangsstufen hinauf und bin froh über die gelungene Aktion. Ich kann es kaum erwarten, Farid davon zu berichten.

»Chanum, richten Sie bitte Ihr Kopftuch!«

Ein Schrecken durchfährt mich. Ich fühle mich wie ertappt. Der Uniformierte wiederholt: »Ihr Kopftuch, bedecken Sie Ihr Haar!« Ich schiebe die lockeren Strähnen unter das Kopftuch und ziehe den Stoff nach vorn. Nie zuvor hat mir jemand gesagt, wie ich mich kleiden soll. ›Wie unverschämt‹, rast es mir durch den Kopf, und gleichzeitig treffen mich Gefühle der Erniedrigung. Wie kann er mich derart bevormunden? Doch natürlich – dieser halbwüchsige Bengel in Uniform hat sehr wohl das Recht, mich auf meine unzulängliche Kopfbedeckung aufmerksam zu machen. Und ich kann noch froh sein, wenn er nichts gegen meinen Lippenstift einzuwenden hat.

An der Information werde ich zuvorkommend begrüßt und in die dritte Etage für Europäer und Nordamerikaner geschickt. Auf der Treppe begegnen mir Araber, Inder und zahlreiche Afghanen. Die zweite Etage mit den Büros für asiatische Staatsangehörige ist voller Menschen. Ich erreiche den leeren »europäischen« Warteraum. »Yes, please?«, werde ich aufgefordert, den Grund meines Besuches zu formulieren. Ein alter Mann mit einem Tablett voller Teegläser führt mich in das zuständige Büro. Zwei Frauen sitzen hinter ihren Schreibtischen und schauen von ihren Akten auf. Sie tragen dunkelblaue Mäntel und erinnern mich an die Stewardessen von Iran Air, nach denen ich immer gespannt Ausschau halte, wenn an irgendeinem Flughafen eine iranische Maschine auftaucht. Statt eines Kopftuches tragen die beiden Frauen Maghna'eh, eine Art Kapuze in Tuchform, die nicht verrutschen kann und neben dem Hals auch ein Stück des Kinns verdeckt. Dies scheint die praktische Variante zwischen unbequemem Tschador und freizügigem Kopftuch zu sein und ist offenbar die übliche Tracht iranischer Staatsdienerinnen. Ich hatte fest damit gerechnet, sie in Tschadors gekleidet zu sehen, aber diese beiden Damen zeigen sogar einen Hauch von Make-up auf ihren Gesichtern.

»Yes, please?«

Ich erkläre mein Anliegen, zeige meinen Pass und das Rückflugticket und hoffe auf eine positive Bearbeitung. Interessiert blättern sie in meinem Pass und schauen sich die Stempel der verschiedenen Länder an.

»Wo wohnen Sie in Teheran?«

»Ich bin nur auf der Durchreise. Schon morgen Mittag fahre ich weiter nach Isfahan.«

Ich erzähle etwas von meinem Interesse an Land, Kultur und Religion und dass ich Orientalistik studiere und unbedingt nach Bam reisen möchte. Mein Pass verschwindet derweil im Nebenzimmer, und der ältere Mann bringt uns Tee. Sie möchten etwas über Deutschland hören und wollen wissen, wo es besser sei.

»Mein Bruder studiert in Berlin«, sagt eine der beiden. »Ich würde ihn gerne besuchen, aber er erzählt mir immer, dass es dort sehr kalt sei.«

»Wie gefällt es Ihnen im Iran?«, fragt die andere.

Schließlich geht die Tür auf, und ich hoffe auf meinen Pass, doch es ist ein anderer deutscher Reisender. Er hat es im Hamburger Konsulat nicht einmal bis zu einem Touristenvisum geschafft und will nun sein fünftägiges Transitvisum verlängern, das er in der Türkei bekommen hat. Er besucht Freunde und hofft auf eine mehrwöchige Verlängerung.

Endlich entdecke ich jemanden mit meinem Pass in der Hand. Er reicht ihn mir, und ich schaue auf den neuen Stempel. Da mir der iranische Kalender noch immer ein großes Rätsel ist, verstehe ich nicht, wie lange ich nun noch bleiben kann.

Vor der Behörde wartet eine weitere schwere Prüfung auf mich, denn ich muss die Straße überqueren. Es bleibt mir nichts anderes übrig, als mir zielstrebig einen Weg durch den hupenden Wahnsinn zu bahnen, ohne den heranrasenden Peykans besondere Beachtung zu schenken.

Von Stolz erfüllt, stehe ich schließlich auf der anderen Straßenseite und rufe mein Fahrtziel in geöffnete Fensterscheiben. Ein junger Mann nimmt mich mit und versucht, sich mit mir in gebrochenem Englisch zu unterhalten. Aus seinem Kassettenrecorder tönt die Musik von Pink Floyd, und der Fahrtwind gibt mir das schöne Gefühl, im Süden zu sein. Er lädt mich zu einem Melonensaft ein und zeigt auch nach dem dritten Glas keine Eile, das Lokal zu verlassen. Als wir uns schließlich auf dem Weg zu meinen Gastgebern verfahren und ich den überdimensionalen Stadtplan aus der Tasche hole, erzählt er mir, was unter einem Teheraner Taxifahrer zu verstehen sei.

»Viele, die ein Auto haben, versuchen sich als Taxifahrer etwas dazuzuverdienen. Ohne irgendeine Agentur oder Papiere, Sie verstehen? Oder nehmen Sie mich. Ich hatte Langeweile und bin herumgefahren, um vielleicht eine nette Frau mitzunehmen.«

»Aha, verstehe«, sage ich mit einem etwas mulmigen Gefühl, »und laden sie dann zu Melonensaft ein?«

»Zum Beispiel. Was soll man sonst machen in dieser verdammten Stadt? Geben Sie mir Ihre Telefonnummer?«

»Nein, das wird nicht gehen.« Die Situation kommt mir zwar zunehmend merkwürdig vor, doch dieser junge Mann macht trotz allem einen Vertrauen erweckenden Eindruck.

Schließlich finden wir den richtigen Weg, und aus den Boxen tönt »Wish You Were Here«. Während sich im Osten der Damavand durch den Dunstschleier kämpft, fühle ich mich einmal mehr am richtigen Ort und will auch im Augenblick niemand anderen an meiner Seite haben als diesen Möchtegerntaxifahrer.

Mahtab amüsiert sich später über meine Geschichte und bestätigt, dass dies die übliche Art sei, Leute kennen zu lernen.

»Hat er dir ein Treffen vorgeschlagen?«

»Ja, er sagte, ich soll euch nichts davon sagen und morgen um zwei Uhr am Blumenladen auf ihn warten.«

Wir biegen uns vor Lachen über die Geheimnistuerei, und ich fühle mich plötzlich, als sei ich erst vierzehn.

Eine halbe Stunde nach der verabredeten Zeit klingle ich am Nachbartor, um Fereschte abzuholen, die sicher schon ungeduldig wartet. In letzter Sekunde erreichen wir schließlich unseren Bus nach Bandar Anzali und haben kaum noch Zeit, das hektische Treiben auf dem staubigen Vorplatz zu beobachten, dem direkt am Azadi-Denkmal gelegenen Ort, wo die Busse in Richtung Norden und Westen abgefertigt werden. Der Kreisverkehr um das »Denkmal der Freiheit« ist unüberschaubar und verwirrend. Fußgänger drängen in die Mitte, und einige haben sogar ein kleines Tuch ausgebreitet und gönnen sich eine Pause zu Füßen des modernen Gebäudes. Es liegt an mir, dass wir so spät gekommen sind, denn wieder einmal hatte ich mit Farhad am Flughafen nach meiner Tasche gefahndet. Wie bei meinen vorherigen Versuchen waren zwar alle Mitarbeiter äußerst hilfsbereit und spendierten uns zudem großzügig Tee, doch brachte die freundliche Behandlung mein Gepäck nicht zum Vorschein. Farhad hatte undurchsichtige Beziehungen aktiviert, und so konnten wir eigenhändig die Hallen mit den fälschlich gelandeten oder verwechselten Gepäckstücken durchsuchen. Nicht zu fassen – hier standen in drei gewaltigen Lagerhallen die Fundsachen, fein säuberlich nach den Daten ihres Eintreffens archiviert. In der Halle mit den Dingen, die bereits länger als drei

Monate gelagert waren, verlor ich schließlich alle Hoffnung. Auf manchen Etiketten las ich Städtenamen wie Moskau, Sydney, Kuala Lumpur, Bombay und Los Angeles. Wie kamen sie hierher, und warum blieben sie hier? Ob meine Tasche in einer ebensolchen Halle in Kuala Lumpur oder eher in Damaskus lagerte?

»Lass uns gehen«, hatte ich schließlich gesagt. »Ich versuche es beim Zwischenstopp in Syrien noch einmal.«

Wir setzen uns auf eine der hinteren Bänke, und Fereschte steckt sich auf diesen Schrecken hin erst einmal eine ihrer geliebten Zigaretten an. Auch wenn sie ihre Sünde – wie Schüler während einer Klassenfahrt – zu verheimlichen sucht, erregt sie doch schnell das Missfallen der anderen Fahrgäste. Mit ihrer heiseren Stimme protestiert sie noch ein wenig, bevor sie sich den Regeln beugt. Der zerdrückte Zigarettenstummel ist rot von Lippenstiftspuren. Sie schlägt mir sanft auf den Schenkel und freut sich mindestens genauso wie ich über den Ausflug ans Meer. Wir fahren zum Wochenendhaus ihrer Verwandten, und ich brenne darauf, Teheran zu verlassen und endlich etwas vom Iran zu sehen. Eine Strecke von knapp vierhundert Kilometern liegt vor uns, und wir müssen das Elborzgebirge überwinden. Zweimal hatte ich Fereschte in den letzten Tagen besucht, um plaudernd und rauchend mit ihr am Swimmingpool zu sitzen. Wie schnell sie mir doch vertraut geworden ist! Sie erzählt gern von ihren Kurztrips nach Europa, wo sie in den sechziger Jahren London, Paris und Rom besichtigt hat. Offenbar hat sie ein großes Herz für Reisende und liebt Geschichten über ferne Länder und fremde Sitten und Gebräuche.

Der Bus quält sich durch die nachmittägliche Rushhour in Richtung Nordwesten. Hinter Qasvin beginnt der mühsame Aufstieg. Schilder weisen den Weg nach Rascht, und eine kurvenreiche Straße führt die Gebirgspässe hinauf. Fast abrupt wechselt die Landschaft ihr Kleid; das gelbbraune der Trockenheit, der heißen Sommermonate ohne einen Regentropfen, wird zu einem fruchtbaren grünen Gewand. Hier ist jeder Flecken Erde, jedes schmale Tal bepflanzt, und der Anblick der sattgrünen Orangen- und Apriko-

senbäume versetzt mich in Italienlaune. In dieser üppigen Landschaft wird selbst das sonst so unbarmherzige weiße Licht durch
einen tiefblauen Himmel gefiltert und wirft verlockende Halbschat-
ten durch dichte Zweige. Unzählige Tunnel reihen sich aneinander,
und nachdem die höchsten Pässe bezwungen sind und die Luft
immer kühler wird, fällt die Straße steil ab und schlängelt sich in
endlosen Serpentinen ins Tal. Dort tauchen die ersten Häuserrui-
nen auf. Die Orte Roudbar, Mandjil und Loschan sind bei einem
schweren Erdbeben fast vollständig zerstört worden. Es war in
einer Sommernacht 1990, und viele Männer saßen auch zu später
Stunde noch vor den Fernsehern, um die Übertragung der Fußball-
weltmeisterschaft zu verfolgen. Brasilien spielte gerade gegen Ar-
gentinien, als die ersten Erschütterungen sie aus den Häusern flie-
hen ließen. Dadurch konnten sie ihr Leben retten, während Frauen
und Kinder auf ihren Nachtlagern den herabstürzenden Balken
und Mauern hilflos ausgeliefert waren. Noch immer zeugen Spuren
von dem kurzen, gewaltigen Aufbäumen der Erde, das dem Leben
von über fünfzigtausend Menschen ein jähes Ende bereitet hat.
Wenn ich sie richtig verstehe, dann erklärt Fereschte, hier seien
zwei Berge zusammengestoßen und hätten alles unter sich begra-
ben. Das noch immer halb zerstörte Roudbar gibt mir eine Vorstellung von der Kraft des Bebens. Tiefe Einschnitte in den Hängen
klaffen wie schlecht verheilte Narben. Ein riesiger Felsbrocken liegt
einsam im Tal neben der Straße. Ob er damals vom Berg herun-
tergeschleudert wurde? Bei den nächsten Tunneldurchfahrten versuche ich, nicht an das Beben, sondern an etwas Angenehmes zu
denken. Ich frage Fereschte, ob hier früher Wein angebaut wurde.
Gäbe es nicht die Gesetze der Mullahs, könnte in dieser Gegend
sicher ein prachtvoller Rotwein reifen.
»Und ob!«, lautet ihre knappe Antwort, und sie fügt flüsternd hinzu: »Nicht nur früher.«
Um Sonne brauchen die Reben hier nicht zu kämpfen, und es
scheint auch genügend zu regnen. Und so stelle ich mir, während
der Bus durch einen feuchten, dunklen Einschnitt im Berg rast,

einen italienischen Tropfen vor und hoffe, in diesem Leben noch einmal in den Genuss eines guten Chianti zu kommen.

»Denkst du, aus all den schönen Trauben wird Essig gemacht? Wir sind in der Nähe von Takestan.«

»Takestan? Was bedeutet das?«

»Tak‹ bedeutet Weintraubenpflanze«, erklärt Fereschte mit ausschweifenden Gesten. »Takestan ist das Land der Weinberge.« Ihre Stimme nimmt einen verschwörerischen Unterton an.

»Aber ist es nicht gefährlich, Wein zu machen?«

»Was ist nicht gefährlich in diesem Land?«

Als wir Rascht erreichen, ist das Tageslicht schon verloschen. Der Bus fährt kreuz und quer durch die Stadt, vorbei an beleuchteten Marktständen und Geschäften. Die Straßen sind belebt, und überall sehe ich Frauen im Tschador. So bald wie möglich werde ich mir diese Stadt genauer ansehen. Nicht weit hinter Rascht erklärt Fereschte dem Fahrer, wo er uns absetzen soll. Es ist inzwischen vollkommen dunkel, doch lässt das Ende der Berg-und-Tal-Fahrt erkennen, dass wir die Ebene mit dem Delta erreicht haben.

»Das Meer ist ganz nah. Hinter diesen Häuserreihen liegt der Strand.« Fereschte deutet nach rechts. Dann, mitten im Nichts, so scheint es, hält der Bus. Aus der Dunkelheit tritt ein Schatten hervor, und schon liegt Fereschte in dessen Armen und tauscht Begrüßungsworte aus. Der Schatten ist ihr Enkelsohn Hussein, und bis auf seine stattliche Größe ist nicht viel von ihm zu erkennen. Ein beleuchtetes Pförtnerhaus weist uns den Weg. Dort wartet ein Wagen auf uns. Wir befinden uns in einem abgeschlossenen Ressort mit zahlreichen Wochenendhäusern. Seegeruch liegt in der Luft, und aus der Ferne ist ein verhaltenes Rauschen zu hören. Wir fahren eine schmale Auffahrt hinauf und steigen aus.

Das kleine, gastlich wirkende Haus ist voller Menschen. Die Frauen tragen Sommerkleider, und einige haben gefärbte Haare. Eine Frau sticht aus der Menge heraus; sie sieht aus wie das Oberhaupt einer Großfamilie. Fereschte umarmt sie, und beide küssen sich auf die Wangen. Ich kann ihre Worte nicht richtig verstehen, und sie hören sich auch gar nicht persisch an. Ihr dichtes, schlohweißes Haar hat sie zu einem Zopf geflochten, und ihre wachen Augen blicken voller Wärme in die Welt. Irgendwie wirkt sie indianisch. »Guten Tag und herzlich willkommen«, begrüßt sie mich und stellt sich als Roja, Fereschtes Schwester, vor. »Sag einfach ›chale‹, ›Tante‹, zu mir, wie alle anderen auch.«

Während des Abendessens geht es laut zu, und alle wollen etwas über das Leben in Deutschland wissen. Leider hatte ich wieder einmal nicht daran gedacht, mich nach den Preisen für deutsche Autos zu erkundigen. Nie kann ich diese Fragen im Ausland beantworten und muss auch nun wieder schätzen. Aber wie teuer ist ein Volkswagen, Mercedes oder BMW?

Plötzlich werden die Wassergläser mit Aragh, einer Art hochprozentigen Wodkas, gefüllt.

»Alkohol? Aber woher? Ich dachte, die Pasdaran ...?«

»Von denen habe ich den Schnaps doch gekauft«, erzählt der Hausherr. »Besalamati – Prost.«

Mir wird ein wenig mulmig zu Mute. Wie viele Peitschenhiebe wohl auf das Trinken eines Glases Aragh stehen? Fereschte leert ihr Glas in einem Zug, und auch ich beginne daran zu nippen. Eine angenehme Wärme durchströmt zuerst meinen Magen und dann meine Wangen. Ob der freimütige Genuss von Hochprozentigem in diesem Haus der Nähe zu Russland zu verdanken ist, frage ich mich, oder handelt es sich einfach um eine alte Gewohnheit, der selbst die drakonischen Strafen der Mullahs nicht gewachsen sind? Vielleicht gar um eine Trotzreaktion? Meine Verwirrung nimmt noch zu, als ein älterer Mann mit einem geschulterten Akkordeon durch die Tür tritt und uns freudestrahlend begrüßt. Mir sausen bei seinem Anblick Gedanken über das Musikverbot, strenge Bestrafungen, eine Frau im Bikini und warnende Stimmen, das Land der Mullahs besser nicht zu betreten, durch den Kopf. Wo bin ich nur? Was mache ich hier eigentlich? Und warum bin ich machtlos gegen ein Dauerlächeln auf meinen Lippen?

Der Musikant aus der Nachbarschaft hat deutsch-russische Vorfahren, und er beginnt, Schillers »Lied von der Glocke« aufzusagen. Überrascht spreche ich ihn auf Deutsch an, doch er hat die Sprache seiner Mutter schon viele Jahre nicht mehr gesprochen. Die Grenze zur ehemaligen Sowjetunion ist nah, und die meisten Anwesenden sind Aserbaidschaner und sprechen Aseri, eine Turksprache. Doch höre ich auch russische Worte. Fereschte bemerkt meine Verwirrung.

»Ich kann leider kein Russisch mehr«, erklärt sie, »weil ich noch sehr klein war, als unsere Eltern mit uns nach Teheran gezogen sind. Aber meine Schwester spricht es noch fließend. Unsere Familie kommt ursprünglich aus Baku.«

Der Akkordeonspieler erzählt von den Jahren des Musikverbotes. Bis vor kurzem war es selbst in den eigenen vier Wänden riskant, Musik zu spielen. Nicht selten wurden ganze Partygesellschaften verhaftet und manchmal auch ausgepeitscht. Für ihn war es besonders schlimm.

»Dieses Instrument ist wie ein Teil von mir«, sagt er, während er das schöne Stück in seinen Armen wiegt.

»Zum Glück hat sich die Situation ein bisschen entspannt. Private Feiern stören die Komitees nur noch selten. Und auch im Radio gibt es wieder Musik, aber ohne Gesang.«

»Welche Musik spielen sie denn?«

»Manchmal klassische persische Stücke, Marschmusik oder islamische Trauerweisen. Einfach furchtbar.«

Im Laufe des Abends entlockt er dem Akkordeon die schönsten Melodien, und wir begleiten ihn manchmal mit dem Klatschen unserer Hände. Anfangs beschleunigt der Aragh das Spiel, und es scheinen Trinklieder zu sein, die er vollmundig zum Besten gibt. Dann überkommt ihn Traurigkeit, und das Spiel wird immer langsamer. Schließlich gönnt Hussein dem Spieler eine Pause. Er stellt den Kassettenrecorder an und fordert mich zum Tanzen auf. Mit den reichen Erfahrungen einer Europäerin, die im fernen Okzident schon so manche »orientalische Nacht« durchgetanzt hat, nehme ich seine Komplimente nicht als reine Schmeicheleien. Meine Hüftschwünge haben nach dem letzten Glas Aragh jeden Rest an nordeuropäischer Steifheit verloren, und ich amüsiere mich köstlich. Nach einer Weile schleicht sich in Husseins Blicke und sein Lächeln ein beunruhigend vertrauter Ausdruck, und die scheinbar zufällige Art, mit der er meine Hände und später meine Arme berührt, beweisen, dass es für gewisse Begegnungen zwischen Mann und Frau internationale Spielregeln gibt. Hatte ich etwa geglaubt, in der Islamischen Republik werde nicht geflirtet? Eine Locke fällt ihm in die Stirn, und ich beschließe, lieber eine Tanzpause einzulegen.

Auf der Terrasse plaudern die beiden Schwestern und genießen die milde Herbstnacht. Fereschte reicht mir eine Zigarette, und ich setze mich auf den Treppenabsatz. Sobald ich meine Augen schließe, wirbeln mir wilde Gedanken und Bilder durch den Kopf. Der starke Aragh benebelt meine Sinne, und machtlos folge ich dem angenehmen Wirrwarr meiner Gedanken. Plötzlich spielt das Akkordeon in einer Wiener Roma-Bar, und dem Sänger rollen bei den Liedern über seine serbische Heimat Tränen über die Wangen. Im nächsten Moment hallen türkische Worte durch einen Altonaer Hinterhof, und unvermittelt stehe ich auf einer Brücke über der Newa und frage Sergej, warum um Mitternacht die Sonne noch scheint. Dann sehe ich Farid vor mir: Wir fassen uns an den Händen und tanzen in ein neues Jahr.

»Lasst uns ans Meer gehen«, schlägt jemand vor. Eine sternenklare Nacht umgibt uns, und das Kaspische Meer spiegelt das funkelnde Himmelszelt. Der Horizont ist fern und schwarz. Am Strand bemühen wir uns um ein wenig Ruhe, doch immer wieder zerschneiden laute Lachsalven unsere kläglichen Versuche, uns unauffällig zu verhalten. Als das Wasser meine Füße benetzt, muss ich mich immer wieder daran erinnern, dass dies das Wasser des Kaspischen Meeres ist und dass diese ausgelassene Party im Iran stattfindet.

Später wird mir mein Schlafplatz im Jugendzimmer gezeigt. An der Wand hängen Fotos von Mariah Carey, Husseins großer Liebe. Seine Schwester Setare löchert mich mit Fragen nach Michael Jackson. Am liebsten möchte sie noch heute Nacht alle Neuigkeiten über ihn wissen. Meine Herkunft aus dem Westen macht mich ihrer Ansicht nach zur Expertin, und ich kann mein lückenhaftes Wissen nur unzureichend mit nächtlicher Müdigkeit entschuldigen.

Glücklich falle ich endlich ins Bett und frage mich erneut, wo ich eigentlich bin, stelle mir den Globus vor und zeige gedanklich mit dem Finger auf einen Punkt am südwestlichen Ufer des Kaspischen Meeres. Zumindest ist das die geografische Ortung. Meine Verwirrung über dieses Fleckchen Erde wird zusätzlich noch dadurch verstärkt, dass wir in der Dunkelheit angekommen sind und ich weder die Vegetation kenne noch weiß, ob die Berge von hier aus zu sehen sind. Wie klar das Wasser wohl ist, und zu welcher Tageszeit die Terrasse im Sonnenlicht liegen mag? War das eine Phönixpalme im Vorgarten? Die dunklen, sich im Wind wiegenden Schatten hatten die Ausstrahlung dieser edlen Pflanze. Und gleich neben der Auffahrt, war das ein Aprikosenbaum? Setare löscht das Licht, und ich falle in einen tiefen Schlaf.

Fereschte sitzt mit ihrer Schwester in der milden Morgensonne, und beide putzen Gemüse. Dabei sortieren sie aus dem großen Berg verschiedener Kräuter, der in der Mitte des Tisches liegt, welke Blätter und Stängel aus. Den geschickten Bewegungen ihrer Hände ist jahrzehntelange Routine anzusehen. Fereschte hält in ihrer Linken ein Bündel wilder Lauchblätter und liest aus dem Kräutergemisch weitere wohlgeratene aus, knipst zwischen Daumen und Zeigefinger der rechten Hand die Enden ab und greift erneut in die Mitte. Diese Bewegungen unterbricht sie nur, um an ihrer Zigarette zu ziehen oder die Asche abzuschnipsen.

Als sie mich sehen, wechseln sie sofort von Aseri zu Farsi. »Guten Morgen. Wie geht es dir? Hast du gut geschlafen? Geht es dir gut? Alles in Ordnung?«

Es wird nun wirklich Zeit, mich an die ausführliche Begrüßungsformel zu gewöhnen. Und da stehen die kräftige Palme und einige »mediterrane« Obstbäume. Zwischen den beiden Nachbarhäusern zeigt sich das Kaspische Meer. Spiegelglatt und regungslos, wirkt es wie ein harmloser See, wäre da nicht der Horizont, hinter dem das Wasser noch sechshundert Kilometer weiter Richtung Norden reicht.

Ein Auto fährt langsam vorbei, und mir werden unsere unbedeckten Häupter bewusst.

»Müssen wir hier draußen kein Kopftuch tragen?«

»Nein, im eigenen Garten kleiden wir uns, wie wir wollen.« Roja macht eine Handbewegung, die wohl ausdrücken soll, dass sie die »Verkleidung«, wie sie es nennt, sowieso für Quatsch hält. »Nicht mal anziehen darf man, was man will.«

Auch den kurzen Weg zu den Nachbarn gehen sie ohne Kopftuch und im Sommerkleid, nicht dagegen den etwas weiteren zum öffentlichen Strand. Man kann nie wissen, wer sich dort für die Missachtung der Kleiderordnung interessieren könnte. Die gesamte Anlage von über hundert Häusern hat einen halbprivaten Charakter. Natürlich gelten auch hier die Gesetze der Islamischen Republik, doch scheint niemand großes Interesse an einer strengen Einhaltung zu haben. In unregelmäßigen Abständen drehen die Komitees ihre Runden, damit die Teheraner Jugend, die am Wochenende die Gegend bevölkert, ihre Grenzen nicht vergisst. Aber der zuständige »Moralwächter« ist allen gut bekannt und »kein schlechter Kerl«. Ob es der Araghverkäufer ist, wird allerdings nicht verraten. Man scheint sich zu arrangieren.

»Hier kann ich auch Fahrrad fahren«, schaltet sich Setare ein. Sie ist sich mit ihren zwölf Jahren der Besonderheit dieser Fortbewegungsart sehr bewusst. Frauen war es bis vor kurzem verboten, Fahrrad zu fahren. Erst die Tochter des Präsidenten Rafsandjani, eine Abgeordnete im Parlament, begann, sich vehement für dieses Recht einzusetzen. Sie fordert auch spezielle Wege für Joggerinnen und Radfahrerinnen in öffentlichen Parks.

Es ist ein trauriger Anblick, die hoch gewachsene und stolze Setare unsicher auf einem klapprigen Jungenfahrrad die geschützten

Wege des Ressorts entlangfahren zu sehen. Sie kann das Rad kaum in der Spur halten und wirkt plötzlich, als hätte eine ungnädige Macht sie einer ihrer ureigensten Fähigkeiten beraubt. Dieses geschmeidige und lebenslustige Mädchen sollte mit allen Voraussetzungen ausgestattet sein, die Bewegungen ihres Körpers zu bestimmen und zu kontrollieren, doch ihr ungelenktes Balancieren zeigt deutlich, wie ungeübt sie darin ist. Ich schaue ihr nach und spüre eine unbekannte Wut in mir aufsteigen, presse die Lippen zusammen und verkneife mir einen Fluch. Zaghaft dreht sie am Ende des Weges um, und ich bemühe mich um einen gelösten Ausdruck, lobe ihre Fahrkünste und sporne sie an, eine weitere Tour zu drehen.

Fereschte bestellt ein Taxi, und wir fahren zum Schanbe-Basar, dem Samstagsmarkt, nach Bandar Anzali. Gleich hinter dem Ortseingang führt eine Brücke über die Flussmündung, von der aus man eine gute Sicht auf das Städtchen hat. Kleine Häuser stehen dicht am Ufer, und Boote fahren wie auf einer Straße an ihren Fenstern vorbei.
Eine lebhafte Geschäftigkeit auf den Straßen und ein treibender Menschenstrom führen uns zum Basar. Fereschte verspricht, mir alle kulinarischen Köstlichkeiten des Nordens zu zeigen, und nennt mir unbekannte Speisen, die aber anscheinend alle etwas mit Fisch zu tun haben. Wie eine Zeltstadt breiten sich die Marktstände am Hafen aus. Schon von weitem ist das leuchtende Rot von Granatäpfeln zu sehen. Dicht gedrängt stehen prall gefüllte Kisten auf dem Boden, und hölzerne Stiegen bersten beinahe unter der Last der Paradiesesfrucht. Die Arme des bäuerlichen Händlers reichen beim Kassieren kaum über die üppigen Auslagen.
»Sie kommen aus Yazd«, klärt Fereschte mich auf. »Dort wachsen die größten und besten.«
In der Gasse der Fischhändler staune ich über die vielen Sorten geräucherten Fisches. Eingesalzen, geräuchert oder luftgetrocknet ist ihr Fleisch von einer besonderen Festigkeit, und einige sind Platz

sparend nebeneinander auf ihre Köpfe gestellt. Die kleinen Schwanzflossen ragen wie verklebte Pinsel in die Höhe. Fereschte wählt einen Mahi Dudi, einen Räucherfisch, aus, und schon stehen wir im Zentrum des Interesses, während der Fisch achtlos in Zeitungspapier gewickelt wird. Was würde Farid für eine Portion dieser kaspischen Spezialität geben? Ich musste ihm schwören, mindestens einen ganzen Fisch allein und in Gedanken an ihn zu essen. »Almani?«, wird meine Herkunft wieder einmal richtig erkannt. Flugs wechsle ich in die Rolle der Schwiegertochter, um komplizierten Fragen aus dem Weg zu gehen. Meine Kamera lockt weitere Neugierige an, und so schauen später viele freundliche Gesichter aus allen Richtungen die Betrachter meiner Fotos an.

Frische Fische liegen auf hellen Wachstüchern und die besonders großen sogar direkt auf dem Boden. Ein Stör, der edle Kaviarfisch, sticht mit seiner spitzen Form aus dem ohnehin schon exotischen Angebot heraus. Fereschte kauft einen Mahi-Sefid, einen Weißfisch. Der Händler nimmt ein prächtiges Exemplar vorsichtig auf den Arm und hält den Kopf in Richtung Kamera, wie ein stolzer Angler, der seinen Fang für das Titelbild der neuesten Ausgabe von »Rute und Rolle« präsentiert.

Ein kräftiger Junge mit Schweißperlen auf der Stirn schiebt einen Karren Eisblöcke vorbei. Eine Wasserspur folgt seinem beschwerlichen Weg über den Basar.

»Komm, lass uns dicke Bohnen essen«, schlägt Fereschte vor. Sie zeigt mir, wie ich die Haut mit einem Biss öffnen und das weiche braune Fleisch direkt in den Mund quetschen kann. Sie isst die riesigen Hülsenfrüchte mit einem Schuss Essig und sehr viel Salz. Aufgeregt gestikulierend überredet mich der Bohnenverkäufer, ihm zu folgen. Er wendet seinen dampfenden Töpfen den Rücken zu und führt mich zu seiner Frau, die in einigen Schritten Entfernung Gewürze zerstößt. Dort soll ich ein Foto von ihr und der hellblonden Tochter machen. Die Kleine hat eine blaue Schleife im leuchtenden Haar und wird stolz, wie eine kleine Prinzessin, auf den Arm genommen.

In der Gemüsegasse stehen Frauen dicht gedrängt und stöbern in der Auslage. Ich versuche auszumachen, was sich vor dem undurchdringlichen Vorhang aus schwarzen Tschadors abspielt, und mache einen Bogen in die nächste Gasse, um einen freien Blick von der anderen Seite zu finden. In gewaltigen Basttaschen werden hier frische Kräuter angeboten. Die Verkäuferin bedient eine Frau, die ihren Tschador mit den Zähnen hält und sich große Mengen in die Taschen füllen lässt.

Eine andere trägt schwer an Taschen voller Obst, und ihr Tschador verwickelt sich zwischen der Last. Er rutscht hoch bis über das Knie, und ein leuchtend gelber Rock, Feinstrumpfhosen und luftige Sandalen kommen zum Vorschein. Das gleißende Sonnenlicht lässt die schwarzen Stoffe der Frauen schimmern, und ich kann meinen Blick nicht lösen.

Bald sind auch wir schwer bepackt und gehen an die Uferpromenade. Zwei Männer mit Strickmützen sitzen vor einem gewölbeartigen Bau, der sich bei genauerer Betrachtung als Teehaus entpuppt. In einem riesigen Samowar wird Tee bereitet, und wir gönnen uns ein Gläschen von dem kräftigen Getränk. Von hier aus haben wir einen fast unverstellten Blick auf die Flussmündung und das offene Meer. Nur ein Saftverkäufer steht einsam mit seinem liebevoll in Rot und Blau bemalten, hölzernen Wagen am Kai. In großen Flaschen bietet er roten und gelben, zuckersüßen Sirup an. Er scheint sich zu langweilen und erwidert meinen beobachtenden Blick.

Am Nachmittag zieht es mich ans Meeresufer, und Setare begleitet mich. Die Saison ist vorbei und der Strand menschenleer. Jedes Jahr wieder versetzt mich das Ende des Sommers in eine melancholische Stimmung. Hatte ich diese traurige Phase in Deutschland schon hinter mich bringen müssen, so bin ich nicht darauf vorbereitet, sie hier noch einmal zu erleben. Der Strand trägt alle Spuren einer vorübergegangenen Saison; aufgewühlter Sand, umgestürzte Spielgeräte, einzelne Plastiksandalen und Verpackungsmüll liegen in wildem Durcheinander am Ufer. Es ist eindeutig der Anblick, der mich Abschied von meiner liebsten Jahreszeit nehmen lässt. Doch hier ist das Wetter noch schön. Kein Grund also, den Strand allein dem Wind und den sich sanft kräuselnden Wellen zu überlassen. Ich male mir aus, wie es hier im August aussah. Höre spielende Kinder, ausgelassenes Toben und klappernde Teetassen auf Messingtabletts. Setare scheint meine Fragen zu erahnen.

»Hier ist der Frauenstrand, und da hinten, wo der Steg ins Wasser führt, liegen die Männer. Dazwischen wird ein Vorhang angebracht.« Sie benutzt das Wort Tschador für Vorhang. »Tschador?«, frage ich. »Wie sieht das aus?«

»Sie legen Stoffe über Seile, die vom Wasser bis zur ersten Häuserreihe gespannt werden.« Mit eindeutigen Gesten stellt sie sicher, dass ich auch alles verstehe. Ihre Vorführung erinnert mich daran, wie ich meiner Mutter im Sommer beim Aufhängen der gewaschenen Bettlaken geholfen habe.

»Und was tragen die Frauen? Welche Kleidung?« Ich deute mit fragendem Blick einen Bikini an. »Nein, keine Bikinis. Lange Hemden und Kopftücher, manche sogar den Tschador. Damit gehen sie auch ins Wasser.«

»Kannst du schwimmen?«

»Nicht so gut. In der Schule lernen wir es nicht, und meine Tanten können es mir auch nicht beibringen.«

Wir gehen den Strand entlang und stoßen auf eine Gruppe Jugendlicher, die Tischfußball spielen.

»Lass es uns auch versuchen«, schlage ich vor.

»Aber das spielen doch nur Jungen.«

»Wer sagt das?«

Bereitwillig übergibt einer der Jungen mir seinen Platz, und ich bin Farid dankbar, der mir ein paar Griffe und Tricks gezeigt hatte, sodass ich ein wenig mithalten kann. Schließlich versucht auch Setare ihr Glück, und schon bald lachen wir gemeinsam lauthals über ihr erstes Eigentor.

Am nächsten Morgen fahre ich nach Rascht. Mein blaues Notizbuch weist mir den Weg zur Familie von Hamid, der mir einen Brief und viele Fotos für sie mitgegeben hat. Das Taxi hupt, und der Abschied fällt mir schwer. Fereschte werde ich noch einmal in Teheran treffen, aber die anderen? Ich werfe einen letzten Blick auf die spiegelglatte See und hoffe auf ein Wiedersehen mit dem Kaspischen Meer in Mazandaran.

Es dauert kaum mehr als eine halbe Stunde bis Rascht, und der Fahrer schaut ein drittes und ein viertes Mal auf meinen Zettel, bis er schließlich auf ein modernes Appartementhaus deutet.

»Hier ist es, Madam. Dies ist die Adresse.« Noch immer hantiere ich unsicher mit den Geldscheinen, hatte ich bisher doch wenig Möglichkeiten, etwas zu kaufen.

»Ich bitte Sie, Madam«, sagt er und macht eine abweisende Geste in Richtung meiner Scheine.

»Wie viel muss ich zahlen?«

»Nein, wirklich nicht.« Es folgen Bezeugungen seiner Opferbereitschaft, für die es in der deutschen Sprache keine analogen Worte gibt. Nun ist es an mir, auf die Bezahlung zu bestehen, doch habe ich leider keine Vorstellung von dem Preis dieser Tour. Es beginnt ein Hin- und Hergeschiebe des Geldes, wobei der Fahrer mich zunächst auch noch einlädt, seine Familie kennen zu lernen. Konsequent weigert er sich, einen Preis zu nennen. Warum nur habe ich Fereschte nicht nach der ungefähren Summe gefragt? Offenbar verbietet es ihm die persische Höflichkeit, diesen Fahrdienst wie ein profanes Geschäft zu behandeln. Schließlich reiche ich ihm mit dem Gefühl, vollkommen im Dunkeln zu tappen, einen anscheinend angemessenen Betrag. Auch wenn mir die Rolle einer ahnungslosen Touristin nicht behagt, in dieser Situation bleibt mir nichts anderes übrig, als sie widerstandslos anzunehmen. Am Ende gibt er mir zwei Scheine zurück, und ich fühle mich gerecht behandelt. »Mögen Ihre Hände niemals schmerzen, Madam.«

Er sucht den richtigen Klingelknopf und erspart mir das mühsame Entziffern der arabischen Schriftzeichen. Eine Frau öffnet die Tür, sicher Hamids Mutter, denke ich, und sie küsst meine Wangen. Dann stehe ich unvermittelt vor einer großen Anzahl von Menschen und werde freundlich begrüßt. Nach der ersten Aufregung lege ich Mantel und Kopftuch ab. Hamids Mutter trägt auch in der Wohnung ein kleines helles Kopftuch, und eine andere Frau hat sogar einen gemusterten Tschador übergeworfen. Darf ich mich überhaupt derart entblößen? Schließlich nimmt mir ein junges Mädchen in moderner Kleidung meine Sachen ab – meine schwarze Bundfaltenhose und die weite lange Bluse scheinen keinen Anstoß zu erregen.

Im Wohnzimmer stehen reihum Sitzmöbel an den Wänden. Kleine Tische neben den Sesseln im Louis-quatorze-Stil bieten Platz für Teegläser und Gebäck. Weiße Stores, eine Anrichte und ein passender Kronleuchter vervollkommnen den Sonnenkönigsstil. In der Mitte liegt ein prachtvoller, in warmem Rot gehaltener Teppich. Es werden Tee, Pistazien und Obst gereicht. Mein Persisch amüsiert die Familie, und ich lache gern mit. Der Raum wirkt unpersönlich, und nur die gerahmten Bilder im Vitrinenschrank lassen Rückschlüsse auf seine Bewohner zu. Dort steht auch ein Foto von Hamid aus der Zeit, da er als Soldat in der Armee dienen musste. Es fällt mir schwer, in dem weichen jungenhaften Gesicht die Züge des Freundes zu erkennen. So hat er also damals ausgesehen. Ich denke daran, wie er jetzt sein langes lockiges Haar trägt, mal offen wallend und dann wieder zu einem strengen Zopf gebunden, denke an seine ständig wechselnden, ungewöhnlichen Bärte und die vielen auffälligen Sonnenbrillen. Er muss ein anderer Mensch gewesen sein, damals im Krieg gegen den Irak. Mir fallen die Geschichten von seinen furchtbaren Fronteinsätzen an der irakischen Grenze ein. Sein Freund ist nur wenige Schritte neben ihm auf eine Mine getreten und an seinen schrecklichen Verletzungen verblutet. Alle möchten etwas über den Sohn in Deutschland wissen, und so gebe ich, wie abgesprochen, die ausgewählten guten Nachrichten weiter.

Zum Essen breitet die Frau im Gebetstschador ein Sofre, ein

Wachstuch, auf dem Boden aus. Endlich, denke ich. Farid hatte diese Sitte schon in unserem Freundeskreis eingeführt, wenn wir beispielsweise während des sonntäglichen Abendprogramms vor dem Fernseher essen wollten. »Lass uns am Sofre essen!«, hieß es dann immer.

Fatma, Hamids Tante, wickelt ihren Tschador über der Brust zusammen und klemmt ihn nach hinten unter die Achseln. So hat sie beide Hände frei und deckt das Sofre mit duftenden Speisen. Wir setzen uns auf den Boden, und ich werde aufgefordert, als Erste zuzugreifen. Muschgan, eine jugendliche Schwester von Hamid, füllt meinen Teller. Sie schaut mich unablässig an und überhäuft mich mit Fragen nach ihrem Bruder und dem Leben in Deutschland.

»Studieren Sie zusammen mit Hamid?«, will der Vater wissen.

»Nein, wir wohnen in derselben Straße und kennen uns daher.«

Meine Gastgeber machen der berühmten Küche Raschts alle Ehre, und auch mein bereits bedenklich gerundeter Bauch hält mich nicht davon ab, alle Köstlichkeiten zu probieren. Ohnehin wird mein Teller, sobald er fast geleert ist, wieder gefüllt. Mein Protest verklingt ungehört. Der Reis ist körnig und duftet. Genau so, wie er sein muss, würden sicher alle Kenner der iranischen Küche bestätigen.

In unglaublich kurzer Zeit ist das Abendessen beendet, und die jungen Mädchen tragen das Geschirr in die Küche. Wir anderen setzen uns wieder auf die »königlichen« Sessel. Hamids Mutter bewegt sich unterdessen über das mit Resten übersäte Sofre, auf dem jedes Überbleibsel stummer Zeuge eines reichhaltigen Mahls in großer Runde ist, und hockt dabei auf den Unterschenkeln. Ihren Oberkörper macht sie ganz lang und streckt ihren Arm, mit dem feuchten Wischtuch in der Hand, bis an den äußeren Rand des Wachstuches. Braune, zerkochte Limonenschalen, Granatapfelkerne, Kräuterblättchen, Kichererbsen, Stängel von sauer eingelegten Gurken, Peperoni und weiße Jogurtspuren wischt sie von den Seiten hinüber in die Mitte. Immer wieder vollführt sie diese fast rhythmisch wirkende Bewegung über das Sofre, bis es ganz sauber ist und ein lustiges Muster in seiner ganzen Fröhlichkeit erscheint. Es zeigt Kebabspieße, gegrillte Tomaten, Kräuter und Brot auf einem blau karierten Stoff. Schließlich hebt sie eine Sofrekante und schüttelt alle Reste in die Schürze auf ihrem Schoß. Dann faltet sie nach ihrer Art die Enden ineinander, Stück für Stück, von den Seiten zur Mitte, und ihren Griffen ist eine lebenslange Gewohnheit anzusehen. Ihre Bewegungen sind so einzigartig wie Tanzschritte, denen jede Tänzerin eine persönliche Note gibt. Kein einziges Reiskorn ist auf den schönen Teppich gefallen.

Hamids älteste Schwester Sonita, ungefähr in meinem Alter, reicht mir ein Glas Tee, setzt sich neben mich und fragt schließlich ungehemmt, warum ich noch nicht verheiratet sei. Offenbar hatte Hamid diese erstaunliche Tatsache in seinem Brief erwähnt. Gespannt warten alle auf eine Antwort.

Schließlich, als die Männer sich mehrmals entschuldigen, weil sie angeblich noch etwas in der Stadt zu erledigen haben, sind wir Frauen unter uns. Sonita erzählt von ihrem Verliebtsein, voller Glück, endlich den Richtigen gefunden zu haben. »Du wirst ihn kennen lernen. Er kommt morgen zu Besuch. Er ist Busfahrer und hat eine Tour von Teheran nach Rascht.« Sie zeigt mir Fotos von ihren beiden Söhnen und wird ganz traurig. »Sie sind bei meinem geschiedenen Mann. Er hat das Recht, sie zu behalten. Ich kann nichts machen und darf sie nicht mal sehen. Ich weiß nicht, wo sie sind. Vielleicht sogar im Ausland. So ist das in diesem Land. Die Männer dürfen alles.«

Ich frage sie, ob sie von Betty Mahmoody gehört hat.

»Natürlich! Glaubst du etwa, was sie über uns Iraner geschrieben hat? Aber dass sie kein Recht auf ihre Tochter hatte, stimmt.«

Aufgeregt reden alle durcheinander. Das Buch ist im Iran verboten, doch wurde im Fernsehen über den enormen Erfolg des zweifelhaften Bestsellers in Deutschland berichtet. Fatma hat den Tschador abgelegt und zeigt eine störrische Kurzhaarfrisur. »Bei uns zu Hause bestimme ich«, lautet ihr energischer Kommentar zu diesem Thema, der kaum Zweifel an ihrer dominanten Position lässt.

»Wir Frauen machen doch alles. Wer bekommt denn die Kinder, versorgt sie, hält alles in Ordnung? Die Männer sind nur draußen laut.«

»Aber warum kannst du deine Kinder nicht sehen?«

»Das ist die Islamische Republik. Diese Verbrecher, Esel, Gottlosen«, schimpft Hamids Mutter plötzlich voller Zorn. »Sie wollen uns sagen, was Recht ist? Wenn sie in den Gefängnissen Jungfrauen vergewaltigen und anschließend hinrichten, wie soll man das Recht nennen und daran glauben?«

Es ist schon sehr spät, als im Zimmer der Schwestern die Schlafmatten ausgelegt werden. Liebevoll dekorierte Wände lassen keinen Zweifel an den künstlerischen Vorlieben der jungen Frauen. Indische Schauspieler und Sängerinnen haben ihr Herz erobert und schauen von sorgsam ausgeschnittenen Zeitschriftenfotos zu uns herunter. Einmal in der Woche kommt der Videomann ins Haus und bringt die Spielfilme mit der schrillen Musik und den romantischen Liebesszenen aus »Hindustan«. Sein Koffer ist jedes Mal prall gefüllt mit verbotenen, weil unmoralischen, nichtislamischen Tanz- und Actionfilmen.

Mitten in der Nacht entsteht plötzlich Unruhe im Zimmer, und im Flur wird Licht gemacht, das als heller Streifen durch die geöffnete Tür in unseren Raum fällt. Fatma steht mit ihrem Tschador direkt vor mir. Nie ist mir das unförmige Gewand so nahe gekommen wie in diesem unwirklichen Moment zwischen Schlafen und Wachen. Ich liege auf einer dünnen Matte am Boden und schaue an einem Tuch hinauf, das in geradezu unheimlicher Weise mit Mythen, Ängsten und Vorurteilen beladen ist. Bilder von schwarzen Gestalten drängen sich auf, Schwärme dunkler Raben, aus denen hoch erhobene menschliche Fäuste aus Fleisch und Blut ragen und sich drohend in die Lüfte recken. Die Aggressivität dieser Gebärde stammt aus einer unförmigen, unverständlichen, fremden und ge-

fährlichen Welt und ist nur schwer mit vertrauter Fraulichkeit und
schützenden Händen in Einklang zu bringen. Bin ich wach, oder
träume ich? Deutlich schaut ein Gesicht aus der Verhüllung. Fatma
beugt sich herab – ein Teil des Tschadors liegt nun auf meiner
Decke – und nickt mir freundlich zu. Flüchtig berührt sie mit ihrem
warmen Handrücken meine Wange und bedeutet mir weiterzu-
schlafen. Nun sehe ich auch Hamids Eltern durch den Flur huschen, und endlich begreife ich. Im Osten wird gleich die Sonne
aufgehen, und es ist Zeit für das Morgengebet. Die Schwestern
schlummern unterdessen ungestört weiter.

Am nächsten Tag schreibe ich einen Brief an eine Freundin in
Deutschland und ende mit dem Satz: »Der Tschador hat seine
beängstigende Ausstrahlung verloren.«
Viele Stunden später beginnt nach dem Frühstück ein geschäftiges
Treiben in der Küche. Fatma, die von allen »Chalejan«, »liebe Tante«, genannt wird, legt ein Sofre auf den Boden, und wie auf ein
Zeichen hin setzen wir Frauen uns an seinen Rand. Mein Besuch
bietet Gelegenheit, für den Sohn im fernen Deutschland Spezialitäten aus Rascht zuzubereiten. Fatma stellt eine große Steinschüssel
zwischen ihre Beine, und mit einem faustgroßen Stein quetscht und
reibt sie Oliven und Kräuter zu einer breiigen Masse. Dann bereitet
sie Pasten aus sauren Granatäpfeln, viel Knoblauch und anderen
Köstlichkeiten zu. Sie hat den Tschador beiseite gelegt und trägt ein
graues Kleid mit lustigen roten Punkten. Ein Kopftuch aus dem
gleichen Stoff hält ihre Haare davon ab, in den Brei zu fallen. Wie
sie so dasitzt zwischen der Waschmaschine und dem überdimensionalen Kassettenrecorder aus Japan, den einer der Brüder
geschickt hat, wirkt sie sehr zufrieden. Lachfältchen unter ihren
Augen betonen ihre warme Ausstrahlung. Auf dem Boden liegen
Berge von Auberginen, Peperoni und Kräutern, und unzählige
Schüsseln, geschärfte Messer und leere Schraubgläser lassen eine
schweißtreibende Prozedur erahnen. All das erinnert mich an die
viele Jahre zurückliegenden Vorbereitungen für ein großes Grün-

kohlessen. Damals war ich noch ein Kind und habe ungläubig dem Schrumpfen der großen Blätter zugesehen. In meinem Ohr gibt es immer noch das Geräusch des scharfen Messers beim Schneiden der nassen Blätter.

»Das ist gut für die Männer – es gibt ihnen Kraft«, sagt Fatma mit einem Augenzwinkern in Richtung der giftgrünen Paste, und alle prusten los.

Damit sind wir bei einem wichtigen Thema angelangt. Sie wollen wissen, wie denn eigentlich die deutschen Männer so sind. »Wir haben gehört, dass es dort keinen Unterschied zwischen Männern und Frauen gibt.«

»Das stimmt nun wirklich nicht. Vielleicht sind unsere Welten nur weniger voneinander getrennt.«

»Und wie ist es mit der Liebe und dem Heiraten? Ist es wahr, dass manche Paare ohne Trauung zusammenleben und sogar Kinder haben?«

»Ja, das ist so. Viele Paare bleiben auch nur ein paar Monate oder Jahre zusammen.«

»Sind die Menschen in Deutschland glücklich damit?«

»Vielleicht nicht glücklicher oder unglücklicher als hier.«

»Hast du eine Ahnung«, sagt Sonita. »Ihr könnt jederzeit eure Männer verlassen. Wir brauchen bei einer Scheidung ihre Zustimmung.«

»Du hast Recht. Ich kann es nicht beurteilen. Ich weiß nur, dass es in meinem Land trotz der vielen Freiheiten eine Menge unglücklicher Menschen gibt.«

Zu diesen wichtigen Fragen des Lebens gehört natürlich ein Tee, und so macht Muschgan sich am Samowar zu schaffen, der einen Petroleumdocht hat und an kalten Wintertagen auch als Heizung dient. Sie gießt den starken Sud in kleine Teegläser und verdünnt ihn mit heißem Wasser. Die Gläser sind zu heiß, um sie an den Mund zu setzen, und so gießen wir ihn auf typisch iranische Art in tiefe Untertassen. Jede nimmt ein Stückchen Zucker zwischen die Zähne und nippt am Rand. Dieser mit einem hammerähnlichen

Werkzeug von Hand aus einem Block geschlagene Zucker löst sich nur langsam, und seine Süße reicht für mehrere Schlucke Tee.

Schließlich wollen alle etwas über Hamid erfahren. Er hat mir genaueste Instruktionen gegeben, was ich lieber nicht erzählen soll. Also kein Wort über seinen Job in einer Bar und sein Leben in einer Wohngemeinschaft, sozusagen mit fremden Frauen unter einem Dach. »Nächstes Jahr beendet er sein Studium, und dann kommt er auf einen Besuch in den Iran«, sage ich auftragsgemäß. Zum Glück ist das im Rahmen des Möglichen, da er nicht zu den politisch Verfolgten zählt und unbehelligt reisen kann.

»Warum ist er noch nicht verheiratet? Er ist schon fast dreißig. Wann will er endlich Kinder bekommen?« Ich denke an seine zahlreichen Affären und schmunzle bei der Vorstellung, sein Hochzeitsfoto stünde im elterlichen Wohnzimmer auf der Anrichte neben dem Soldatenfoto. »Eine Deutsche hat er geheiratet«, würden sie dann sagen, »aber eine gute Frau, eine sehr gute.«

»Er hat noch nicht die Richtige gefunden«, höre ich mich stattdessen sagen. »Kannst du ihm nicht eine vermitteln? Hast du keine Schwester oder Cousine?« Hamid wird sicher begeistert sein über diese Vorschläge, und ich verspreche, mein Bestes zu versuchen.

Fatma arbeitet derweil unermüdlich an den Pasten und zerquetscht Auberginen, um sie dann mit unglaublich viel Salz zu vermengen. »Das essen die Männer zum Aragh«, klärt sie mich auf, und es überrascht mich, dass eine gläubige Moslemin so selbstverständlich über Trinkgewohnheiten spricht. Sie nennt mir die verschiedenen Namen der Raschter Spezialitäten, doch kann ich mir nicht einen einzigen davon merken.

Als es an der Haustür klingelt, streift Fatma ihren geblümten Gebetsschador über, Hamids Mutter setzt ein kleines helles Kopftuch auf, und Muschgan zieht eine Strickjacke über ihre ärmellose Bluse. Doch es ist Behrouz, der ältere Bruder, der nicht mehr im Haus wohnt, und so können es sich die Frauen wieder bequem machen und sich in lockerer Kleidung zeigen.

Mir erscheinen die zarten grünen Hügel und die sich sanft winden-
de, leere Straße überraschend vertraut. Nur an Markttagen ist sie
voller Menschen, Tiere und Lasten. Frauen tragen dann gewaltige
Knoblauchstränge auf dem Rücken, und Hühner hängen zusam-
mengebunden kopfüber an Lenkstangen. Der Asphalt ist voller
Löcher; ölige Flecken und schimmernde Benzinlachen sind selten
und schwarze Bremsspuren fast gar nicht zu sehen. Noch sind es
die Spuren von Eselkarren und der Hufe von Schaf- und Ziegen-
herden, die die Geschichte dieser Straße erzählen. An ihren Rän-
dern stehen strohgedeckte Häuser mit wohnlichen Veranden ohne
Kabelzuführung und somit stromlos. Reis- und Teefelder mit ihren
kräftigen Grüntönen sind mehr als nur reizvolle Anblicke. Die
Früchte dieser Schönheit ernähren die Menschen in Gilan und weit
darüber hinaus. Es ist Erntezeit für die Blätter des wichtigsten Getränks und Kulturgutes des Iran. Die Basis für den Beginn des
Tages, für Gastfreundschaft, Zeremonien oder einfach nur für eine
verdiente Pause. Frauen in bunten Blusen, Strickjacken und hellen
Kopftüchern tauchen schon von weitem sichtbar als Farbklecske in
diesem nuancenreichen Bild auf.

Beim Näherkommen sieht man sie Plastikkörbe in der einen Hand
halten und mit der anderen geschwind über kniehohe Teebüsche
streifen und Blätter pflücken. Es ist die Landschaft aus dem modernen iranischen Film »Bashu« von Bahram Beizai. Der junge dun-
kelhäutige Titelheld aus einer scheinbar anderen Welt, der arabisch
geprägten Provinz Chusestan im Südwesten des Landes, irrt, ver-
schreckt von Kriegstraumata, unvermittelt durch die Felder dieser
fremden Region im grünen Norden. Nur der Stärke einer Bauers-
frau aus Gilan verdankt er es, dass er überlebt und schließlich sogar
eine neue Heimat findet. Auch die Frauen in den Teefeldern blicken uns offen an und wirken stark und selbstbewusst. Schließlich
berühren *ihre* Hände jedes Blatt, dessen Essenzen später als Tee
durch iranische Kehlen fließen. Ob an der türkischen Grenze im
Nordwesten oder in Balutschistan im Südosten – überall wird Tee
aus Gilan getrunken.

Diese tiefgrüne Welt erhält ihre Fruchtbarkeit aus den vielen Regenwolken, die vom Kaspischen Meer kommend sich ihrer Last vor den Gipfeln des Elborzgebirges entledigen. Bis auf den letzten Tropfen vergeben sie hier ihr Leben spendendes Nass und lassen nichts übrig für die Wüsten des zentralen Hochlandes. Mühsam werden dort Quellen angezapft und Berge durchbohrt.

Wir sind auf dem Weg nach Masule. Eine wunderbare Abbildung des iranischen Fotografen Kasraian, auf der das Dorf aussieht, als hingen die Häuser an den Berg geklebt übereinander, hatte mich hierher gelockt. Die Dächer der unteren Häuser bilden die Zugangswege für die oberen. Die Schwestern waren begeistert von der Idee, mich dorthin zu begleiten, und Souìtas Freund, der Busfahrer, bot sich als Chauffeur an. Die ganze Zeit turteln die beiden Frischverliebten miteinander, und an einigen geschützten Flussufern halten wir an, um Fotos der Glücklichen, ohne Kopftuch und Hand in Hand, zu machen. Die Landschaft kommt einer Schwarzwaldidylle gleich, mit dem Unterschied, dass hier keine Gefahr besteht, im nächsten Ort von den grellen Zeichen einer »modernen« Welt eingeholt zu werden. Und so dienen uns das satte Grün, die rauschenden und glasklaren Flüsse, die gewaltigen Bäume und lieblichen Täler als romantische Kulisse für eine ganze Serie von »Heimatfotos«.
Die Straße windet sich in steilen Serpentinen hinauf, und die Landschaft wird zunehmend wilder. Bestimmt ist dieser Weg im Winter von den Tälern abgeschnitten. Endlich wird der Blick frei auf Masule. Im Halbkreis schmiegen sich die lehmfarbenen Häuser wie Bienenwaben an die Rundungen des Berges. Eines klebt am anderen, und gemeinsam bilden sie eine Einheit, die in dieser Welt der kraftvollen Natur Geborgenheit bietet. In den geschützten Gassen des Dorfes werden Handarbeiten angeboten. Eine alte Frau deutet auf gestrickte Strümpfe.
»Sie sind schön warm«, preist sie ihre Ware an.
»Wird es hier denn so kalt?«

»Im Winter gibt es sehr viel Schnee. Sehen Sie, diese Mützen. Sie halten uns warm.«

Die engen Maschen und das filzartige Material wecken in mir eine leise Ahnung von den harten Wintermonaten in dieser Region.

Vom verheerenden Erdbeben war Masule kaum betroffen gewesen. Nur drei oder vier Häuser hatten dem Aufbäumen nicht standgehalten. Ich denke an Babak, der kurz vor meiner Abreise sagte: »Und wenn Masule zerstört ist, dann erzähle es mir bitte nicht. In meiner Erinnerung ist es eines der schönsten Dörfer, die ich kenne.«

Bevor mein Weg mich endlich in den Süden führen kann, bleibt mir nichts anderes übrig, als erneut einen Zwischenstopp in Teheran einzulegen. Die Stadt ist der unumgängliche Knotenpunkt für fast jede Nord-Süd-Verbindung, und so nutze ich die Gelegenheit, Madjid anzurufen. Ich bin neugierig auf seine Erlebnisse im Iran und brenne darauf, von meinen zu erzählen. Nach einem längeren Telefonat bin ich mir eines Vertrauten gewiss, der genau wie ich aus einer anderen Welt kommt und dieses Land nur besucht. Außerdem ist er praktisch mein einziger Bekannter, den ich nicht mit Hilfe des blauen Notizbuches kennen gelernt habe. Wie schon bei unserer ersten Begegnung im Flughafengebäude von Damaskus war auch dieses Gespräch überaus amüsant. Ihm scheint seine alte Heimat in den vielen Jahren seines Pariser Exils sehr fremd geworden zu sein.

Wir verabreden uns am Platz Arjantin, weil es der einzige Ort ist, den wir beide kennen und der recht nahe gelegen ist. Ich komme mit dem Taxi aus Richtung Norden den Expressway hinunter. Madjid müsste eigentlich aus dem Westen kommen, und meine Augen tasten den hektischen Kreisverkehr ab. Wir wollen uns beim Markt der Autohändler treffen. Gleich hinter einer Abgrenzung steht eine Reihe amerikanischer Straßenkreuzer aus den sechziger und siebziger Jahren. Welch eine Pracht im Vergleich zu den Autos der Neuzeit. Jedes scheint einen Charakter oder gar eine

Persönlichkeit zu haben. Vor allem aber eine beeindruckende Form und Scheinwerfer, die einen ansehen können.

Endlich taucht er auf. Die vielen Stunden des Wartens in Damaskus, der Flug und die aufregende Ankunft hatten ein Band zwischen uns gesponnen. Ich habe das Gefühl, einem Freund gegenüberzustehen. Wir geben uns die Hand und würden uns am liebsten ein wenig in den Arm nehmen.

»Na, wie gefällt dir deine alte Heimat?«

»Ehrlich gesagt, ich weiß es nicht. Außerdem habe ich kaum etwas gesehen. Ständig sitze ich bei irgendwelchen Verwandten und muss essen.«

»Ich hab auch schon einige Kilo zugelegt.«

»Hast du Lust, den Basar zu sehen? Meine Familie hat dort ein Geschäft.«

»Oh, der Herr ist Basari.«

»Ich habe damit doch gar nichts zu tun. Aber wir könnten durch den Basar bummeln und vielleicht auch meinen Bruder besuchen.«

»Gute Idee. Ich war noch nie im Teheraner Basar. Kennst du dich ein wenig aus?«

»Na ja, etwas. Auf alle Fälle kenne ich den Teppichbasar, und der ist wirklich sehr schön.«

Und schon sitzen wir in einem Taxi, das Richtung Süden fährt. Die Luft wird zunehmend heißer und stickiger, und immer häufiger bleiben wir in Staus stecken. Schließlich kommt der Verkehr ganz zum Erliegen, und die letzten hundert Meter gehen wir zu Fuß. In dieser Gegend drängen sich überwiegend Männer auf den Bürgersteigen, und ihr Gesichtsausdruck zeugt von überaus wichtiger Geschäftigkeit. In einem kleinen Pavillonzelt im Vorgarten einer alten Villa sitzt ein alter Mann an einer klappernden Schreibmaschine. Er tippt Briefe für Schreibunkundige, und ich wechsle ein paar Worte mit ihm.

»Es gibt nicht mehr so viele Kunden wie früher«, klagt er. »Fast alle können jetzt selbst schreiben.«

Durch einen Seiteneingang betreten wir die verwirrenden Gänge des Basars. Es scheint die Gasse der Taschenverkäufer zu sein. Ihre kleinen Läden sind bis unter die Decke vollgestapelt mit Leder- und Stofftaschen. Mein Blick fällt auf einen alten Koffer mit wunderschönen Scharnieren. Sofort öffnet der Händler das Prachtstück, und das Innere eines Picknickkoffers kommt zum Vorschein. Fein gemusterte und gepolsterte Ausformungen für Teegeschirr und andere Utensilien machen ihn zu einer wahren Besonderheit. Abwartend steht der Händler im Eingang seines kleinen Geschäftes; er unternimmt nicht den leisesten Versuch, mich zu überreden.

»Wie findest du ihn?«, frage ich Madjid.

»Ich weiß nicht. Was willst du damit?«

»Eigentlich nichts. Er ist einfach nur schön.«

Ich bedanke mich beim Händler, und wir ziehen weiter.

Später gehen wir in ein Kellerrestaurant mitten im Basar. Dort herrscht die Atmosphäre einer weiß gekachelten Autobahnraststätte, aber das Essen ist hervorragend. Genüsslich sitzen wir vor unseren gewaltigen Portionen und verscheuchen alle Gedanken an drohende Leibesfülle.

»Ich liebe die persische Küche, aber ich kann es nicht ertragen, rund um die Uhr essen zu müssen.«

»Das Problem kenne ich. Schon beim Frühstück redet meine Mutter davon, was es zum Mittag geben wird. Und beim Mittag kreisen ihre Gedanken um das Abendessen.«

»Hast du auch das Gefühl, dass sie die Speisen nicht wirklich genießen?«

»Irgendwie schon. Alles geht viel zu schnell. Beim Essen wird wenig gesprochen, und ehe ich überhaupt richtig anfange, sind die anderen schon fertig.«

»Mir geht es auch so. Obwohl ich eigentlich viel zu schnell esse, bin ich hier immer als Letzte fertig.«

»Schau dich um. Die anderen Leute, die mit uns gekommen sind, haben schon alles aufgegessen.«

Wir bleiben noch zwei weitere Mahlzeitenrunden sitzen und genießen die Möglichkeit, über die leer gegessenen Teller hinweg zu plaudern.

»Mir fehlt ein guter Rotwein.«

»Mir auch, aber ich habe in Anzali Aragh probiert.«

»Wirklich? War das nicht gefährlich?«

»Wieso? Wird in deiner Familie kein Alkohol getrunken?«

»Das habe ich noch nicht herausgefunden. Wegen des Trauerfalls war das bis jetzt noch kein Thema.«

»Manchmal habe ich den Verdacht, es fällt den Iranern schwer, sich hemmungslos zu vergnügen, oder wenn sie es tun, dann mit einem schlechten Gewissen. Als sei es ihr Schicksal, immer leiden zu müssen.«

»Vielleicht hast du Recht. Ob sie deshalb auch das tolle Essen so schnell runterschlingen?«

Unser ausgelassenes Gespräch lenkt die Blicke der anderen Gäste an unseren Tisch, und Madjid wirkt ein wenig unsicher.

»Dürfen wir eigentlich an einer gemeinsamen Tafel speisen?«, fragt er mit gespielt verschwörerischem Tonfall.

»Natürlich nicht. Das ist zutiefst unmoralisch. Bist du nicht sogar verheiratet, du Ehebrecher?«

Wir bummeln weiter durch den Basar, und ich kaufe einen Koffer, der allen Kriterien modernen Recyclings Ehre macht. Eine einfache Holzkiste ist mit Restblechen aus einer Thunfischdosenproduktion ausgekleidet, und der Griff stammt von einer ausrangierten Kommode. Das farbenfrohe Motiv mit den vielen Thunfischen auf rotgelben Untergrund fand sofort meine Bewunderung. Der Koffer ist zwar sperrig, dafür aber eine wahre Rarität, trägt arabische Schriftzeichen und ist gut geeignet, meine vielen Mitbringsel darin zu verstauen.

»Warum hast du dir ausgerechnet diesen ›Arme-Leute-Koffer‹ gekauft? Du wirst deswegen schon ganz komisch angestarrt.«

»Ich finde ihn klasse. Ich werde ihn als Fotokiste benutzen.«

Ein junger Mann spricht uns in gebrochenem Englisch an und

fragt, ob er uns in ein Teppichlager führen darf. Ununterbrochen redet er auf uns ein, schickt einen Jungen, der meinen Koffer trägt, und sagt etwas wie: »Die Rechnung für den Teppich wird an die Botschaft geschickt.«

»Lass uns mitgehen«, schlage ich vor. »Sie denken, wir gehören zu einer der Botschaften. Vielleicht wird das ganz interessant. Du hast doch gehört: Die Rechnung kriegen wir erst später.«

Madjid scheint in diesem Moment nicht zu wissen, was er von mir halten soll.

Nachdem wir unserem Führer durch verwirrende Gassen und Karawansereien mit offenen Innenhöfen gefolgt sind, erreichen wir den Teppichbasar. Ohne uns einen Blick in die verschiedenen Läden zu gönnen, bringt er uns direkt zu einem großen Händler. Das Angebot in dem hallenartigen Raum ist überwältigend, und ich komme aus dem Staunen nicht mehr heraus. Hier stapeln sich Tausende von Teppichen in allen erdenklichen Farben, Formen und Größen. Madjid befürchtet offenbar, ich könnte auf das Angebot unseres Führers zurückkommen, und einen Teppich auf ›Rechnung‹ kaufen, denn bevor meine Schwärmereien allzu sehr nach einem endgültigen Entschluss klingen, zieht er mich zur Seite.

»Du willst doch nicht wirklich …?«

»Nein, keine Angst. Ist alles nur Spaß.«

»Trotzdem, lass uns lieber gehen.«

Der Händler schaltet sich ein und wiederholt sein Angebot.

»Madam, tausendfünfhundert Englische Pfund für dieses Prachtexemplar aus Qom. Wir liefern zum Konsulat oder auch nach England, wie Sie möchten, alles kein Problem.«

Endlich spreche ich Worte des Abschieds, bedanke mich für die gekonnte Verkaufsshow und schaue in Madjids erleichtertes Gesicht.

»Unser Englisch scheint überzeugend zu klingen. Er hat nicht mal geahnt, dass ich Iraner sein könnte.«

»Ich habe mich ehrlich gesagt auch gewundert. Aber das liegt vielleicht auch an deiner Kleidung.«

»Wieso, was ist damit?«

»Na ja, sie hat schon was von Pariser Schick.«

Nach einigen Minuten wird deutlich, dass wir uns vollkommen verlaufen haben. Ahnungslos durchstreifen wir die schattigen Gänge und landen schließlich an einer Art Hinterausgang dieses Labyrinths. Eine sonnendurchflutete Gasse lädt zum Näherkommen ein. Offenbar sind wir an einem der südlichen Ausgänge gelandet, denn die Behausungen an diesem Ende des Basars sind sehr alt, einfach und einige sogar halb zerfallen. Ein alter Holzkarren ist über und über mit Limuschirin beladen, und der Verkäufer schaut uns neugierig an. Wir dringen tiefer ein in dieses nicht minder verwirrende Labyrinth eines lebendigen Viertels unter einer heißen Herbstsonne.

Frauen sehen wir hier nur vereinzelt, und wenn, dann huschen sie eng an den Häuserwänden entlang und sind ausnahmslos in Tschadors gehüllt. Ein Schuljunge rennt an uns vorbei und verliert beim Überspringen eines kleinen Wassergrabens beinahe seinen löchrigen Schuh, dessen Sohle kaum noch Halt am verschlissenen Stoff findet. Es ist bittere Armut, die aus diesem Anblick spricht. Es ist das Teheran aus den Erzählungen von Freunden, die einst selbst in diesem Teil der Stadt lebten. Gleichzeitig ist es mir aus eindringlichen Szenen kritischer moderner Filme ein wenig vertraut. Im »Süden«, wie es genannt wird, leben die Menschen auf engstem Raum und müssen jeden Tag erneut um ihren Lebensunterhalt kämpfen. Ein anderer Junge hat seinem Rücken einen gewaltigen Leinensack aufgeladen und wankt unter dieser Last zum Basar. Ein Granatapfelhändler bietet seine Ware ausgepult und in kleinen Schälchen an. Sein winziger, rollender Verkaufsstand ist dekorativ mit einem rot-grün karierten Wachstuch bedeckt und bietet die passende Unterlage für seine zu Pyramiden aufgeschüttete Granatapfelernte. Wie viele Hände mögen diese Menge in konzentrierter Feinarbeit entkernt haben?

»Ich würde gern ein Foto von dem Stand machen, kannst du ihn bitte danach fragen?«

»Ich weiß nicht.«

»Mach schon, sonst tue ich es, und das macht einen schlechten Eindruck.«

»Du hast ja bereits einiges gelernt in meiner Heimat, Madam. Du weißt sogar schon, was einen schlechten Eindruck macht. Und das ist hier leider sehr wichtig.«

Madjid stellt sich neben den turkmenischen Händler, und beide stehen mit geschwellter Brust hinter der rotleuchtenden Ware.

Mein Freund möchte nicht noch weiter eindringen in die Gasse des Teheraner Südens und sagt etwas davon, dass sein ›Pariser Schick‹ und die blonde Begleitung an seiner Seite ein wenig zu viel Aufsehen erregen.

»Ich glaube, ich war noch nie in diesem Teil meiner Heimatstadt«, gesteht er plötzlich, »und ich fühle mich auch nicht ganz wohl hier. Wir sollten versuchen, den Weg zurück in den Basar zu finden.«

Das Dorf am Sayande Rud

*D*ie Aussicht auf den Süden versetzt mich in eine willkommene Unruhe, die keinen Platz lässt für einen wehmütigen Abschied vom Norden, vom vertrauten Grün der Küstengebiete und von den Gipfeln und Tälern des Elborz. Leichten Herzens werde ich Teheran den Rücken zukehren und mich dem Orient hingeben, der in meiner Vorstellung gleich hinter der Stadtgrenze beginnt. Da mir der angebliche Reiz der Metropole bisher ohnehin weitgehend verborgen geblieben ist und ich meine Großstadttauglichkeit angemessen bewiesen habe, mache ich mich gut gelaunt auf den Weg in die unbekannte Welt des orientalischen Südens. In eine Welt der faszinierenden Anblicke in Gelb und Braun mit grünen Fleckchen, Oasen in ewiger Trockenheit, die einer sengenden Glut mutig trotzen. Süden – ist das nicht ein Blumenmuster auf einer blauen Kachel, die mit dem Leuchten des Himmels konkurriert? Oder eine Wüstenstadt, in der Windtürme gegen die unbarmherzige Kraft einer gleißenden Sonne kämpfen und sich dabei wehende Lüfte zu Gefährten machen?

Allein schon der Name des riesigen Busbahnhofs versetzt mich in Aufregung: Terminal Djonub, Südbahnhof. Er liegt an der Rahe-Be'sat, einer Straße, die durch diese Bezeichnung an die Aussendung Mohammeds als Prophet erinnern soll. Doch der Taxifahrer benutzt lieber die alte Bezeichnung. An die »neuen«, religiösen Namen will er sich auch nach über einem Jahrzehnt nicht gewöhnen.

»Irgendwann benennen sie sie doch wieder um. Während des Krieges hießen viele Straßen nach irgendwelchen Märtyrern. Hunderte von Straßen, die mit ›Shahid‹, ›Märtyrer‹, anfingen. Wie soll man da als Taxifahrer den Weg finden? Meine Fahrgäste benutzen auch meistens die alten Straßenbezeichnungen.«

Am anderen Ende der Stadt gelegen, hat der Terminal ein westliches Siebziger-Jahre-Design: großzügige Hallen, viel Beton und orangefarbene Plastikstühle. Über den Schaltern der verschiedenen Busgesellschaften leuchten Schilder mit schwungvollen arabischen Schriftzeichen, und ich entziffere »Kerman«, »Yazd« und »Schiraz«. Hinter den Tresen stehen Männer mit ewig offenen Mündern und verkünden Analphabeten, Kurzsichtigen und Blinden, wohin die Reise geht. Laut und unglaublich schnell rufen sie: »Isfahan, Isfahan, Isfahaan, Schiraz, Schiraz, Shiraaz, Abadan, Abadan, Abadaan«, wobei das Letztere aus ihren Kehlen wie eine Zauberformel klingt, und ich würde am liebsten antworten: »Ja, ich komme.«

An jeder Ecke bieten Händler ihre Waren an. »Pesteh, Pesteh, Pesteehh«, Pistazien, rufen die einen und »Labuh, Labuh, Labuuhh«, rote Beete, die anderen.

Und überall Männer. Nur wenige Frauen sind unter den Reisenden und diese meistens in männlicher Begleitung oder mit einem Kind an der Hand.

Wieder biete ich eine unerwartete, doch, wie es scheint, willkommene Abwechslung. Auch meine echt Teheraner Garderobe, der neue Mantel und das modische Kopftuch »à la arabica« können meine Fremdheit nicht verbergen. Die Blicke der wartenden Fahrgäste fixieren zielstrebig die Charedji. Was sie wohl denken mögen? Das Wissen um die legendäre Freizügigkeit europäischer Frauen hat sicher auch vierzehn Jahre Islamische Republik überdauert. Das ungewöhnlich lange Taxieren einer Fremden ist offenkundig entschuldbar – bei einer Einheimischen würden sie das kaum wagen.

Farhad, der mich unter ausufernden Warnungen vor dieser gewagten Tour zur Station begleitet, sucht inzwischen die richtige Abfahrtsrampe und lässt mich einen Moment lang allein zurück. Das bietet den Mutigsten die Gelegenheit, ein Stück näher zu kommen.

Wie vertraut mir das inzwischen schon ist. Ich habe mir angewöhnt, in solchen Situationen möglichst aufrecht zu sitzen und nicht an den Fingernägeln zu kauen oder in der Nase zu bohren, denn das wäre ein unvorteilhaftes Zeichen von schlechtem Benehmen, Nervosität oder gar Unsicherheit.

Besonderes Aufsehen erregt es, wenn ich jemanden anspreche. Will ich nach dem Weg oder dem richtigen Schalter fragen, wende ich mich meistens an Frauen. Dann trauen sich manchmal weitere Umstehende heran, um zu hören, in welcher Sprache ich mich verständige. Und immer wird mir überschwänglich Hilfe angeboten. Ein älterer Mann sagte einmal: »Sie sehen nach Hoffnung aus.«

Zuerst glaubte ich, ihn falsch verstanden zu haben, doch dann erklärte er: »Wenn sich selbst eine europäische Frau allein in dieses Land traut, dann kann es nicht mehr so schlimm sein und hoffentlich nur besser werden.«

Bis jetzt haben die überwiegend jungen, männlichen Beobachter nicht ein einziges Mal eine imaginäre Linie überschritten, die offenbar wie ein Kreis um mich gezogen ist. Es gibt keine eindeutigen Bemerkungen, frechen Komplimente oder gar plumpe Berührung wie in der heimischen U-Bahn.

»Der Bus nach Isfahan steht an Rampe siebzehn.«

Farhad nimmt meine Tasche, und ich trotte hinter ihm her. Vor dem Bus steckt er sich eine Zigarette an, schnell nehme ich sie ihm aus der Hand und ziehe einige Male daran. Eine eigene zünde ich mir lieber nicht an. Fereschte ist die einzige Iranerin, die ich auf offener Straße habe rauchen sehen. Mir ist nicht daran gelegen, durch untypisches Verhalten weiteres Aufsehen zu erregen.

»Willst du wirklich in ein Dorf fahren? Da ist es nicht so wie hier. Es könnte gefährlich werden.«

Ungläubig schaue ich ihn an. »Was soll denn da schon passieren?«

»In den Dörfern ist alles möglich. Auf den Landstraßen gibt es manchmal Überfälle.«

Vor meinem Auge zieht eine Kamelkarawane durch die Wüste, und maskierte Räuber entführen die Ausländerin.

»Ich passe schon auf. Hast du schon mal was von Karl May gelesen?«

Es wird Zeit für den Abschied, und ich verspreche, jeden zweiten Tag anzurufen und gesund zurückzukommen. Auf meiner Fahrkarte steht an der vorgesehenen Stelle für den Namen des Fahrgastes »Charedji«, was zur Identifizierung ausreichen sollte. Der Fahrer kontrolliert die Passagierliste und wirft einen zufriedenen Blick auf die gefüllten Sitze. Wieder einmal habe ich einen zusätzlichen Rahat, Bequemlichkeitsplatz, der mir bis jetzt immer zugewiesen worden ist, selbst wenn ich ausdrücklich darauf hinweise, dass ich keinen haben will. Ob das bei allein reisenden Frauen immer so ist, bleibt mir schleierhaft. Stets habe ich auf den Plätzen hinter dem Fahrer oder zumindest in seiner Nähe gesessen. Sein Assistent ist meistens ein junger Mann, der »Shagerd«, »Schüler«, genannt wird. Zu seinen vielen Diensten gehört auch die Versorgung des Fahrers mit Tee und leckeren Kleinigkeiten. Den Reisenden reicht er üblicherweise in regelmäßigen Abständen Wasser, während er mir aus Neugier und Gastfreundschaft – sei es seiner eigenen oder der des Fahrers wegen – auch Tee, Pistazien, Melonenkerne, Rosinen und Obst anbietet. Dann geht es oft schon bald um die beliebte Frage, ob es in Deutschland oder im Iran besser sei. Bei diesen Gesprächen kommt schnell auch mein abwesender Ehemann ins Spiel, der je nach Situation entweder aus beruflichen oder politischen Gründen nicht gemeinsam mit mir reisen kann.

Teheran will kein Ende nehmen. Trostlose Vorstädte voller Baustellen und löchriger Straßen liegen zu beiden Seiten des Expressway im ausufernden Süden der Stadt. Auf der linken Seite erscheint schließlich das riesige Khomeini-Mausoleum – ebenfalls eine Baustelle –, von dem niemand besondere Notiz nimmt.

Und dann beginnt die Wüste. Welch überwältigende Trockenheit! Kein Grashalm weit und breit, doch gibt es tatsächlich auch hier einige Ansiedlungen. Und dann taucht aus dieser Unendlichkeit ein riesiger Salzsee auf. Unwirklich mit seinem schneeweißen Ufer und dem türkisfarbenen Wasser sieht er aus, als hätte ein Maler seinen Pinsel in einem Anfall von Übermut ein wenig zu tief in den grünen Farbtopf getunkt. Aus der Erinnerung taucht plötzlich die Stimme eines Freundes auf: »Als ich im Gefängnis war, hatte ich am meisten Angst davor, dass die SAVAK mich eines Tages in einen ihrer Hubschrauber setzt und über dem Salzsee abwirft.«

Mit einem Stein am Bein war auf diese Art das spurlose Verschwinden der Schahgegner garantiert. Stattdessen beschränkten sie sich bei ihm auf die Bastonade und gelegentliche Faustschläge. Zehn Jahre Haft hatte er für seinen jugendlichen Leichtsinn bekommen, Flugblätter einer linken Bewegung nicht nur zu lesen, sondern auch weiterzuverbreiten. In den Revolutionswirren kam schließlich die Amnestie. Zu dem Zeitpunkt hatte er vier Jahre abgesessen. Ich nehme mir fest vor, ihm aus Isfahan eine Ansichtskarte nach Deutschland zu schicken.

Nach zwei Stunden machen wir eine Pause an einer Raststätte vor den Toren Qoms. Eine Frau schaut mich viel sagend an, und ich folge ihr zu den Toiletten. Hier beginnt nun wieder eine nervenaufreibende Akrobatik. Nirgends finde ich einen Haken für meine Tasche und den langen Mantel, und der Boden ist feucht und dreckig. Jedes Mal frage ich mich, wie die Tschadorfrauen dieses Problem lösen, zumal es gilt, mit Wasserhahn samt Schlauch und einer Plastikkanne zu hantieren. Irgendwann muss ich jemandem dieses Geheimnis entlocken.

Die Raststätte gleicht einem Basar für Süßigkeiten und Handarbeiten, und mir wird eine leuchtend gelbe Spezialität aus Qom angeboten: Souhan, ein Gebäck mit viel Safran und Pistazien. Sonst deutet nichts auf die Nähe zur heiligen Stadt hin. Zwar erwarte ich neben den zahlreichen landestypischen Souvenirs nicht unbedingt kitschige Koranversionen aus Keramik oder Porzellanstatuen berühmter Mullahs, doch immerhin ist die Gelehrten- und Pilgerstadt, weit mehr als Teheran, das politische Herz der Islamischen

Republik. Selbst das obligatorische Khomeini-Bild ist hier nicht größer als in anderen Geschäften und Lokalen. Neugierig schaue ich mich um, und ein Reisender, der im Bus ganz in der Nähe saß, bietet freundlich seine Hilfe an.

Der junge Mann ist Student auf Wochenendfahrt und reagiert auf meine Fragen nach Qom recht eindeutig: »Da ist nichts los – eine Stadt voller Gräber und Mullahs«, und er macht eine Handbewegung, die den Turban der Würdenträger andeutet. Viele Gläubige aus allen Landesteilen seien davon beseelt, hier, in der Nähe des Schreins der Fatima, ihre letzte Ruhe zu finden. Manch einer legte diesen Wunsch im Testament nieder. Auf den Friedhöfen lägen die Toten bereits in mehreren Etagen übereinander.

Vor der Raststätte schlägt uns eine unwirkliche Hitze entgegen, die mich in ihrer windigen Trockenheit an einen Föhn erinnert. Wie gern würde ich meinen Mantel ausziehen und meine Haare wehen lassen. Mein Rücken ist bereits schweißnass, und ich werde noch einige Stunden in dieser Kluft zubringen müssen.

Offenbar macht dem Studenten das Englischsprechen große Freude, und Lobgesänge auf die Schönheit seiner Heimatstadt steigern meine Lust auf Isfahan. Die Bushupe ertönt, und wir begeben uns wieder auf unsere Plätze. Nun, da die imaginäre Linie auf angemessene Weise überschritten ist, plaudert er auch im Bus weiterhin mit mir. Seine Übersetzungskünste werden arg gefordert, als noch andere Reisende an dem Gespräch teilhaben wollen.

»Woher kommt sie? Wohin will sie? Wo ist es besser?«

Dann fragt jemand nach den Brandanschlägen auf Ausländer in Deutschland.

»Stimmt es, dass dort Menschen verbrannt werden, weil sie Ausländer sind?«

Die Ereignisse in Solingen liegen kaum drei Monate zurück, und die Fahrgäste berichten, die Bilder mit dem abgebrannten Haus seien häufig im Fernsehen gezeigt worden.

»Ja, es ist wahr. Das Haus wurde angezündet, weil dort Ausländer lebten.«

»Haben Nazis das Feuer gelegt?«

»Ja, solche Menschen werden Nazis, Neonazis, Rassisten und Mörder genannt.«

»Kann das auch Iranern passieren?«

»Das kann allen passieren, die anders aussehen oder anders denken als die Nazis. Schwarze Haare und braune Augen können als Grund ausreichen, von ihnen verfolgt zu werden.«

»Aber Iraner sind doch Arier, wie die Deutschen.«

Die Vorliebe der frühen Pahlevi-Dynastie für Deutschland und in Folge sogar für Hitler und seine vernichtende Rassenideologie scheint sich offenbar bis heute in Fragmenten erhalten zu haben. Nach passenden persischen Worten suchend, damit der Student nicht aus dem Englischen übersetzen muss, lande ich bei der einfachsten Formel: »Alle Menschen sind gleich, oder? Das hat doch auch schon Mohammed gesagt. Die Hautfarbe und die Herkunft eines Menschen sollten keine Rolle spielen. In Deutschland mag man heute das Wort ›Arier‹ nicht mehr aussprechen. Aber es gibt leider immer noch erschreckend viele Menschen voller Hass auf Fremde.«

Eine aufgeregte Diskussion, der ich kaum folgen kann, setzt ein. Offenbar wird auf die Zugehörigkeit zum Volk der Arier großen Wert gelegt.

»Iran bedeutet: das Land der Arier«, schaltet sich der Fahrer ein. Ich bin heilfroh, von der angeblichen Aussage des Propheten Mohammed gehört zu haben, denn seinen Argumenten ist kaum etwas entgegenzusetzen. Da ich nach einer Arier-Diskussion wirklich kein Verlangen habe, ist es hilfreich, als der Student erneut nach der Katastrophe von Solingen fragt. Zum Schluss merkt er an, viele Leute hielten die Berichte zu den Brandanschlägen in Deutschland für übertrieben oder für Propaganda der Islamischen Republik.

Wieder einmal ist es schon dunkel, als wir unser Ziel erreichen. Wer mich wohl abholen wird? Bei der großen Verwandtschaft meiner Freunde und den äußerst komplizierten Telefonaten habe ich den Überblick verloren. Schon vor Wochen hatten die drei in Briefen an ihre Familien mein Kommen angekündigt und meine große Neugier auf ihr Dorf betont. Genauso gern, wie ich das prunkvolle Isfahan sehen will, möchte ich das Landleben kennen lernen.

Nach einer Übernachtung bei Bahmans Tante in der Stadt würden wir am nächsten Abend in das Dorf am Sayande Rud fahren, hatte Farhad mir nach dem letzten Telefonat mit Babaks Bruder erklärt.

Ein sehr moderner Busbahnhof ist das Erste, was ich von der Stadt sehe, die einst »nesfe jahan«, »halbe Welt«, genannt wurde. Doch niemand scheint mich zu erwarten. Irritiert schaue ich mich um. Vielleicht haben sie eine Panne. Sicher werden sie jeden Moment kommen. Oder sind Dörfler womöglich nicht ganz zuverlässig? Schwieriger wird meine Lage noch dadurch, dass ich nicht einmal weiß, auf wen ich warte. Welche der vielen Nummern soll ich anrufen? Manche gehören zu den Nachbarn der Familien meiner Freunde, weil dort im Dorf nicht jeder einen Telefonanschluss hat. Außerdem sprechen die Leute einen starken Dialekt, und ich kann sie kaum verstehen. Farhad hatte die entscheidenden Vereinbarungen getroffen und meine genaue Ankunftszeit mitgeteilt. Der Student und der Fahrer bieten ihre Hilfe an. Passanten kommen hinzu, und es werden Einladungen ausgesprochen. Mehrere Leute schmieden Pläne, wie mir am besten zu helfen sei, und mein Zettel mit den Nummern und Adressen wird von Hand zu Hand gereicht. Der Student telefoniert für mich, und nach einigen Versuchen wissen wir zumindest, dass jemand unterwegs ist, um mich abzuholen. Ich bedanke mich für die Hilfe und bitte sie, meinetwegen nicht länger zu warten. Dass ich in ein abgelegenes Dorf weiterreisen möchte und nicht in Isfahan bleibe, ist ihnen unbegreiflich.

»Da gibt es nichts zu sehen.«

Das hatte ich doch schon heute Vormittag gehört, wobei in Farhads Beschreibungen »nichts« auch noch schmutzig und primitiv gewesen war. Es sei fraglich, hatte er hinzugefügt, ob sie dort überhaupt

Persisch sprächen. Schließlich befinde sich das Dorf in der Nähe von Schahre Kord – Stadt der Kurden.

»Es hat mit Kurdistan nichts zu tun, und die jüngeren Leute sprechen alle ganz normales Persisch«, hatte ich ihm, Informationen aus dritter Hand weitergebend, geantwortet und damit auch meine eigene Hoffnung zum Ausdruck gebracht.

Doch nun kann ich nichts weiter tun, als auf diesem immer leerer werdenden Bahnhof zu warten. Natürlich als einzige Frau. Der Fahrer ist müde und will nach Hause. Ein letztes Mal bietet er an, mich zu seiner Familie mitzunehmen. Der Student versorgt mich derweil mit Gaz, einer süßen Isfahaner Spezialität, die ich in dieser Frische bisher nie probiert habe. Zu eckigen, mundgerechten Stücken geformt, umhüllt eine weiche und unglaublich leckere weiße Masse knackige Pistazien.

Und dann dringt endlich das erlösende »Chanume Bruni?« an mein Ohr. Zwei Männer und ein Gladiolenstrauß tauchen unverhofft vor mir auf. Automatisch will ich ihnen die Hand geben, doch ist diese Begrüßungsform besonders gegenüber Frauen unüblich. Eine Frau im Tschador erscheint hinter ihnen und kommt zielstrebig auf mich zu. Mit Tränen in den Augen nimmt sie mich in den Arm und küsst mir die Wangen. Es ist Keschwar, die Schwägerin meines Hamburger Freundes Bahman. Und die beiden Männer müssen seine Brüder sein, denn deutlich sehe ich vertraute Gesichtszüge.

Voller Aufregung werden Entschuldigungen ausgesprochen und Höflichkeiten ausgetauscht. Ich überbringe Grüße und Botschaften und denke wehmütig an die vielen Geschenke, die nie angekommen sind. Endlich begreife ich den Grund der Verspätung. Sie hatten am alten Busbahnhof gewartet. Beinahe vergesse ich den Studenten. Auch er spricht eine Einladung aus, gibt mir seine Telefonnummer und bietet sich als Stadtführer an.

Die Nacht und den folgenden Tag verbringe ich in Isfahan, bis die Reise ins Dorf weitergeht.

Ich hatte zu viele Geschichten über diesen Ort gehört, als dass mir hier, auf einer abgelegenen Landstraße nahe bei Schahre Kord, in den Sinn kommen könnte, in eine unbekannte Welt zu fahren. Meine Fantasie und eine Hand voll alter Fotos aus den abgegriffenen Alben der Freunde hatten in meiner Vorstellung ein idyllisches Dorf am »Sayande Rud«, am »gebärenden Fluss«, entstehen lassen. Drei Großfamilien, deren weit verzweigtes Verwandtschaftssystem ich nur ansatzweise begriffen hatte, erwarteten mich. Mein Besuch bietet nach vielen Jahren die erste, zumindest indirekte Brücke zu den Geflohenen. Keiner der Dörfler hatte es bis jetzt geschafft, ins ferne Deutschland zu reisen.

Von Isfahan aus fahren wir in die einbrechende Dämmerung, und der Tag verabschiedet sich mit einem berauschenden Farbenspiel. Plötzlich ist es vollkommen dunkel, und wären da nicht die vielen Kurven, würden mir sicher die Augen zufallen und ich könnte die Eindrücke aus dem schönen Isfahan noch einmal an mir vorbeiziehen lassen. Viel zu schnell waren wir über den gewaltigen Platz gehuscht, und viel zu kurz war der Spaziergang am Fluss und über die Brücken, doch wird es sicher ein Wiedersehen mit dieser Stadt geben.

Djamschid fährt in einem angenehmen Tempo die leere Straße entlang. Djawid sitzt neben ihm, und hinten machen Schahin, ihr kleiner Sohn Keyvan und ich es uns bequem. Wir sehen aus wie zwei Ehepaare, und Djawid erklärt, wie ich mich im Falle einer der häufigen Polizeikontrollen verhalten soll. Um mögliche Fragen nach dem Grund meines Besuches und der Verbindung zu dieser als oppositionell bekannten Familie zu vermeiden, beginnt er mit einer Einführung in »unauffälliges Verhalten«: Das Kopftuch tief ins Gesicht ziehen und schüchtern nach unten schauen, lautet die Parole. Als würde er mir diese Art von Blick nicht zutrauen, macht Djamschid es einige Male vor, und wir amüsieren uns über seine gelungene Vorstellung. Der kleine Keyvan schläft seelenruhig zwischen uns – kein Wunder, nachdem er die letzte Nacht fast ununterbrochen geweint und Schahin und mir den Schlaf geraubt hat.

Meine Aufregung wächst von Minute zu Minute, und ich fiebere mit klopfendem Herzen der Begegnung mit den Familien der drei »Hamburger« Babak, Bahman und Behrouz entgegen. Ich möchte auf den Pfaden ihrer Erzählungen wandeln und dem Echo ihrer Geschichten folgen. Meine Gastgeber können nicht ahnen, wie viel ich über ihr Leben und dieses Dorf weiß.

Vor über einem Jahr hatte ich Babak kennen gelernt. Dank meines Engagements in einer Asylgruppe waren wir uns kurz nach seiner Ankunft in Deutschland begegnet. Seine Qualen beim Erlernen der fremden deutschen Sprache drängten mich schließlich dazu, mein klägliches Persisch zu verbessern, damit überhaupt eine Verständigung möglich war. Anfangs konnte ich ihm nur mit wenigen Worten zur Seite stehen und ihm das Leben in seinem neuen Zuhause in Norddeutschland vertrauter machen. Oft fanden sich Landsleute ein, die übersetzten, und brachten mit ihren Erzählungen über den Iran ein Stück willkommener Fremdheit in meine Welt. Immer waren es seine Augen, die mir verrieten, dass er verstand, auch wenn es keine gemeinsamen Worte gab. Dann wurde er weggeschickt, »umverteilt«, wie es hieß. In einer abgelegenen Ortschaft wartete er auf seine Anerkennung als politischer Flüchtling. In dieser Zeit blieb uns nur das Briefeschreiben, denn an Telefongespräche war bei unserem begrenzten Wortschatz nicht zu denken. So übte ich das arabische Alphabet und versuchte ihn mit einfachen Worten aufzuheitern. Damals wirkte er, als hätte eine finstere Macht ihm die Utopie seines Lebens gestohlen. Unentwegt war er mit dem Verlust seiner Heimat beschäftigt, sodass es mich oft reizte, ihn wachzurütteln und seine Augen für das Neue zu öffnen.

Erst als er wieder mit seinen Freunden Bahman und Behrouz in Hamburg zusammen sein konnte, löste sich seine Traurigkeit ein wenig. Als ich ihnen von meinen Reiseplänen erzählte, hielten sie das Unternehmen für undurchführbar. Nie würde ich ein Visum bekommen und nie unbehelligt allein durch das Land reisen können. Ich wolle in ihr geliebtes Dorf reisen? Wie das? Es existierte doch nur noch in den Träumen, oder nicht? Erst als sie mich Reisevorbereitungen treffen sahen und ich ihnen sagte, ich würde schon bald aufbrechen, begriffen sie die Ernsthaftigkeit meines Vorhabens. Und so schrieben sie Briefe an ihre Familien und kündigten meinen Besuch an. Sie packten ihre Geschenke ein, die dann mit meiner großen Tasche verschwanden. Und natürlich sollte ich persönliche Botschaften, Fotos und Geld überbringen. Endlich hatten die »verlorenen Söhne« im deutschen Exil die penible Vorsicht und Verschwiegenheit politischer Aktivisten unter einem diktatorischen Regime zugunsten einer erleichternden Offenheit aufgegeben und meine löchernden Fragen beantwortet. In der großen Stadt an der Elbe waren wir schließlich zu Vertrauten geworden.

Aus ihren Erinnerungen an das Heimatdorf habe ich mir ein Bild gemalt. Ich sehe den Lehrer vor mir. Aus Teheran war er zu ihnen geschickt worden, und mit seinen Geschichten von Freiheit und Gerechtigkeit entzündete er in seinen jugendlichen Schülern ein Feuer, das seit Jahren schwelte. Schon lange hatten sie gefühlt, dass etwas nicht stimmte mit dem entbehrungsreichen Leben in ihrem Dorf. Trotz der unermüdlichen Arbeit auf den Feldern blieb kaum genug zum Überleben, sodass viele Männer als Gastarbeiter nach Kuwait gingen und den Familien ihr hart verdientes Geld schickten. Armut, wo doch das Land so reich war. Wo blieben die gigantischen Gewinne aus der Erdölförderung? Wer waren die unglaublich wohlhabenden Leute, die manchmal auf ihrem Weg zu dem luxuriösen Hotel in den Bergen durch ihr Dorf fuhren? Dort angelten die Städter zum Spaß nach Lachsen und verbrachten mit ihren Damen offenbar vollkommen untätig, von Dienern umgeben, lange Wochenenden, während Vater und Großvater mühevoll die Reisernte einbrachten und an den Bewässerungskanälen arbeiteten. Der Lehrer kannte die Antworten auf all ihre Fragen. Der Schah und fünfzig angeheiratete Familien betrachteten das Land als ihren Privatbesitz. Über zweitausend Dörfer samt ihren Einwohnern gehörten dem Herrscherclan. Dieser lebte im westlichen Stil und schaute auf das eigene Volk hinab wie auf lebende Objekte einer altertümlichen, orientalischen Welt, die er zumindest gedanklich längst in Richtung Europa oder Amerika verlassen hatte. Im Teheraner Schahpalast selbst bestand das einzig Persische aus überdimensionalen, kostbaren Teppichen. Keine Spur von farbenfrohen Fayencekacheln aus Kaschan, nicht der Hauch eines orientalischen Stils. Europäische Stuckarbeiten statt wabenartiger Deckendekorationen zierten die Räume, französische Möbel, italienische Gemälde, Meißner Porzellan und ein englischer Billardsaal waren nach dem Geschmack der Pahlevis. Einen Gebetsraum, wie er jetzt in jedem Busbahnhof zu finden ist, suchte man vergeblich. Nicht einmal die Gartenanlage zeugte von der durch Harmonie beeindruckenden Genialität einheimischer Architekten, sondern war in der europäischen Strenge von Schlossanlagen ausgerichtet.

Und dann die vielen Ausländer aus Amerika und Europa, die überall ihre Fabriken bauten. Wer hatte eigentlich das Sagen im Land? Waren es nicht eigentlich schon die Englisch sprechenden Schlipsträger, die in Abadan das Stadtbild prägten und in aller Öffentlichkeit ihren Whiskey tranken? Hatten die Amerikaner vielleicht gar den Schah selbst zu einem ihrer Handlanger, ihrer Marionetten gemacht? Ihre Kampfflugzeuge, geziert mit dem königlichen Banner, zerschnitten in regelmäßigen Abständen und in erstaunlich großer Zahl den Wüstenhimmel. Für viel Geld überließ »Amrika« einem seiner besten Kunden militärisches Gerät, das nicht selten allzu schnell am Boden zerschellte: Für entscheidende Sicherheitstests blieb bei den vielen Lieferaufträgen kaum Zeit. Besonders die über zwanzigtausend Amerikaner im Land erregten das Missfallen vieler Iraner, hatten sie doch eine Art Diplomatenstatus und genossen Immunität, schwelgten im Luxus und zahlten keine Steuern. Im Dorf sagte man, in Teheran würde es zugehen wie in New York: Kinos und Bars an jeder Ecke, Diskotheken, amerikanische Straßenkreuzer und leicht bekleidete Frauen. Auf ihrem vertrauten Flecken Erde gab es nur eine Begegnung mit Ausländern, an die sich

Babak erinnern kann. Er war damals gerade in die Teenagerjahre gekommen, als ein Nachbarjunge durch die Gassen rannte und rief: »Am Fluss sind Ausländer. Lauft schnell hin, wenn ihr sie sehen wollt!« Und dort bot sich ihnen der unglaublichste Anblick, den sie sich vorstellen konnten. Ein bunt bemalter VW-Bus stand dicht am Ufer, aus den offenen Türen drang fremdartige Musik, und im Wasser tummelten sich zwei nackte Frauen und zwei Männer mit befremdlich langen blonden Haaren und Bärten. Nur die Mutigsten trauten sich bis an das Ufer, und eine geheimnisvolle Erregung aus tiefer Scham und Hingerissenheit überkam Babak. Die weißen Körper, die ihre Blöße nicht einmal bedeckten, als zwanzig fremde Augen auf sie gerichtet waren, schienen nicht von dieser Welt zu sein. Nie zuvor hatte er auch nur ein Frauenbein gesehen. Und nun diese gänzlich entkleideten Leiber mit den unbekannten Rundungen. Es war unfassbar. Noch Tage später gab es für die halbwüchsigen Jungen im Dorf kein anderes Gesprächsthema als das Bad der Fremden.

Doch schon bald nahm das Leben wieder seinen gewohnten und unspektakulären Lauf, und wie jeden Vormittag lauschte Babak den Worten seines Lehrers. Eines Tages, als der Unterricht schon lange beendet war, scharte sich eine Gruppe von Jungen im Schatten des Schulgebäudes um ihr großstädtisches Vorbild. An jenem glühend heißen Sommernachmittag erzählte er ihnen von den Gefängnissen. Dass sie voller junger Menschen seien, deren einziges Vergehen darin bestehe, sich das Leben in ihrer Heimat Iran besser und gerechter zu wünschen. Der – damalige – Geheimdienst, die SAVAK, verbreitete Angst und Schrecken, und Ende der siebziger Jahre seien Tausende politische Häftlinge gezählt worden. Er nannte es Demütigung, was geschah, und war unerschrockenen Mutes.

In die Schulzeit der Freunde fiel auch die Umstellung auf eine neue Zeitrechnung. Seiner unumschränkten Macht offenbar vollkommen sicher, fasste der Schah 1976 den provozierenden Entschluss, einen »monarchischen Kalender« einzuführen. Nicht mehr die

Hedschra des Propheten Mohammed sollte den Beginn der Zeit-
rechnung markieren, sondern der Regierungsantritt Kyros' des
Großen, des Achämenidenkönigs, der im sechsten Jahrhundert vor
Christus das erste persische Weltreich gegründet hatte. Aus dem
Jahr 1355 wurde über Nacht das Jahr 2535 der »Epoche des Königs
der Könige«.

Der Lehrer sprach davon, dass die bewusste Verherrlichung eines
längst untergegangenen Weltreiches den Armen im Lande nicht
weiterhelfe. Die Pahlevis täten so, als handle es sich bei den persischen Herrschern vergangener Zeiten um ihre eigene Ahnenreihe.
Schon in den dreißiger Jahren habe Reza Schah damit begonnen,
gewagte historische Verbindungen zu propagieren, und zudem großen Wert auf eine Betonung des Altiranischen gelegt: auf eine »persische Hochkultur« vor der Islamisierung durch die Araber. In den
mittleren und oberen Schichten der Gesellschaft sei es damals zu
einer regelrechten Mode geworden, den Neugeborenen altiranische
Namen zu geben. Und so seien immer häufiger Namen aufgetaucht, die bis dahin kaum jemand gekannt habe. Plötzlich habe es
neben all den Mohammeds, Alis, Hosseins und Fatemehs auch
Dariuschs, Babaks und Setares gegeben. Der Lehrer sprach auch
über das Leben der Mädchen und Frauen, die ungebildet hinter
Mauern ein trostloses Dasein führten und nur zum Gebären, Teppichknüpfen und Dienen da zu sein schienen. So müsse es nicht
bleiben, sagte er mit kraftvoller Stimme, und die drei Freunde und
einige andere nickten zustimmend. Eines Tages erschien der Lehrer plötzlich nicht mehr zum Unterricht, und niemand hörte je
wieder von ihm.

Und dann kam überwältigend und berauschend die Revolution;
selbst in ihr Dorf drang sie vor. Sie standen Ende der siebziger Jahre
kurz vor dem Abitur, und plötzlich waren sie viele, die für das eine
große Ziel kämpften: die Beseitigung der Schahdynastie. Über das
Danach machten sie sich anfangs keine Gedanken. Irgendetwas
mit Gleichheit, Freiheit und vielleicht auch Sozialismus sollte es

sein. Sie waren jung und mutig und kein bisschen religiös. Von Khomeini hatten sie bis dahin nur wenig gehört. Nadjaf und Kerbala, die heiligen Orte der Schiiten, hatten in ihrem Leben bisher kaum eine Rolle gespielt. Nur an Moharram, dem islamischen Trauermonat, zogen auch sie in nächtlichen Prozessionen durch die Straßen, riefen »Hussein« und die Namen der heiligen Stätten und genossen die zehntägigen Feierlichkeiten zum Gedenken an den ermordeten Imam als willkommene Abwechslung im eintönigen Dorfleben. Als die Turbanträger immer mächtiger wurden und so genannte Revolutionswächter, »Pasdaran«, die Einhaltung islamischer Regeln zu kontrollieren begannen, schien alles verloren. Niemand in ihrem und in den Nachbardörfern hatte eine besondere Verbindung zur Religion. Kaum jemals hatten sie ihre Väter oder Mütter beten sehen – es war bei ihnen einfach kein Brauch gewesen. Natürlich waren sie Moslems und sicher keine schlechten, aber dass nun im Namen des Islam auch jene in den Kerkern verschwanden oder am Galgen endeten, die besonders eifrig gegen den Schah gekämpft hatten, erschütterte sie.

Untereinander sprachen die Dorfbewohner eine eigene Sprache, die sich von dem Farsi weiter südlich, in Richtung Schahre Kord, erheblich unterschied. Selbst Babaks weit über hundert Jahre alter Großvater wusste nicht genau, woher ihre Vorfahren stammten. Wahrscheinlich von den Nomadenstämmen der Bachtiaris, die es mit der Religion nie besonders streng genommen hatten. Aus den persischsprachigen Dörfern der Umgebung rekrutierten schließlich die Komitees und Pasdaran ihre Männer. Und als der Krieg gegen den Irak immer heftiger wütete und viele Opfer forderte, war endgültig die Zeit gekommen, in den Untergrund zu gehen. Behrouz, der älteste Freund, entschied sich für den bewaffneten Kampf in kurdischen Gebieten, wurde schließlich Kommandant und trug die Verantwortung für das Leben unzähliger Männer, Frauen und Kinder. In zermürbenden Schlachten gegen Khomeinis Leute und leider auch allzu oft gegen Andersdenkende in den eigenen Reihen fanden viele den Tod. Manchmal waren sie umzingelt und verdankten ihr Entkommen allein der Unwegsamkeit der kurdischen Berge und dem Rückhalt in der Bevölkerung. Einmal hatten sie wochenlang im Schutz der Dunkelheit einen gewaltigen Holzhaufen aufgetürmt und zum 1. Mai ein Feuer entzündet, das weithin sichtbar allen Genossen Hoffnung und Mut geben sollte. Doch schließlich führte auch Behrouzs Weg ins deutsche Exil und bald darauf an die Universität. Seine guten Sprachkenntnisse zeugen auch heute noch davon, dass er sie sich mehr durch ein fleißiges Studium als durch regelmäßige Kontakte zu Deutschen angeeignet hat. Inzwischen hat er ein Ingenieurdiplom mit Auszeichnung erworben und backt Pizza im Lokal eines Landsmannes. Dort sitze ich manchmal und trinke ein Bier. Wenn ich dann diesen zurückhaltenden und feingliedrigen Mann bei der Arbeit beobachte, dann fällt es mir schwer, mir vorzustellen, dass er noch vor kurzem eine Kalaschnikow geschultert hat – so wie jetzt seinen kleinen Rucksack mit den deutschen Büchern darin.

Die beiden anderen Freunde haben in ihrem ganzen Leben noch keine Waffe berührt, und sie haben auch nicht die Absicht, es jemals zu tun. Sie entschieden sich für eine andere Art des Widerstands, die jedoch nicht weniger gefährlich war. Unter wechselnden Identitäten lebten sie ein knappes Jahrzehnt in der Islamischen Republik, wo jede noch so kurze Busfahrt von Kontrollen unterbrochen wurde. Jedes Mal, wenn der falsche Ausweis eine Sekunde zu lange betrachtet oder das Dokument über die Befreiung vom Fronteinsatz eingehend untersucht wurde, durchlebten sie nervliche Zerreißproben. Nur wenige Privilegierte waren vom Kriegsdienst befreit, und ständig mussten sie sich neue Papiere besorgen. Gab es anfangs noch regelmäßige Treffen mit Genossen und Aktionen wie das Stehlen von Druckmaschinen und das Verteilen von Flugblättern, so wussten sie später manchmal nicht mehr, ob ihre Organisation überhaupt noch existierte. Es waren schließlich nur noch wenige Genossen übrig geblieben. Viele waren geflüchtet, eingekerkert oder auch hingerichtet worden. Jede Kontaktaufnahme stellte ein immenses Risiko dar, und so kämpften sie in bestimmten Phasen auf eigene Faust weiter. Manchmal fanden sie keine Bleibe. Teheran war voller Kriegsflüchtlinge, und einen ganzen extrem kalten Winter lang lebten sie in einem zugigen Abbruchhaus. In manchen Nächten mochten sie steif gefroren kaum noch auf ein morgendliches Erwachen hoffen. Doch irgendwie schöpften sie immer wieder neuen Mut. Es gab sogar Zeiten, in denen die beiden begabten Handwerker angenehme Jobs und ein wenig Sicherheit fanden. Wochenlang waren sie eines Sommers angestellt, um eine alte Villa im reichen Teheraner Norden zu renovieren. Wenn sie sich dann frühmorgens manchmal im Swimmingpool tummelten und überlegten, was die Genossen bei diesem Anblick wohl über sie denken würden, war das Leben beinahe amüsant, doch gemessen an den Ängsten und Strapazen eines »Illegalen« fielen diese Momente kaum ins Gewicht.

Später kam dann die Arbeit in glühender Hitze am Persischen Golf: den ganzen Tag zerbombte Elektroleitungen reparieren und sich nach Schatten sehnen. Meistens war das Wasser aus den Dachtanks auch abends noch zu heiß zum Duschen. Bei diesen Temperaturen konnte das Gehirn keinen klaren Gedanken mehr fassen, und das Wort »Siasih«, »Politik«, schien ohne jede Bedeutung. Und immer die Angst, entdeckt zu werden, im Gefängnis zu landen, die Furcht vor Folter und Hinrichtung.

Doch das Schlimmste war die Trennung von der Familie. Ihr Heimatdorf hatten sie in all den langen Jahren nicht einmal aus der Ferne gesehen. Nur zweimal an Nourouz hatte Sehnsucht über Vorsicht gesiegt, und Babak war des Nachts in einem Nachbardorf bei Verwandten aufgetaucht. Tahere, Mutter und Vater hatten dort, von anderen benachrichtigt, ein paar Worte mit ihm wechseln können. Diese Begegnungen waren von einem einzigen Gefühl geprägt: noch einmal lebend in ihren Armen liegen. Zu viele Freunde waren hingerichtet worden, als dass sie mit dem Überleben rechnen konnten. Den Gefolterten war es nicht zu verdenken, wenn sie Namen und Orte preisgaben. Wer konnte der Bastonade, den Elektroschocks, dem Verbrennen mit Zigaretten, glühenden Metallstangen oder den Scheinhinrichtungen schon standhalten? Eines Tages würden auch sie verraten oder durch einen dummen Zufall entdeckt werden.

Trotz all der Leiden und Gefahren, die das Leben eines Oppositionellen in diesem Land mit sich brachte, dachten sie kaum jemals daran, ihren Weg zu ändern und ein angepasstes, ein normales Dasein zu führen. Denn es war Liebe, die sie kämpfen ließ, und wer liebt, denkt nicht ans Aufgeben. Eine verbotene Liebe, eine unerwünschte, eine, die den turbantragenden Machthabern ein Dorn im Auge war, weil sie sich aus dem tiefen Verlangen nach Freiheit und Gerechtigkeit nährte.

Wir überqueren eine Brücke, Djamschid nennt den Namen des kleinen Dorfes am Ufer, und ich versuche ihn mir zu merken.

»Diese Brücke über den Fluss ist neu. Sag den dreien, dass diese verdammten Mullahs es tatsächlich geschafft haben, die alte abzureißen und eine neue zu bauen.«

Endlich erreichen wir unser Ziel. Durch enge Gassen kurven wir in ein Labyrinth aus Mauern und Toren, die sich zum Verwechseln ähneln. Wir parken den Wagen, und schon wird uns geöffnet. Frauen und Kinder umringen uns und grüßen aufgeregt. Wir sind bei Bahmans Eltern, und unschwer erkenne ich Gesichter aus vertrauten Fotoalben. Eine alte Frau nimmt mich in den Arm, küsst mich auf die Wangen und weint.

»Sag, wie geht es meinem lieben Bahman?«

Sie hält meine Hände, und ich ringe mit den Tränen.

»Sehr gut«, lüge ich wie abgesprochen.

Das offene Tor führt in einen blumigen Innenhof, um den an drei Seiten die einzelnen Räume des Hauses angelegt sind. Die Außenmauer mit dem Tor bildet den Abschluss des Quadrats. Jedes Zimmer hat eine Tür zur schmalen Terrasse, die über ein paar Stufen zum Hof führt. Wir gehen in einen Raum, der bis auf einen Wandschrank unmöbliert ist. Auf dem Boden liegt ein farbenfroher Teppich, und »Poschtis«, »Kissen für den Rücken«, sind an die Wände gelehnt. Ein Sofre wartet üppig gedeckt auf dem Boden. Mindestens fünfzehn Personen setzen sich an die »Tafel« und scheinen mich unentwegt anzuschauen. In dem lebhaften Durcheinander versuchen wir uns zu verständigen. Mein Kopftuch und den Mantel habe ich abgelegt. Auch Schahin sitzt als einzige Frau ohne Tschador, aber mit bedecktem Haar neben mir, während die jungen Mädchen in bunte T-Shirts oder Blusen gekleidet sind und geblümte Kopftücher tragen. Ich habe große Schwierigkeiten, die älteren Leute zu verstehen. Ihr Akzent ist mir unbekannt. Die Jungen sprechen Hochpersisch mit mir und übersetzen die Fragen von Bahmans Mutter.

»Warum ist er noch nicht verheiratet? Gibt es dort keine Frauen? Hast du nicht eine Schwester oder Freundin für ihn?«

Ob er mit einer Deutschen glücklich werden könnte? Wie sollte sie sein Heimweh je verstehen? Und würde sie eines Tages, wenn das Land frei sei, mit ihm hier leben wollen?, hat er mich einmal gefragt. Wie soll ich auf die Fragen der Familien reagieren? Wie das Leben eines politischen Flüchtlings, eines Fremden, eines Ausländers in Deutschland beschreiben? In den Briefen der drei Freunde stand natürlich immer nur, wie gut es ihnen gehe und dass sich niemand sorgen müsse. Notlügen aus einem unfreiwilligem Exil.

Weitere Gäste tauchen auf, und der Platz reicht kaum für alle aus. Schließlich ziehen sich die Männer in einen anderen Raum zurück. Sofort zeigen die Mädchen ihr schönes Haar und rücken näher an mich heran. Schon bald stellt Schahin einen Kassettenrecorder an, und bekannte Schlager aus der Schahzeit animieren uns zum Tanzen.

Bahmans Mutter weicht kaum von meiner Seite, hält meine Hand und bemüht sich um leicht verständliche Worte. Und wieder schaue ich in vertraute Gesichtszüge. Die gleiche markante Lücke zwischen den Schneidezähnen, die hohe Stirn und der Faltenkranz um tiefbraune, kleine Augen.

Wo ist Bahmans Vater? Ich traue mich kaum zu fragen. Vielleicht ist er schwer krank oder schon gestorben, und sie haben es Bahman nicht sagen wollen. Auch Farid hatte die Familie einige Wochen lang den Tod seines Vaters verheimlicht, um ihn durch die Geschichte einer schweren Erkrankung langsam an den Schmerz zu gewöhnen. Sie war davon überzeugt gewesen, er würde die direkte Nachricht sonst, so ganz allein in der Fremde, nicht verkraften. Schließlich gebe ich mir einen Ruck.

»Und wo ist Ihr Mann, Bahmans Vater? Geht es ihm gut?« Sie greift nach ihrem dünnen, hennagefärbten Zopf, der unterm Tschador hervorlugt.

»Du wirst ihn morgen sehen.«

Fast vergesse ich, meine Kamera hervorzuholen, um die obligatorischen Fotos zu machen. Mit der korrekten Begründung, sie seien für die Söhne in Deutschland, fotografiere ich ungehemmt. In zwei Reihen stellen sich jene Mädchen auf, die zu jung sind, um überhaupt einen der Onkel zu kennen. Doch reden sie von ihnen, als kämen sie regelmäßig zu Besuch und lebten nicht über fünftausend Kilometer entfernt in einer großen, fremden Hafenstadt.

Nach einer Weile kommt Djamschid in unser »Frauenzimmer«, verdreht die Augen und macht lustige Handzeichen.

»Die Männer beschweren sich, weil du die ganze Zeit bei den Frauen bist. Komm doch mal rüber zu uns.«

Und da sitzen die Herren in trauter Runde und scheinen angestrengt zu überlegen, was ihnen zu europäischen Frauen einfällt. Jedenfalls schlagen sie vor, wir sollten doch zusammen einen Wein trinken. Im Türrahmen steht eine der älteren Frauen und scheint mich skeptisch anzuschauen. Sie richtet ihren Tschador, als könne sie damit das Böse abwehren. Die Männer warten darauf, dass ich ihren Selbstgekelterten probiere, was mich einerseits reizt, doch will ich auch den Frauen gegenüber keinen schlechten Eindruck erwecken. Also nehme ich einen winzigen Schluck, lobe den Geschmack und behaupte, der Wein sei viel zu stark für mich und ich vertrüge Alkohol ohnehin nicht. Schade um den ungewöhnlichen Tropfen. Jemand sagt ein Gedicht auf, und ich begreife, dass es von den Freuden des Trinkens handelt. Sicher ist es einer von Chaijams berühmten Vierzeilern, und ich genieße die Melodie, in der persische Gedichte vorgetragen werden:

> Heiter zu sein und Wein zu trinken ist meine Regel,
> frei zu sein von Glauben und Unglauben meine Religion:
> Ich fragte die Braut des Schicksals, was ihre Mitgift sei.
> ›Dein frohes Herz‹, antwortete sie.

Wieder verbringe ich die Nacht an der Seite von Schahin und Keyvan und habe erneut Schwierigkeiten einzuschlafen. Ich denke an die drei Freunde und versuche, mir jedes Detail des Erlebten und Gesehenen genau einzuprägen. Die vielen Namen der Tanten, Onkel, Nichten und Neffen werde ich mir sicher nicht merken können. Wie gut, dass ich eine Menge Fotos gemacht habe. Als der kleine Keyvan endlich schläft, ist die Nacht von vollkommener Dunkelheit und Ruhe, wie es sie nur in einem Dorf geben kann. Doch auch Schahin kann trotzdem nicht schlafen, und flüsternd beginnen wir ein Gespräch.

»Wie lange bist du schon mit Farid verheiratet?«

Mir ist es sehr unangenehm, die Wahrheit zu verheimlichen, aber sicher meint sie nicht den Trauschein.

»Wir kennen uns seit vier Jahren.«

»Warum habt ihr keine Kinder?«

Ich erzähle von unserem Studium, meiner Reiselust und den Bedenken, durch ein Kind meine Freiheit zu verlieren.

»Was macht ihr, damit ihr keine Kinder bekommt?«

Schahins Hoffnung auf ein europäisches Wundermittel, das einmal verabreicht alle diesbezüglichen Probleme löst, muss ich enttäuschen. Sie berichtet von den Gesundheitszentren, wo kostenlos Kondome verteilt werden, die bei den hiesigen Männern sicher auch nicht auf mehr Gegenliebe stoßen als bei den deutschen.

»Ein zweites Kind möchten wir erst, wenn wir ein bisschen mehr Geld haben und uns ein eigenes Haus leisten können.«

»Warum trägst du als Einzige in der Familie keinen Tschador?«
»Ich bin in Teheran aufgewachsen und habe dort nie einen Tschador getragen. Jetzt kann ich mich nicht mehr an das unpraktische Ding gewöhnen. Ich komme mir damit vor wie in einem Gefängnis. Die Frauen hier im Dorf tragen den Tschador aus Gewohnheit und weil es schon immer so war. Ohne ihn würden sie sich nackt fühlen. Mit dem Islam hat das bei ihnen nichts zu tun.«
»Warum bist du nicht in Teheran geblieben?«
»Ich bin zum Heiraten zurück in das Dorf unserer Familie gekommen. Djamschid ist der Sohn einer entfernten Tante.«
»Fühlst du dich nicht fremd hier?«
»Nein, meine Eltern haben den Kontakt immer aufrechterhalten. Als sie damals das Dorf verließen – es ist schon sehr lange her –, wollten sie in der großen Stadt ihr Glück versuchen. So haben es viele gemacht.«
»Aber warum sind sie von hier nach Teheran gegangen? Es ist dort so ganz anders als hier, und der Weg ist weit.«
»Der Schah hatte den Bauern Land versprochen. Er hatte es den Grundbesitzern weggenommen. Aber unsere Felder waren klein, und meine Eltern hatten kein Geld für die Arbeitsgeräte und die Mietrechte an den Wasserkanälen.«
»Haben sie ihr Glück gefunden?«
»Ich denke schon. Mein Vater hat ein kleines Geschäft aufgemacht, und mein Bruder fährt Taxi.«

Als der Morgen erwacht, hält es mich nicht lange im Haus. Mit Bahmans Mutter steige ich auf das flache Dach, und vor uns breitet sich die Welt aus den Erzählungen der Freunde aus. Das fruchtbare Flusstal – eine grüne Schlange mit einem schmalen türkisfarbenen Streifen – in Wogen aus sanften, gelbbraunen Hügeln, gewaltig überragt vom Kuhe Schiraz, der auf der Abbildung in Babaks Asylcontainer einen weißen Zuckerhut trägt. Er hat das Bild vergrößern lassen und setzt sich jeden Tag dem Anblick der verlorenen Heimat aus.

Die Luft ist von ungeahnter Trockenheit – kein Dunsthauch, der den Blicken ihren Weg durch die schlichte Schönheit dieser Landschaft versperrt –, so klar, dass der Berg zum Greifen nahe scheint. Und darüber strahlt der wolkenlose Himmel in einem tiefen, ebenmäßigen Blau. Leichter Atem strömt wie von selbst in meine Lungen, und ein süßlicher Duft verwöhnt die Nase.

Auf dem flachen Dach sind jetzt im Herbst Trauben zum Trocknen ausgebreitet. Nachbarsfrauen schaufeln Rosinen in Stoffsäcke und schauen neugierig herüber. Ich grüße sie, und sofort kommen wir ins Gespräch. Auch sie kennen die drei Freunde. Zwei junge Mädchen machen mich hektisch auf meine unzulängliche Kleidung aufmerksam, doch Bahmans Mutter unterbricht ihre Bemerkungen und schickt sie meine Kamera holen. Mit einer eindeutigen Handbewegung teilt sie mir mit: »Du brauchst keinen Mantel.«

Von hier oben wirken die vielen Häuser fast identisch. Alle scheinen mit ihren von der Straße nicht einsehbaren Innenhöfen das gleiche Format zu haben. Blumen, Sträucher, ein paar Hühner und eine Wasserstelle bilden den Mittelpunkt jedes Heims. In einem der Höfe umkreist ein stolzer Junge auf einem blitzenden Fahrrad eine Wäschewanne.

»Das hat ihm sein Vater letzte Woche aus Kuwait geschickt«, klärt die Nachbarin mich auf.

Bahmans Vater verbirgt sich in einem dunklen, kleinen Raum in einer Ecke des Hofes. Er wirkt uralt, ganz anders als seine rüstige Frau. Seine Augen sind trüb und die Bewegungen seiner Glieder von einer undenkbaren Langsamkeit. Neben seiner Schlafmatte ist eine kleine Feuerstelle aufgebaut, eine Zange liegt in kalter Asche, und auf einem Tablett erkenne ich eine Art Pfeifenkopf. Ein kleiner, ofenrohrähnlicher Abzug dient dem Entfachen von Holzkohlenglut in einem kastenförmigen Gestell.

»Das macht er seit vielen Jahren. Ich sage nichts mehr dazu.«

Auch er lässt sich, für seinen Sohn, fotografieren. Darüber hinaus scheint mein Besuch keinen Platz in seiner Welt zu finden, und so gehen wir wieder an die frische Luft.

»Was wollen wir machen?«, fragt Bahmans Mutter, die wie ein Schatten nie von meiner Seite weicht. Nach dem Austausch zahlloser Höflichkeitsbezeugungen und der Mitteilung, dass mir jeder Vorschlag recht sei, gebe ich meinen Wunsch preis: »Zeigen Sie mir die Orte aus der Kindheit von Bahman, Babak und Behrouz. Den Fluss, die Höhle und die Reisfelder.«

Innerhalb kurzer Zeit hat sie ein Auto samt Fahrer organisiert, und mit vier Frauen und zwei Kindern machen wir uns auf den Weg. In den Kofferraum werden Melonen, Wasserflaschen, eine Thermoskanne mit Tee, ein Teppich, Decken und andere Gegenstände verstaut. Wir halten vor einem Haus in der Nachbarschaft, doch in dem hektischen Durcheinander verstehe ich nicht, was sie mir sagen wollen.

»Hier ist das Haus von Babaks Familie«, sagt der Fahrer in einem gut verständlichen Persisch. Im Tor erscheint eine winzige Gestalt, und schon erkenne ich in dem kleinen Teil des Gesichts, das der Tschador freilässt, Babaks Mutter. Sie weint und küsst mich viele Male. Auch ihre Worte verstehe ich kaum, doch hat der Fahrer sich schnell als Dolmetscher eingeübt. Babak wird ihn später auf einem Foto als seinen ehemaligen Schulbusfahrer erkennen. Wo ist Tahere, Babaks über alles geliebte Schwester? Ich will sie unbedingt sehen. Sie wohnt in einem anderen Haus, wird mir gesagt, und ich soll mich bis zum Abend gedulden.

Unterwegs sind die Frauen durch meine Neugier und die vielen merkwürdigen Fragen belustigt. Schallendes Gelächter setzt ein, als ich einen alten Mann auf einem Esel fotografiere.

Die Fruchtbarkeit in dieser Region beschränkt sich auf einen schmalen Streifen am Sayande Rud und auf bewässerte Felder am Rande des Dorfes. Das Land der Familien liegt weit vom Fluss entfernt und wird durch ein »Qanat«, ein unterirdisches Kanalsystem, mit Wasser versorgt. Die genialen Qanate mit ihrem Zugang zu den kostbaren unterirdischen Wasservorkommen stellen die Lebensadern des Landes dar. Diese Technik zur Lösung des Wasserproblems im Orient stammt aus weit zurückliegender Zeit. Vermutlich hat sie das Volk der Uratäer schon Jahrhunderte vor unserer Zeitrechnung entwickelt.

Der Zugang zu einem Qanat entscheidet heute wie vor Jahrtausenden über Fruchtbarkeit oder Dürre. Das Grundwasser nahe gelegener Berge wird angezapft und durch Ausnutzung des natürlichen Gefälles über unterirdische Kanäle an die Oberfläche geleitet. Nicht selten liegen diese bis zu dreißig Meter tief unter der Erde und sind durch senkrechte Schächte mit der Außenwelt verbunden. Ungefähr alle hundert Meter findet sich ein Schacht, in den sich regelmäßig Kanalreiniger in die Tiefe hinablassen, um Anspülungen zu entfernen.

Eine Woche lang hatte Babak den Job eines Qanatreinigers ertragen, dann war ihm die Arbeit in den tiefen, feuchten und dunklen Gruben unerträglich geworden und hatte panische Angstreaktionen in ihm ausgelöst.

Über fünfzigtausend Qanate speisen im Iran den Durst der Menschen, Tiere und Pflanzen. Schaut man von einem Berg oder aus einem Flugzeug hinunter auf eine Ebene, erkennt man häufig die Lage der Stollen, die strahlenförmig zum Fuß der benachbarten Berge führen. Die Öffnungen der Schächte wirken wie kleine Trichter und sind mit Platten abgedeckt.

Unser Ausflug führt zum alten Qanat des Dorfes. Deutlich erkenne ich die kleinen Aufschüttungen der Schachtöffnungen bis zum Fuße des Kuhe Schiraz. Nichts als steiniger, gelblicher Wüstengrund liegt über der Leben spendenden Wasserader.

»Dieses Qanat ist drei Kilometer lang, aber es gibt auch viel längere. Habt ihr so etwas in Deutschland auch?«

»Nein«, antworte ich, und mit passenden, aufwärts und zu Boden weisenden Gesten erläutere ich die deutsche Art der Bewässerung: »Bei uns fällt das Wasser vom Himmel und färbt alles grün.«

Bahmans Mutter schaut mich ungläubig an, zwickt in meine Wange und führt mich zu einer Baumgruppe. Mühelos springt die Sechzigjährige über einen Bewässerungsgraben und zeigt mir stolz einen besonderen Ort. Hier erreicht der unterirdische Kanal sein Ziel, Wasser strömt rauschend aus der Tiefe und ergießt sich frisch und kalt mit unerwarteter Kraft in ein Staubecken, dessen kleine Tore halb geöffnet sind. Beim Näherkommen breitet sich eine schimmernde Farbenpracht aus, und meine »Fremdenführerinnen« freuen sich über die Begeisterung der Besucherin aus dem grünen Land.

Vom vollkommenen Rot eines Yazder Granatapfels, der vor Überreife schon am Baum geplatzt ist und sein Fleisch offen legt, über das fröhliche Leuchten einer Blutorange, die sich nicht entscheiden kann, ob sie rot oder orange ist, und dem blassen Gelb einer süßen Zitrone, finden sich hier alle Farbnuancen im Wasser treibend.

Breite Wollstränge hängen an starken Bändern im Wasserstrom. Einen ganzen Tag lang wird die gefärbte Schafwolle ausgewaschen, bis sie die hohe Qualität für die Teppiche dieser Region erreicht, deren Muster sich niemals verfärben werden. Am Ufer warten Berge tiefroter Fäden auf ihr Bad. In die schattigen Äste der Bäume gehängt, trocknet derweil die Wolle vom Vortag. Ein Mann steht mit hochgeschobener Hose im Farbenmeer und greift nach den Strängen wie nach dem langen, hennaroten Haar einer Frau, die auf dem Rücken liegend ihre Pracht in der Strömung treiben lässt.

Mit dem Gefühl, ein großes Rätsel entschlüsselt zu haben, versuche ich das Puzzle eines persischen Teppichs zusammenzusetzen und komme dem Gesamtbild ein Stück näher.

Später setzt sich Bahmans Mutter an ihr neuestes, halb fertiges Werk, und ich darf ihr dabei zuschauen. Ihr Sohn hatte mich gebeten, sie beim Teppichknüpfen zu fotografieren. Am besten beim Anschlagen der Wollkämme, denn dieses Geräusch aus seiner Kindheit hat er auch heute noch manchmal im Ohr. Ihr scheint so viel Aufmerksamkeit unangenehm zu sein, doch als die Kinder uns endlich einen Moment allein lassen, beginnt sie von ihrem Leben zu erzählen.

»Mit neun Jahren habe ich meinen ersten Teppich geknüpft. Genau an dieser Stelle, die Fäden waren so wie jetzt in den Rahmen gespannt. Die Technik hatte ich meiner Mutter abgeschaut. Sie führte anfangs meine Finger durch die verwirrenden Bänder. Bald habe ich eigene Muster entworfen. Ich liebe Rosen und Bäume. Diesen Teppich schmücke ich mit einem Rand aus schlanken Zedernbäumen. Mit dreizehn Jahren wurde ich verheiratet, und mein Mann zog in dieses Haus. Als ich fünfzehn war, habe ich das erste Kind geboren. Insgesamt habe ich acht Kinder. Wie viele Teppiche ich geknüpft habe, weiß ich nicht. Ich habe sie nicht gezählt, aber sicher waren es über hundert. So ist Gottes Wille.«

Ich schaue auf ihre Hände mit den gekrümmten Fingern und dann in ihr Gesicht. Sie liest meinen Augen die nächste Frage ab.

»Ja, diese dicken Brillengläser kommen von der anstrengenden Arbeit an den feinen Mustern. So viele Knoten auf engstem Raum. Früher hatten wir kein elektrisches Licht, und der Raum war immer zu dunkel. Es ist eine schwere Arbeit, aber was sollen wir machen?«

Sie sitzt auf dem fertigen Teil des Teppichs und zieht an Wollsträngen, die sie, etwas erhöht, in greifbarer Nähe aufgehängt hat. Geschickt führt sie rote und schwarze Wolle hinter dünne Fäden und knotet mit überraschender Geschwindigkeit ein exaktes Muster. In ihrer linken Hand verbirgt sich eine Klinge, die den Faden direkt nach dem Verknoten abschneidet. Hat sie eine Reihe beendet, klopft sie mit einem gabelartigen Instrument die neuen Knoten eng an die vorhergehenden. Sind einige weitere Reihen beendet, stutzt sie die Wolle mit einer Spezialschere auf die richtige Länge. Im nächsten Moment entsteht vor meinen Augen eine Rose.

Die Tage vergehen mit Ausflügen und Besuchen bei unzähligen Verwandten. Schon lange habe ich den Überblick verloren, wer zu welcher Familie gehört, und hoffe auf spätere Erklärungen, wenn ich den Freunden die vielen Fotos zeigen werde. Die reichlichen Mahlzeiten machen mich träge, und ich fühle mich vollkommen übersättigt. Bald weiß ich nicht mehr, wie lange ich eigentlich schon hier bin. Das Dorfleben bietet keine Möglichkeit, mich zurückzuziehen, keine Chance, einige Minuten abzuschalten und im sonnendurchfluteten Innenhof zu verweilen. Nie würden sie mich allein lassen, denn das wäre der Gipfel der Unhöflichkeit gegenüber einem Gast. Ein einsamer Spaziergang durch die Felder scheint absolut undenkbar. Aber anscheinend hat auch keiner außer mir jemals das Verlangen, allein zu sein. Manchmal drängt es mich, etwas in mein Tagebuch zu schreiben, doch scheiterte der letzte Versuch daran, dass mehrere Kinder sofort ergründen wollten, wie schnell ich die fremden Buchstaben schreiben kann und was sie bedeuten. Viele Tage liegen hinter mir, an denen ich nur auf der Toilette allein war. Selbst beim Zähneputzen am Wasserhahn im Hof bin ich neugierigen Blicken ausgesetzt. Ich brauche eine Pause, möchte nicht reden und nicht zuhören müssen. Auch das ständige Persischsprechen ist sehr anstrengend und macht mich müde. Schon kurz nach Einbruch der Dunkelheit werden meine Lider schwer, und ich könnte auf der Stelle einschlafen.

Die nächtlichen Atemzüge von Bahmans Mutter an meiner Seite sind mir inzwischen vertraut. Trotz dieser räumlichen Nähe warte ich immer noch auf den Moment, sie ohne Kopftuch zu sehen, aber ihre Kleidung scheint sie wie eine zweite Haut zu umhüllen. Während ich mich danach sehne, in luftigen Shorts in der Sonne zu sitzen, ist ihr Körper immer vollkommen bedeckt. Überhaupt habe ich in diesem Land, bis auf Gesichter und Hände, kaum nackte Haut gesehen. Entblößung wird zu einem geheimen, fremdartigen, fast undenkbaren Akt. Als ich gestern Abend meine Bluse auszog, schaute ich mit unvertrauter Verwunderung auf meinen nackten Arm. Er wirkte plötzlich wie etwas Verbotenes oder gar Anstößiges und nicht wie ein vertrauter Teil meines Körpers. Schon achte ich darauf, von meinen Beinen nicht mehr zu zeigen als eine Handbreit über den Knöcheln. Unbedeckte Haut gehört nicht in die sichtbare Welt am Sayande Rud. Nur einige Männer tragen kurzärmelige Hemden, und die ganz jungen Mädchen offenbaren zumindest Neugier und sprechen ohne Scheu ihre Fragen aus. Sie schieben meine weite Hose bis zum Knie hoch und streichen über meine Wade mit der für sie so hellen und weichen Haut, und aus meinem offenen Haar flechten sie Zöpfe und kämmen sie aus, um dann eine neue Frisur zu probieren.

Zwischen den zahlreichen Kindern und Jugendlichen, die mir im Laufe der Tage in den verschiedenen Häusern begegnet sind, hat es mir Maral besonders angetan. Immer wieder suche ich die Nähe zu diesem kleinen aufgeweckten Mädchen, deren ausschweifende Erzählungen mich regelmäßig an die Grenzen meines Wortschatzes bringen. Sie beeindruckt mich durch ihr unverhülltes Interesse an allem Neuen und ihre unbeirrbare Durchsetzungsfähigkeit. Sie hat bereits klargestellt, dass sie mit mir nach Isfahan kommen und ihre Tante Keschwar besuchen will.

Maral trägt fast immer ein rot kariertes Kleid und weiße Söckchen, die in ausgetretenen Sandalen stecken. Ihr kräftiges Haar ist für ein Mädchen vom Dorf relativ kurz und wirkt auf eine sonderbare Art sehr modisch. Wären da nicht die goldenen Ohrringe, die sie mit großem Stolz trägt, könnte sie auch ein langhaariger Junge sein. Ich liebe es, wenn sie neben mir am Sofre sitzt und die besten Stücke auf meinen Teller legt. Selbst wenn sie sich ihre über alles geliebte Cola eingeschenkt hat, vergisst sie nie, zuerst mir einen Schluck anzubieten, bevor sie das Glas an die Lippen setzt. Wie ein achtjähriges Mädchen diese Gesten der iranischen Gastfreundschaft in Perfektion beherrschen kann, bleibt mir ein Rätsel. Ihre Zuvorkommenheit wirkt weder antrainiert noch aufgezwungen, sondern wie ein selbstverständlicher Habitus gegenüber einem Gast.

Hier im Dorf gibt es ohnehin zahllose respektvolle Verhaltensweisen, die mir angesichts des in Deutschland üblichen ungehobelten Umgangs die Schamesröte ins Gesicht treiben könnten. Besonders der Respekt gegenüber alten Menschen ist beeindruckend. Keiner würde es hier wagen, auf dem Kissen sitzen zu bleiben, wenn ein älteres Familienmitglied oder ein Besucher in den Raum tritt. Durch diese Geste kommt zwar an manchen Abenden viel Bewegung in die gemütliche Runde, doch ist es nicht ganz so extrem, wie es mir Babak einmal geschildert hatte. Er behauptete, es würden sich sogar alle von ihren Plätzen erheben, wenn jemand von der Toilette zurückkomme.

Maral jedenfalls scheint unentwegt besorgt um mein Wohlergehen und darauf bedacht zu sein, selbst am späten Abend nicht eher einzuschlafen, bis auch ich mich hingelegt habe. Gestern jedoch war sie so müde, dass ich ihre Schlafmatte schon sehr früh gleich neben meiner ausgerollt hatte. Mit dem Versprechen, an ihrer Seite liegen zu bleiben, gab ich ihr einen Gutenachtkuss und deckte sie zu. Sehr schnell schlief sie ein, und ich hatte die Gelegenheit, ungestört einige Zeilen in mein blaues Buch zu schreiben, bis auch mir die Augen zufielen.

In der Nacht hatte ich einen schönen Traum, von dem ich Maral am nächsten Morgen erzählte: Wir beide sind in den grünen, saftigen Hügeln am Kaspischen Meer unterwegs, und ich lenke unser Fahrrad eine gewundene Bergstraße hinab. Maral sitzt hinter mir auf dem Gepäckträger und spornt mich an, doch schneller zu fahren. Sie greift in meine Haare wie in die Mähne eines Pferdes. »Schneller, schneller!«, ruft sie, und wir schreien unsere Freude heraus und lachen um die Wette. Ein warmer Wind umspielt meine nackten Beine, und am Fuße des Tals schimmert die spiegelglatte See im Sonnenlicht.

Es wird Zeit, meinen Abschied vorzubereiten, und vor allen Dingen muss ich unbedingt einige Vorkehrungen treffen, um ungestört den Besorgungen einer Touristin in Isfahan nachgehen zu können. Denn sollte ich bei einem Basarbummel begleitet werden, dann dürfte das Einkaufen schwierig werden, da sich meine Gastgeber möglicherweise veranlasst sähen, mir Geschenke zu machen. Den ganzen Vormittag grüble ich über eine passende Erklärung, die es mir ermöglicht, mich bei meiner weiteren Reiseplanung aus den Fängen wohlmeinender Großfamilien zu befreien. Den eifrigen Bestrebungen einer Rundumbetreuung durch Verwandte der Dörfler in Yazd, meinem nächsten Reiseziel, werde ich zuvorzukommen. Ich will die Stadt unbedingt allein erkunden und erfinde notgedrungen die Geschichte einer deutschen Reisegruppe, die ich dort treffen werde. Ich erzähle ihnen von einem reservierten Zimmer und versichere, dass sich wirklich niemand um mich kümmern muss. Unzählige Male erkläre ich es, und genauso oft behaupten sie, dass ich auf keinen Fall allein in eine fremde Stadt reisen kann. Schließlich ringe ich ihnen das Versprechen ab, in Yazd niemanden zu benachrichtigen.

Doch bevor es soweit ist, besuche ich noch ein letztes Mal Tahere, Babaks geliebte Schwester. Als ich bei unserer ersten Begegnung ihre tränenfeuchten Augen sah, sie meine Wangen küsste und mich in den Arm nahm, konnte auch ich nur noch weinen. Ihr warmer Griff fühlte sich an, als wollte sie mich in Vertretung ihres Bruders endlos drücken. Wir sitzen bis zum Abend in ihrem Innenhof mit dem kleinen Garten. Die vielen Geschichten der letzten Tage kreisen durch meinen Kopf, und der bevorstehende Abschied macht mich traurig. Tahere spürt meinen Wunsch, mich ein wenig zurückzuziehen, und bedeutet mir, ihr in ein Nebenzimmer zu folgen. Wo ich heute Nacht wohl schlafe? Das Haus hat drei Räume, die miteinander verbunden sind, und jeweils eine Tür zum Hof. Wer von den vielen Gästen hier bleibt, überblicke ich nicht. Zumindest habe ich verstanden, dass es das Haus Taheres, ihres Mannes und des Großvaters ist.

Babaks Schwester öffnet den obligatorischen Wandschrank, zieht zwei Schlafmatten, Decken und Kissen hervor und bereitet ein bequemes Nachtlager. Sie setzt sich neben mich, nimmt mir die Bürste aus der Hand und kämmt mein Haar. In geübten Strichen, die am Scheitel ansetzen, zieht sie die Strähnen lang. Langsam senken sich meine Schultern, ich schließe die Augen und höre ihre Stimme.

»Sag mir, wie geht es Babak?«

Was soll ich antworten? Die Wahrheit bringe ich nicht übers Herz. Wie soll sie sich auch das Leben in einer Unterkunft für Asylbewerber vorstellen? Die norddeutsche Kleinstadt mit ihren grauen Wintern, feindlichen Blicken und den vielen bellenden Hunden. Die fremde Sprache und das irrsinnige Heimweh? Doch kann ich auch nicht lügen. Ein »Sehr gut« kommt mir nicht über die Lippen.

»Er denkt viel an seine Heimat, sein Land und euer Dorf. Er hat mir von dem Mandelbaum erzählt«, antworte ich stattdessen.

»Er hat ihn ein Jahr vor seiner Flucht gepflanzt.«

»Heute Nachmittag haben wir in seinem Schatten gesessen, und die Kinder sind Äste hinaufgeklettert, die er nie gesehen hat.«

»Vierzehn Jahre. Er fehlt mir so. Sag, hat er schon graue Haare?«

»Nein, aber viel weniger als auf dem Foto«, sage ich und zeige auf den Wandschrank. Durch Glastüren richtet ein jugendlicher Babak einen unerschrockenen Blick auf uns.

»Warum hat er keine Frau?«

»Er hat noch nicht die Richtige gefunden«, antwortete ich mit Worten, die keine Antwort sind. Babak hatte mir von seinen ersten Begegnungen mit europäischen Frauen erzählt, die für ihn den Gipfel seiner damaligen Irritationen darstellten. Es war in Bukarest, in einem immerhin ehemals sozialistischen Land, wie er dachte. Das billige Hotel war voller Iraner, nur wenige davon waren politische Flüchtlinge, die meisten Übriggebliebene wie er, Jahre nach der großen Fluchtwelle der Linken. Seine Landsleute dort waren überwiegend Geschäftemacher, Familien und Halbwüchsige auf der Suche nach Würde und Glück, in Bukarest gestrandet oder auf Transit. Schon nachmittags kamen die Frauen und boten sich für ein paar Dollar an. Keine Sekunde hatte er daran gedacht, eine Frau zu kaufen. So etwas konnte er einfach nicht. Hatte er nicht Jahre seines Lebens für eine bessere Welt gegeben? Für Gleichheit, Gerechtigkeit und Glück? Wie konnte er da für eine Stunde eine Frau kaufen? Nicht einmal die Möglichkeit war ihm zuvor in den Sinn gekommen. Welche Regeln hatten in dieser Welt überhaupt Gültigkeit, fragte er sich damals. Alles schien ihm verwirrend. Er suchte nach Liebe. Doch wo gab es die?

Endlich schaffte er es, nach Deutschland zu kommen. Freunde und Genossen erwarteten ihn. Die Organisation hatte das Geld für die Flucht geschickt. Vor vielen Monaten, als sie Parviz festgenommen hatten und er schleunigst verschwinden musste. Solange der Gefolterte noch widerstehen konnte. Da war es soweit. Auch er musste endgültig seine geliebte Heimat verlassen.

»Hast du keine Schwester oder Freundin für ihn? Eine gute Frau, so eine wie dich«, und Taheres Bürstenstriche entführen mich in eine andere Welt. Eine Freundin oder Schwester für Babak? Nie hat er die Regeln der deutschen »Brautschau« akzeptiert. Sie sind ihm zu hart und extrem und haben seiner Meinung nach nicht viel mit Liebe zu tun. Er kann einfach nicht begreifen, dass Menschen sozusagen auf Probe zusammen sind.

»Wie habt ihr euch kennen gelernt? Wie heißt die Stadt noch gleich? Ich kann es mir nicht merken.«

Seine erste Nacht in meiner Stadt war schrecklich. Schon in der Türkei hatten sie ihm von den Nazis erzählt. Dass sie Ausländer zusammenschlagen und Häuser in Brand stecken. Von Frankfurt aus wurde er nach Norddeutschland in eine Aufnahmestelle für Asylbewerber geschickt. »Blankenburg« stand auf dem Papier. Mit dem letzten Zug kam er an. Es war eine kalte Winternacht, und nur wenige Menschen stiegen aus. Er sagte dieses eine Wort, das auf dem Papier stand. Der Taxifahrer sagte: »Geld, zeig dein Geld, Mann!« Babak begriff nicht, was er von ihm wollte. Ein anderer Fahrer versuchte es mit »Geld, money, du verstehen?« und machte eine eindeutige Handbewegung. Natürlich hatte er Geld, aber gezahlt wurde doch auch in Deutschland nach der Fahrt. Schließlich schaltete sich ein Bahnpolizist ein. Babak zeigte seinen Fünfzigmarkschein, und endlich durfte er sich in ein Taxi setzen. Irgendwann sah er keine Häuser und dann auch keine Straßenlaternen mehr. Keine Frage – er war einem dieser Nazis in die Falle gegangen. Wie sollten die aussehen? Blonde kurze Haare oder Glatzköpfe? Dieser jedenfalls sah aus wie ein Nazi. Babak tastete im Dunkeln nach dem Türgriff. Der weite Weg, zu Fuß durch die Berge Kurdistans, dann das Hundeleben in der Türkei und Rumänien, um am Ende in einer kalten Winternacht von einem Nazi ins Jenseits befördert zu werden. Dann hätte er auch gleich im Iran bleiben und sich irgendwann hinrichten lassen können. Verdammt! Der Wagen bog von der Landstraße in einen schmalen Weg ab. Hier will er es also machen. Bestimmt warten seine Komplizen irgendwo im Gebüsch. Sein Herz schlägt bis zum Hals. Was soll er machen? Soll er die Tür aufstoßen, rausspringen und weglaufen? Ein Gewässer schimmert im Mondlicht. Kahle Bäume stehen gespenstisch am Ufer. Es ist kalt, doch sein Zittern kommt allein von der Angst. Kälte hat ihm nie etwas ausgemacht. Unvorstellbar, dass er hier an diesem See eines schönen Sommertages einer Freundin zeigen wird, wie gut er schwimmen gelernt hat.

Plötzlich tauchen Lichter auf, ein Kirchturm und das alte Kloster. Die Fahrt ist zu Ende, der Fahrer nennt den Preis und zeigt dabei auf die Uhr. Er hat seine Bleibe für die nächsten Monate erreicht. ZAST – Zentrale Aufnahmestelle für Asylbewerber – steht auf dem Schild.

»Kennen gelernt habe ich ihn kurz nach seiner Ankunft bei einem iranischen Neujahrsfest in der Universität.«

Wir hatten damals eine große Party veranstaltet und einen Fahrdienst zum Kloster organisiert. Meine dürftigen Brocken Persisch verstand er anfangs zu meiner großen Enttäuschung nicht. Doch seine traurigen Augen blickten geradewegs in meine, und ich wünschte ihm am 21. März 1992 ein frohes neues Jahr.

»Hat er getanzt? Ich habe ihn nie tanzen sehen?«

»Ich auch nicht.«

Tahere deckt mich zu. »Gute Nacht. Schlaf gut.«
»Du auch. Und vielen Dank für alles.«
Sie löscht das Licht. Dunkelheit und vollkommene Stille.
»Tahere?«
»Ja?«
»Ihr habt die gleichen Augen.«

Durch die Wüste. Yazd, Kerman und Bam

Der Bus schaukelt mich in einen wohligen Halbschlaf, und aus meinem verträumten Unterbewusstsein taucht das Foto von Kasraian auf. Seine Bilder haben meinem Weg durch dieses Land schon so oft die Richtung gewiesen. Beim wahllosen Blättern in dem zauberhaften Buch, das Babak mir geschenkt hatte, fiel mein Blick immer wieder auf die Seiten, die dieser fremdartigen Stadt gewidmet sind. Es gibt darin Aufnahmen, die mir auf eine geheimnisvolle Weise die Gewissheit vermittelten, diesen Anblick eines Tages selbst und wahrhaftig genießen zu können. Yazd, diese Wüstenoase mit ihrer Silhouette aus Minaretten, Moscheekuppeln und Windtürmen, gerahmt von sandfarbenen fernen Bergen, wirkt durch das Auge seiner Kamera wie der Inbegriff einer faszinierenden orientalischen Welt. Einer Welt, die eine unerklärliche Anziehung ausübt und dabei ein geheimes Organ in meinem Innern zu reizen scheint. Dieses treibt mich dann an, dem Lockruf zu folgen und nicht eher zu ruhen, bis das Ziel des Begehrens erreicht ist.

Doch was macht jenen Reiz aus, der den Puls beschleunigt und das Herz in einem anderen Rhythmus schlagen lässt? Ist es der besondere Klang eines fremdartigen Namens? »Yazd«, dieses einsilbige Wort mit dem weichen »s« in seiner Mitte scheint mit der nötigen Magie erfüllt zu sein. Oder sind es visuelle Verlockungen wie jene Kasraians, der dieser Stadt mit seinen Fotos eine Stimmung verliehen hat, aus der Sehnsucht wurde? Sehnsucht, die in der Fantasiewelt meiner exotischen Wünsche weder an Zeit noch an Raum gebundene Bilder entstehen ließ? In dieser Welt wehen heiße Wüstenwinde über eine trockene Ebene und verfangen sich in einem

»Badgir«, einem »Windturm«. Doch was wird aus dem Wind im Innern des Turms? Was geschieht hinter der unbekannten Fassade? Und welchen Schein hat das heilige Feuer der Zarathustragläubigen? Kein Bild könnte mir je eine Antwort geben.

In diesem Moment gibt es nichts, was mich noch hindern kann, Yazd zu entdecken. Nur noch wenige Kilometer liegen zwischen dem monoton dröhnenden Bus und der Stadt, nicht mehr Tausende, wie zuvor zwischen den aufgeschlagenen Seiten des Buches und dieser Ebene. Eine gelassene Vorfreude nimmt mich ein, und beinahe bin ich verwundert, dass ich nicht der üblichen Unruhe vor der Ankunft an einem fremden Ort verfalle. Gleich werde ich dort sein und muss meine Aufmerksamkeit erhöhen, denn nun bin ich ohne eine fürsorgliche Begleiterschar und bin selbst für mein Wohlergehen verantwortlich. Ein Hotel, mit einem Zimmer für mich allein, wird meine Bleibe sein, und ich werde stundenlang in mein Tagebuch schreiben können. Gleich sitze ich in einem Taxi, das mich an diesen Ort bringt, an dem es möglich ist, eine Tür zu schließen. Und dann, dann werde ich endlich eine große Pause einlegen.

Der Bus erreicht die Ausläufer der Oase. Am Rande zweier gewaltiger Salzwüsten, der Daschte Kavir und der Daschte Lut, liegt sie im Herzen Irans. Diese scheinbar unwirtliche Ebene hat in ihrer langen Vergangenheit schon zahllosen politisch und religiös Verfolgten Zuflucht geboten. Bis heute haben hier die Anhänger Zarathustras der Islamisierung durch die Araber und manch anderer Bedrohung standgehalten.

In der Oase werden üppige Felder und Granatapfelplantagen gepflegt, die ihre Lebensadern in den Qanaten haben, deren tiefe Gänge zum Bergmassiv Schire Kuh führen. Die Gipfel dieser »Milchberge« sind über viertausend Meter hoch und bis weit in das Frühjahr schneebedeckt. Die Stadt selbst liegt einige tausend Meter tiefer und ist heiß und trocken. Jahre, in denen es kaum mehr als vierzehn Tage regnet, sind hier keine Seltenheit. Kurz vor der Stadt rauschen wir an einer merkwürdigen Auftürmung vorbei, die an einen künstlichen Berg erinnert. Ob dies ein »Dakhmeh«, ein »Turm des Schweigens«, ist?

Noch vor den Stadttoren verlässt der Bus die Hauptstraße und erreicht bald darauf die Station. Die typischen langen und engen Parkbuchten, die L-förmigen Gebäude und die penible Aufgeräumtheit iranischer Busbahnhöfe wirken inzwischen vertraut.

»Ist dies Yazd?«, frage ich den Shagerd zur Sicherheit, denn von einer Stadt ist hier weit und breit nichts zu sehen.

»Yazd, Yazd«, bestätigt er laut rufend.

Kaum steige ich die Stufen des komfortablen Busses hinab, reicht er mir auch schon meine Tasche. Er scheint sich über das enorme Gewicht zu wundern und lächelt mich erstaunt an. Prall gefüllt mit Mandeln von »Babaks Baum«, unzähligen Leckereien, die den Reisevorrat einer Großfamilie decken könnten, und kleinen Geschenken, hat sie die Grenze ihres Fassungsvermögens erreicht. Die Mädchen hatten es sich nicht nehmen lassen, mich mit unterschiedlichsten Handarbeiten zu beschenken. Aufgezogene Perlen, zu dekorativen Körbchen geformt, und handgestrickte Hausschuhe gehören genauso dazu wie selbst gemachtes Parfüm und kleine bemalte Holzschachteln.

Während ich Ausschau nach einem Taxi halte, höre ich plötzlich hinter meinem Rücken das vertraute »Chanume Bruni?«

Ein Schrecken durchfährt mich. Wie gern würde ich auf der Stelle mit »nahcher«, mit »nein«, antworten. Der Anblick eines Gladiolenstraußes im Arm eines jungen Mannes mit sympathischen Gesichtszügen zwingt mich jedoch zu einem freundlichen Ausdruck.

»Herzlich willkommen in Yazd. Ich bin Manutscher, der Bruder von Djamschid und Behrouz.«

Ich schaue über seine Schulter und befürchte weitere »Angehörige«, doch niemand ist zu sehen. Ein wenig schüchtern überreicht er mir die Blumen und nimmt meine schwere Tasche. Als habe er einen Auftrag zu erfüllen, bringt er mich zu einem Taxi. Ich nenne den Namen eines Hotels, das mir ein Freund empfohlen hat. Dort logiert offenbar tatsächlich eine Reisegruppe aus Deutschland, der Portier scheint mich für eines ihrer Mitglieder zu halten und grüßt in deutscher Sprache. Ohne jegliche Formalitäten führt er mich durch einen Innenhof zu einem schönen Zimmer. Die Tür fällt ins Schloss. Geschafft, hier werde ich ein paar Tage bleiben. Die gewölbte Decke und das Fenster mit dem Rundbogen strahlen den Charme einer vergangenen Zeit aus. Ein Holzgitter und ein Vorhang versperren die Sicht ins Innere. Das Bett ist fest und bequem. Im nächsten Moment öffne ich meine Tasche und verteile meine Sachen im Raum. Das blaue Notizbuch und die Süßigkeiten aus Isfahan lege ich auf den Nachttisch.

Was mache ich nur mit Manutscher? Er ist sehr sympathisch und lebt als Student in einem Wohnheim. Es wird also keine anstrengenden Familienbesuche geben. Ich konnte ihn nicht einfach wegschicken und bat lediglich um eine kurze Pause, bevor wir uns auf einen ersten Stadtrundgang begeben. Schnell wasche ich mir Gesicht und Hände und ordne mein Haar. Ich will ihn nicht länger warten lassen.

In der Lobby irritiert mich etwas. Es dauert einen Moment, bis ich begreife, dass ich den Klang meiner Muttersprache höre. Stockend suche ich nach Worten und grüße die Gäste mit den hellen Augen und der ungewöhnlichen Kleidung. Ihre interessierten Fragen nach den Erlebnissen einer allein reisenden Frau holen mich widerwillig in eine Welt zurück, gegen deren Erscheinen sich alles in mir sträubt. Das unverhoffte Auftauchen meiner Landsleute trifft mich völlig unvorbereitet, und ich weiß nicht, was ich ihnen erzählen könnte. Dass ich nie allein war, obwohl ich allein kam? Dass die Gastfreundschaft überwältigend ist und ich mich für die abweisende Art vieler Deutscher gegenüber Fremden schäme?

Die letzten Tage im Dorf haben mich tief berührt, tiefer, als mir bis jetzt bewusst war. Ich bin erfüllt von einer besonderen Stimmung, und nichts soll mich dieser neu entdeckten Welt entfernen. Ohne es in Worte fassen zu können oder gar eine kritische Stimme ertragen zu wollen, meide ich jedes weitere Gespräch. Noch weiß ich nicht, was mit mir geschehen ist, doch spüre ich auch keine große Ungeduld, es zu ergründen. Beinahe wie eine Unbeteiligte warte ich auf das nächste Ereignis, das mir vielleicht ein wenig mehr Klarheit geben wird. Die Einzigen, denen ich meine Gedanken mitteilen könnte, wären die drei Hamburger Freunde aus dem Dorf am Sayande Rud. Ich höre eine Stimme in mir, die sich wünscht, vor einer weiteren Unterhaltung mit den deutschen Touristen zu flüchten.

Auch von zu Hause möchte ich nichts hören und bin froh, für niemanden erreichbar zu sein. Farid würde sonst sicher jeden zweiten Tag anrufen, um immer wieder erneut feststellen zu müssen, wie selbstverständlich ich mich in seiner fremden Heimat bewege, zwischen all den Tschadors und Komitees, die in seiner Vorstellung das Bild des Landes prägen.

Nein, mit meiner eigenen Heimat möchte ich jetzt nicht konfrontiert werden, bin ich doch vollauf mit der Entdeckung von Fremdheit, auch meiner eigenen, beschäftigt. Die Intensität jedes Augenblicks geht mir unter die Haut. Ständig eröffnen sich neue Perspektiven, und ich wähne mich in ihrem Zentrum und dabei auch in meinem eigenen. Nie war ich mir selbst so nah wie hier. Die permanente Konfrontation mit einer andersartigen Welt, die mich so selbstverständlich willkommen heißt, wird zu einem Erleben geschärfter Wachheit und absoluter Präsenz. Jeden Moment, jede Sekunde sauge ich in mich auf und blicke erwartungsvoll in die Fremde. Es gibt nur das Hier und Jetzt mit seinen Überraschungen, und fast scheint es, als hätte ich keinen Teil von mir in der Heimat zurückgelassen. Ewig möchte ich diesem Gefühl folgen und bin gespannt, ob es mit einem weiteren Vordringen in den Orient bestehen bleibt – gar stärker wird – oder sich ändert.

Meine Begegnungen mit Menschen, die mir vor kaum mehr als einem Augenblick noch unbekannt waren, erscheinen mir zunehmend wie Erfahrungen besonderer Nähe. Widerfährt mir das, weil die vermeintliche Fremdheit der Anderen mich genauer hinschauen lässt? Überrascht stelle ich manchmal fest, wie sich Vertrautheit und Bekanntes im Sein der Anderen spiegelt.

Wie sagte Ali in den Bergen von Schahre Kord, als wir eingezwängt und durchgefroren auf der Ladefläche eines Transporters saßen? »Du bist die erste Europäerin, die ich kennen lerne, die erste Ausländerin überhaupt, aber du bist wie eine Schwester. Ich sehe keinen Unterschied zwischen uns. Es ist egal, woher wir kommen, an welchen Propheten wir glauben und welchen Namen unser Gott trägt.« Und seine Augen zeigten die eigene Verwunderung über diese Erkenntnis. Am Tag nach der Bergtour war Ali die erste Person im Dorf, die ich beten sah.

»Er ist aus Schahre Kord, unsere Männer beten nicht«, flüsterte Bahmans Mutter an jenem Morgen erklärend, als sie mein verwundertes Interesse in der Frühe des Sonnenaufgangs spürte. Durch die offene Tür hatte ich gesehen, wie sich sein Körper in südwestliche Richtung gen Mekka beugte, seine Stirn den Gebetsstein berührte und seine großen, von der harten Arbeit aufgesprungenen Hände offen dorthin zeigten, wo die Gläubigen das Reich des Allmächtigen wähnen. Von diesem kräftigen Mann mit dem Gesichtsausdruck eines bodenständigen, treu sorgenden Familienvaters hatte ich nicht erwartet, dass er als Einziger in der ganzen Familie den religiösen Pflichten eines gläubigen Moslems nachgeht. Bisher hatte ich ohnehin nur wenige praktizierende Gläubige kennen gelernt, und darunter waren kaum Männer. Jetzt, in Yazd, denke ich an ihn, fühle mich ihm nah und bin dankbar für unsere Begegnung.

Unauffällig entferne ich mich von meinen Landsleuten und wende mich Manutscher zu. Er fragt nach seinem Bruder im deutschen Exil. Fast hätte ich dieses bindende Glied zwischen uns vergessen.

»Natürlich kann ich mich an ihn erinnern«, beteuert er.

»Ihr habt sehr viel Ähnlichkeit. Viel mehr als die anderen Brüder. Eure Stimme ist zum Verwechseln ähnlich.«

»Wirklich?«

Seine Augen glänzen, und er löchert mich entgegen allen persischen Regeln der Höflichkeit mit bohrenden Fragen. Schnell verschwindet auch seine Schüchternheit und versteckt sich als eigentlich angemessene Verhaltensweise im Hintergrund, bereit, bei passender Gelegenheit wieder hervorzutreten. Nach meinen Berechnungen dürfte Manutscher kaum älter als vier oder fünf gewesen sein, als sein älterer Bruder in den politischen Kampf zog und nie wieder aus Kurdistan zurückkehrte. Die Familie dachte insgeheim, er sei schon lange gefallen, als unerwartet ein Brief aus Deutschland kam.

Unser ausgelassenes Geplauder in der Hotellobby weckt zunehmend das Interesse der Angestellten, und ihre Blicke bekommen etwas Abschätzendes und eine Neugier, die ihnen nicht zusteht. Glauben sie sich dazu berechtigt, weil sie von der Legalität dieser Verbindung nicht überzeugt sind? Ist sie überhaupt »legal«? Dürfen wir auf diese Art zusammensitzen und uns unterhalten? Ich habe keine genaue Vorstellung, wie weit ein Treffen zwischen einer »fremden« Frau und einem »fremden« Mann gehen darf.

Auch Manutscher scheint sich nicht ganz wohl in seiner Haut zu fühlen, und so schlage ich vor, dass wir das Hotel verlassen.

»Hast du Lust, mir ein wenig von der Stadt zu zeigen?«

Unser Taxi hält am Tor zum Basar. Wir steigen aus. Ich habe jegliche Orientierung verloren. Meine große Liebe zu Stadtplänen findet in diesem Land leider nur selten Erfüllung, und so bin ich meistens auf selbstgefertigte Karten angewiesen, die allein in meinem Kopf existieren. Noch bin ich mit meinen Gedanken immer wieder in Isfahan und warte unwillkürlich darauf, dass ein rauschender Fluss auftaucht. Ja, jene Stadt hatte, was orientalische Schönheit betrifft, alle Erwartungen erfüllt, doch war mir das hektische Großstadttreiben auf ihren vielspurigen Straßen Grund genug gewesen, mich nicht bedingungslos entführen zu lassen. Hier nun ist vom allerersten Moment an eines ganz deutlich: Diese Stadt ist anders als alle, die ich bisher gesehen habe. Ihr Geruch und die warme, klare Luft wecken Gedanken an etwas weit Zurückliegendes, an einen Ort der Ursprünglichkeit. Habe ich den Orient meiner Fantasie erreicht? In welcher Zeit lebt der alte Mann, der in seiner überweiten, schwarzen Tuchhose und der leuchtend weißen Kopfbedeckung stolzen Schrittes aus dem Tor kommt? Er geht in diesem Moment an unserem Taxi vorbei. Obwohl sein alter Körper nur wenig von seiner ehemals geraden Haltung verloren hat, reicht er mir kaum bis zur Schulter. Ich schaue ihm nach und sehe, wie er in einem Hauseingang verschwindet. Manutscher beugt sich zum geöffneten Fenster, reicht dem Fahrer einen Geldschein, und beide sprechen Worte der Dankbarkeit.

In den engen Gassen aus festgetretenem Sand bleiben unsere Schritte lautlos. Lehmbauten schmiegen sich aneinander und ruhen in der Farbe der Trockenheit und Hitze. In scharfem Kontrast taucht ein Stück strahlend blauer Himmel über dem Ende der Straße auf. Die schlanken Minarette der Freitagsmoschee sind zurückhaltend mit türkisfarbenen Fayencen dekoriert, doch ist hier jeder einzelne Stein, jede glasierte Fliese ein unverschleiertes Bekenntnis zu Farbe, Kraft und Schönheit. Wir begeben uns – vorbei am obligatorischen Waschplatz für die Gläubigen – in das Gotteshaus. Die Sonne bricht sich eine schnurgerade Bahn durch das gitterartige Mauerwerk oberhalb des Mihrabs und bringt das tiefe Rot eines Teppichs im Gebetsraum zum Leuchten. Der Schatten legt sich wie ein Netz über ein schwarzes Bündel – oder ist es ein Tschador? Ein Schuh lugt hervor, und im Tuch zeichnen sich deutlich die Formen ausladender Hüften und eines angewinkelten Beins ab.

Manutschers lautlose Lippen formen die Worte »Sie schläft«. Ich kann dem Impuls, nach meiner Kamera zu greifen, nicht widerstehen. So laut sind mir der Spiegelaufschlag und das automatische Spannen noch nie vorgekommen. Unter dem Tschador bleibt es regungslos, und verschwörerisch huschen wir in den menschenleeren Männergebetsraum hinter einem weißen Leinentuch, denn wir wollen ihr Schläfchen nicht stören.

Die Gassen führen uns zurück zum Basar, der um diese Zeit die Ruhe der Mittagsstunden ausstrahlt. Die Waren sind mit Tüchern abgedeckt, und in einigen Ladenzeilen sehen wir Händler am gedeckten Sofre sitzen und frisches Brot in duftende Schalen tauchen. Einige Frauen tragen schwer an der Last ihrer Einkaufstaschen, und ich sehe mindestens genauso viele von ihnen in hellen Mänteln und bunten Kopftüchern wie in tiefschwarze Tschadors gehüllt. Uns begegnen auch indisch anmutende Gesichter: die Männer mit kräftigem, störrischem Haarwuchs und feiner, dunkler Haut, während sich unter den Kopftüchern der Frauen ein scharfer Mittelscheitel abzeichnet und ihr Blick offen nach vorn gewandt ist. Manutscher flüstert mir zu: »Zardoschti«, »Zarathustragläubige«.

Schließlich setzen wir uns in ein winziges Restaurant, und er erzählt mir, wie gern er nach Hamburg kommen würde, um seinen Bruder endlich zu sehen. Ob die deutsche Botschaft ihm jemals ein Visum geben wird, ist äußerst zweifelhaft, doch behalte ich diese Befürchtung für mich. Es ist schön zu hören, mit welcher Selbstverständlichkeit er das Wort »Hamburg« ausspricht. Als sei dies nicht nur das ferne Exil seines fast unbekannten Bruders, sondern gleichzeitig ein Ort der Sehnsucht. Ich genieße unsere langen Gespräche, und mir wird deutlich, wie anstrengend die letzten Tage mit den vielen Menschen um mich herum waren. Es wirkt befreiend, mich nur auf eine Person konzentrieren zu können und diese ein wenig mehr als nur flüchtig kennen zu lernen. Vielen Iranern ist Zweisamkeit oder gar Alleinsein anscheinend fremd. Nach den Erfahrungen der letzten Wochen ist der Normalfall wohl eher Ansammlungen zahlreicher Menschen verschiedenster Generationen, die mehr oder weniger angeregt miteinander plaudern.

Mit der Dämmerung erreichen wir schließlich mein Hotel und verabreden ein weiteres Treffen am nächsten Tag.

Müde und zufrieden verbringe ich den Abend in meinem Zimmer. Das Bett kommt mir im Vergleich zu den Schlafmatten ausgesprochen luxuriös, ja beinahe übertrieben aufwendig vor. Ich lausche der Stille der Nacht, die ohne das Atmen von Bahmans Mutter an meiner Seite etwas Unwirkliches hat. Doch schon fallen mir die Augen zu, und ich sinke mit der Vorfreude auf einen neuen Tag in den Schlaf.

Am Morgen bin ich mit Manutscher in der Architekturfakultät verabredet. Gerade noch rechtzeitig erreiche ich das alte Gebäude und sehe ihn am Eingang warten. Er trägt eine weite schwarze Hose, die von einem Gürtel gehalten wird und seine schlanke Gestalt noch mehr betont. Ein hellblaues Hemd und sein frisch rasiertes Gesicht geben ihm etwas Galantes.

Manutscher stellt mich seinem Professor vor, der in perfektem Englisch grüßt. Wir kommen schnell ins Gespräch, und ich erzähle von meiner Begeisterung für diese Stadt und die Wüste. Er schaut mich fast schüchtern an, und wendet seinen Blick immer wieder ab. Sein angegrautes Haar fällt in üppiger Pracht bis über den Hemdkragen, buschige Augenbrauen unterstreichen seine Männlichkeit, und ein einnehmendes Lächeln bringt makellose Zähne mit einer kleinen sympathischen Lücke zum Vorschein. Er ist einer dieser schönen orientalischen Männer, die eine besondere Aura verbreiten. Ihnen ist eine unaufdringliche Höflichkeit eigen, die, gepaart mit einer wachen Aufmerksamkeit, ihre Attraktivität noch unterstreicht. Das Auftreten des Professors wirkt angesichts seines Äußeren ungewohnt bescheiden. Er erinnert mich an Omar Sharif in seinen besten Jahren, und ich muss ständig schmunzeln. Es sieht so aus, als wolle er uns tatsächlich durch die alten Gemäuer der Universität führen, und ich spitze meine Ohren bei seinen Ausführungen über Geschichte und Architektur seiner Heimatstadt. Ein Raum mit Zeichentischen überrascht die Besucher mit einem sehr sanften, doch hellen Licht. Ich schaue zur Decke, sehe dort straff gespannte Leinentücher und begreife, dass es sich eher um einen Hof als um einen geschlossenen Raum handelt. Ein Wasserbecken im Zentrum fügt sich harmonisch in die quadratische Anordnung des Lehrsaals.

Der Professor hält mich offenbar für eine Orientalistin oder zumindest Architektin, denn er spricht detailliert über die baulichen Entwicklungen, die es dieser Stadt seit Menschengedenken ermöglichen, der Wüstenhitze zu trotzen.

»Lassen Sie uns in die Bibliothek gehen«, fordert er mich auf, vor ihm eine Treppe hinunterzugehen. »Das wird Sie sicher interessieren.«

Eine angenehme Frische erfüllt diesen Raum im Untergeschoss, und zahllose Regale sind prall mit Büchern gefüllt.

»Kommen Sie in diese Ecke. Hier ist die Öffnung eines Windturms.«

Der Schacht erinnert an einen Kamin, doch strömt uns ein intensiver Luftzug entgegen, der über ein Wasserbecken unterhalb der Öffnung streicht.

»Schauen Sie von hier unten hinein, dann verstehen Sie die Technik.«

Tortenstückförmige Schächte führen nach oben und fangen den Wind oberhalb des Daches in luftiger Höhe ein. Ein Sogeffekt sorgt dafür, dass er über das Becken streicht und den Raum mit gekühlter Luft erfrischt. Nach einigen sehr speziellen Ausführungen, die meine laienhaften Architekturkenntnisse bis zum Äußersten fordern, verabschiedet er sich und wünscht mir weiterhin eine gute Reise. Ich danke ihm für die Führung, und er weist Manutscher auf einige Orte hin, die dieser mir unbedingt zeigen soll.

Und mein persönlicher Fremdenführer zögert nicht eine Sekunde, mich mit weiteren Besonderheiten der Stadt vertraut zu machen. Er bleibt vor einer alten blassgrünen Eingangstür stehen und zeigt auf die beiden angebrachten Türklopfer.

»Weißt du, warum diese Tür zwei Klopfer hat?«, fragt er mich.

»Nein, warum, Herr Reiseführer?«

»Der eine ist für Männer und klingt in einem anderen Ton als der für Frauen oder Familienangehörige, Madam Globetrotter.«

»Welchen Sinn hat das?«

»So wissen die Frauen im Haus, dass ein fremder Mann kommt, und verschleiern sich entsprechend oder ziehen sich in die Frauenräume zurück.«

»Wird das auch heute noch so gemacht?«

»Ehrlich gesagt, ich weiß nicht einmal, welcher Klopfer für männliche Besucher bestimmt ist.«

Unser Taxi hält am Fuße zweier gezähmter Berge. Der größere hat die Form eines Kegels, doch statt einer zulaufenden Spitze krönt ihn eine kreisrunde Mauer, sodass er wie ein Miniaturvulkan aussieht.

Der Fahrer versichert, er werde auf uns warten, und ich gebe Manutscher zu verstehen, dass ich den Berg hinaufsteigen möchte. Seine Abwehr zerstreue ich mit den Argumenten einer Weitgereisten und rechne mit einer Zurückhaltung, die ihn am Widersprechen hindern wird.

Der Aufstieg in endlosen Serpentinen unter einer kräftigen Herbstsonne treibt uns Schweißperlen auf die Stirn. Noch einmal versucht Manutscher, das Unternehmen abzubrechen, doch meinem Vorschlag, unten auf mich zu warten, kann er natürlich nicht folgen. Schließlich stehen wir vor der ringförmigen Mauer und suchen vergeblich nach einem Durchschlupf. Wir müssen hinüberklettern, um in des Innere des »Dakhmehs«, des »Turms des Schweigens«, zu gelangen. In der Ferne sehen wir die Ausläufer der Stadt, und unten wartet winzig klein der Taxifahrer neben seinem orangefarbenen Peykan. Wir schauen auf den kleineren Dakhmeh und die Ruinen einer verlassenen Ansiedlung, deren halb zerstörte Behausungen sich an einen Hang schmiegen. Der Himmel ist weit und klar, und endlich entspannen sich auch Manutschers Gesichtszüge. Sein Ehrgeiz und seine Neugier scheinen erwacht, und er sucht nach einer geeigneten Stelle, die Mauer hinaufzuklettern. Schon sitzt er obenauf und reicht mir seine Hand. Im Innern können wir bequem an einem Vorsprung hinuntersteigen und schauen in eine Vertiefung in der Mitte dieser ringförmigen Stätte. Sie war einst der Platz für die Bestattungen der verstorbenen Zarathustragläubigen. Man hatte mir erzählt, dieses Ritual sei im Iran schon lange verboten, doch ein Blick in das Zentrum des Berges legt mir eine andere Deutung nahe. Dort liegen Knochen, und deutlich erkennen wir einen Unterschenkel mitsamt Fuß, der aus weit mehr als Skeletttteilen besteht. Diese menschlichen Überreste erwecken keineswegs den Eindruck, als läge die letzte kultische Bestattung schon Jahrzehnte zurück. Sprachlos stehen wir uns gegenüber, blicken noch einmal in die Ebene und klettern, wie auf ein Zeichen hin, behutsam über die Mauer.

Unser Ziel ist die verlassene Ansiedlung am Hang. Mir klebt das Kopftuch am Hals, und Schweiß rinnt über meine Stirn. Ich löse das Tuch und ziehe meinen Mantel aus. Manutscher weiß nicht, wo er hinschauen soll, und ich beeile mich, in beiläufigem Tonfall zu erzählen, wie ungewohnt die vorgeschriebene Kleidung für mich ist. Mit der weltoffenen Toleranz eines Studenten, der sein Land noch nie verlassen hat, gibt er mir zu verstehen, dass es für ihn selbstverständlich sei, wenn Frauen ihr Haar zeigen und sich nach ihren eigenen Wünschen kleiden.

»Das war sehr interessant für mich – vielen Dank«, sagt er plötzlich unvermittelt.

»Ich danke dir. Du bist schließlich der Stadtführer.«

»Aber ich wäre nie auf die Idee gekommen, in einen Dakhmeh zu klettern.«

Wir bitten den Fahrer, uns zum Feuertempel zu bringen. Kurz nachdem wir die Stadtgrenze passiert haben, hält er vor einem parkähnlichen Grundstück. Diesmal gelingt es mir, Manutschers Aufmerksamkeit abzulenken und den Fahrer zu bezahlen.

Ein üppiger Garten nimmt uns in Empfang, und ich staune über die Vielfalt der Bäume und Blumen. Die Granatäpfel sind reif und einige Früchte bereits aufgeplatzt. Einem Geheimnis gleich, das nicht länger zurückgehalten werden kann, offenbaren sie ihre tiefroten Perlen, die wundersamerweise Halt in dieser Enge der Üppigkeit finden. Zum ersten Mal sehe ich die Paradiesesfrucht an einem Baum hängen und genieße ihren Anblick und Duft. Ein älterer Mann in Arbeitskleidung grüßt und führt uns durch den Garten. Er erzählt von dem Feuer, das hier seit über zweitausend Jahren brennt und von Priestern am Leben erhalten wird. Er bringt uns zum »Ateschkadeh«, zum »Feuertempel«, und eine Mischung aus Faszination und Unbehagen nimmt mich ein.

In einem Raum, den wir nicht betreten dürfen, aber durch eine Scheibe betrachten können, sehen wir in einem großen metallenen Gefäß das heilige Feuer brennen. Ihm kommt als Symbol des Guten, des Lichts und der Reinheit eine besondere Funktion zu. Die Zarathustragläubigen werden auch Feueranbeter genannt, und dieser Kult hat schon zu Zeiten der Achämeniden um 400 vor Christus eine wichtige Rolle gespielt. Die Aufgabe, über das heilige Feuer in den Tempeln zu wachen, obliegt ausschließlich Priestern.

Ich frage einen älteren Mann, der die Räume beaufsichtigt, nach dem Bestattungsritual und den Dakhmehs und bitte ihn um möglichst einfache Worte.

»Nach unserem Glauben gibt es vier heilige Elemente: das Feuer, wie Sie es hier sehen, die Erde, das Wasser und die Luft. Diese heiligen Elemente müssen vor jeder Art von Verunreinigung geschützt werden. Verstehen Sie?«

»Ich glaube, ja, aber warum bringen Sie Ihre Toten in die Türme des Schweigens?«

»Leichen sind nach unserem Glauben unrein und dürfen deshalb nicht in Erde und Wasser bestattet oder im Feuer verbrannt werden.«

»Entschuldigen Sie, wenn ich so viel frage, aber was passiert in den Türmen des Schweigens?«

»Bitte fragen Sie. Die Körper werden an einem Gestell befestigt und den Raubvögeln zum Fraß ausgesetzt. Später werden die sauberen Gebeine eingesammelt, mit Wachs behandelt und in Felsenhöhlen aufgebahrt.«

»Wird das auch heute noch so praktiziert?«

»Nein, es ist seit über zwanzig Jahren verboten. Wir bestatten unsere Toten jetzt in ausgemauerten Gräbern.«

»Vielen Dank. Das alles ist sehr interessant für mich.«

»Wenn Sie einen Moment warten, werde ich Ihnen eine kleine Broschüre in englischer Sprache holen. Sie ist zwar schon sehr alt, aus der Zeit, als viele Touristen zu uns kamen, aber die Informationen über unsere alte Religion bleiben immer dieselben.«

»Das ist sehr nett von Ihnen.«

»Gibt es auch eine in persischer Sprache?«, fragt Manutscher.

Zusammen lesen wir einen Ausschnitt aus der englischen und persischen Version: »Grundlage der zoroastrischen Religion ist der altiranische Glaube an ein Götterpantheon, dem als oberster Gott Mithras vorstand und dem sowohl Ahura Mazda als auch die Göttin Anahita angehörten. Durch die Lehre Zarathustras wurde nun Ahura Mazda zum alleinigen Gott, zum allwissenden Schöpfer und Herrn der Weisheit. Grundprinzip des Glaubens ist der ewige Gegensatz von Gut und Böse, von Licht und Finsternis. Ahura Mazda verkörpert das Gute und das Licht, der Gegenpol des Bösen und der Finsternis ist Ahriman. Der Mensch selbst kann sich in seinem Leben zwischen Gut und Böse entscheiden; wählt er das Böse, droht ihm die Hölle. Deshalb ist eine der wichtigsten Glaubensmaximen der Zoroastrier die ›Reinheit des Sagens, Handels und Denkens‹.«

»Die meisten Gläubigen leben außerhalb des Iran«, wendet der ältere Mann sich noch einmal an uns. »Damals, als die Araber den neuen Glauben ins Land brachten, flüchteten viele Zarathustragläubige vor der Islamisierung. Sie gingen nach Indien. Dort leben noch heute an die hunderttausend ›Parsen‹. So werden sie in Indien genannt. Fast alle sind in Bombay und führen ein gutes Leben.«

»Ich danke für Ihre Informationen. Es war schön, Sie kennen zu lernen. Mögen Ihre Hände niemals schmerzen.«

Am Abend treffe ich im Hotel auf eine französische Reisegruppe. Man erklärt mir, dies sei das einzige Hotel in der Stadt, in dem ausländische Gruppen untergebracht seien. Und da fast jede Tour irgendwann in Yazd landet, kann ich hier einen ungefähren Überblick über die Anzahl der Touristen im Land bekommen. Meine Schätzungen ergeben maximal fünfzig Personen pro Tag und sehenswürdiger Stadt oder zwanzig oder weniger, manchmal keine und dann vielleicht sogar hundert. Jedenfalls habe ich insgesamt in knapp drei Wochen drei Gruppen gesehen, wobei es in Isfahan und Yazd sogar einmal dieselbe Gruppe war. Aber vielleicht dient die Rechnerei auch nur meinem Zeitvertreib in den äußerst langweiligen Abendstunden eines iranischen Hotels. Die Fremden bleiben meistens nur für eine Nacht, bis ihre Karawane am nächsten Tag weiterzieht. Als ich zu fortgeschrittener Stunde noch einen neugierigen Blick in die Lobby werfe, treffe ich dort auf eine ältere Französin, die glücklicherweise Deutsch spricht. Sie präsentiert sich als Spezialistin in Sachen Zarathustra.

»Letzten Winter war ich in Bombay und habe dort einige Türme des Schweigens der Parsen gesehen. Ich sage Ihnen, kein Vergleich zu den echten Türmen hier bei Yazd. Stellen Sie sich das einmal vor«, sagt sie eindringlich und mit glänzenden Augen, »in einer Millionenstadt wie Bombay! Die Türme sind künstlich und eigentlich vor fremden Blicken geschützt, aber sie erinnern an überdimensionale Hochsitze.«

»Sind die Parsen wirklich so wohlhabend?«

»Für die Entwicklung der Stadt haben sie jedenfalls eine besondere Rolle gespielt, und ihr Ansehen ist hoch, auch wenn sie eine winzige Minderheit bilden.«

Ich biete ihr frische Granatäpfel an, die uns am Nachmittag ein alter Mann geschenkt hat. Er saß im Schatten eines Baums neben dem Eingang zu einer Moschee. Ich fragte ihn, ob es möglich sei, auf das Dach zu steigen, um einen guten Ausblick über die Altstadt zu haben. Er organisierte ein klirrendes Schlüsselbund, ging uns voran durch eine Art Taubenschlag, schloss diverse Türen auf und führte uns schließlich auf das Dach der Moschee. Uns offenbarte sich, was Kasraian so wunderbar fotografiert hat. Die Stadt der Windtürme – lehmfarbene Häuser und geschmückte Moscheekuppeln und Minarette.

Zum Abschied reichte der Alte uns eine prall gefüllte Tasche mit Granatäpfeln.

»So viele Früchte«, sagte ich zu Manutscher. »Was können wir damit machen?«

»Hast du Durst?«

»Ja, und wie!«

Er nahm eine Frucht, drückte sie vorsichtig und drehte sie dabei in seinen Händen. Ohne die Haut zu verletzen, quetschte er den Saft aus den Perlen und biss schließlich ein kleines Loch in die Schale. Schon quoll der Saft hervor, und er reichte mir den Apfel.

»Nimm schnell, und trink!«

Jetzt mache ich es der Französin vor, und langsam schrumpft mein Vorrat an tiefroten Früchten.

Ein Bekannter hatte mir einige Tage vor der Reise eine Telefonnummer gegeben. Sollte ich mich in der Nähe von Yazd aufhalten, hatte er gesagt, könnte ich seinen Cousin anrufen. Er würde sich sehr über eine Besucherin aus Deutschland freuen. Das kleine Städtchen liegt nur eine halbe Autostunde von Yazd entfernt, und so versuche ich eines Abends mein Glück und rufe ihn an. Nach einem erstaunlich unkomplizierten Telefonat verabreden wir uns für den nächsten Tag an der Bushaltestelle.

»An welcher?«, frage ich.

»Hier gibt es nur eine.«

Manutscher lässt es sich nicht nehmen, mich persönlich zu begleiten, und liefert mich schließlich bei einem sehr eleganten älteren Herrn am vereinbarten Treffpunkt ab.

Dr. Madani ergreift meine Hand und grüßt in englischer Sprache, ganz der iranische Gentleman, der Erfahrungen im Umgang mit Europäern hat. Noch einmal schaue ich Manutscher in die Augen. Mir fällt der Abschied nicht leicht. Ich kann ihm nur noch für die schönen Tage danken und wünsche ihm viel Glück für seine Zukunft.

»Vielleicht kann ich dich eines Tages durch Hamburg führen.«

»Inschallah.«

»Inschallah«, drücke auch ich meine Hoffnung aus.

»Wie lange willst du in diesem Dorf bleiben?«

»Ein, zwei Tage. Wahrscheinlich nehme ich übermorgen um sechs Uhr früh den Bus von Yazd nach Kerman.«

Uralte Lehmbauten, die die Jahrhunderte fast unbeschadet überstanden haben, säumen die Straßen des Städtchens. Sicher würde ein einziges norddeutsches Regenjahr ausreichen, um sie fortzuspülen. Hinter einem metallenen Tor verbirgt sich der kleine Vorhof zu einem zweistöckigen modernen Gebäude.

Mit der Einladung »Befarmaid!« werde ich hineingebeten.

Am Abend sitzt Dr. Madani vor einer kleinen mobilen Feuerstelle und schiebt die kalte Asche des Vortags zur Seite. Solche metallenen Kästen waren mir schon im Basar aufgefallen, doch hatte ich ihre Funktion noch nicht ganz begriffen.

Seine Schwiegertochter kommt mit glühenden Kohlen durch die Hintertür und legt sie in die Feuerstelle. Der Doktor setzt einen Abzug über die Glut und entfacht sie zu neuem Leben. In einer abenteuerlichen Mischung aus Persisch, Deutsch und Englisch erklärt er mir die Prozedur des Opiumrauchens. Schnell notiere ich mir einige persische Worte, die vielleicht in keinem Wörterbuch zu finden sind. Seine »wafur«, die spezielle Opiumpfeife, ist schon uralt und hat die Form einer Mohnknospe. Meine allgemein gehaltenen Fragen nach den Wirkungen der Droge bringen ihn schließlich dazu, mir die Pfeife anzubieten. Ich vertraue auf die Dosierung meines Gastgebers und bin bereit für einen Rausch. Er legt ein Stück Opium auf den runden Pfeifenkopf, der weder ein Loch noch irgendeine andere Vertiefung zeigt. Offenbar ist der gesamte Kopf für den Rauch durchlässig. Mit einer reich verzierten Zange greift er nach einem Stück glühender Kohle und legt sie an das Opium. »Bekeschid!«, bedeutet er mir. »Ziehen Sie!«

Und so nehme ich einen langsamen, aber kräftigen Zug und lasse den Rauch möglichst lange in meinen Lungen wirken.

»Very good, chanum. Once more, Miss! Keine problem.«

Ich lehne mich in die Kissen und sehe Dr. Madani genüsslich an der Pfeife ziehen.

»Relax!«, lautet sein überflüssiger Hinweis.

Er reicht mir Pistazien, Rosinen und Tee. Es scheint eine Ewigkeit zu dauern, bis ich die feine Schale von den frischen Pistazien gelöst habe. Die Haut unter meinen Daumennägeln ist schon seit einer ganzen Weile wund und schmerzt vom Öffnen der vielen frischen Pistazien, die ich in den letzten Wochen gegessen habe, und so lehne ich mich lieber wieder untätig zurück in die Kissen.

Später beobachte ich, wie er wortlos einen Granatapfel anschneidet, ihn viertelt und die fruchtigen Kerne auf einen Teller häuft. Ich warte darauf, dass ihm etwas herunterfällt, denn ich erinnere mich an Alis Worte im Dorf am Sayande Rud: »Wer es schafft, einen ganzen Granatapfel zu zerlegen, ohne einen Kern fallen zu lassen, hat einen geheimen Wunsch frei.«

Dr. Madani scheint dieses Kunststück zu gelingen, doch bin ich mir nicht sicher, ob ich wirklich die ganze Zeit konzentriert zuschaue. Vielleicht waren meine Augen auch ein Weilchen geschlossen. Eine zufriedene Müdigkeit überkommt mich, und ich lege mich schlafen. Eigentlich hatte ich meinem Gastgeber eine Menge Fragen stellen wollen, doch funktioniert unsere Zusammenkunft auch ohne viele Worte. Über ihn war mir praktisch nur bekannt, dass er seine Tochter als Dreizehnjährige zur Ausbildung nach Deutschland geschickt hatte. Aus ihr sollte eine große Wissenschaftlerin werden. Soweit ich weiß, hat auch sie ihren Doktortitel und arbeitet als Ärztin in einem Göttinger Krankenhaus.

Am frühen Morgen weckt mich der Ruf des Muezzins. Oder ist es die Stimme aus einem Traum? Wo bin ich? Was ist mit mir geschehen? Gibt es diesen Singsang wirklich, oder spielt mir der Rausch einen Streich? Die Stimme aus dem Minarett dehnt die heiligen Worte, ja beginnt sie zu singen und scheint dabei mit der fremden arabischen Sprache spielen zu wollen.

»Allahu Akbar« – »Gott ist groß«. »Ich bezeuge, dass es keinen Gott gibt außer Gott. Ich bezeuge, dass Mohammed der Gesandte Gottes ist.«

Damit endet für die meisten der etwa eine Milliarde Moslems auf der ganzen Welt der Ruf, den sie mehrmals täglich hören. Nicht so im Iran. Hier schließt der leiernde Singsang mit dem Zeugnis der Schiiten: »Ich bezeuge, dass Ali der Freund Gottes ist.« Ich gehe ans Fenster. Eine überwältigende Morgendämmerung erstrahlt über der Wüste. Ich zwinkere einige Male mit meinen verschlafenen Augen, doch der Anblick bleibt derselbe. Sind diese Farben wirklich oder ebenfalls Gespinste einer aus den Fugen geratenen Fantasie? Doch dann höre ich die Schwiegertochter im Flur rascheln; offenbar richtet sie sich für das Morgengebet her. Da sie auch gestern im Haus den geblümten Gebetstschador trug, kann ihr Aufstehen in der Frühe des Morgens nur ein Zeichen dafür sein, dass sie eine praktizierende Gläubige ist und dieser Tagesanbruch Wirklichkeit.

Am Nachmittag fühle ich mich noch immer ein wenig umnebelt und sitze auf dem Sozius eines kleinen Motorrads wie auf einem fliegenden Teppich, der durch eine Oase saust. Razul, ein Verwandter Dr. Madanis, will mir das Städtchen zeigen. Er wirkt, als sei auch er dem regelmäßigen Genuss des würzigen Rauches aus der Pfeife nicht abgeneigt. In einem Kräutergeschäft kaufen wir, was mir der Doktor als meiner Gesundheit zuträglich empfohlen hat: Kuhzungenblumen mit ihrer wundervollen violett-blauen Farbe, Baldrianwurzeln, getrocknete Limonen und Kräutertees in unterschiedlichen Mengen.

Vor einer Karawanserei halten wir an, und Razul zeigt mir die gewaltigen Überreste eines Eishauses. Hierher hatten die Menschen früher Eis aus den Bergen gebracht, und die gewaltigen Windtürme und eine ausgefeilte Baukunst sorgten dafür, dass die Eisquader nicht vor dem Sommer schmolzen, wenn es draußen schon über vierzig Grad heiß war.

Vor einer Festung, die aus der Kulisse eines amerikanischen Monumentalfilms über den Eroberungszug Alexander des Großen zu stammen scheint, spielt eine Gruppe von Jungen Fußball. Achtlos haben sie ihre Torpfosten in die antike Befestigungsmauer gerammt.

Später zeigt mir Razul eine Keramikfabrik, und ich bin überwältigt von der Schönheit der Motive auf Tassen, Schalen und Tellern. Immer wieder erscheinen Fische in fröhlichsten Farben auf den kunstvoll gefertigten Gegenständen.

»Sie drücken unsere Sehnsucht nach Wasser und Fruchtbarkeit aus«, sagt der alte Meister in seiner verwinkelten Werkstatt. In Minutenschnelle formt er aus einem Klumpen Ton einen schönen Wasserkrug. Ich muss einige organisatorische Hürden überwinden, bevor ich endlich einige Stücke kaufen kann, die mir nach Teheran geschickt werden. Am liebsten würde ich ein komplettes Sortiment mitnehmen, doch was macht eine Reisende mit fünfzig Kilo Keramik im Gepäck?

Wir biegen in eine Gasse ein und fahren an einer bauchigen Lehmmauer entlang, die hoch über unseren Köpfen mit fremdartigen Verzierungen versehen ist. Razuls Motorrad knattert fürchterlich, und immer wieder bitte ich ihn um eine Pause. Wenn es dann endlich verstummt, herrscht in den Gassen vollkommene Stille. Der ehemalige Festungsturm bietet eine wunderbare Aussicht über das ganze Städtchen. Auf vielen der flachen Dächer sind leuchtend rote Berberitzen zum Trocknen ausgelegt. Unverhofft tauchen drei streng verhüllte Frauen am Ende der Gasse auf. Die Szenerie vor unseren Augen ist dreifarbig: die Gasse mit ihren hohen Mauern in der Farbe der Wüste und die Frauen in ihren tiefschwarzen, wehenden Tschadors unter einem alles krönenden, strahlend blauen Himmel.

Am nächsten Morgen ist der Gebetsruf auch mein Weckruf, und bald darauf fährt das Taxi vor, um mich zum Busbahnhof nach Yazd zu bringen.

Wie schön doch der frühe Morgen ist. Ich drehe die Fensterscheibe herunter und atme die Frische des jungen Tages ein. Der Taxifahrer scheint noch zu müde für ein Schwätzchen zu sein, und ich genieße die schweigsame Fahrt in die Stadt.

In der Station geht es beunruhigend hektisch zu, und aufgewirbelte Staubwolken zeugen von der Betriebsamkeit des neuen Tages. Ich halte Ausschau nach dem richtigen Bus und entziffere die arabischen Schriftzeichen. Es scheint nicht viele Wörter zu geben, die mit dem auffälligen »K« beginnen, und so bin ich diesmal ziemlich schnell am Ziel. Zur Bestätigung tönt es »Kerman, Kerman« aus der Mitte des Platzes. Schon verschwindet meine Tasche im Laderaum, und ich suche einen Platz, der es mir ermöglicht, das lebhafte Treiben in der verbleibenden Viertelstunde zu beobachten.

»Salam. Sobhbechair«, klingt es vertraut an meinem Ohr: »Guten Morgen.«

»Manutscher! Salam! Wie geht es dir? Was machst du hier? Jetzt, um diese Zeit?«

»Ich bin gekommen, um dir Lebewohl zu sagen.«

»Vielen Dank. Das finde ich sehr nett von dir.«

Er reicht mir zwei kleine, in Zeitungspapier eingewickelte Päckchen.

»Dieses ist ein Geschenk für meinen Bruder, und das andere ist für dich.«

Ich weiß nicht, was ich sagen soll, finde dann endlich Worte der Dankbarkeit und erzähle ihm von dem kurzen Ausflug in Dr. Madanis Dorf. Von meinem kleinen Opiumabenteuer scheint er nicht begeistert zu sein. Kein Wunder angesichts der Leiden, die diese Droge besonders unter jungen Männern anrichtet.

»Es wundert mich nicht, dass du es ausprobiert hast. Hat es dich müde gemacht?«

»Entspannt und träumerisch, aber es war das erste und letzte Mal für mich. Es gibt so viele andere Abenteuer, die ich ganz wach erleben möchte. Gott schütze dich, Manutscher. Vielen Dank für alles.«

»Gott schütze dich.«

Er steht direkt unter dem Fenster und kümmert sich nicht um die vielen neugierigen Blicke, die den jungen Mann und die Charedji treffen. Ich rufe ihm noch einmal Abschiedsworte zu, und dann verlässt der Bus die Station. Sehr schnell siegt Ungeduld über Zurückhaltung: Ich löse das Band und öffne das Päckchen.

Der Anblick einer persischen Miniaturzeichnung bringt mich zum Schmunzeln. Seite an Seite stehen dort eine Frau und ein Mann in einem Garten. Farbenfrohe Seidenkleider lassen deutlich ihre Körperformen erkennen, und das lange schwarze Haar der Frau ist beinahe unbedeckt. Sie trägt einen Weinkrug, und beide halten flache Trinkschalen in den Händen. Der Mann schaut ihr direkt ins Gesicht, während die Frau den Blick in die Ferne richtet.

Die feine Zeichnung und der aufwändige, handgearbeitete Rahmen lassen ein wenig Stolz in mir aufkommen. Stolz auf ein so schönes Geschenk, das mich von nun an auf meiner Reise begleiten und für alle Zeit an diesen Moment erinnern wird.

In den Straßen von Kerman geht es farbiger und lebhafter zu als in den nördlicheren Regionen, und deutlich ist die Nähe Pakistans zu spüren. Vereinzelt sehe ich bunt gekleidete Balutschenkinder und Angehörige verschiedener Nomadenstämme, die im Basar Milchprodukte und Handarbeiten anbieten, um sich dann wieder auf den Weg zu ihren Zelten und Schafen zu machen. Mir begegnen Männer, deren dunkle Haut gegerbt ist von brennender Sonne, Trockenheit und Wüstenstürmen. Frauen schauen aus Augen, die mit Kohlepulver tiefschwarz umrandet sind, und statt eines Kopftuches oder Tschadors tragen sie durchscheinende Schals in den schönsten Farben und Gewänder mit tiefem Ausschnitt, die jenseits der üblichen Kleiderordnung meine Bewunderung finden. Ihre Babys haben sie in enge Tücher gewickelt und wie Lastenpakete geschnürt.

Eine Araberin kreuzt meinen Weg, und ich starre wie gebannt auf ihre Erscheinung. Sie trägt eine metallene Maske, die ihr Gesicht vollkommen verdeckt und sie zu einem Wesen aus einer fremdartigen Welt macht. Ihr arabischer Tschador mit den eingesetzten Ärmeln berührt sekundenlang meinen Arm. Nur dieser eine kurze Moment gibt mir die Möglichkeit, Kontakt zu der Frau aufzunehmen. Doch wie soll ich es machen und warum überhaupt? Was kann ich sagen? Wie meine Faszination in verständliche Worte fassen und nach dem Leben hinter der Maske fragen? Wie viele Menschen wohl jemals ihr Gesicht sehen durften? Viel zu schnell verschwindet sie in der wogenden Menschenmenge des Basars, und ich bleibe mit einer neuen Entdeckung zurück.

Im Hotel herrscht eine entspanntere Atmosphäre als in Yazd, die wohl daher rührt, dass die Betreiber gar nicht erst versuchen, der Herberge einen luxuriösen Anstrich zu geben. Trotz des abblätternden Putzes und der durchgessenen Möbel soll es das beste Hotel der Stadt sein. Ein Freund hat mir geraten, auf keinen Fall eine andere Unterkunft zu wählen, da ich sonst als allein reisende Frau in »schlechter Gesellschaft« wäre. Da ich aber auch hier nicht in Dollar bezahlen muss, ist selbst der Preis im besten Haus am Platze erschwinglich. Mein Zimmer habe ich schnell nach den üblichen Gepflogenheiten umgestaltet und dekoriert, und so finden sich sämtliche Geschenke und Souvenirs gut sichtbar im Raum verteilt. Auf dem Nachttisch steht gleich neben dem blauen Notizbuch die schöne Miniaturzeichnung von Manutscher.

Ein aufmerksamer Kellner in Straßenkleidung, mit der für viele jungen Männer so typischen üppigen Bundfaltenhose, hat mir zum Frühstück perfekt gebratene Spiegeleier serviert und dann alle paar Minuten mit einem Lächeln gefragt, ob noch etwas »nötig« sei.

Als ich am Abend von meinem Stadtrundgang zurückkehre, stehen zwei deutsche Motorräder vor dem Eingang. Wenig später sehe ich die dazugehörigen hellhaarigen Männer in engen ärmellosen Unterhemden im Hof stehen. Laut besprechen sie ihre weitere Route, und ich höre etwas von Karatschi und Islamabad. Ihre nackten

Arme wirken auf eine unvertraute Art abstoßend auf mich, und ich gehe ohne ein deutsches Wort an ihnen vorbei.

Am nächsten Morgen holt mich ein freundlicher, von der Hotelrezeption vermittelter Taxifahrer ab, der sich als Hassan vorstellt. Er soll mich nach Bam, der uralten verlassenen Stadt inmitten von Dattelplantagen, bringen. Vor der Abfahrt verhandle ich einen Tagespreis mit ihm, denn der Weg ist weit, und wir werden sicher nicht vor dem Abend zurückkehren.

Hassan ist ungefähr fünfzig Jahre alt und hat die Figur eines Mannes, der täglich bekocht wird und sich kaum bewegt. Leider spricht er kein Englisch und so ist unsere Verständigung auf mein lückenhaftes Persisch beschränkt. Unterwegs versäumt er es nicht, mir ausführlich von den guten alten Zeiten zu erzählen, in denen angeblich alle Frauen Miniröcke trugen und der Whiskey in Strömen floss. Inzwischen sei das Leben ein einziger Härtefall, und die Gesetze der Islamischen Republik machten den Genuss wahrer Freuden zu einem endlosen Versteckspiel.

Auf der schnurgeraden Landstraße begegnen uns vereinzelt pakistanische Lastwagen, die schon von weitem an ihrer bunten Staffage zu erkennen sind. Es ist nicht mehr weit nach Zahedan, und die nächste größere Stadt liegt bereits jenseits der Grenze. Autowracks säumen den Straßenrand, traurige Zeugen abenteuerlicher Fahrakrobatik und technischer Mängel. Wie oft schon hatte ich auf nächtlichen Straßen Tanklastzüge ohne Beleuchtung gesehen. Bei einem Ausflug ins Elborzgebirge war uns in einer engen Kurve ein solches Ungetüm entgegengekommen, und mir war das Herz stehen geblieben. Erschreckt hatten mich manches Mal auch Frauen im Tschador, die spätabends wie Geister unverhofft am Straßenrand auftauchen.

Hassan ist zum Glück ein bedächtiger Fahrer und der Verkehr auf dieser endlosen Piste ohnehin nur mäßig. Nach dreistündiger Fahrt durch eine mir vollkommen fremde, steinig-staubige Landschaft und anregenden Gesprächen über die Kniffe und Schliche, mit denen einem Dasein in diesem Land Vergnügen abgewonnen wird, erreichen wir die riesige Palmenoase von Bam.

Mittlerweile bin ich sogar darüber informiert, wie unter den hiesigen restriktiven Bedingungen die Freier zu ihren Prostituierten finden. Natürlich kennt Hassan das Verfahren nur vom Hörensagen, doch ist er davon überzeugt, dass die große Nachfrage auf ein ausreichendes Angebot trifft. Unter Einhaltung größter Diskretion, weiß er zu berichten, kursieren diverse Telefonnummern, die zu einem gewünschten Treffen führen. Hassan parkt direkt vor der verlassenen Geisterstadt Bam und gibt mir zu verstehen, er müsse sich um eine Inspektion des Autos kümmern und ich solle mir die »alten Trümmer« besser allein ansehen.

Ohne den kühlenden Fahrtwind wirkt die Hitze wie ein Schlag, und ich setze mich in eine schattige Ecke, um einen neuen Film in die Kamera zu legen. Beim Kartenhäuschen am Eingang ist niemand zu sehen, und so rufe ich einige Male und hoffe auf Einlass. Schließlich tritt ein Mann mit schief sitzender Mütze hinter einer Mauer hervor und gibt sich als zuständiger Kontrolleur zu erkennen. Während er in sein Häuschen geht und ich das Geld für meine Eintrittskarte aus der Tasche hole, fragt er, woher ich stamme.

»Almani?« Schnell kommt er wieder heraus und bedeutet mir aufgeregt in Zeichensprache, als hätten wir uns nicht vor einer Sekunde noch mit persischen Worten verständigen können, ich solle hier warten. Er springt auf ein kleines Moped und lässt mich an der riesigen Festungsmauer stehen. Nach einer Weile der Stille ertönt wieder ein rasch lauter werdendes Knattern aus dem Palmenwald, und dann sehe ich, dass hinter dem Kartenverkäufer auf dem lauten Vehikel ein junger Mann sitzt. Sie halten direkt vor meinen Füßen, und stolz präsentiert mir der Kartenverkäufer seinen Sohn als Fremdenführer. Meine Überraschung ist groß, als dieser mich auf Deutsch begrüßt.

»Ich beabsichtige, Ihnen die verlassene Stadt zu zeigen, wenn Sie erlauben, meine Dame«, sagt er in meiner Muttersprache, als sei es das Normalste auf der Welt, dass ein kaum erwachsener Mann in einer Palmenoase im tiefsten Süden Irans Deutsch spricht.

Endlich kann ich die geheimnisvolle Welt hinter den gewaltigen Festungsmauern entdecken. Ein Labyrinth aus Gassen windet sich durch die überraschend große Stadt, und wir klettern über halb zerstörte Mauern in die Ruinen alter Herrenhäuser und Werkstätten. Wie schmal die einzelnen Gassen doch sind und wie niedrig die einfachen Behausungen. Mein Fremdenführer erzählt von den Afghanen, die Mitte des neunzehnten Jahrhunderts die Stadt zerstört haben. An einer bereits restaurierten Karawanserei vorbeikommend machen wir uns an den beschwerlichen Anstieg zur Zitadelle. Der Weg gibt nun einen Blick auf den großen, rechteckigen Hof frei, in dem die Karawanen ihre Lasten abluden. Die Stallungen für Kamele und Pferde sind um den Platz herum angeordnet, und es fällt nicht schwer, sich hier das bunte Treiben einer lebendigen Stadt vorzustellen. Bis ins zwanzigste Jahrhundert hinein waren die Karawanen ein wichtiges Transportmittel auf den Wegen des Orients, und diese Stadt bildete einst einen Knotenpunkt zwischen der Golfregion und Afghanistan wie auch zwischen den reichen Provinzen Isfahan und Schiraz im Westen und Indien im Osten.

Erst aus der Höhe der Zitadelle ist die gesamte Ausbreitung der Anlage zu erkennen. Welch eine Stadt! Eine Festungsmauer umrahmt dieses Harmonie und Geborgenheit vortäuschende Refugium. Die sandfarbenen Ruinen schmiegen sich bis eng an die Mauer und lassen ein sonderbar einfaches und überschaubares Bild vom einstigen Leben in den Gebäuden und Straßen entstehen. In der Ferne trottet ein müder Esel seinem Führer hinterher und trägt schwer an seiner Last aus Schutt und Schaufeln. Vereinzelte Arbeiter sind mit dem Wiederaufbau dieses gewaltigen Museums beschäftigt, und die kleinen bereits fertig gestellten Abschnitte geben eine beeindruckende Vorstellung von der Architektur einer historischen orientalischen Stadt. Neben den wenigen breiteren Hauptstraßen und zerfallenen Herrenhäusern überwiegen enge und teilweise überdachte Stadtgassen, die die Bewohner vor Überfällen berittener Eindringlinge schützen sollten. Die Wohnhäuser haben kaum Fenster und nur ein Tor zur Straßenseite. Sie wirken vollkommen verschlossen gegenüber der Außenwelt. Das Leben der ärmeren Frauen muss sich einzig in den winzigen kuppelförmigen Wohnhäusern abgespielt haben, die in manchen Fällen mit einem kleinen, ungleichmäßig ummauerten Hof verbunden waren. Etwas anders ging es in den Herrenhäusern zu, deren luftige Räume um einen großen Innenhof angelegt waren, auf dessen architektonische Reize und gärtnerische Gestaltung besonderer Wert gelegt wurde. Häufig befindet sich an einer Schmalseite des Hofes eine hohe Sitzbogennische, um die Schatten spendende Leinentücher gespannt waren. Doch auch hier, wie in den Haremsgebäuden der Herrschenden, war der Bewegungsraum der Frauen auf das eigene Haus begrenzt und fremden Blicken verborgen. Die teilweise wieder aufgebauten Ruinen von Bam vor Augen, muss ich unwillkürlich an eine perfekte Kulisse für einen Orientfilm denken.

Massoud führt mich bis zu einem der höchsten Punkte der Zitadelle, der dem jeweiligen Herrscher der Stadt an besonders heißen Tagen einen angenehmen Platz bot. Es ist ein zu allen vier Himmelsrichtungen geöffneter Raum mit einer gewölbten Decke. Ein angenehmer Wind zieht durch das Gemäuer, und der Blick kann frei über die üppige Oase mit ihren Abertausenden von Dattelpalmen schweifen.

Massoud überrascht mich mit gewagt konstruierten Redewendungen, die merkwürdig altmodisch klingen. Er erzählt von den Mühen des Selbststudiums einer fremden Sprache und benutzt dabei überwiegend vorgefertigte Sätze, wie es scheint. Seine gesamten Deutschkenntnisse hat er einem einzigen Lehrbuch entnommen, das offenbar aus den Anfängen des zwanzigsten Jahrhunderts stammt. Er hofft, dass seine Sprachkenntnisse ihm irgendwann einmal zu einer Beschäftigung als staatlicher Reiseführer verhelfen werden, eine Arbeit, die ihm allerdings nur dann genug Geld zum Leben einbringen kann, wenn weitaus mehr Touristen als bisher das Land bereisen. Auch in diesem Monument von herausragender Bedeutung bin ich, wie so oft, die einzige Besucherin. Doch Massoud ist voller Elan und Hoffung auf eine bessere Zeit. Beim Abschied scheint er auch zufrieden mit dem Trinkgeld zu sein, und ich wünsche ihm weiterhin alles Gute.

Hassan wartet derweil seit Stunden auf mich, murmelt etwas von »Sorgen« und »Gefahr« und fragt mich, was ich so lange zwischen den verwitterten Steinen gemacht habe.

Statt ihm zu antworten, schlage ich ihm ein Mittagessen vor, weil ich vermute, dass sein hungriger Magen der wahre Grund seiner Ungeduld ist. Er hält vor einem trostlosen Gebäude außerhalb der Stadt, das verdächtig nach einem Lokal für die wenigen Touristen aussieht, die es in diese Gegend verschlägt. Da heute kein Bus angekommen ist, wirkt es extrem leblos. Hassans Beteuerungen, es sei das beste Restaurant in Bam und alle Ausländer würden hier essen, wirken zusätzlich abschreckend. Unter größten Mühen kann ich ihn zum Besuch eines einfachen Restaurants in der Stadt überreden.

»Aber da gehen nie Frauen hinein«, wehrt er ab, als ich auf ein schlichtes Lokal in der Hauptstraße deute, »und es ist schmutzig.« Wie soll ich ihm erklären, dass ich diese Art von Restaurants besonders mag und zudem im Iran noch kein wirklich schmutziges gesehen habe? Der kleine Raum ist hell und bis unter die Decke gefliest. Männer sitzen vor tiefen Suppenschüsseln mit Eintopf oder schieben gegrilltes Fleisch von ihren Kebabspießen.

Unumwunden wird Hassan gefragt, ob er Iraner sei und aus welcher Stadt er komme. Bei mir tippt der Wirt deutlich hörbar auf Schwiegertochter, und ich wundere mich ein wenig, dass Hassan keinen Versuch der Aufklärung unternimmt. Draußen geht Massoud vorbei, und wir grüßen uns durch die staubige Fensterfront. Nach dem Essen zeigt sich Hassan einem Mittagsschlaf nicht abgeneigt, doch muss er stattdessen mit mir durch den schönen Basar bummeln. Meinetwegen hätte er in einem Teehaus auf mich warten können, aber sein »Schwiegervaterherz« erlaubt es nicht, mich allein durch die fremden Gassen schlendern zu lassen. Ich decke mich mit köstlichen Datteln ein und zweifle allmählich ernsthaft daran, ob ich jemals mein Gepäck bis nach Hause transportieren kann.

Die Sonne steht schon tief, als wir uns auf den Rückweg machen, doch noch strahlt ein kräftiges Wüstenlicht. Die Landschaft wirkt auf eine anziehende Art leer und beruhigend, wecken doch die fernen Berge am Horizont die Hoffnung auf eine Welt jenseits dieser Trockenheit. Kleine Ansiedlungen, über deren schützende Mauern uns die Kronen von Pistazienbäumen zuwinken, zeugen von den Wundern orientalischer Bewässerungstechnik.

Mitten in dieser Wüstenlandschaft entdecke ich etwas, worauf ich schon lange gehofft hatte, und bitte Hassan anzuhalten. In der Ferne ragt ein hölzernes Doppelrad aus dem Nichts. Zwei Arbeiter machen sich daran zu schaffen und lassen ein Seil an einer Winde in die Tiefe. Ich steige aus, greife die kleine Tasche mit der Kamera und höre meine Schritte auf dem steinigen Untergrund knirschen. Die beiden Männer drehen das Rad nun in die andere Richtung und ziehen einen prall gefüllten Sack herauf. Als sie mich näher kommen sehen, halten sie inne, und ich schaue in weit geöffnete Augen, die in ihren dunklen Gesichtern übergroß wirken. Welch markante Gestalten! Der Kleinere hat Statur und Hautfarbe eines Südinders, doch ist sein Haar sehr kraus, was ihn ein wenig afrikanisch aussehen lässt. Der andere ist viel größer, aber auch seine Haut ist dunkel, und sein Haar fällt in dichten Wellen bis auf die Schultern.

Ich grüße sie, und nach kurzem Zögern erwidern sie ein schüchternes »Salam«.

»Reinigen Sie das Qanat?«

»Ja, wir machen es sauber.«

Das interessiere mich sehr, erzähle ich ihnen, ein Freund habe diese Arbeit auch schon gemacht und mir davon berichtet.

Ihre erstaunten Blicke lassen mich erst hilflos nach Worten suchen, bis ich mein Interesse an den uralten Qanaten mit Ausführungen über meine regenreiche Heimat erläutere. Dort gebe es überirdische Gräben, die nie austrockneten und wie selbstverständlich immer bis zum Rand gefüllt seien. Doch auch das scheint meinen überraschenden Besuch keineswegs verständlicher zu machen. Endlich hat Hassan uns erreicht und gibt Erklärungen über seinen neugierigen Fahrgast ab. Aus der Tiefe des Schachtes ertönt plötzlich ein lautes unverständliches Rufen.

»Ist da unten jemand?«, frage ich die beiden Arbeiter.

»Natürlich ist da jemand. Er macht den Kanal sauber.«

»Was sagt er?«

»Er will wissen, was los ist.«

In einem Dialekt, von dem ich nur einen Bruchteil verstehe, ruft der Kleinere hinunter: »Hier steht eine blonde Frau und spricht mit uns.«

»Was antwortet er?«, will ich wissen.

Sie zögern mit der Antwort: »Er sagt, da unten gibt es Bauchtanz.« Ich lache und frage einen der Arbeiter, ob er tanzen könne. Statt einer Antwort wird sichtlich irritiert von oben in den Schacht hineingerufen: »Es ist wahr. Sie kommt aus Deutschland.«

Ich beuge mich zum Rand der Öffnung und sehe ein enges, tiefes, schwarzes Loch. Nicht einmal den Schimmer eines Wasserkanals kann ich entdecken.

»Wo ist das Wasser?«

»Sehr tief unten.«

Er deutet auf das Seil und lässt es hinab. Ich zähle die Windungen über den Verstrebungen des Doppelrades. Sie drehen so lange daran, bis das Seil fast gänzlich abgewickelt ist, und das sind mindestens zwanzig Meter. In dieser Tiefe sitzt also ihr Kollege und schaufelt loses Gestein und Ablagerungen in einen Gummieimer. Neben der Schachtöffnung haben sie schon einen kleinen Hügel feuchten Schutts angehäuft. Ihre Arbeit sei schlecht bezahlt, sagen sie zögernd, und die Tage viel zu lang.

Ich bitte sie um ein Foto, und so posieren sie mit ihren unverändert verdutzt dreinschauenden Gesichtern vor dem Doppelrad. Die Verständigung ist auf Grund ihres Dialekts außerordentlich schwierig, und nach einer Weile bedanke ich mich bei ihnen und rufe ein »Mögen Ihre Hände niemals schmerzen« in die Tiefe des Schachtes.

»Gott schütze Sie«, tönt es herauf.

Beim Abschied entdecke ich doch noch ein Lächeln auf ihren Gesichtern. Diesen Ausdruck will ich in meiner Erinnerung aufbewahren.

Am Wagen angekommen, drehe ich mich um und winke ihnen zu. Sie erwidern meinen Gruß und schwenken ausgelassen ein Stück Stoff in die Höhe. Wir fahren los, und ich sehe sie winken, bis die flimmernde Hitze ihre Umrisse verschwimmen lässt.

Ich schaue dem Schatten des Peykans zu, der uns neben der Straße begleitet und von Minute zu Minute länger wird. Der Fahrtwind spielt mit meinen Haarsträhnen, und ich werde ein Dauerlächeln auf meinen Lippen nicht mehr los. Die Abenddämmerung in dieser fremdartigen Landschaft ist kraftvoll und taucht die Ausläufer des Bergmassivs in ein intensives Orange und später in ein warmes Rostrot, das sogar auf Hassans dicken grauen Schnurrbart einen leicht hennafarbenen Ton zaubert. Der Peykanschatten ist scharf, und ich kann meine eigenen Umrisse – das Kopftuch im Fensterrahmen – neben der Straße vorbeihuschen sehen. Ich hebe meine Hand bis über das Dach und versuche mich an Schattenspielen.

Bei unserer Ankunft in Kerman lädt Hassan mich zum Abendessen bei seiner Familie ein. Ich bin unsicher, ob er es wirklich ernst meint oder ob es sich nur um ein iranisches Höflichkeitsritual handelt. Auf sein Drängen hin willige ich schließlich ein, ihn auf einen Tee in sein Haus zu begleiten.

Im Wohnzimmer werde ich zu einem geräumigen Sessel geführt und blättere in den Fotos, die Hassans Sohn aus seinem Berliner Exil geschickt hat. Ich schätze ihn auf Anfang Dreißig. Er hat das Aussehen eines Intellektuellen, der es offenbar nach über zehn Jahren in der Fremde aufgegeben hat, seinen Eltern typisch iranische Fotos zu schicken, die normalerweise über den Aufenthaltsort und das Befinden des Abgebildeten wenig aussagen. Auf den neuesten Aufnahmen trägt er eine enge Lederhose, hat sein lockiges schwarzes Haar zu einem Pferdeschwanz gebunden und schaut recht zufrieden in die Kamera. Im Hintergrund leuchtet das Schild einer Bar mit dem unzweideutigen Namen »Christopher«.

Die Mutter klagt, dass er noch nicht verheiratet sei und auch keine Anstalten mache, das Junggesellendasein zu beenden. Hier gebe es so viele gute Mädchen, die ihn sofort heiraten würden, sagt sie und kann ihre Tränen kaum zurückhalten.

»Er ist vor dem Krieg geflüchtet. Er wollte nicht kämpfen und sterben für dieses Land, hat er immer gesagt«, gibt sie unter Schluchzen preis. »Leben wollte er, nicht sterben.«

»Das hat er gut gemacht, er lebt in Sicherheit«, erwidere ich unsicher.

Später im Hotel langweile ich mich zum ersten Mal. Die wenigen anderen Reisenden sind in ihren Zimmern, das Restaurant ist längst geschlossen, und ich weiß nicht, wohin ich am Abend allein gehen könnte. Heute früh hatte ich noch eine französische Reisegruppe gesehen, die nun wie vom Erdboden verschluckt ist. Ich beschäftige mich eine Zeit lang mit dem Fotografieren arrangierter Objekte in meinem Zimmer. Dazu lege ich die frischen roten Datteln, die Hassan in Bam wagemutig für mich gepflückt hat, vor meinen schwarzen Mantel, sodass ein guter Kontrast entsteht. Nach einigen mit Selbstauslöser gemachten Fotos von mir auf dem Bett vergeht mir auch dazu die Lust, und in mir wächst die Sehnsucht, mit jemandem zu Hause zu telefonieren.

Hätte ich ein Bier oder eine Flasche Wein, würde ich mir einen Schwipps antrinken und wunderbar schlafen. Aber ich habe nicht einmal Musik oder wenigstens Zigaretten und versuche, mich stattdessen an der braungrün gemusterten Siebzigerjahretapete zu erfreuen.

Es ist kaum zehn Uhr, und die Stadt scheint zu schlafen. Schließlich statte ich dem Portier einen Besuch ab und trinke Tee mit ihm. Er erzählt, dass er das Hotel mit seinen beiden Brüdern führt. Früher hätten sich hier sehr viele Hippies auf der Durchreise nach Afghanistan und Indien einquartiert, sagt er, aber das sei schon lange vorbei. Die beiden Motorradfahrer seien die ersten europäischen Transitreisenden seit über zwei Monaten. Wenn ich noch länger bei ihm sitzen bliebe, überlege ich, würde das sicher einen schlechten Eindruck machen, und so verabschiede ich mich nach einigen gescheiterten Telefonversuchen. An diesem Abend ist offenbar niemand zu Hause. Nicht einmal Madjid in Teheran kann ich erreichen, dem ich zu gern ein paar Geschichten erzählen würde. Außerdem bin ich neugierig zu erfahren, wie es ihm inzwischen ergangen ist.

Schiraz und der Abschied

*V*iel zu schnell vergeht die Zeit, und schon sitze ich in einem Bus nach Schiraz. Es wird sicher den ganzen Tag dauern, bis wir die Wüste durchquert und die Stadt erreicht haben. Eine herbstliche Sonne brennt kraftvoll auf den Asphalt und lässt ihn flimmern. Alle Vorhänge sind geschlossen, doch mein bevorzugter Platz, gleich hinter dem Shagerd, erlaubt einen ungehinderten Blick durch die Frontscheibe. Stundenlang zieht eine gelbbraune Landschaft vorüber und strahlt in ihrer Eintönigkeit etwas Beruhigendes aus. Wie schön es hier erst nachts sein muss – in einem Lager unter freiem Himmel kampieren, den Sternen beim Funkeln zusehen und der Stille lauschen dürfen. Ich hätte im Dorf auf dem Dach schlafen sollen. Warum nur habe ich das Bahmans Mutter nicht vorgeschlagen? Vielleicht werde ich den Wüstenhimmel niemals bei Nacht sehen können, und dieser Gedanke erschreckt mich fast.

An einer Raststätte essen wir zu Mittag, und ich lerne einen gehörlosen Kellner kennen, der mich auf Anhieb versteht. »Bitte keinen Kebab«, formen meine Lippen. Gestenreich schlägt er mir erst Hühnchen mit Gemüse vor, und als ich nicht begreife, was er meint, führt er mich in die Küche und öffnet verschiedene Töpfe. Er bleibt an meinem Tisch stehen, gießt mir Wasser ein und gestikuliert ohne jegliche Scheu.

»Aus Deutschland komme ich. Ja, es gefällt mir sehr gut im Iran«, gebe ich ihm mit Worten, Blicken und Handbewegungen zu verstehen. Als hätte er einen Sonderstatus, der ihn der üblichen Rücksicht auf den angemessenen Abstand gegenüber einer fremden Frau enthebt, kommt er nach dem Essen mit mir nach draußen vor die Tür. Mit seinen schönen Augen blickt er mich unentwegt an und lauscht so meiner Sprache. Er lächelt und zeigt in die Ferne. Dorthin und noch viel weiter möchte er reisen und das Meer sehen. Ich erzähle von großen grünen Bäumen und den kalten Regenschauern in meiner Heimat. Als der Bus die Station verlässt, steht er winkend auf dem Parkplatz und lacht.

Schiraz und Persepolis bilden die letzten Stationen meiner Reise, für die kaum mehr bleibt als der flüchtige Blick einer Fremden in unangemessener Eile.

Wieder ist es ein Taxifahrer, der mich zwei Tage lang fast ständig begleitet und mir die schönsten Orte zeigt. Es ist Freitagnachmittag, und aus allen Richtungen strömen die Gläubigen zum Schah-Tscheragh-Mausoleum, das mit seiner breiten, zwiebelförmigen Kuppel mehr als jedes andere Gebäude die Silhouette von Schiraz prägt.

»Der Schrein wird von Pilgern aus dem ganzen Land besucht«, verkündet Ali mit einer gehörigen Portion Stolz in der Stimme und weicht dabei einer hastig eilenden Frau im Tschador aus. Sie hält das Gewand mit ihren Zähnen und trägt ein Kind auf dem Arm.

»Wer war dieser Schah Tscheragh, dieser ›König des Lichts‹?«

»Wissen Sie, wer Imam Reza ist?«

»Natürlich, der achte Imam, Ali Reza. Sein Schrein ist in Maschad.«

Mein Stadtführer ist sichtlich beeindruckt.

»Afarin, bravo!«, ruft er aus. »Schah Tscheragh ist ein anderer Name für Hazrat-e Seyyed Mirza Ahmad Musa. Er war ein Bruder des Imam Reza. Er ist hier vor langer Zeit gestorben. Ich kenne Ihren Kalender nicht so genau, aber es war nur ungefähr zweihundert Jahre nach der Hedschra unseres Propheten, verstehen Sie? – Alle schiitischen Gläubigen kommen einmal in ihrem Leben nach Schiraz«, erzählt Ali mit der gleichen respektvollen Bewunderung, mit der er vor einer halben Stunde über den Poeten Hafis und die Qualitäten des hiesigen Weins gesprochen hat.

»Darf ich hinein ins Mausoleum?«

»Lassen Sie es uns versuchen.«

Wir parken den Wagen in der Nähe und werden Teil der Menschenmenge, die an diesem Freitag ihren religiösen Pflichten nachgeht. Unter einigen Tschadors blitzen die farbenfrohen Röcke der Qaschqai-Frauen hervor. Dunkelrote Volants über gelbgerüschten Unterröcken erinnern einmal mehr an die Nomadenfotos von Kasraian. Wie schade, dass hier in der Stadt Tschadors über diese Pracht gestülpt werden. Die Grabmoschee strahlt kalkulierte Harmonie aus, und beinahe beginne ich, um Einlass zu beten.

Ali organisiert einen Tschador, damit ich das Heiligtum betreten kann. Zum ersten Mal hülle ich mich in dieses unförmige Tuch und weiß weder, wie es gehalten wird, noch wie ich ein Stolpern vermeiden kann. Es rutscht ständig herunter, meine beiden Hände sind vollauf damit beschäftigt, es zu halten. Wie soll ich fotografieren? Ali erkennt meine Hilflosigkeit und nimmt mir Kamera und Tasche ab. Ich ziehe meine Schuhe aus und betrete die Frauenräume. Ein Tuscheln in der Nähe scheint mir zu gelten.

»Chanum, Ihr Tschador!«

»Was ist damit?«

Erst jetzt erkennt die Frau, von der ich nur die Augen sehen kann, dass ich Ausländerin bin.

»Er ist falsch herum«, gibt sie mir zu verstehen.

»Danke.« Wie soll ich ihn wenden? Wie herum gehört er denn überhaupt? Wo ist oben und unten und wo außen und innen?

Endlich bin ich bereit. Am Boden sehe ich gebeugte, in dunkles Tuch gehüllte Frauenkörper, die sich in einen sich wiegenden schwarz glänzenden Fluss verwandeln. Was schimmert auf ihren Rücken? Ich schaue zur Decke, und mir stockt der Atem. Tausende Spiegelmosaike, die nicht von dieser Welt zu sein scheinen, glitzern über mir. Das wabenförmige Gewölbe reflektiert das einfallende Licht in leuchtenden Strahlen auf die schwarzen Tschadors und den roten Teppich, ein Geschehen in ständigem Wandel, das sich wiederum über uns tausendfach spiegelt. Frauen schieben mich weiter zum heiligen Schrein, und langsam erfasse ich, wie unglaublich groß das Mausoleum des »Königs des Lichts« ist. Wie klein und aufgehoben ich mir plötzlich in der Menge der Gläubigen vorkomme. Welches Wunder wirkt in diesem Raum und hallt am Abend wie ein Echo fortwährend in meiner Erinnerung wider?

Schon am nächsten Tag muss ich in Teheran sein, denn die Zeit beginnt zu drängen. Farhad steht wartend am Terminal Djonub, und ich bin froh, ihn wieder zu sehen. Wir nehmen ein Taxi in den Norden der Stadt.

»Du hättest mich nicht abholen müssen. Inzwischen kenne ich mich aus mit den Taxifahrern.«

»Dass du wirklich allein da unten herumgereist bist, kann ich überhaupt nicht fassen.«

»Aber warum denn? Es war ganz einfach und wunderschön.«

Der Taxifahrer beginnt ein Gespräch mit uns, wobei er mir nicht ein einziges Mal ins Gesicht schaut.

»Kommen Sie von einer Reise aus dem Süden?«

»Nein, ich war nicht dabei«, gibt Farhad ihm zu verstehen.

»Wie hat es ihr gefallen?«

»Sehr gut«, antworte ich automatisch.

»Was hat sie von unserem Land gesehen? Wie gefallen ihr die Menschen?«

In Zeichensprache drücke ich auf der Rückbank meine Verwunderung aus, und Farhad versteht sofort. Als ein anderer Fahrgast zusteigt und der Fahrer einen Moment lang mit ihm beschäftigt ist, flüstert Farhad mir zu: »Gleich fragt er mich noch, wie das Wetter in Schiraz war.«

»Was soll das?«

»Er ist sehr höflich. Schließlich bist du eine fremde Frau.«

»Komische Regel. Es ist also höflich, mit einer fremden Frau nicht zu sprechen? Verstehe!?«

Beim Aussteigen bemüht Farhad sich um weitere Erklärungen.

»Er dachte natürlich, du bist meine Frau. Er war begierig, etwas von einer Ausländerin zu erfahren, aber seine Erziehung oder sein Glaube verbieten es ihm, direkt mit dir zu sprechen.«

»Wie war denn nun das Wetter in Schiraz?«, frage ich Farhad schließlich, der mir daraufhin kräftig in den Arm zwickt.

Im nächsten Taxi geht es nach der obligatorischen Feststellung meiner Herkunft um die aktuelle Inflation.

»Schon fünfundneunzig Tuman für eine Deutsche Mark. Wohin soll das noch führen? Die Mullahs verstehen nichts von Wirtschaft und Politik«, erregt sich der Fahrer, und alle pflichten ihm lautstark bei und geben Geschichten über teures Fleisch und schlechtes Brot zum Besten.

»Meine Tochter lebt auch in Deutschland. Würde sie mir nicht jeden Monat ein wenig Geld schicken, dann müsste ich unter den Mullahs noch verhungern«, schimpft eine ältere Frau und findet allseits Zustimmung.

Doch alle Offenheit ändert nichts daran, dass sich bei einem Thema selbst überzeugte Regimekritiker nicht automatisch gegen das sonst so verhasste Khomeiniregime, seine Nachfolger und deren Politik stellen. Schnell ist mir klar geworden, dass ich in einem Taxi oder Bus lieber nicht die Sprache darauf bringen sollte. Jedes Mal, wenn es um die Fatwa gegen Salman Rushdie geht, wirken auch weltoffene Gesprächspartner wie von der allgegenwärtigen Propaganda infiziert.

»Sie haben das Buch gelesen?«, wurde ich in einem derart erstaunten Tonfall gefragt, als sei es unvorstellbar, diese Lektüre gesund bei Leib und Geist zu überstehen.

»Ja, sogar zweimal hintereinander, was ich noch nie zuvor bei einem Buch gemacht habe.«

»Aber warum nur?«, fragte Farhad mich immer wieder, wenn wir auf Rushdie zu sprechen kamen.

»Erstens, weil das Buch so kompliziert ist, dass ich ohnehin nur die Hälfte verstanden habe, und zweitens, weil es mir gefällt.«

»Gefällt? Aber Rushdie beleidigt den Islam.«

»Hast du es denn gelesen?«

»Nein, natürlich nicht. Das ist streng verboten. Außerdem gibt es das Buch nicht in persischer Sprache.«

»Also weißt du auch nicht, wovon es handelt.«

»Doch – es beleidigt und beschmutzt den Propheten und unsere Religion.«

»Für mich ist es vielmehr ein Buch über das Leben im Exil. Die Anspielungen auf Mohammed musste ich mir von befreundeten Moslems erst erklären lassen und fand sie dann amüsant.«

»Amüsant? Wie kannst du nur?«

»Aber du kennst das Buch doch gar nicht. Niemand in diesem Land kennt es. Ihr habt doch nur die Propaganda der Islamischen Republik gehört.«

»Es gibt keine Entschuldigung für diese Gemeinheiten. Die Kaaba mit einem Bordell zu vergleichen und Mohammeds Frauen mit Prostituierten!«

»Mir fallen noch ganz andere Vergleiche ein«, rutscht es mir heraus, und ich hoffe auf Farhads sonst sehr ausgeprägte Toleranz.

»Was denn?«

»Ach, lassen wir das.«

»Sag schon.«

»Nachdem ich die ›Satanischen Verse‹ gelesen hatte, fing ich an, mich ein wenig mehr mit dem Islam und dem Leben des Propheten Mohammed zu beschäftigen.«

»Und?«

»Na ja. Ich kann beim besten Willen kein Verständnis für eine Ehe zwischen einem zweiundfünfzigjährigen Mann und einem kleinen Mädchen aufbringen.«

»Du meinst Aische?«

»Sie war neun Jahre alt, als Mohammed sie heiratete, nicht wahr? Tut mir Leid, aber da denke ich an Kindesmissbrauch.«

»Aber sie war eine kluge Frau, die wusste, was sie tat.«

»Entschuldige, aber das alles ist für mich unvorstellbar und lässt sich wirklich nicht als gottgewollt erklären.«

»Wir Moslems sind sehr empfindlich, was dieses Thema angeht. Besser, du sprichst nicht so viel darüber.«

»Ich sage es nur dir, und niemals würde mir in den Sinn kommen, jemanden auf Grund seiner Religion zu beleidigen. Und ich glaube, auch Rushdie hat niemals an Beleidigung gedacht. Er ist ein weltoffener Mensch, der die zahllosen Facetten des Lebens, der Gesellschaften und der Religionen kennt.«

»Trotzdem, was zu viel ist, ist zu viel.«

Damit war das Thema beendet, und ich freute mich schon auf das nächste Buch von Rushdie.

Am Abend telefoniere ich noch einmal mit Madjid, und er lädt mich ein, mit seinem Bruder und dessen Frau zwei Tage am Kaspischen Meer zu verbringen. Warum nicht?, denke ich. Noch einmal das liebliche Grün sehen, bevor mich ein langer Winter in der Heimat empfängt.

Farhad und seine Familie reagieren äußerst irritiert auf meine Ankündigung und können offenbar nicht ganz begreifen, wie ich mit einem fremden Mann, der Madjid in ihren Augen ist, verreisen kann. Zu meinem Glück ruft zufällig Farid aus Deutschland an und findet die passenden Worte für mein Vorhaben. Anscheinend erklärt er, dass es für Europäer ganz normal sei, mit einem guten Bekannten und dessen Familie einen Ausflug zu machen, und außerdem könne man mich sowieso nicht davon abhalten.

Doch wenigstens einen prüfenden Blick möchten sie schon noch auf Madjid werfen, und so steht die ganze Familie zur Begutachtung bereit, als es zur verabredeten Zeit klingelt. Schnell werfe ich mir den Mantel über und hülle mein Haar in ein Kopftuch und fühle mich einmal mehr als halbwüchsiger Teenager auf Abwegen. Und die zwei Augenpaare, die sich aus dem wartenden Auto auf mich richten, verraten die blanke Überraschung angesichts meines Erscheinens. Ein »Salam« bleibt Madjids Angehörigen fast im Halse stecken.

»Das ist Bruni, eine Freundin aus Deutschland.«

»Wie geht es Ihnen? Freut mich, Sie kennen zu lernen. Madjid hat mir viel von Ihnen erzählt.«

Nasi, Madjids Schwägerin, findet als Erste die Fassung wieder.

»Salam ... wie geht es Ihnen?«, fragt sie ein wenig stotternd.

»Was ist los?«, frage ich Madjid auf Englisch. »Hast du nichts von mir erzählt?«

»Doch, ich hab keine Ahnung, was hier nicht stimmt. Ich habe gesagt, wir holen einen Freund ab.«

»Freund, friend, dust?«, wiederhole ich in drei Sprachen.

»Oh, jetzt verstehe ich, sie dachten, du wärst ein Mann.«

»Na, bravo.«

»Es ist alles in Ordnung«, sagt Qader. »Kein Problem, Sie sprechen Persisch! Das ist wunderbar.«

Kaum haben wir den riesigen Stausee hinter Karadj erreicht, ist von der anfänglichen Irritation nichts mehr zu spüren. Wir machen Witze, lachen und klären unzählige Vorurteile und Missverständnisse.

Die Strecke von Teheran nach Tschalous gehört zu Farids liebsten Erinnerungen an seine Heimat. Wie oft hatte er von den steilen Kurven, den tiefen Schluchten und dem Wasserfall auf halber Strecke erzählt. Man kann sich unter ihn stellen und sich erfrischen, ohne wirklich nass zu werden. Jedes Mal, wenn Farid diesen Weg als junger Mann gefahren war, hatte er versucht, einen neuen Geschwindigkeitsrekord aufzustellen. Beim Anblick der engen Serpentinen begreife ich, warum er immer noch beim Fahren Kopf und Kragen riskiert. Als wir am Abend Ramsar, den berühmten Ferienort am Kaspischen Meer, erreichen, wird uns leider sehr schnell deutlich, dass wir kein Hotelzimmer mieten können. Ohne Heiratsdokumente ist es unmöglich, aufgenommen zu werden. Schließlich finden wir ein Ferienhaus am Meer, deren Besitzer nicht nach unseren Papieren fragen.

Unzählige Wasserpfeifen kreisen in dieser Nacht, und ich versuche, mir wenigstens einen Bruchteil der vielen hundert erzählten Witze zu merken. Bald krümmen wir uns vor Lachen, und Nasi ist vollauf damit beschäftigt, ihr Bild von einer Europäerin zu berichtigen.

»Ich dachte immer, Sie würden uns primitiv und dieses Land und die Menschen uninteressant und zurückgeblieben finden.«

Dass ich offensichtlich auch kein Liebesverhältnis zu ihrem Schwager habe, verwirrt sie noch mehr.

»Ihr seid einfach Freunde? Wie Geschwister oder wie Frau und Frau?«, versucht sie ihre Überraschung in Worte zu fassen.

»Ja, wir mögen uns einfach, und schließlich ist er verheiratet, und ich habe auch einen Freund.«

»Aber ich dachte, so etwas spielt in Europa keine Rolle.«

»Liebende haben ihre eigenen Regeln. Untreue kann man sich nur selber verbieten oder aber erlauben. Dafür gibt es bei uns zum Glück kein staatliches Gesetz mehr.«

Am nächsten Vormittag gelingt es Madjid und mir, unsere beiden Mitreisenden davon zu überzeugen, dass Europäerinnen von Zeit zu Zeit unbedingt einen einsamen Strandspaziergang machen müssen. Sollte die beiden aber doch das Verständnis für diese schrullige Idee verlassen, wird Madjid sie daran hindern, mir zu folgen.

Allein. Es sind nur noch knapp zwei Tage bis zum Abflug. Der November ist gekommen, und die Nacht war kühl, doch jetzt streichelt ein warmer Wind mein Gesicht, und mir fällt es schwer, das Zurückkehren zu begreifen. Das klare Wasser umspielt meine Zehen, und flache Kieselsteine rollen mit jeder Welle an den Strand und lassen eine der vielen Melodien des Meeres erklingen. Doch meine Gedanken kreisen um die Wüste, das Dorf am Sayande Rud und um Wasserkanäle, die mit ihrem kostbaren Gut die Granatäpfel in Yazd zur Paradiesesfrucht reifen lassen.

Iran. Welch eine Reise liegt hinter mir! Ich sehe einen Fältchenkranz um kleine Augen und denke an die Sehnsucht im Exil. Ich habe es gesehen, das Land der Freunde, und den langen Schatten des Mandelbaums gefühlt. Nun bringe ich einen Beutel mit Früchten zurück. Es bleiben nur noch wenige Gläser mit Melonensaft und kaum noch zwei Tage begleitet vom Duft des Orients.

Es ist zwei Uhr in der Nacht, als Farhad mich weckt.

»Wach auf, wir müssen los«, sagt er mit ruhiger Stimme. »Hast du alles gepackt?«

Ein letzter Tee, ein Blick in das Schlafzimmer und ein knapper Abschiedskuss auf verschlafene Kindergesichter. Mahtab nimmt die Tasche mit den Geschenken für Farid. Sie kommt zum Handgepäck, denn die Angst, erneut etwas zu verlieren, ist groß.

Die Straßenbeleuchtung taucht den Expressway, auf dem nur wenige Peykans in Richtung Süden rasen, in ein leeres Orangegelb. Die Reise ist zu Ende, und ich kann es nicht fassen. Morgen Abend soll ich in Deutschland sein. Ich hatte zu Hause angerufen und gesagt, dass ich eine Nacht in München bleiben werde, um mich dort erneut um das verlorene Gepäck zu bemühen. Neben Damaskus ist dies meine letzte Hoffnung. Doch vorerst muss ich sechzig Kilo an Geschenken und Souvenirs einchecken. Der Arme-Leute-Koffer findet allseits viel Beachtung, will er doch nicht so recht zu dem eleganten Instrumentenkoffer passen, in dem eine edle Setar für einen Freund verstaut ist. Ausgestattet mit Papieren des Kulturministeriums bin ich befugt, sie auszuführen. Allem Anschein nach werde ich nun als Musikerin angesehen, dabei wird es wohl ewig ein Wunschtraum von mir bleiben, auch nur ein einziges Lied spielen zu können.

Noch eine Stunde bis zum Abflug, und wir sitzen in der milden Nacht vor dem Gebäude auf einer Bank.

»Wenn alles klappt, bist du nächsten Monat bei deinem Bruder«, muntere ich Farhad auf, der müde und abwesend dem Rauch seiner Zigarette nachschaut.

»Wenn es klappt. Theater haben wir ja genug gemacht.«

Natürlich hatte das deutsche Konsulat seinen Antrag auf ein Visum schon vor Monaten abgelehnt, aber wir haben es gemeinsam noch einmal versucht. Mit meinem deutschen Pass in der Hand brauchte ich mich nicht in die endlose Menschenschlange an der Ferdousi-Straße einzureihen. Manche Leute standen dort seit der vorherigen Nacht, und mir war es unangenehm, an ihnen vorbeizugehen.

»Mach schon«, drängte Farhad, »das ist schließlich deine diplomatische Vertretung.«

Hinter dem Schalter saß eine blonde Frau ohne Kopftuch, und viele Iraner sprachen Deutsch mit ihr. Sie würden die Angelegenheit noch einmal überprüfen, beschied sie schließlich.

»Weihnachten wirst du mit uns Gans essen.«

»Gans? Du meinst diesen riesigen Vogel?«

»Ja, und du kannst so viel Tequila trinken, wie du willst.«

»Inschallah.«

»Inschallah.«

Dann hören wir quietschende Reifen und ein abruptes Bremsen auf dem nahe gelegenen Parkplatz. Ein Peykan hält, und wir sehen eine Frau am Steuer sitzen. Ein Mann öffnet die Beifahrertür, und verwundert erkenne ich Madjid. Welch eine schöne Überraschung zum Abschied. Noch ein letztes Mal lachen wir gemeinsam über aberwitzige Geschichten, die aus meinen Begleitern hervorsprudeln. Doch es wird Zeit für einen letzten Gruß. Eine Schachtel mit Gaz reichen sie mir.

»Falls es in Damaskus wieder nichts zu essen gibt«, erinnert Madjid mich noch einmal an unsere lange Wartezeit in einem trostlosen Aufenthaltsraum.

»Tausend Dank für alles. Mögen eure Hände niemals schmerzen, gute Freunde.«

»Vielen Dank für deinen Besuch und deine Bekanntschaft«, erwidern sie.

Wir umarmen uns, während die zarte Morgendämmerung den Damavand zu beleuchten beginnt.

Ich gehe die Gangway hinauf und ziehe mein Kopftuch herunter. Wie ungewohnt es mir vorkommt, mit unbedeckten Haaren zwischen all diesen fremden Menschen zu sein. Das Flugzeug rollt auf die Startbahn, der Motor heult auf, und schon gleiten wir in die

145

Höhe. Deutlich erkenne ich den Expressway, die Wohngebiete der Reichen und zum Abschied auch den »Platz der Freiheit.«

In Damaskus gebe ich mich notgedrungen als penetrante europäische Reisende und darf schließlich eigenhändig einen chaotischen Raum mit Gepäckfundstücken durchsuchen. Doch neben Surfbrettern, die für Sydney bestimmt waren, einem Kinderwagen für Moskau und einem Rollstuhl für Peking findet sich keine Agassi-Tasche. Aufmerksam beobachte ich schließlich meine sechzig Kilo Gepäck, die einsam am Rand eines Rollfelds auf ihren Anschlussflug nach München warten.

»Excuse me, habe ich Sie nicht vor zwei Monaten schon einmal hier gesehen?«, spricht mich ein blonder Jüngling mit französischem Akzent an.

»Ja, das ist möglich.«

»Ich bin damals nach Bombay geflogen und habe hier auf meinen Anschlussflug gewartet.«

»Welch ein Gedächtnis! Erzählen Sie mir von Indien.«

»Wo waren Sie denn die ganze Zeit? Nicht in Indien?«

»Nein, ganz woanders.«

Die Stunden des Wartens vergehen in der Gesellschaft von Olivier wie im Flug, und seine Erzählungen über Indien machen mich derart neugierig, dass es für mich beinahe zur Gewissheit wird, wohin meine nächste Reise führt.

Der Münchener Flughafen wirkt schließlich wie ein Schock. Das Neunziger-Jahre-Styling erschlägt mich fast, und Hilfe suchend schaue ich den vorüberhastenden Passanten nach. Wie soll ich mein Gepäck zur S-Bahn transportieren? Warum bietet mir niemand Hilfe an. Eine kraftlose Sonne lässt mich erzittern. Der Herbst hat seinen Höhepunkt erreicht, Winde entreißen den Bäumen ihr farbenfrohes Kleid, und Menschen hüllen sich in wärmendes Tuch. Die einen zeigen nackte Zweige und sehen schutzlos aus, während die anderen nur noch Hände und Gesichter entblößen.

Genau wie in Teheran sind die Körper der Reisenden unter mehreren Lagen Kleidung versteckt. Aber dann entdecke ich Frauenbeine, die in dunklen Strumpfhosen stecken, und ein wenig befremdet schaue ich auf wohlgeformte Waden. Doch plötzlich schreit mir ein dargebotener Frauenkörper entgegen. Volle Lippen und üppige Brüste sollen zum Kauf einer bestimmten Zigarettenmarke verführen. Das überdimensionale Plakat stößt mich ab. Ich selbst fühle mich ausgezogen und dargeboten, fast schon beschämt und erniedrigt. Wie frisches Fleisch, wie eine käufliche Ware wird der Körper präsentiert.

Ich bin müde und traurig, quäle mich schließlich zu einer Telefonzelle, greife zum Hörer und wähle eine vertraute Nummer. »Ich bin zurück«, doch dann versagt mir die Stimme. Die wohl durchdachte Pracht des Neunziger-Jahre-Flughafens verschwimmt vor meinen Augen, und ich fühle mich am falschen Ort.

Zwischen den Reisen

*E*s sollte über vier Jahre dauern, bis ich mich wieder auf eine Reise durch den Iran begab, Jahre, in denen mich das Land und seine Menschen nie losließen. Meine Fotos und Diaaufnahmen fanden zahlreiche Betrachter und boten den einen überraschende Einblicke in das Leben ihrer Familien, anderen wertvolle Eindrücke von einer inzwischen fremd gewordenen Heimat und so manchem hoffentlich die Möglichkeit, ein in vielerlei Hinsicht ungewöhnliches Land kennen zu lernen. Gemeinsam war allen jedoch der Wunsch, von weiteren Geschichten einer Reisenden im fernen Orient zu erfahren.

Farhad besuchte in diesen Jahren mehrmals seinen Bruder in Deutschland. Wochenlang machten die beiden die Nacht zum Tag und feierten eine endlose Wiedersehensparty. Farid nahm daraufhin endlich all seinen Mut zusammen und reiste in seine Heimat. Unbehelligt und berauscht besuchte er die Orte seiner Kindheit und fand schließlich, wonach er so lange gesucht hatte: die Geborgenheit seiner Familie.

Und auch die Eltern der drei Freunde kamen aus ihrem Dorf am Sayande Rud auf einen Besuch ins ferne Deutschland. Babaks Mutter legte zum ersten Mal in ihrem Leben den Tschador ab und kaufte sich für die große Reise einen modischen Mantel. Der Sohn hatte ihr gesagt, es sei nicht gut, in Deutschland mit einem Tschador auf die Straße zu gehen, weil alle sie anstarren würden. So viele Jahre waren vergangen, seitdem sie sich zuletzt gesehen hatten. Und nun endlich diese lange Reise aus ihrem Dorf bis in die große Stadt in Deutschland. Schon die Fahrt nach Teheran war aufregend und anstrengend für die alte Frau, die ihr Dorf kaum jemals verlassen hatte. Doch der Flug selbst und die gewaltige Strecke, die sie zurücklegen musste, um ihren Sohn einmal noch zu sehen, überwältigten sie.

Die Spannung bei der Begrüßung am Flughafen war kaum auszuhalten. Endlich tauchten die kleinwüchsigen alten Dörfler aus der Menschenmenge auf, erschraken über eine automatische Schiebetür und lagen schließlich in den Armen ihres weinenden Sohns.

Das Leben in Deutschland blieb für sie von Anfang an ein unfassbares Rätsel. Schon beim Einladen der Koffer am Flughafen schaute Babaks Mutter ungläubig auf eine afrikanisch-deutsche Familie und fragte: »Warum macht die Frau das? Sie ist doch so schön weiß.«

Auch nach sechs Wochen in Hamburg konnte sie kaum hinsehen, wenn Pärchen sich auf offener Straße an den Händen hielten oder gar küssten. Und die Angewohnheit, sich in aller Öffentlichkeit »nackt« zu zeigen, wie sie es nannte, blieb ihr ein ständiger Anlass, schockiert das eigene Kopftuch tiefer ins Gesicht zu ziehen. Dass selbst iranische Frauen ihre Knie und Arme zeigten, kommentierte sie regelmäßig mit befremdetem Schnalzen.

Bis zum Ende ihres Besuches blieb es ihr unmöglich, den Fahrstuhl zu bedienen, und so war sie immer auf fremde Hilfe angewiesen. Nicht nur der schwebende Kasten mit den sich wundersam öffnenden Türen, sondern auch und vor allem die merkwürdigen Zahlen auf den Knöpfen verwirrten sie. Dass ein kleiner Kringel eine Acht bedeuten sollte und eine Eins so ähnlich aussah wie die heimische Drei, erschien ihr vollkommen absurd und unlogisch. Schließlich bekam sie Heimweh und langweilte sich ohne die Arbeit an ihrem Teppichrahmen und im Garten. Gleichzeitig konnte sie ihre Angst vor dem Abschied nicht verbergen, weil sie ihren Sohn vielleicht nie wieder sehen würde.

Babaks Vater hingegen fand sein Vergnügen darin, mit Landsleuten bei gegrilltem Kebab im Stadtpark zu sitzen. Dazu gab es deutsches Bier, dessen Geschmack ihn an »Schams« erinnerte, die alte iranische Biermarke, die während der Schahzeit gebraut worden war.

»Aber Schams war besser«, befand er, und das galt für alle Sorten, die wir ihm anboten.

Ich unternahm in der Zwischenzeit ebenfalls verschiedene Reisen und hielt mich einige Monate in den USA auf. Ausgestattet mit einem Stipendium arbeitete ich in verschiedenen Projekten an der Ost- und später an der Westküste, die sich mit der Beratung von Einwanderern und Flüchtlingen befassen. Auch dort gab es neben den vielen Begegnungen mit Menschen aus aller Welt immer wieder intensive Kontakte zu Iranern. Zwar vergaß ich allmählich meine ohnehin nicht besonders ausgeprägten Persischkenntnisse, doch brach die Verbundenheit zum Iran und seinen Menschen nie ganz ab.

Hamburg, April 1997. Nun ist es endlich wieder so weit. Vor meinem Spiegel vollzieht sich an diesem Abend eine skurrile Modenschau. Auf dem Gipfel eines Reisefieberschubs habe ich meine beiden iranischen Mäntel aus der untersten Schublade der Kommode hervorgeholt, wo sie die ganzen Jahre hindurch unberührt auf einen erneuten Einsatz warten mussten. Ich stecke meine Haare hoch, zupfe die gerade noch erlaubte Menge Strähnen hervor, schminke meine Lippen und lege das Kopftuch locker über die Frisur. Aus dem Recorder pulsieren die vertrauten Rhythmen von Salif Keita und schüren meine Unruhe bis ins Unerträgliche. Noch vier Tage bis zum Abflug. Meine Nervosität nimmt erschreckende Züge an, die sich in einer Mischung aus unbändiger Vorfreude und drückender Übelkeit äußern. Jeder Zwischenfall wäre jetzt recht, ob Erdbeben, Revolution oder Beinbruch, nur nicht abreisen müssen.

Kurz vor dem Abbruch der diplomatischen Beziehungen stehen wir bereits. Schon zweimal in den letzten vier Wochen ging das Flugzeug ohne mich gen Teheran. Zuerst erhielt ich mein Visum nicht rechtzeitig, und dann hatte ein mutiger Richter das so genannte Mykonosurteil gefällt und den iranischen Geheimdienst als Drahtzieher des Attentats gegen kurdische Oppositionsführer im Berliner Restaurant »Mykonos« enttarnt. Daraufhin hatten alle deutschen Passagiere aus Sicherheitsgründen ihre Flüge storniert, und auch mir war nahe gelegt worden abzuwarten.

Ausgelassen drehe ich mich vor dem Spiegel, mustere meine Tracht à la Islamische Republik und überhöre beinahe das Telefon.

»Salam aleykum. Wie sieht es aus? Nehmen sie dich endlich mit?«, fragt Farhad am anderen Ende der Leitung.

»Salam, wie geht es dir? Ja, ich fliege am Donnerstag, auch wenn ich die einzige Deutsche an Bord bin.«

»Ich verstehe überhaupt nicht, warum du nicht schon letzte Woche gekommen bist.«

»Angeblich ist es zu gefährlich, wegen der Proteste gegen Deutschland. Inzwischen habe ich sie aber davon überzeugen können, dass ich trotzdem reisen werde.«

»Die süßen Zitronen warten schon auf dich.«

»Farhad, sag mal ehrlich, was ist denn los bei euch? Könnt ihr unsere Botschaft nicht in Ruhe lassen?«

»Ach, das sind die üblichen Spinner. Hier ist alles beim Alten. Lass dich nicht abschrecken.«

»Aber ich habe doch ein bisschen Angst.«

»Keine Panik! Du bist nicht die einzige Europäerin im Land. Ruf Donnerstag früh noch einmal an, und mach dir keine Sorgen. Alle Moscheen sind bereit für deinen Besuch.«

»Warum ärgerst du mich immer mit meiner Vorliebe für eure Gotteshäuser? Begleitest du mich denn wenigstens ein einziges Mal in die Freitagsmoschee?«

»Oh, das tut mir Leid, ich werde ganz sicher keine Zeit haben. Aber ich verstehe dich sehr gut. Du bist wie ich, dringst tief in die Kultur des Gastlandes ein. Schaust dir wichtige Sehenswürdigkeiten an.«

»In Deutschland gibt es noch etwas anderes als Kneipen«, entgegne ich.

»Beleidige mich nicht. Haben wir nicht eine Hafenrundfahrt gemacht und den Michael besichtigt?«

»Michel.«

Den Flughafen will er mit einem Blumenteppich auslegen, sagt er noch. Na, dann kann es ja losgehen. Im Hintergrund höre ich seine Frau lachen, und sie ruft in den Hörer: »Keine Angst, wir Iraner sind nett wie eh und je.«

Nun bin ich wirklich bereit loszufahren.

»Farhad, wie ist das Wetter?«

»Wenn du sonst keine Sorgen hast: Es sind fünfundzwanzig Grad, und die Sonne scheint. Alles klar?«

»Grüß alle von mir.«

Ob der Iran sich verändert hat? Ob es mir genauso gut gefällt wie beim ersten Mal? Ob ich mich ausreichend verständigen kann? Zur Auffrischung habe ich wieder ein Semester Persisch gepaukt und fühle mich nun halbwegs sprechsicher. Bis auf eine Fahrt in den tiefen Süden, nach Chusestan, habe ich diesmal kaum Reisepläne geschmiedet. Sicher ist nur, dass ich mich mit Familienbesuchen zurückhalten werde und stattdessen auf eigene Faust unterwegs sein möchte. Und ich werde mich einige Zeit zwei Freundinnen anschließen, die in Hamburg leben, aber jedes Jahr mehrere Monate bei ihrer Familie in Teheran verbringen.

Endlich. Es ist Donnerstag, ein Frühlingstag im April 1997, und der Anblick der Terminals lässt mein Herz höher schlagen. Mögen sie auch noch so hässlich, noch so hektisch oder noch so glitzernd modern sein, mögen auch weit und breit keine Flugzeuge in Sicht kommen, sondern einzig Abfertigungsschalter und Passagiere: Flughäfen verbinden den Reisenden mit der Welt. Anzeigentafeln künden von fernen Städten, und Lautsprecherdurchsagen geben das berauschende Gefühl, Teil eines grenzenlosen Kosmos zu sein: »Virgay Singh, bitte am Terminal sieben melden. Der Fluggast Diallo aus Kapstadt wird an Schalter vier gebeten.«

Die weite Welt ist in diesem Moment so nah, nur Stunden entfernt.

Ich werfe alle Bedenken über Bord, küsse meine Liebsten zum Abschied und reihe mich in die Schlange der Kopftuchträgerinnen und adrett gekleideten Männer ein.

Unsere Maschine heißt »Kurdistan«, ein Koloss, der direkt vor der Fensterfront steht. Das Kopftuch wirkt hier, auf der Gangway eines deutschen Flughafens, absurd. Vor einer Stunde liefen diese Leute noch durch Hamburg, vorbei an leicht bekleideten Frauen, nach Alkohol riechenden Männern, sich küssenden Paaren und obszönen Werbeplakaten. Nun müssen die weiblichen Fluggäste züchtig ihr Haar bedecken, denn die Gesetze der Islamischen Republik gelten von dem Moment an, da wir diese Maschine betreten. Deutlich sind die Zwangsträgerinnen zu erkennen, jene Frauen, die niemals freiwillig ihr Haar bedecken würden und sich nur den restriktiven Gesetzen beugen. Meistens sind sie auffallend geschminkt und lassen sehr viel Haar hervorschauen. Unter den Männern mache ich drei oder vier Krawattenträger aus, deren Kleidung ebenfalls als Protest gegen das Regime zu werten ist. Neben dem Haupteinstieg befindet sich eine Kammer, die nur mit einem Teppich ausgelegt ist. So etwas habe ich noch nie zuvor in einem Flugzeug gesehen, und ich überlege, ob es sich wohl um einen Gebetsraum handelt. Doch wo liegt Mekka, wenn man hoch über den Wolken mit eintausend Stundenkilometern dahinrast? Die Maschine ist halb leer, und ich habe eine ganze Sitzreihe für mich allein. Später setzt sich ein junger Mann zu mir, um sich hier, im Rauchertrakt, eine Zigarette anzuzünden. Ich tippe auf Teppichhändler, und tatsächlich beginnt er schon bald in unbescheidener Manier vom Wohlstand seiner Familie zu prahlen. Ein Haus auf der schönen Insel Kisch im Persischen Golf wäre doch sicher auch für mich ein interessantes Reiseziel. Offenbar gelten in der Luft noch die westeuropäischen Regeln der Annäherung. Die anderen Mitreisenden, so scheint es mir, schauen mich freundlich an oder nicken mir sogar aufmunternd zu. Liegt das daran, dass ich die einzige Deutsche an Bord bin? Oder werfen sie mitleidige Blicke auf mich und wundern sich, wie jemand so dumm sein kann, freiwillig in den

Iran zu fahren? Ich kann ihre Gedanken nicht lesen und versuche, dem iranischen Spielfilm zu folgen, der auf den Bildschirmen flimmert. An meinen Sprachkenntnissen zweifelnd, gebe ich es schließlich auf und laufe nervös im Gang auf und ab. Der Monitor zeigt uns die türkische Landkarte und das östliche Mittelmeer. Wir überfliegen angeblich Ankara, was ich mir beim besten Willen nicht vorstellen kann. Unter mir wird in der nächsten Stunde also der gewaltige Osten der Türkei und später dann Kurdistan vorbeiziehen. Ich hasse das Fliegen. Hoffentlich sind wir bald am Ziel. Ich bin so durcheinander, dass ich nicht weiß, ob ich meine Uhr vor- oder zurückstellen muss und wie lange der Flug dauert. Ich werde es mir nie merken können. Der Zeitunterschied beträgt jedenfalls zweieinhalb Stunden.

Es ist bereits dunkel, als wir Teheran erreichen, und die wenigen Passagiere werden zügig kontrolliert. Mich überkommt ein tiefes Unbehagen angesichts der uniformierten und bewaffneten Männer an der Passkontrolle. Farhad wird sicher Recht haben, wenn er behauptet, alles sei so wie immer, aber gilt das auch für regimetreue Beamte, von denen es hier sicher etliche gibt? Als ich an der Reihe bin und meinen Pass über den Schalter reiche, wandelt sich meine Nervosität zu einer langsam erstarrenden Ruhe. Meine Daten werden in einen Computer eingegeben. Die Zeit der Schubladen mit den verhängnisvollen Namenslisten ist auch hier endgültig vorbei. Aus dem Augenwinkel sehe ich plötzlich Farhad in einiger Entfernung warten. Wie hat er es geschafft, in diesen Teil des Flughafens zu kommen? Er schaut mich grußlos, aber aufmunternd an. Offenbar ist auch er nicht ganz von der Reibungslosigkeit meines Unternehmens überzeugt. Der junge Uniformierte interessiert sich ganz besonders für mein amerikanisches Visum. Das auffällige Dokument nimmt eine ganze Seite ein, trägt sogar mein Foto und war für ein Jahr gültig. Vielleicht gefällt es ihm nicht, dass ich mich solange beim »großen Satan« aufgehalten habe. Farhad lächelt herüber, und ich nicke ihm unauffällig zu. Normalerweise bringt mich sein Anblick unwillkürlich zum Lachen, doch in dieser Situation bleibe ich ausdruckslos. Endlich bekomme ich meinen Pass zurück und gehe weiter.

Farhad! Am liebsten möchte ich ihn umarmen. Er sieht aus wie immer. Seine Jeans ist verbeult, das T-Shirt ein wenig formlos, und die Haare trägt er viel zu lang.

»Herzlich willkommen.«

Im heißen Süden. Chusestan

Teheran ist frisch und grün, und es wirkt wie ein ehemals chaotisches Haus mit Garten inmitten eines Frühjahrsputzes. In einigen Ecken und Winkeln ist das große Aufräumen bereits beendet, und neue Pflastersteine, schwarze Muttererde und zarte Pflänzchen zeugen von wohlmeinenden Händen, die erst vor kurzem ihre Werkzeuge beiseite gelegt haben. Hier, im bevorzugten Norden der Stadt, sind die vielstöckigen Appartementhäuser inzwischen noch enger zusammengerückt, doch bieten die verbliebenen Lücken ausreichend Platz, um – so sieht es zumindest aus der Ferne aus – einen Wald aus bizarren Baukränen entstehen zu lassen. Die gewaltigen Gipfel des Elborzgebirges sind schneebedeckt und geben der Stadt trotz ihrer Millionen rauchenden und stinkenden Auspuffrohre einen Hauch von luftiger Reinheit.

Auch das Nachbargrundstück ist mittlerweile eine dieser typischen Teheraner Baustellen. Junge Afghanen haben sich im Erdgeschoss des Bauskeletts eine provisorische Behausung zurechtgezimmert, aus der sie frühmorgens hervorkommen, um bis zur Abenddämmerung in schwindelnden Höhen über den Dächern der Reichen immer neue Appartements aufzuschichten. Sie balancieren auf gewaltigen Stahlträgern, die sie wie von Zauberhand miteinander verbinden, sodass sich fragil wirkende Gitter bilden, deren rechteckige Felder sie später ausmauern werden. Am Abend sitzen die Männer dann erschöpft an ihren Mahlzeiten und gönnen sich ein wenig Ruhe. Ein Wasserschlauch an der Straße ist ihre Waschgelegenheit, und ich staune über die Akrobatik, mit der sie auf der ganzen Fußsohle hocken und sich mit flinken Bewegungen der einen Hand geschickt das Gesicht reinigen, während die andere den Schlauch hält. Wie beim traditionellen Essen afghanischer Speisen mit den bloßen Händen, denen wundersamerweise nur selten ein Reiskorn entschlüpft, scheinen ihre Finger von einer besonderen Geschmeidigkeit zu sein. Schon mehrmals habe ich versucht, diese Bewegung nachzuahmen, aber meinen Händen fehlt die nötige Gewandtheit. Mit ihren mongolisch geprägten Gesichtern, der wettergegerbten Haut, den heruntergetretenen Halbschuhen und ihrer einfachen Kleidung heben sie sich deutlich von den wohlhabenden Teheranern ab, die sich in einer Reihe mit ihnen nach frisch gebackenem Brot in dem kleinen Geschäft an der Valie Asr anstellen. Als auch ich gestern Abend in der Schlange wartete, fragte ich einen von ihnen, ob ich sie in die zwanzigste Etage begleiten dürfte, um von dort oben einige Fotos zu machen. Nach anfänglichem Zögern willigte er schüchtern ein, bat mich aber inständig, sehr vorsichtig zu sein.

Eine klare Abenddämmerung breitet sich über den Himmel aus, als ich am nächsten Tag in Begleitung zweier Afghanen vollkommen erschöpft über eine provisorische Treppe ohne Geländer das oberste Stockwerk erreiche: Die untergehende Sonne wirft dem Damavand einen aprikotfarbenen Umhang über, aus dem nur noch der Gipfel aus leuchtendem Elfenbein hervorschaut. Seine Schönheit wirkt wie eine Einladung, doch endlich näher zu kommen, und löst ein großes Verlangen in mir aus.
Unter uns windet sich der Verkehr aus dem Süden den Expressway hinauf. In den Peykanfluss mischen sich auffällig viele asiatische Autos der Mittelklasse und teure Patrol-Geländewagen. Von meinem Aussichtspunkt kann ich außerdem zahlreiche versteckt angebrachte Satellitenantennen ausmachen, die, von der Straßenseite abgewandt, auf Dächern und Innenhöfen befestigt sind. Für einen kurzen Zeitraum vor einigen Jahren war der Empfang von Satellitenkanälen strikt verboten, bis es zu der Regelung kam, die auffälligen Antennen nicht offen einsehbar aufzustellen. Die meisten Swimmingpools in den Gärten der Wohlhabenden sind trockene

blaue Quadrate. Ist es noch zu früh, sie zu füllen, oder werden sie gar nicht benutzt? Ein Mann im Jogginganzug springt Seil auf dem flachen Dach einer Villa und quält sich später mit Liegestützen und Kniebeugen.

Meine Begleiter an diesem luftigen Ort kommen aus Kabul. Sie vermeiden es, mir in die Augen zu schauen, und ihr Verhalten erinnert mich an das ihrer neuangekommenen Landsleute in Deutschland, die in Afghanistan kaum Gelegenheit hatten, fremden Frauen zu begegnen. Hoffentlich bringe ich sie mit meinem Besuch nicht allzu sehr in Verlegenheit. Meine Fragen nach ihrer harten Arbeit und dem Flüchtlingsdasein beantworten sie nur zurückhaltend. Es gebe auch nette Iraner, betonen sie schließlich. Das seien meistens einfache Männer aus den Dörfern, die mit ihnen auf den Baustellen arbeiteten. Der Verdienst sei besser als woanders, und sie würden überleben.

Heiraten? Wen sollten sie heiraten? Die Cousinen seien noch in Afghanistan, und eine iranische Frau würde sich niemals finden. Außerdem seien sie Sunniten. Beim Anblick ihrer primitiven Kochstelle im Erdgeschoss muss ich mir verkneifen, von meiner Vorliebe für afghanisches Essen zu schwärmen. Wie lange sie wohl schon von den Kochkünsten ihrer Mütter träumen?

Am nächsten Vormittag stehe ich an der viel befahrenen »Djordan«, der Straße der Wohlhabenden. Diesen Namen scheint jeder zu kennen, obwohl er schon bald nach der Revolution in »Afrika«, dem Synonym für Armut, umbenannt wurde. Immer wenn ein Fahrzeug langsam auf mich zukommt, rufe ich laut »Vanak«. Gleich der dritte oder vierte Wagen hält, und schon nach wenigen Minuten erreichen wir den chaotischen Kreisverkehr am Meydane Vanak, und ich muss mich nach einem anderen Taxi umsehen. Hier pulsiert eine Hauptschlagader der Stadt, durch die Peykanschwärme in alle Himmelsrichtungen fließen und geschäftige »Teheranis« selbst in die entlegensten Viertel bringen. Eifrige Wandmaler haben am Vanak das unverkennbare Gesicht Khomeinis blütenbekränzt verewigt und lassen ihn von weit oben einen leeren Blick auf das Treiben werfen. Ich muss nun die schöne Valie-Asr-Allee hinunter und versuche, während ich auf eine Mitfahrgelegenheit warte, einzelne Geschäfte und Häuserzeilen wieder zu erkennen. Wo war doch gleich das Büro, in dem damals eine Bekannte arbeitete? Ihr Fenster war den ganzen Tag lang von einer gewaltigen Platane beschattet. Endlich finde ich einen Wagen, doch bleibt mir kaum ein Fingerbreit Platz zwischen dem Schaltknüppel zu meiner Linken und den gewaltigen Schenkeln einer schwergewichtigen Dame zur Rechten. Langsam spüre ich einen Krampf in meinem Bein und kann der Hand des Fahrers kaum mehr ausweichen, wenn er viel zu früh in den zweiten Gang herunterschaltet und den gequälten Motor aufheulen lässt. Ich stütze mich notgedrungen an seiner Lehne ab und werde von vier Fahrgästen gleichzeitig ausgefragt. Nach der Feststellung meiner Herkunft entbrennt eine hitzige Debatte über das Mykonosurteil. Wenn ich das laute Durcheinander richtig verstehe, dann gehen die Meinungen über die »Einmischung« Deutschlands in iranische Angelegenheiten recht weit auseinander, doch darüber, dass es in der Regierung der Islamischen Republik Verbrecher und Terroristen gibt, scheint kein Zweifel zu bestehen.

»Für uns ist es doch gar keine Frage, ob die Regierung ihre Gegner ermordet. Das machen sie seit fast zwanzig Jahren. Mein eigener Bruder ist hingerichtet worden, ohne dass uns je mitgeteilt worden ist, was er angestellt haben soll. Aber für seine Beerdigung sollten wir bezahlen. Das stand in einem Brief mit Rechnung, den sie uns schickten. Mörder!«

»Was denken die Deutschen über unser Land?«, fragt eine Frau. Doch ehe ich die passenden Worte finde, hat das Gespräch schon eine andere Wendung genommen.

Vorbei an brandneuen Einkaufspassagen, teuren Restaurants und unzähligen Hochhausbaustellen mit ihren filigranen Stahlgerüsten geht die Fahrt in Richtung Süden zum Bahnhof. Immer wieder sind Mauern und Hauswände mit riesigen Bildern bemalt. Viele verherrlichen den Märtyrertod oder zeigen engelsgleiche Khomeini- und Chameinigesichter, die auf die vorbeirasenden Autokolonnen blicken. Aus dem Augenwinkel sehe ich Rosen aus Maschinenpistolen sprießen und freudig strahlende Soldatengesichter im Kampf gegen Feinde eines Islam à la Khomeini. Einen Häuserblock weiter werben Plakate für Empfängnisverhütung und zeigen eine glückliche Kleinfamilie.

Wir überholen einen Stadtbus, in dem sich auf den hinteren Plätzen schwarz verhüllte Frauen aneinander drängen. Eine Absperrung trennt sie vom Männerbereich mit vielen freien Plätzen, die sie nicht benutzen dürfen. Dass ich dem Taxifahrer beinahe auf dem Schoß sitze, scheint dagegen kein Sittengesetz zu verletzen.

Endlich steigt meine Sitznachbarin aus, und ich kann es mir wenigstens einen Moment lang bequem machen. Dann will ein Mann zusteigen und schaut unsicher auf den Platz neben mir. Flugs werde ich umgesetzt und zu zwei Frauen auf die Rückbank gebeten. Und so wechseln die Passagiere des Taxis noch einige weitere Male. Ein Blick in den Rückspiegel zeigt mir das verschmitzte Lächeln des Fahrers, als wir an einem winkenden Turbanträger vorbeifahren; der sechste Platz im Peykan bleibt lieber leer, als dass einem Geistlichen erlaubt wird, die Fahrgemeinschaft zu beehren. Plötzlich stoppt der Verkehr. Die Straße wird von Frauen im Einheitstschador blockiert. Sie halten Transparente in die Höhe und skandieren in Sprechchören den Niedergang zweier angeblich verhasster Mächte:

»*Marg bar* Amrika! *Marg bar* Esrail!«, rufen sie auf dem Weg zur deutschen Vertretung. Es sind mindestens hundert Frauen, die jede für sich nur eine formlose, anonyme, streng verhüllte, beinahe persönlichkeitslose Gestalt zu verkörpern scheint. Doch diese Gestalt wird in der Masse der schwarzen, sich fortbewegenden Stoffe zu einem Element von unbekannter, beängstigender Kraft. Ich schaue gebannt und gleichzeitig verunsichert auf das im Gleichschritt marschierende vielköpfige Gebilde. Frauenhände, Frauenstimmen und schließlich die Tschadors lassen keinen Zweifel an der Weiblichkeit dieser schwarzen Woge, doch kann ich nur schwerlich nachvollziehen, dass sich unter dieser drohenden Bewegung vertraute Wesen befinden sollen. Sind es wirklich dieselben Frauen, die, wo immer ich sie treffe, freundlich grüßen und ihre Hilfe anbieten, wenn ich sie danach frage? Wer sind die einzelnen Menschen in dieser Menge der lauten »Marg bar«-Rufe? Wer steckt unter den finsteren Tüchern, die nur einen Teil des Gesichts und eine einzelne Hand frei geben? Ich ziehe mein Kopftuch tiefer herab und suche das vertraute Gesicht des Fahrers im Rückspiegel. Es zeigt mir einen verständnisvollen Blick und neigt sich zu mir nach hinten: »Jeden Tag werden andere zur Botschaft geschickt«, beginnt er mit ruhiger Stimme. »Heute sind die Studentinnen dran, gestern waren es die Postbeamten. Keine Angst, niemand hat hier etwas gegen Deutsche«, fügt er, wohl auf Beruhigung bedacht, hinzu. Die anwesenden Passanten interessieren sich offensichtlich nicht für die Demonstration, und so möchte ich ihm gern Glauben schenken. Im deutschen Fernsehen werden heute Abend sicher wieder hasserfüllte, bärtige Männergesichter und brennende Flaggen gezeigt, angereichert mit den ach so beeindruckenden Tschadorfrauen.

Endlich erreichen wir den Teheraner Bahnhof. Nach dem Austausch der üblichen Höflichkeitsfloskeln und mehrfachem Ablehnen der Bezahlung wechseln meine zweihundert Tuman schließlich den Besitzer. »Mögen Ihre Hände niemals schmerzen!«

»Gott schütze Sie!«, klingt mein Abschiedsgruß.

Doch anstatt weiterzufahren, nimmt der Taxifahrer meine Tasche und führt mich in den Bahnhof, wo er in Minutenschnelle eine Art Adoption für mich arrangiert; ein junges Pärchen soll sich nun meiner annehmen. Diese Art, mich »weiterzugeben«, kenne ich noch gut von meinem ersten Aufenthalt in diesem Land, und ich füge mich dem Schicksal einer Alleinreisenden. Schließlich ist dieses Verhalten nichts anderes als Gastfreundschaft auf iranisch; jede Art von Protest würde ungehört bleiben und wäre allenfalls ein Zeichen westlicher Unwissenheit hinsichtlich der Grundregeln für die Behandlung von Fremden.

Meine neuen Reisebegleiter heißen Kobra und Abolfazl und wirken wie ein junges Ehepaar, das nichts gegen eine Ausländerin als vorübergehenden Anhang einzuwenden hat. Der Bahnhof ist voller Menschen und dabei doch überraschend ruhig. Farhad hatte vielleicht Recht, als er schon damals behauptete, die Menschen hier hätten nichts zu lachen und blickten deshalb ohne Freude und voller Skepsis in die Welt.

Ich erinnere mich an den Moment vor über vier Jahren, als er mich hier, nach einer beeindruckenden Zugfahrt von Gorgan durch das Elborzgebirge, abholte. Erleichtert hatte ich ihn am Ende des Bahnsteigs stehen sehen. Zuerst lachte er über mein rußverschmiertes Gesicht und die schwarzen Hände. Souverän mit meinen Reiseerfahrungen prahlend, klärte ich ihn darüber auf, dass der Zug beim Aufstieg ins Gebirge fünf Lokomotiven brauche, deren rauchende Schornsteine in einem Tunnel jede Menge Schmutz durch die Fenster trieben. Als wir durch die Haupthalle des Bahnhofs gingen, machte er mich auf die Deckendekoration, ursprünglich ein aus Holz gearbeitetes Muster aus Hakenkreuzen, aufmerksam, die von deutschen Architekten entworfen worden war. Erst vor einigen Jahren hatte man schlicht die vier Arme der Kreuze miteinander verbunden und so das Muster unkenntlich gemacht. Farhad, dessen aufmerksamen Blicken diese »Korrektur« nicht entgangen war, zeigte mir die neu eingefügten Verstrebungen. Damals machte er auch einen seiner vielen guten Witze, und ich musste laut auflachen, woraufhin mich die Umstehenden anstarrten. »Siehst du sonst noch jemanden lachen in diesem verfluchten Land?«, hatte er gefragt und dann wie zu sich selbst gesagt: »Die haben alle nichts, worüber sie sich amüsieren können, und wer Geld hat, haut sowieso ab. Und überhaupt: Frauen sollten mit ihren aufreizenden Stimmen ohnehin lieber stumm bleiben, meinen die Mullahs.«

Damals wie heute sind es die gleichen männlichen Dorfgesichter, die teils unsicher, teils abschätzend das Geschehen im Bahnhof fixieren. Die einfachen Eisenbahnzüge sind das billigste Transportmittel und werden wegen ihrer Langsamkeit fast ausschließlich von Fahrgästen genutzt, die sich ein Busticket nicht leisten können.

Kobra stößt mich an und deutet auf die krächzenden Lautsprecher. Plötzlich setzt sich die wartende Menge in Bewegung, und ich trotte meinen Begleitern hinterher. Es heißt, der Zug nach Chusestan wartete in Qom auf uns, da es Probleme mit der elektrischen Leitung gebe. So steigen wir also in die bereitgestellten Busse und fahren auf der Überlandstraße Richtung Süden. Ich habe gegen diesen Umweg nichts einzuwenden. Vielleicht gewährt er mir einen unvorhergesehenen Blick auf die Hochburg islamischer Theologie. Doch zuerst durchqueren wir den ausufernden Süden Teherans und rauschen vorbei an alten Häusern und engen Gassen. Durch ein geöffnetes Tor sehe ich im Vorbeifahren einen Innenhof, in dem junge Männer ein Auto für eine Hochzeitsfeier schmücken. Der Busfahrer stellt das Radio an, und es ertönt die beschwingte Lambada-Melodie ohne Gesang. Kurz hinter dem riesigen Märtyrerfriedhof »Beheschte Sahra«, dem »Paradiesgarten«, leuchten von weitem die hoch aufragenden Minarette und die goldene Kuppel des Khomeinimausoleums im gleißenden Sonnenlicht. Die meisten Fahrgäste haben ihre Vorhänge zugezogen und schenken dem Monument keine Beachtung, während ich meinen Hals verrenke und über die gewaltigen Ausmaße der Gedenkstätte staune. Offenbar werden hier noch immer gigantische Baupläne umgesetzt und enorme Mittel zu Ehren des Wegbereiters und Gründers der Islamischen Republik investiert. Mein Hintermann nutzt die Gelegenheit und bietet seine Dienste als landeskundiger Führer an. Sein Englisch klingt geübt, doch wirken seine wettergegerbte Haut und die kräftigen, ans Zupacken gewöhnten Hände, als hätten sie nie besonders lange in einem Klassenraum ausruhen können. Er komme vom Persischen Golf, sagt er, und sei viele Jahre zur See gefahren. Ja, natürlich sei er auch schon im Hamburger Hafen gewesen. Jede Menge Chemikalien hätten sie an Bord gehabt, aber manchmal auch Teppiche und Pistazien. Am Wegesrand winkt ein Mul-

lah und bittet um Mitnahme. Der Fahrer hält, um den »Seyed«,
den Nachkommen Mohammeds mit dem schwarzen Turban, einsteigen zu lassen, und wird dafür mit mürrischen Kommentaren
einiger Fahrgäste belohnt. Warum er nicht schon vorher einen der
vielen anderen Wartenden mitgenommen habe, wird er halblaut
gefragt. Außerdem sei der Bus schon voll. Dem Seyed wird Platz
gemacht und das Radio abgestellt.
Nach zwei Stunden erreichen wir Qom, und ich schaue neugierig
auf das Treiben in den Straßen. Nie zuvor habe ich so viele Turbanträger gesehen, und die Frauen scheinen hier fast allesamt in
Tschadors gehüllt zu sein. Viel zu schnell erreichen wir den Bahnhof, wo wir uns offenbar auf eine längere Wartezeit einstellen
müssen. Hunderte von Fahrgästen sitzen auf Bänken, Koffern,
Taschen oder dem blanken Boden und warten in der großen,
blitzsauber gewischten Halle auf ihre Anschlusszüge. Ich halte
Ausschau nach einem Zigarettenlädchen und überquere den
Bahnhofsvorplatz. Blicke bohren sich in meinen Rücken, und ich
bemühe mich um eine Art zu gehen, die zwischen unsicherem
Schlendern und verschrecktem Eilen liegt. Zielstrebig betrete ich
ein Geschäft am anderen Ende des Platzes und frage nach Rauch-
waren made in Iran. So etwas passiert hier offenbar nicht alle
Tage und das erstaunte Interesse des Verkäufers und seiner Kunden steigere ich noch mit der Frage nach dem Geschmack der
angebotenen Marke. Gern gebe ich ihnen Auskunft nach meinem
Woher und Wohin und bitte schließlich noch um eine Packung
Streichhölzer. Mit dem Anzünden einer Zigarette warte ich allerdings, bis ich dafür einen passenderen Ort finde. Vor dem Schau-
fenster huscht ein schwarzer Tschador vorbei, und ich bereite
mich auf die erneute Überquerung des Platzes vor. Das schöne
weiße Gebäude ist in die warmen Strahlen der Frühlingssonne
getaucht und wirkt sehr europäisch.
Kobra und Abolfazl haben derweil auf meine Tasche geachtet, und
ich setze mich wieder zu ihnen. Bald habe ich die unzähligen Wartenden gemustert, und der Anblick der fremdartigen Gesichter

schürt mein Verlangen, die heiße Provinz an der irakischen Grenze zu erkunden. Auf dem Boden sitzt ein altes Ehepaar, das sicher auch auf den Zug nach Chusestan wartet. »Araber«, sagt Kobra, als sie meine Neugier spürt. Die Frau trägt einen zerschlissenen Tschador mit eingesetzten Ärmeln, wie ich es noch nie zuvor gesehen habe. An ihrem Hals und auf den Händen prangen Tätowierungen, und auffälliger Silberschmuck schimmert auf ihrer dunklen Haut. Sie bemerkt meinen Blick und wendet mir offen ihr von tiefen Falten zerfurchtes Gesicht zu. Das locker gebundene Palästinensertuch des Mannes lässt nicht viel mehr als ein dickes Horngestell frei, hinter dessen schwarzem Rahmen seine Augen winzig erscheinen. Als die Frau ihm Rosinen reicht, schenkt er ihr ein zahnloses Lächeln.

Gleich neben dem Paar sitzen zwei Männer auf teuren Schalenkoffern. Mit ihren dunklen Sonnenbrillen, den makellosen Jeanshosen und kurzärmligen, farbenfrohen Hemden wirken sie wie italienische Gigolos in einem aussichtslosen Revier. Ihr auffälliges Äußeres unterscheidet sie deutlich von den meisten anderen Passagieren, die in weiten Bundfaltenhosen und heruntergetretenen Halbschuhen an getrockneten Kürbiskernen kauen.

Endlich kommt der Zug, und im Land der staatlich verordneten Geschlechtertrennung finde ich meinen reservierten Platz in einem Schlafwagenabteil mit fünf Männern vor. Ich warte im Gang auf den Schaffner und halte Ausschau nach Kobra und Abolfazl, die in einen anderen Wagen gestiegen sind. Als endlich ein Uniformierter auftaucht, sehe ich drei Frauen in seiner Begleitung. Er hat offenbar bereits im gesamten Zug nach weiteren allein reisenden Frauen gefahndet und gibt mir ein Zeichen, ihnen zu folgen.

Schließlich besetzen wir ein eigenes Abteil, und auch Kobra gesellt sich zu uns. Sofort ziehen die Frauen die Vorhänge zu, lassen den Kellner Tee bringen, legen Tschador, Mäntel und Kopftücher im Gepäcknetz ab und bereiten sich auf die lange Reise nach Ahwaz vor, die bis zum nächsten Morgen dauern wird. Warum nur hat Kobra sich von ihrem Mann getrennt? Hoffentlich hat das nichts mit mir zu tun. Mina hat einen Kassettenrecorder dabei, und anfangs hören wir bekannte Schlager aus der Schahzeit. Die Lieder von Gugusch, Marsieh und Haideh werden laut mitgesungen. Später holt sie ihre neueste Errungenschaft aus der Tasche, Dariusch, der mit seiner markanten Stimme aus dem kalifornischen Exil seiner verlorenen Heimat nachtrauert. Mina hat das Tape erst gestern einem Taxifahrer abgekauft. Sie studiert in Teheran, erzählt sie uns, und will ihre Familie im Süden besuchen.

Eine elegante, junge Frau im Abteil redet mit einem ungewohnten Akzent. Anstatt das »r« auf der Zungenspitze zu rollen, spricht sie es mit einer französisch klingenden Härte aus, die tief aus dem Rachen kommt. Ich lausche, wie sie sich angeregt mit einer anderen Frau unterhält, die, auch nachdem sie den Tschador abgestreift hat, weiterhin ihr Haar bedeckt hält. Sicher ist sie keine Ausländerin, denn sie beherrscht die Sprache perfekt, nur eben mit diesem fremd klingenden Unterton. Woher kommt der Akzent? Die beiden tauschen Familiengeschichten aus, und ich warte auf eine Pause in ihrem Gespräch. Während sie unermüdlich ihre kehligen Worte erklingen lässt, streicht sie durch ihr welliges, halblanges Haar. Zwischen den Strähnen blitzen fein lackierte Fingernägel auf. Nach einer Weile öffnet sie ihren Koffer und bietet uns Rosinen und Pistazien an. Meine Neugier wird endlich befriedigt, als sie sich vorstellt. Sie heiße Taji'eh, sagt sie, stamme aus Ahwaz, sei Araberin und habe geschäftlich in Teheran zu tun gehabt. Da es ihr nicht möglich gewesen sei, ein Flugticket zu bekommen, habe sie sich schließlich entschieden, den Zug zu nehmen. Mit ihren knapp dreißig Jahren ist sie schon eine viel beschäftigte Künstlerin und Geschäftsfrau. Nach einer Ausbildung zur Kunsthandwerkerin hat sie einen staatlichen Kredit aufgenommen und eine eigene Werkstatt gegründet. Inzwischen hat sie fünf Angestellte und wird demnächst eine Filiale im nahen Kuwait eröffnen. Sie schlägt vor, ich solle sie doch in der nächsten Woche dorthin begleiten. Kuwait, geht es mir durch den Kopf. Noch immer kann ich dieses kleine

Land nur mit Scheichs, unfassbarem Reichtum, Krieg und brennenden Ölfeldern in Verbindung bringen. Von Abadan an der irakischen Grenze bis Kuwait brauche das Schnellboot nur knapp zwei Stunden, erzählt Taji'eh.

Es dauert nicht lange, bis sich unser Gespräch um das wohl beliebteste Thema neben »Mykonos« dreht: die Präsidentschaftswahl und ihre beiden Hauptkandidaten.

»Wenn Nuri Präsident wird, müssen wir alle den Tschador tragen«, nährt Mina ein in weiten Kreisen kursierendes Gerücht und gibt ihre diesbezüglichen Pläne preis: »Dann gehe ich auch nach Kanada, wie meine Schwester.«

Kobra pflichtet ihr bei: »Ich will endlich ein bisschen Freiheit! Nicht mehr gezwungen sein, zu lügen und alles heimlich zu tun. Kein Versteckspiel mehr und keine Heuchelei. Ich wähle Chatami.«

Die Worte der Frauen klingen fest entschlossen, und es entsteht eine aufgeregte Debatte, bei der sie sich immer wieder bemühen, mir ihre Standpunkte mit einfachen Worten zu verdeutlichen.

»Verstehen Sie mich nicht falsch, aber dieses Regime hat es sogar geschafft, den Islam kaputt zu machen«, wirft die Bibliothekarin Fatemeh in die Runde. Der sei nämlich nicht so schlecht, wie viele Iraner heute denken, erklärt sie weiter. Auch sie werde Chatami wählen, in der Hoffnung auf mehr Achtung vor den Intellektuellen und dem wahren Islam. »Chatami ist ein Seyed«, erklärt sie mir, »und er lebt nach den Worten unseres Propheten, der Güte, Bescheidenheit und Toleranz gepredigt hat.«

»Ich wähle Chatami, weil Rafsandschanis Tochter ihn unterstützt«, sagt Taji'eh. »Sie kämpft für die Rechte von uns Frauen. Ihr haben wir vieles zu verdanken, aber es ist noch nicht genug.«

Der geschützte Raum unseres Schlafwagenabteils und die gegenseitige Neugier lassen die Frauen immer gesprächiger werden. Taji'eh berichtet von ihren Erfolgen und Rückschlägen als allein stehende Geschäftsfrau, und Mina erzählt begeistert von einem Universitätsseminar, in dem über Pressefreiheit diskutiert wurde.

Doch irgendetwas verleiht ihrer Rede einen bitteren Beigeschmack.

Was unterscheidet sie von der ihrer hoffnungsfrohen Altersgenossinnen in anderen repressiven Lebenssituationen? Welcher ganz bestimmte Klang fehlt in ihren Stimmen? Trotz ihrer scheinbar tiefen Überzeugung und des kompromisslosen Willens zur Freiheit wirken ihre Züge und verhaltenen Gesten auf eine unvertraute Art kraftlos und scheu. Ob in diesen Frauen wirklich der Funke unbeschwerten Leichtsinns sprüht, der unerlässlich ist, wenn junge Menschen beginnen, an vermeintlich felsenfesten Normen und Gesetzen zu rütteln? Wie ist ihr Gesichtsausdruck zu deuten, der trotz ihrer Jugend müde Züge von Enttäuschung und Hoffnungslosigkeit trägt? Selbst wenn sie laut die Lieder der Freiheit und Liebe singen, sind ihre Schultern gebeugt, und ihr Blick neigt reflexartig dazu, sich zu senken, wenn das Unbekannte plötzlich vor ihm erscheint. Ob sie wirklich davon überzeugt sind, dass die Freiheit ihnen zusteht? Und wird ihr Verlangen danach stark genug sein, auch Risiken einzugehen und größere Hürden zu meistern? Fraglos ist jedoch ihr Überdruss an einer achtzehnjährigen Bevormundung, die das öffentliche Leben bis in die feinsten Verästelungen reglementiert. Die vorschreibt, wer mit wem auf die Straße gehen kann, welche Kleidung getragen werden muss, welche Musik gehört und welche Filme gesehen werden dürfen. Wie Mina träumen viele junge Leute davon, ihren Millionen Landsleuten ins westliche Ausland zu folgen. Und viele andere hegen ihr Fünkchen Hoffnung auf Veränderung innerhalb des Regimes. Und genau diesen Funken facht Chatami an.

Noch am Vormittag hatte Farhad versucht, mir das System der Kandidatenauswahl zu erklären. Da er allabendlich mit seinem tragbaren Weltempfänger und den kleinen Kopfhörern in der Wohnung auf und ab ging und der Stimme Israels oder der BBC lauschte, die beide in Farsi senden, war er gut informiert. Manchmal lachte er unvermittelt auf oder stieß Flüche aus wie »Hundesohn« und »Verbrecher«. Oppositionelle im Ausland hatten sich gestern darüber lustig gemacht, dass sich auch Frauen um eine Aufstellung als Präsidentschaftskandidatin bewerben konnten, obwohl ihre Stimme nach geltendem islamischem Recht vor Gericht nur die Hälfte wert ist. Sie fragten sich, wie eine zur Hälfte in ihren Rechten beschnittene Präsidentin wohl aussähe. Viele andere Absurditäten in der Kandidatenauswahl führten schließlich dazu, dass die meisten Anwärter, und dazu zählte auch eine Reihe renommierter Geistlicher, mit der Begründung abgelehnt wurden, sie seien unfähig, nicht qualifiziert, Halunken oder Betrüger. Die Hoffnungen der freiheitsliebenden Menschen richten sich einzig auf Chatami. An seinen Sieg mochte Farhad jedoch nicht glauben, und er zeigte mir zur Veranschaulichung seiner Zweifel ein passendes Cartoon, das die »Wunder« der Islamischen Republik aufs Korn nahm: Viele Zettel mit der Aufschrift »Chatami« werden in eine Wahlurne gesteckt. Als sie geöffnet wird, steht auf ihnen wundersamerweise der Name »Nuri«.

Um eine Zigarette zu rauchen, verlasse ich unsere drei Quadratmeter Freiheit und ziehe Mantel und Kopftuch über. Im Gang steht Abolfazl und schaut betrübt aus dem Fenster.
»Warum sitzen Sie nicht mit Kobra zusammen?«
»Der Schaffner hat uns getrennt.«
Ich biete ihm eine Zigarette an, und wir kommen ins Plaudern. Er stellt mir die üblichen neugierigen Fragen, während eine liebliche Landschaft gemächlich am Fenster vorbeizieht. Von meiner großen Freude am Reisen erzähle ich ihm, und wie schön ich den sprießenden Weizen auf den fruchtbaren Feldern vor unseren Augen finde. Wohlgeformte Berge am Horizont zeigen den grünen Flaum der Frühjahrsmilde. Ein Traktor wendet den Ackerboden, und ein Schäfer zieht mit seiner kleinen Herde einen Hügel hinauf. Aus knorrigen Feigenbäumen schießt das erste Grün hervor, und ich halte mein Gesicht in den Fahrtwind. Durch die Scheibe zieht sich ein Riss, und Abolfazl fragt mich, ob es auch in Deutschland zersprungene Zugfenster geben könne. Er möchte nach Europa, sagt er nach einer Weile. Aus den anderen Abteilen

schauen derweil neugierig einige Männer zu uns herüber. Sie sind sich offenbar unsicher, was sie von der rauchenden Charedji halten sollen.

Zum Abendgebet hält der Zug längere Zeit in Arak, und den laut tönenden »Namaz, Namaaz«-Rufen folgt eine Hand voll Gläubige in den Gebetsraum des Bahnhofs. Mich überkommt inzwischen ein großer Appetit, und Kobra drängt Abolfazl, mich in das Zugrestaurant zu begleiten. Anscheinend ist es für sie unvorstellbar, dass ich dort auch allein sitzen könnte.

»Was haben Sie vor in Ahwaz? Sie fahren doch bis Ahwaz, nicht wahr?«

»Ja, wir wollen nach Ahwaz.«

»Besuchen Sie Verwandte?«

»Nein, eigentlich nicht. Wir haben nichts weiter vor. Morgen Abend geht's wieder zurück.«

»Wie bitte? Sie fahren die ganze Strecke, um einen einzigen Tag in Ahwaz zu verbringen?«, frage ich erstaunt.

»Wir haben nichts zu tun.«

»Darf ich Sie noch etwas fragen?«

»Bitte fragen Sie!«

»Es geht um diese Pause. Ist das eine Gebetspause? Ich meine, bleibt der Zug extra für das Abendgebet stehen?«

»Ja, nur deshalb. Und das Restaurant ist jetzt so leer, weil viele Leute sich nicht trauen zu zeigen, dass sie das Gebet ignorieren.«

»Aber es sind bei weitem nicht alle Passagiere in den Gebetsraum gegangen.«

»Hier auf dieser Strecke ist es nicht so streng.«

»Wie meinen Sie das?«

»Ich fahre regelmäßig mit dem Nachtzug von Isfahan nach Teheran. Eine Stunde hinter Isfahan macht der Zug eine halbstündige Pause für das Abendgebet. Dann laufen die Schaffner durch den Zug und brüllen ›Seksieh, Seksieh – Namaz, Naamaaz‹!«

»Sexy?«

»So heißt der Ort, vielmehr das verdammte Gebäude mitten im

Nichts. Bitte lachen Sie nicht so laut«, gibt er mir mit einem breiten Grinsen zu verstehen.

»Entschuldigen Sie, aber ich stelle mir gerade ein Abteil mit ahnungslosen ausländischen Touristen vor, die nach den lauten ›Sexy, sexy‹-Rufen Dutzende von Männern sehen, die an den Wasserhähnen stehen und sich Füße, Hände und Unterarme waschen ...«

»... und dann ein paar Stufen hinauf in einem finsteren Verlies verschwinden«, prustet Abolfazl los und sagt dann halbwegs gefasst: »Bitte lassen Sie uns etwas leiser sprechen und nicht lachen, die anderen schauen schon rüber.«

»Wir sollten es versuchen, aber wie geht es weiter im Nachtzug nach Teheran?«

»Sie wollen wirklich alles wissen, nicht wahr?«

»Nur so viel, wie Sie erzählen wollen.«

»Okay – sind Sie auch wirklich nicht vom Geheimdienst?«

»Wie bitte?«

»Also, das Schlimmste an der Nachtfahrt nach Teheran ist das Wecken um fünf Uhr morgens, und zwar weit vor der Stadt. Die Schaffner gehen von Abteil zu Abteil und kündigen laut das Morgengebet an.«

Gespannt wartet Abolfazl auf eine Reaktion.

»Und wie kann man sich davor schützen?«

»Ich sehe, Sie verstehen mich. Schon zu Beginn der Fahrt spreche ich mit dem zuständigen Schaffner, erzähle ihm, dass ich mehrere Nächte nicht schlafen konnte, weil ich arbeiten musste, und dass ich am Nachmittag besonders viel gebetet habe. Dann drücke ich ihm einige hundert Tuman in die Hand.«

»Damit er Sie nicht weckt?«

»Genau, das ist nicht billig – es kostet fast genauso viel wie die Fahrkarte. Diese armen Kerle sind verdammt froh über das Trinkgeld und bedanken sich überschwänglich und verbeugen sich beinahe. Es hat bis jetzt immer funktioniert. Normalerweise schlagen sie mit ihrem Schlüsselbund gegen die Tür. Das ist ein furchtbares

Geräusch. Es hämmert einem direkt ins Gehirn und macht einen ganz verrückt.«

»Und die anderen im Abteil?«

»Meistens wundern sie sich, dass uns keiner weckt. Aber erst einmal hat sich jemand darüber beschwert, weil er wohl praktizierender Moslem war.«

»Und die Schaffner sind auch zufrieden.«

»Und wie. Erst kurz vor Teheran fragen sie dann freundlichst, ob man aufstehen möchte, wo sie sonst ab fünf Uhr ununterbrochen schreien und gegen die Tür hämmern, damit man schlaftrunken in einen Gebetsraum irgendwo in der Wildnis an Schweißfüßen schnuppert.«

»Bitte hören Sie auf, sonst muss ich wieder laut lachen.«

»Besser, wir gehen wieder zum Abteil. Das Abendgebet ist beendet.«

Als der Zug endlich weiterfährt, bittet Abolfazl mich darum, Kobra zu ihm zu schicken.

»Bleiben Sie aber einen Moment in unserer Nähe.«

Im Gang flüstern die beiden miteinander und geben mir dann ein Zeichen, dass ich zurück ins Abteil gehen könne.

Am späten Abend klappen wir die Schlafliegen herunter und breiten unser Bettzeug aus. Kobra nimmt den Platz unter mir, sodass ich noch ein wenig mit Taji'eh flüstern kann, die mir gegenüber in der mittleren Etage ihre Wolldecke bis zum Hals gezogen hat. Sie erzählt von ihren großen Plänen in Kuwait – schon jetzt zählten einige berühmte Leute zu ihren Kunden. Der Zug schaukelt anfangs sanft durch die Nacht, bis er sich in einer unbequemen Schräglage einen Anstieg hinaufquälen muss und wir nur noch im Schritttempo vorankommen. Welche Landschaft mag in diesem Moment an uns vorüberziehen? Die Gipfel der nahe gelegenen Berge sind über viertausend Meter hoch und zu dieser Jahreszeit noch schneebedeckt. Welch grandiose Aussicht uns entgeht! Irgendwann im Laufe der Nacht wird das wilde Gebirge, durch das der Treck der Bachtiaris, ein berühmtes Nomadenvolk, jedes Jahr ins Sommerlager zieht, zur flachen Ebene von Chusestan abfallen. Beim gemächlichen Dahinruckeln des Zuges verstehe ich endlich, warum wir für die knapp sechshundert Kilometer von Teheran einen halben Tag und eine ganze Nacht brauchen. Schließlich wiegen mich die gleichmäßigen Bewegungen in den Schlaf einer zufriedenen Reisenden, deren Fantasie sich bereits das nächste Ziel ausmalt. Chusestan, dieses weite Land, das von unzähligen Flüssen gespeist wird und angeblich ein unbarmherziges Klima haben soll, eine Mischung aus Hitze und Feuchtigkeit. Von dort ist es nicht mehr weit zum Tigris und Euphrat im Irak, die sich, wie auch die Leben spendende Ader des Karun, im Delta vereinen, um sich in den Persischen Golf zu ergießen. War dort nicht die so genannte Wiege der menschlichen Kultur? Haben eifrige Forscher nicht hier die Reste eines Zikkurats entdeckt, das noch größer gewesen sein muss als der Turm zu Babylon?

Als wir mitten in der Nacht halten, fällt ein blasser Lichtschein durch die geöffnete Tür, und ich sehe Kobra mit ihrer kleinen Tasche aus dem Abteil gehen. Ein Blick auf ihr Bett mit der sorgsam zusammengerollten Decke und dem geschnürten Kissen weckt mein Erstaunen. Was macht sie da? Wir können doch noch nicht in Ahwaz sein. Es ist erst vier. Wo ist Abolfazl? Warum geht sie ohne einen Abschiedsgruß?

Beim ersten Morgenlicht schaue ich aus dem Fenster und muss beim Anblick der norddeutschen Tiefebene meine Augen reiben. So weit der Blick reicht, gibt es hier nichts als flache grüne Felder. Nicht einmal am fernen Horizont erhebt sich auch nur der kleinste Hügel. Das soll Chusestan sein, die glühend heiße Provinz an der irakischen Grenze? Erst das Auftauchen eines Wasserbüffels gibt mir die beruhigende Gewissheit, dass ich nicht träume und das heimische Marschenland über fünftausend Kilometer weit entfernt ist.

Langsam legen wir unser Bettzeug zusammen und ordnen das Abteil. Die Frauen tauschen Adressen aus, und keine fragt nach Kobra. Taji'eh gibt mir ihre Karte.

»Sie müssen unbedingt in meine Werkstatt kommen. In den nächsten Tagen bin ich immer dort.«

»Ich werde Sie besuchen.«

Immer wieder schaue ich aus dem Fenster, an dem jetzt ein Dattelwald vorbeizieht. Die ersten Häuser tauchen auf, und ich werde unruhig. Sicher wird Hamid mich abholen, doch überkommt mich ein wenig Nervosität angesichts unserer Fremdheit. Was sein Bruder Djawid ihm wohl über mich erzählt hat? Viel Kontakt hatten die beiden ohnehin nicht. Vor ein paar Jahren waren sie ein einziges Mal zu einem kurzen Treffen in der Türkei zusammengekommen, nachdem sie sich ein halbes Leben lang nicht gesehen hatten. Aus dem politisch engagierten Jüngling, den die Familie damals überstürzt ins kalifornische Exil zu einem Onkel geschickt hatte, war längst ein erwachsener Mann geworden. Damals ging es allein darum, sein Leben zu retten, denn jugendliche Aktivisten landeten allzu schnell in den Folterkellern oder direkt am Galgen. Doch die Jahre seiner Jugend in der trostlosen Wüstenstadt Barstow an der Route 66 steckten ihm noch immer in den Knochen, und sein Heimweh hat er nie verloren. Später schlug er sich in Los Angeles mit Gelegenheitsjobs durch, und ich hatte großes Vergnügen an den Geschichten über seine Zeit als Eisverkäufer in den Latinovierteln der Stadt. Vor genau einem Jahr waren wir zusammen zum Flughafen von San Francisco gefahren und hatten dort Abschiedsfotos gemacht, die ich jetzt bei mir trage. Ich hatte schon die Sicherheitsschranke hinter mir, als wir eine Wette abschlossen: Wer zuerst im Iran sein würde, bekommt vom anderen ein stundenlanges interkontinentales Telefongespräch spendiert. Nun, ich hatte schließlich gewonnen, während sein Exil bald in das zwanzigste Jahr ging. Unsere zufällige Bekanntschaft und meine Reiseerzählungen über den Iran hatten sein Heimweh erneut geweckt.

Die Freundschaft zwischen uns begann mit einer arrangierten Verabredung an einer U-Bahn-Station in San Francisco. Chieko, eine japanische Freundin, hatte uns zusammengeführt, nachdem sie von meinem Interesse am Iran erfahren hatte. Mir sagte sie nur, Djawid sei ein netter junger Mann und ihr ehemaliger Kommilitone aus einem Englischseminar an der Universität. Und ihm hatte sie mitgeteilt, ich würde mich für das Leben kalifornischer Exiliraner interessieren und sei selbst kreuz und quer in seiner Heimat umhergereist. Auf meine Frage, wie ich ihn erkennen könne, sagte sie, er trage meistens eine Brille und binde sein langes Haar zu einem Zopf.

An der U-Bahn-Station hielt ich Ausschau nach einem jungen Studenten mit schwarzem Haar. In Djawids Vorstellung war ich, wie er mir später erzählte, eine ältere Dame, die in den siebziger Jahren die historischen Stätten Persiens bereist und möglicherweise einen kleinen Spleen hatte.

Da er dunkelblond ist und das typische Studentenalter schon weit überschritten hat, schaute ich mehrmals an ihm vorbei. Zwar traf sein Blick mich einige Male, aber er schien nicht auf mich zu warten. Ein Paar leuchtend rote Inline-Skates baumelten von meiner Schulter, und ich trug kurze Hosen, um meine Schürfwunden der heilsamen Luft auszusetzen. Als bereits mehrere U-Bahnen abgefahren waren und er immer noch suchend in die Gegend schaute, sprach ich ihn an. »Excuse me, are you Djawid?«

Als ich sein Lächeln sah und zum ersten Mal den persischen Akzent in seinem Englisch hörte, wusste ich, wir würden Freunde werden.

Unseren ersten Abend verbrachten wir bei einem Kneipenbummel mit endlosen Geprächen über seine Heimat und das iranische Essen. Er schlug vor, für mich zu kochen, und so wurde es sehr spät, bis ich in jener Nacht nach einer ausgiebigen Portion Ghorme Sabzi nach Hause kam.

Ob sein Bruder Hamid Ähnlichkeit mit ihm hat?

Der Zug läuft in den Bahnhof ein und kommt langsam zum Stehen. Wie werde ich ihn erkennen? Ob Djawid ihm ein Foto von mir geschickt hat? Wenn ja, dann sicher eines mit langen offenen Haaren und ohne Kopftuch. Auf dem Bahnsteig wimmelt es von Menschen, und ich schaue suchend in die Menge.

»Werden Sie auch wirklich abgeholt?«, fragt Taji'eh. »Sie können auch mit zu mir kommen. Meine Familie würde sich freuen.«

»Danke, aber ich werde ganz bestimmt erwartet.«

Es dauert eine Weile, bis alle den Zug verlassen haben, und als ich endlich die Stufen hinuntergestiegen bin, ist meine Stirn bereits feucht. Welch eine Hitze am frühen Morgen!

»Mrs. Bruni? I am Hamid. Welcome in Ahwaz.«

»Salam aleykum. Wie geht es Ihnen?«, antworte ich auf Persisch, und er schaut mich überrascht an. Es dauert einen Moment, bis ich die passenden englischen Worte finde.

Die gleiche Stimme, das gleiche Lächeln, nur die Haare sind kräftiger und vollkommen grau. Sein Englisch ist exzellent, und so dürfte es keine Verständigungsprobleme geben.

Auf dem Bahnsteig tuscheln zwei Frauen und deuten mit einem Lächeln auf mich.

»Wir haben Sie in Teheran gesehen«, sagt die eine.

»Und jetzt bin ich hier«, antworte ich froh gestimmt. Sie wünschen mir eine gute Reise und verabschieden sich.

Im Auto warten seine Frau Zoreh und die beiden Kinder. Etwas schüchtern grüßt die zwölfjährige Leyla und vergräbt die Hände im Stoff ihres Sommerkleids. Der etwas kleinere Mohammed sagt knapp »Salam« und schaut mich neugierig an.

Am Abend hat sich die Fremdheit zwischen uns schon aufgelockert, und wir unterhalten uns über Djawid und sein Leben in den USA. Dass er sein Studium immer noch nicht beendet und das letzte Wintersemester komplett verbummelt hat, weil er darauf versessen war, mit mir »Ben and Jerry Icecream« zu essen, kann ich natürlich nicht erzählen. Ich muss notgedrungen einen Job erfinden, auf den er in Wirklichkeit immer noch wartet. Schließlich erzähle ich die leicht bereinigte Version des letztjährigen persischen Neujahrsfestes, das wir zusammen verbracht haben.

»Wir haben zusammen Nourouz gefeiert«, beginne ich.
Ungläubig schauen sie mich an.
»Wieso, gibt es das auch in den USA? Ich meine, feiern die Deutschen es auch?«, fragt Zoreh sichtlich verwirrt.
»Ja, ich meine, nein. Eigentlich nicht. Aber ich feiere es seit vielen Jahren. Seitdem ich mit Iranern befreundet bin.«
Die Erinnerungen an das letzte Jahr bringen mich zum Lachen. Djawid hatte den »Silvesterabend«, den 21. März 1996, mit Freunden in Berkeley verbracht und wollte erst in der Nacht zurückkommen. Sein Hausschlüssel hing wie üblich am Orangenbaum im Garten, und ich machte mich am frühen Abend auf den Weg zu seinem Häuschen. Als ich an den blühenden Gärten in seiner Nachbarschaft vorbeiging, fiel mir ein, dass seine Wohnung ein wenig Dekoration vertragen könnte. So schlich ich durch geöffnete Gartentore und pflückte einen üppigen Frühlingsstrauß. Der dunkelrote Rhododendron und die leuchtend weißen Callas machten sich ausgezeichnet in Djawids Zuhause und verliehen den Räumen eine wahrlich festliche Atmosphäre. Nachdem das Arrangement perfekt war, legte ich mich aufs Sofa und schaltete mich durch die vier persischsprachigen Fernsehkanäle, die San Francisco zu bieten hat, um den Countdown zu erleben. Zufälligerweise begann das neue Jahr nach der amerikanischen Westküstenuhrzeit um Mitternacht, also zur Mittagszeit im Iran. Die überwiegend wohlhabende kalifornische Exilgemeinde präsentierte sich wie zu besten Schahzeiten in aufwendiger Königsstilkleidung, ondulierten Frisuren, die jedem Hurrikan widerstehen konnten, und einer schier unglaublichen Menge farbenfrohen Make-ups. Wie gut, dass der Fernseher keine Düfte übertragen konnte, sonst hätte eine Woge »Bijan« mir sicher den Atem genommen. Abgetakelte Stars vergangener Zeiten präsentierten die alten Lieder, und die Neuen übten sich in gewagtem Orientalrock mit spärlich bekleideten Tänzerinnen. In jedem Studio war traditionsgemäß ein »Haft-sin«-Tisch aufgestellt, ein Tisch der »sieben Dinge, die mit dem Buchstaben S beginnen«. Üblicherweise gehören dazu: Äpfel *(sib)*, Knoblauch *(sir)*, somagh

(ein säuerliches Gewürz), Kräuter *(sabzi)*, Essig *(sarkh)*, eine Münze *(sekeh)* und ein Pudding *(samanuo)*. Doch es gibt noch weitere Dinge auf einem Neujahrstisch, die im weitesten Sinne das Leben, die Fruchtbarkeit und das Glück symbolisieren.

Djawids Tisch der »sieben Dinge« war nicht ganz korrekt an den herkömmlichen Gebräuchen orientiert, doch hatte er rechtzeitig Weizen zum Keimen gebracht und das frische Grün mit einem roten Band zu einer Garbe gebunden. Da es ihm widerstrebte, Goldfische in einer kleinen Schale zu halten, schwammen stattdessen blütenförmige Kerzen in einem Kristallgefäß.

Als er mich damals schlafend vor dem Fernseher vorfand, hatte ich den astrologisch korrekten Beginn des Jahres 1376 leider verpasst. »Sale now mobarak« – »Frohes neues Jahr«, begrüßte ich ihn und sah seinen erfreuten Blick auf die Blumen. Sehr schnell wurde ihm klar, welcher Herkunft das wahllose Durcheinander der Blütenpracht war.

»Dieses neue Jahr solltest du ganz besonders froh begrüßen«, sagte er mit einem bedeutungsvollen Unterton.

»Warum? Was ist das Besondere an diesem Jahresanfang?«

»Dass das Glück ganz sicher auf deiner Seite ist, denn sonst hättest du den Ausflug in die Vorgärten nicht heil überstanden.«

»Was meinst du damit?«

»Die Schilder mit der Aufschrift »Armed response« hinter den Zäunen sind kein Bluff.«

»Okay, lass uns feiern. Wo ist der Champagner?«

Schon frühzeitig erzähle ich Hamid und Zoreh von meinen Reiseplänen. Dabei versuche ich eine angemessene Balance zwischen zurückhaltender Höflichkeit und offensiver Bestimmtheit zu finden und erläutere ihnen, was ich in den nächsten Tagen vorhabe, wobei ich betone, dass ich dabei keine Begleitung bräuchte. Meinetwegen solle sich niemand Umstände machen, und ohnehin hätte ich vor, sehr viel zu fotografieren, was sicher langweilig sei, wenn man die Orte schon ein Leben lang kenne.

Offenbar finde ich die richtigen Worte und kann am nächsten Tag allein einen längeren Ausflug in das Umland unternehmen. Dafür miete ich ein Taxi und bestimme die Route, wie es mir gefällt.

Als ich später am Abend einen Moment lang mit Mohammed allein bin, gibt er mir zu verstehen, dass er morgen gern mitkommen möchte. Es sei doch Freitag, und er habe schulfrei und könnte mir sicher ein paar interessante Plätze zeigen. Ich freue mich auf die Begleitung eines aufgeweckten zehnjährigen Jungen, und wir teilen seinen Eltern unser Vorhaben mit.

Zoreh betreibt am nächsten Morgen mit der Vorbereitung unseres Proviantes einen Aufwand, als würden wir die Sahara durchqueren müssen. Einen eisgekühlten Kanister mit fünf Litern Wasser und diverse Mahlzeiten samt Nachtisch und Sofre verstaut sie in einem großen Picknickkorb. Keinesfalls sollten wir uns während der Mittagshitze im Freien aufhalten, trichtert sie uns zum Abschied ein. Ihre Warnungen klingen nach einem mir bisher unbekannten Sonnenblitzschlag, der uns womöglich auf der Stelle niederstrecken könnte.

Das Taxi hupt, und der Fahrer kommt an das Tor, um Zoreh und die anderen zu begrüßen. Offenbar gibt es eine enge Verbindung zwischen unserem Chauffeur und der Familie.

»Das ist mein Onkel Ali«, sagt Mohammed stolz, und ich schmunzle über zwei zum Familienclan gehörende Begleiter.

»Lassen Sie uns zuerst nach Schuschtar fahren«, bitte ich Ali.

»Aber da gibt es doch nichts Besonderes zu sehen«, wendet er ein.

»Für mich ist hier jeder Ort etwas Besonderes.«

Die Fahrt ist lang und führt durch bewässerte Felder voller Zuckerrohr, Getreide und Gemüse. Araberinnen tragen gewaltige Lasten auf den Köpfen, und unter ihren Tschadors blitzen bunte Stoffe hervor. Vor ärmlichen Behausungen sitzen arabische Männer und trinken Tee. Ein Bewässerungsgraben dient zwei LKW-Fahrern als Waschstelle, und sie stehen bis auf die Unterhose entblößt nur wenige Schritte vom Straßenrand entfernt und seifen sich ein. So viel Haut habe ich in diesem Land noch nie gesehen.

Ali parkt den Wagen vor einer Ladenzeile, und wir bummeln die kleine Hauptstraße des Städtchens entlang. Mohammed kündigt mir einen besonderen Ausblick an, und schon höre ich das unverkennbare Tosen eines wilden Flusses, der seinen Weg durch ein enges Tal finden muss. Vor uns taucht eine Brücke auf, und je näher wir ihr kommen, desto angenehmer wird die heiße Luft von einer kühlenden Feuchtigkeit getränkt, die aus den Fluten aufsteigt. Wir gehen vorbei an einem winzigen Kuppelbau, und Mohammed erzählt etwas von heiliger Stätte oder Imam Sadeh. Doch ich nicke nur und lasse mich vom grollenden Toben des Flusses auf die Brücke ziehen. Vor uns erhebt sich eine rötlichbraune Schlucht, auf deren Kronen sich einfache Häuser bis an den steilen Abgrund drängen. Das Wasser ist bläulich grün und trägt dort, wo es kraftvoll zwischen ausgewaschenen Felsen hervorquillt, tanzende, sahnigweiße Hauben. Ebenso unverhofft, wie die Schlucht aufgetaucht ist, verschwindet sie wieder, und der Fluss verteilt sich in ein breites Bett. Schnell beruhigt er sich, und aus dem ungestümen Wirbeln wird ein schnelles Fließen. Seine Oberfläche ist beinahe eben und bildet nur noch kleine Strudel, die in die Tiefe führen. Wir gehen hinunter an das flache Ufer jenseits der Schlucht. Die wenigen Farben, die sich dem Auge hier bieten, erstrahlen in einer kompromisslosen Intensität. Eine Moschee steht auf einer sandfarbenen Felswand am anderen Ufer und ist mit leuchtenden Keramikfliesen geschmückt. Das Grün des Flusses scheint zu ihr aufzusteigen und mit dem Hellblau der Fayencen zu verschmelzen. Die prachtvolle Kuppel mit dem breiten Band aus Koransuren stößt schließlich gegen einen Himmel, der sein Blau in tiefster Reinheit präsentiert.

In der Ferne sitzen junge Männer, als wollten sie sich der üblichen Flucht vor brennenden Sonnenstrahlen widersetzen, am schattenlosen Ufer. Beim Näherkommen sehe ich ihr Haar vor Nässe schimmern, und von der langen Hose des einen rinnt Wasser herunter, sodass sich der Staub, der jeden Tropfen begierig aufsaugt, dunkel färbt. Ein Jüngling, dessen schlankes Profil eine markante Nase zeigt, trägt ein weißes Hemd, das an seinem Leib klebt. Im nächsten Moment klettert er einen Felsen hinauf und springt in die Fluten. Mohammed und ich gehen zu den Badenden und tauschen Begrüßungsformeln aus. Mein kleiner Freund schaut mich ungläubig an, als ich zwanglos mit den Fremden plaudere. Ich lobe ihre gewagten Sprünge und schaue neidisch hinterher, wenn sie im kühlen Nass verschwinden. Die Flut treibt sie auf eine vorgelagerte Sandbank, von der sie schnellen Schrittes zu uns zurückkommen. Bereitwillig posieren sie vor meiner Kamera, und Mohammed strahlt, als ich ihm den Apparat erkläre und ihn um ein gemeinsames Foto mit den Männern bitte. Er dirigiert uns ganz nahe an das Ufer, und ich stelle mich vor die drei Schwimmer. Sie lachen über mein Persisch, und einer erzählt von seinem Bruder in einer deutschen Stadt mit einem furchtbar schwierigen Namen, von dem er sich nur die Anfangsbuchstaben merken könne. Ich mache einige Vorschläge, und schließlich erkennt er in »Gelsenkirchen« den Wohnort seines Bruders wieder. Er versucht, ihn richtig auszusprechen, und ich lache über ihn. Gegenseitig bieten wir uns noch einige unaussprechliche Wörter an, bis Ali mit dem Wagen einen Hügel heruntergefahren kommt. Ein letzter Blick in tiefbraune Augen – es wird Zeit, Abschied zu nehmen.

»Fahren Sie bitte zum Friedhof.«

Mohammed zeigt mir das Grab seines Großvaters, und ich mache einige Fotos von der Grabplatte mit den geschwungenen arabischen Schriftzeichen. Djawid hatte mich darum gebeten, und so werde ich ihm die Bilder bald nach Kalifornien schicken. Hinter dem alten Teil des Friedhofs liegt der großflächige Abschnitt für die Märtyrer, wozu alle gezählt werden, die während des Krieges auf den Schlachtfeldern oder durch Bombardements in Schuschtar ums Leben gekommen sind. Über vielen Gräbern stehen Vitrinen, die liebevoll mit Fotos und kleinen Erinnerungsstücken geschmückt sind. Mohammed erklärt mir die Inschrift am Grab einer Frau.

»Sie war dreißig Jahre alt, hatte vier Kinder, und ihr Haus ist explodiert. Alle sind tot.«

Über vielen Vitrinen weht die iranische Flagge, und ich bin fassungslos über die gewaltige Anzahl der Gräber für die Toten eines so kleinen Ortes.

»Komm, wir gehen noch in die Moschee«, schlägt Mohammed vor. In der Aufregung vergesse ich, meine Schuhe auszuziehen, doch eine Frau weist mich durch eine Handbewegung auf meine Unterlassungssünde hin.

Zur Mittagszeit möchte Ali ein Picknick machen, doch kann ich ihn dazu überreden, in ein kleines Restaurant in Schuschtar zu gehen. Ich liebe diese einfachen Lokale in kleinen Städten und kann mich immer wieder an deren Ausstattung erfreuen. In diesem gibt es sogar einen Familientrakt auf einer Art Podest, in den sich eine Runde begibt, sofern ihr eine Frau angehört. Er ist zwar nicht vollständig separiert, doch verhindert er Begegnungen zwischen Fremden und soll Frauen vor Belästigungen schützen. Ich bestelle Hühnerkebab und hoffe auf knusprige, leicht angebrannte Fleischstücke. Immer wieder frage ich mich, wer die gewaltigen Reisportionen verschlingen soll, die in diesen Restaurants aufgetischt werden.

Ali kann sein Erstaunen über meine Reiseroute nicht verbergen. Von Tschoga Zambil hat er nie etwas gehört, und er kann nicht recht verstehen, wieso sich jemand aus dem fernen Deutschland für einen Ort interessieren sollte, von dessen Existenz er nichts weiß. Die Fahrt zieht sich endlos hin, und inzwischen ist die Hitze nur zu ertragen, wenn alle Fenster geöffnet sind und wir ständig etwas trinken. Ich verfluche meine lange Hose, den Mantel und das Kopftuch. Unter normalen Umständen würde ich hier sicher ein weites, dünnes Sommerkleid tragen und meinen Hals vollkommen unbedeckt lassen. Der Fahrtwind könnte den Schweiß auf meiner

Stirn trocknen und immer wieder kurze Momente der Erfrischung gewähren.

Als wir schon glauben, uns verfahren zu haben, stoßen wir an einer unscheinbaren Kreuzung mitten im Nichts auf eines der unzähligen Wärterhäuschen, die hier in unmittelbarer Nähe zur irakischen Grenze der Kontrolle passierender Fahrzeuge dienen. Ali fragt einen alten Mann, der im Schatten offenbar seinen Mittagsschlaf abhalten möchte, ob er wisse, wo es nach Tschoga Zambil gehe. Natürlich, antwortet er. Wir sollen hier von der Straße abbiegen und noch einige Kilometer weiterfahren.

»Was gibt es dort zu sehen?«, fragt Ali, der sich offensichtlich noch immer nicht vorstellen kann, dass uns in Tschoga Zambil irgendetwas Sehenswertes erwartet.

»Ach, nichts Besonderes«, sagt der Alte und, mit erklärenden Handbewegungen führt er aus: »Da ist ein Haufen Steine aufeinander gestapelt.«

Obwohl ich den Alten sehr gut verstanden habe, erspart Ali mir die Wiederholung nicht. Inzwischen hat er Gefallen an seiner Rolle als Fremdenführer gefunden und ist dazu übergegangen, sehr laut und langsam mit mir zu sprechen. Wenn er auf Lücken in meinem Wortschatz trifft, wiederholt er das Gesagte mindestens fünfmal mit zunehmender Lautstärke, als könne ich dann unbekannte Worte besser verstehen. Dabei komme ich mir manchmal vor wie ein Trottel und behaupte, um seine unsinnigen Belehrungen zu beenden, meistens sehr schnell, nun alles begriffen zu haben.

Wir fahren durch eine bizarre Landschaft aus runden, grauen Felsformationen, die wie arrangiert am Wegesrand stehen.

Der Haufen Steine, den der Alte meinte, ist ein besonderer antiker Schatz, der einst das religiöse Zentrum des elamischen Reiches darstellte. Durch aufwendige Ausgrabungen wurden in den fünfziger Jahren die Reste der alten Stadt Dur Untasch freigelegt. Zufällig hatte 1935 ein neuseeländischer Geograf bei einem Rundflug zur

Erkundung von Erdölfeldern die vom Sand verschütteten Ruinen entdeckt. Wir klettern auf den Stufenturm, der früher einmal über fünfzig Meter hoch war und dessen untere Hälfte noch erhalten ist. Doch auch die geschrumpften Überreste erfordern beim Aufstieg unsere ganze Kraft. Die Treppenstufen des Zikkurats sind ungewöhnlich weit voneinander entfernt und führen steil in die Höhe. Vom höchsten Punkt des Turms aus können wir unseren Blick frei über Mesopotamien schweifen lassen, den Ursprungsort vieler archäologischer Fundstücke, die heute in den kulturellen Zentren des Westens Ehrenplätze einnehmen. Hier also waren die wunderschönen Bronzearbeiten, die nun in den Museen von New York bis Berlin verweilen, einst in Gebrauch.

Die Sonne ist schon untergegangen, als wir Ahwaz erreichen, und Mohammed kämpft auf dem Rücksitz gegen seine Müdigkeit.
Freudig werden wir begrüßt und an den gedeckten Tisch gebeten. Leider macht die Aircondition den hartnäckigen Kampf meines Körpers mit dem ungewohnten Klima zunichte und bringt jedes Temperaturempfinden durcheinander.
So bleibe ich am Abend noch lange im Hof sitzen und fantasiere über einen inneren Wärmespeicher, der mir auch in Deutschland das Gefühl von unbegrenzten lauen Sommernächten bescheren könnte. Ein anderer Gast der Familie leistet mir Gesellschaft und spricht ein gut verständliches Englisch mit einem angenehmen französischen Akzent.
»Ich habe in Frankreich, an der Atlantikküste, studiert.«
Wir rauchen eine Zigarette, als er wehmütig seine Stimme senkt, um mir eine Art Geheimnis preiszugeben: »Ich sehne mich nach Gauloises.«
»Nur nach Gauloises?«
»Nein, nach viel mehr. Nach Rotwein, tosender Brandung, frischer Luft und Freiheit.«
»Warum sind Sie zurückgekommen?«
»Ich hatte Heimweh.«

Und nach einem kräftigen Zug sagt er mit durchdringender Stimme: »Und genug davon, ein Fremder zu sein.«

»Haben Sie es bereut?«

»Ich darf nicht darüber nachdenken. Außerdem bin ich inzwischen verheiratet und habe Kinder. Und hier arbeite ich als Ingenieur. In Frankreich wäre ich jetzt sicher Taxifahrer.«

»Wird es besser werden im Iran? Was meinen Sie?«

»Es muss besser werden. Ich habe noch ein wenig Hoffnung. Auch wir leben im zwanzigsten Jahrhundert. Das müssen die Mullahs endlich begreifen. Ich wähle Chatami.«

Als ich Mohammed eine gute Nacht wünschen will, fragt er nach meinem Zuhause.

»Wie ist es in Deutschland?«

»Es ist ganz anders als hier. Es gibt keine Zuckerrohrfelder, keine Wüsten und keine himmelblauen Moscheen. Außerdem ist es meistens ziemlich kalt. Viel kälter als an den kältesten Tage, die du je erlebt hast.«

»Wie kalt?«

Ich habe keine Ahnung, wie ich diesem Jungen aus einer der heißesten Städte der Erde einen eisigen Winter beschreiben soll. Bei meinem Mangel an Sprachkenntnissen versuche ich es schließlich mit einer halbtheatralischen Vorführung in einem deutsch-persischen Sprachgemisch und hülle mich in eine Decke.

»Mohammed, Kälte ist etwas, das nach dir greift und dich vollkommen in Besitz nehmen kann. Kälte kann Teile deines Körpers lähmen. Es beginnt meistens in den Fingern, du kannst sie einfach nicht mehr richtig bewegen, und ihre Farbe verändert sich. Zuerst werden sie rot, dann bläulich und manchmal auch farblos, und schließlich sind sie ganz steif und schmerzen. Du kannst dann nichts mehr richtig festhalten.«

Zur Demonstration greife ich nach dem Wasserkrug und umfasse ihn mit allen zehn verkrampften Fingern.

»Schlimm ist es auch mit den Füßen. Zuerst werden sie schrecklich kalt, und nach einer Weile verschwindet jedes Gefühl aus den Zehen. Als wären sie verschwunden, fühlt sich alles ganz taub an. Wenn es so weit gekommen ist, dann weiß jeder: Jetzt wird's gefährlich. Der Ballen fühlt sich an, als sei eine dicke Pappschicht darunter geklebt, durch die du den Boden nicht mehr richtig spüren kannst.«

Mohammed krümmt sich vor Lachen, als ich vor seinen Augen durch knietiefen Schnee stapfe, den er bisher nur aus weiter Ferne auf verschneiten Gipfeln hat liegen sehen. Er hatte sich nie vorgestellt, dass man Autos erst freischaufeln muss, bevor man losfahren kann. Ein Schneemann in seinem Zimmer macht ihm Lust auf diese komische Kälte, die man anderen in Kugeln an den Kopf werfen oder in den Ausschnitt stecken kann.

»Kannst du dir vorstellen, dass nasse Wäsche an der Leine gefriert und dass Handtücher und Hosen von allein an einer Wand stehen können?« Ihm scheint die Tragweite dieser grausamen Witterung nicht klar zu sein, und ich bemühe mich um eine ernsthaftere Darstellung eisigen Windes, der die Ohren schmerzen und die Wangenmuskeln erstarren lässt. Erzähle ihm, wie ich einmal in den Spiegel schaute und meine verzerrte Mimik nicht als meine eigene erkennen konnte. Das Gesicht war zur Maske gewandelt, und nicht einmal von den Tränen der Verzweiflung, die über meine Wangen flossen, bekam ich auch nur den Hauch von Wärme zu spüren. Der Frost hatte sich in meinen Haaren und Augenbrauen verfangen. Fantasien über abgefrorene und für immer verlorene Gliedmaßen verschlimmerten diesen schrecklichen Moment.

»Nichts wünsche ich mir in solchen Augenblicken sehnlicher als die wärmende Sonne. Kannst du dir jetzt vorstellen, welches Wunder ein warmer Sonnenstrahl auf nackter Haut bedeuten kann?«

Fast scheint es, als hätte ich ein wenig Mitleid in ihm erregt. Zum Schluss drehe ich vor seinen Augen noch ein Pirouette und erzähle von den Wonnen des Eislaufens.

Mohammed scheint vollkommen verwundert über diese abstrusen Geschichten, und die Art, wie er auf die Haustür schaut, verrät seine Gedanken: Durch die unachtsam einen Spalt weit geöffnete Tür würde keine Hitze dringen, die das Werk der »Cooler« zunichte macht, sondern erfrischende, wohl tuende Kühle, die das Dasein von der größten Plage befreit.

Tief in der Nacht taucht der Schwimmer mit der schwarzen Bundfaltenhose wieder auf. Nass und schwarz glänzend sein Haar. Wasserperlen auf bronzefarbener Haut. Er sitzt auf einem Felsen, und der Fluss rauscht vorüber. Ein Tropfen rollt ganz langsam seine schmale Nase hinunter, blitzt an weißen Zähnen vorbei und fällt in den Staub. Er leckt sich über die Oberlippe mit dem zarten Flaum und wischt mit dem Handrücken über seine nasse Stirn. Ich stehe vor ihm, ganz nah, und seine feuchte Kühle strahlt zu mir herüber.

Er sagt etwas, doch kann ich es kaum hören. Schließlich ruft er mir mit einem ungläubigen Blick zu: »Kannst du wirklich schwimmen?«

Ich tauche ein in die Fluten und werde von einer reißenden Strömung ins Flussbett getragen und auf die Sandbank gespült. Dort wartet der Schwimmer und fragt: »Was ist Kälte?«

Ich richte mich auf, schaue in seine tiefbraunen Augen und antworte ihm: »Kälte ist weiß und hässlich und nicht braun und schön.«

Ich schrecke auf. Das Haar klebt an meinem Kopf, und das Laken ist feucht. »Wo bin ich?«

Durch die offene Tür sehe ich Hamid zur Aircondition gehen und mit einem Schraubenzieher hantieren.

»Der Cooler ist ausgefallen«, flüstert er in meine Richtung.

Am nächsten Tag fährt Zoreh mit ihrer Tochter Leyla und mir nach Abadan. Die Hafenstadt nahe der Flussmündung am Persischen Golf ist in den Erinnerungen vieler Iraner eine schöne und besondere Stadt mit dem angeblich stärksten europäischen, genauer gesagt: britischen Flair. Die letzten fünfzig Kilometer vor Abadan geben jedoch schon einen deprimierenden Vorgeschmack dessen, was aus einer blühenden Stadt werden kann. Zu beiden Seiten der

Landstraße klaffen Schützengräben und Bombenkrater. Verlassene Panzerstellungen markieren den Weg. Zoreh berichtet von den wechselnden Frontverläufen während des Iran-Irak-Krieges, wobei mal die eine und mal die andere Seite einige Kilometer gewonnen hatte. Hunderttausende von Menschen waren dabei ums Leben gekommen.

Die staubige Landschaft glüht und wirkt unfassbar leer, bis ein zerstörter Dattelhain auftaucht und von Trostlosigkeit zeugt. Verbrannt, verstümmelt und zerschossen liegen ehemals majestätische Palmwedel am Boden. Nie wieder werden sie im Wind spielen, und es gibt keine einzige leuchtend rote Frucht mehr, die in schwindelnder Höhe auf mutige Pflücker wartet.

Meine ersten Schritte in Abadan führen durch erbarmungslos heiße Straßen, die alte Häuser, Ruinen, Baulücken und vereinzelte Neubauten säumen. Neben mir hält ein Taxi, die hintere Tür öffnet sich, und eine Frau steigt aus. Ich stehe direkt an der Beifahrertür, durch dessen offenes Fenster mich unverhofft ein afrikanisches Gesicht anschaut. Nach einem Augenblick ohne Zeitgefühl, doch voller Erinnerungen wird mir deutlich, dass es meine Verwunderung spiegelt. Das Blau meiner Augen scheint den jungen Mann an diesem Ort in das gleiche Erstaunen zu versetzen wie mich seine dunkle Haut. Sprachlos starren wir uns an, lachen schließlich laut los und werfen uns einen Gruß zu, bevor der Wagen weiterfährt. Als ich dem Peykan nachschaue, fühle ich mich schon viel wohler in dieser stickigen Stadt. Später erfahre ich, dass es an der Golfküste zahlreiche Iraner afrikanischer Herkunft gibt. Ihre Vorfahren wurden nicht selten auf den Basaren Mekkas von frommen persischen Pilgern als Sklaven eingekauft.

An der Hafenpromenade reihten sich einst Cafés und Bars aneinander, in denen das bunte Völkchen aus Seeleuten, ausländischen Ingenieuren, Hafenarbeitern und Einheimischen die kühle Frische der späten Abendstunden genoss. Jetzt macht sie nur noch einen verwaisten Eindruck und erinnert an eine Stadt im Wilden Westen nach dem finalen Duell. In der Ferne ragen die zerbombten Skelette der Ölraffinerien in den Himmel, und gestrandete Schiffe tragen den rostigen Mantel des Zeitenlaufs, der sich weder um Krieg noch Frieden schert. Hier schlugen damals die ersten Raketen ein, und auf der anderen Seite des überraschend schmalen Flusses liegt bereits der Irak. Ein Bekannter hat mir davon erzählt, wie er hier in der Nachkriegszeit seinen Militärdienst ableisten musste. Nachts hatte sich seine Patrouille manchmal ein ruhiges Plätzchen am schilfigen Ufer gesucht und dort mit den irakischen Soldaten Schach gespielt. Auch jetzt stehen auffallend viele Militärs mit jungenhaften Gesichtern und in einfachster Uniform am Ufer. Hier Aufnahmen zu machen ist leider undenkbar, denn diese Zone hat noch immer den Sonderstatus eines streng überwachten Gebiets, und eine fotografierende Ausländerin müsste mit unangenehmen Fragen rechnen, da diese Stadt nicht den geringsten touristischen Anreiz bietet und weitab von allen üblichen Reiserouten liegt.

Trotz der großen Zerstörungen sind in Abadan die Spuren der Briten noch deutlich zu erkennen. Wo sonst in diesen Breiten findet man akkurat geschnittene, einsehbare Rasenflächen vor Backsteinreihenhäusern? Auf einer Terrasse steht sogar eine Hollywoodschaukel. Nur die iranischen Hausnummern erinnern an den Standort im Orient. Die Architektur zeugt von einer Zeit, als die Briten noch das Recht hatten, die iranischen Ölvorkommen auszubeuten, und diese Siedlungen für ihre Angestellten in den Raffinerien und an den Pumpen bauten.

Mein Spaziergang führt mich zu einer Kirche, die mit ihrem hohen Turm in unmittelbarer Nachbarschaft zum Minarett der angrenzenden Moschee steht. In armenischer und persischer Schrift ist für den kommenden Sonntag ein Gottesdienst angekündigt. Einige Straßen weiter entdecke ich hinter einem brüchigen Bretterzaun die Spuren von Elefantenreliefs auf verrußtem Stein. Beim Näherkommen erkenne ich einen verlassenen Hindutempel, in dem schon lange keine indischen Arbeiter mehr zu ihren Göttern beten. Bereits vor dem Krieg hatten die neuen islamischen Gesetze religiöse Minderheiten aus dem Land vertrieben, und als eine Religion der vielen Götter, noch dazu ohne heiliges Buch, gehört der Hinduismus nicht zu den akzeptierten Glaubensrichtungen in der Islamischen Republik.

Als ich endlich zum Haus von Zorehs Eltern gelange, ist die Familie bereits in heller Aufregung wegen meines Spaziergangs. Zoreh ist es offenbar nicht gelungen, einen akzeptablen Grund für meine einsame Wanderung anzugeben. Die Ärmste hat sich wahrscheinlich eine Menge Vorwürfe anhören müssen. Doch mein persisches Kauderwelsch bringt die Runde schnell zum Lachen, und schon bald sitzen wir an einer geschmückten Tafel mit einem köstlichen scharfen Fischgericht à la Persischer Golf, wie ich es noch nie zuvor gegessen habe.

In dieser Familie gibt es offenbar sehr unterschiedliche Grade der Religiösität. Während Zorehs Schwester auch im Haus den Gebetstschador trägt, ist ihre Mutter sehr leger gekleidet, und der Vater scheint sich ohnehin mehr für Politik und ein Leben ohne Zwänge zu interessieren. Wehmütig erzählt er von der guten alten Zeit, als noch alles besser war, und zeigt mir das Familienalbum. Dort sitzen Damen mit toupiertem Haar in figurbetonten Kostümen und spitzen Pumps an einem üppig gedeckten Picknicksofre. Nur schwerlich erkenne ich in dem Mann mit den breiten Koteletten und dem weißen Sommerhemd Zorehs Vater. Die beiden Schwestern trugen damals kurze Rüschenkleider und geflochtene Zöpfe.

Doch die Gegenwart scheint ihn gleichermaßen zu fesseln, und er löchert mich mit Fragen nach dem Mykonosprozess, den Berichten in deutschen Zeitungen und dem Schicksal des Schriftstellers Faradsch Sarkuhi. Bisher ist mir im Iran noch niemand begegnet, der etwas über sein dubioses Verschwinden gehört hat. Ich berichte ihm von der aktuellen Medienkampagne zur Aufklärung seines Schicksals und dem mutigen Engagement seiner Ehefrau im Berliner Exil.

Er höre unentwegt ausländische Radiosender, sagt Zorehs Vater, und in der Golfregion gebe es zudem zahlreiche Fernsehsender aus den Nachbarländern, die weit offener als das staatliche iranische Fernsehen berichteten. Zur Demonstration zappt er durch die Kanäle. Das irakische Nachmittagsprogramm zeigt ein Kinderfest mit ausschließlich unverschleierten Müttern, und TV-Kuwait überrascht mit einem MTV-Sprecher in arabischer Kleidung samt Palästinensertuch und schwarzer Kordel. Die Musikclips erinnern an eine ferne, unerreichbare Glitzerwelt voll schwingender Rhythmen. Das Spielfilmprogramm der meisten Sender besteht aus indischen Produktionen, deren Genre ich nicht einzuordnen vermag. Mir scheint jeder Film eine skurrile Mischung aus Romanze, Komödie, Musical, Sciencefiction und Kung-Fu zu sein. Kurz bevor der Held des Films seine Angebetete endlich im nassen Sari zu Gesicht bekommt, unterbricht TV-Dubai die Ausstrahlung für das Nachmittagsgebet, und eine Abbildung der Kaaba erscheint auf dem Bildschirm. Zorehs Vater amüsiert sich über mein fassungsloses Lachen und versteht meine belustigte Verwunderung angesichts dieses kulturell-religiösen Cocktails. Für die Kinder und Jugendlichen ist der Programmablauf etwas Selbstverständliches und die Gebetsunterbrechung oft nichts anderes als eine willkommene Pause, ähnlich einem Werbeblock.

»Nach dem Gebet prügeln die Schauspieler sich weiter, und am Ende gibt es dann vielleicht sogar einen indischen Kuss für die Angebetete«, sagt Zorehs Vater, als wolle er darüber eine Wette mit mir abschließen.

Trotz der Hitze zieht es mich vor die Tür, denn ich kann mich einfach nicht daran gewöhnen, bei Sonnenschein in der Wohnung zu sitzen.

»Aber was willst du draußen machen?«, fragt Zoreh. »Es gibt fast keinen Schatten.«

»Ich setze mich nur ein wenig in den Hof«, erwidere ich und gebe ihr durch ein Zeichen zu verstehen, dass ich rauchen möchte.

»Ich weiß jemanden, der mit dir raucht.« Zoreh zeigt auf ihre tiefverschleierte Schwester Soheila.

»Soheila raucht?«

»Frag sie selbst.«

Die prompte Antwort der jungen Frau klingt gleichermaßen überraschend wie plausibel: »Haram nist – Rauchen ist nichts Unreines.«

So sitzen wir unter einem schattigen Vordach, wo Leyla, ganz in Teenagermanier, schon seit Stunden im Auto den Schlagern der siebziger Jahre lauscht.

»Sie sind sehr religiös, nicht wahr?«

»Ich glaube an Allah, den Koran, die Worte unseres Propheten und versuche ein guter Mensch zu sein.«

»Zoreh hat mir erzählt, Sie waren als Krankenschwester im Krieg.«

»Ja, ich habe an der Front gearbeitet, ganz hier in der Nähe.«

»An der Front? In einem Lazarett?«

»Ja, wir waren zwanzig Frauen unter den vielen Kämpfern. Über einen Monat waren wir in Khoramschar eingeschlossen, und unserer Einheit ging die Munition aus. Trotzdem haben wir weiterbehandelt, natürlich auch irakische Kriegsgefangene.«

»Und wie war das Zusammenleben mit den Männern?«

»Wir sind gut zurechtgekommen. Aber manchmal schreie ich auch heute noch nachts auf und habe Alpträume, wenn ich an die zerfetzten Körper denke. Eine Freundin von mir ist in Kriegsgefangenschaft geraten. Sie wurde sehr schlecht behandelt.«

»Das müssen schreckliche Erinnerungen sein.«

»Wissen Sie, wir hatten nie genügend Medikamente und Narkosemittel. Die Menschen haben Unvorstellbares erlebt.«

»Könnten wir zusammen nach Khoramschar fahren?«

»Ja, warum nicht. Am besten gleich jetzt, dann sind wir zum Abend wieder hier.«

Sie zieht einen schwarzen Tschador über, setzt sich ans Steuer ihres Renault 5, und schon sausen wir los.

»Unser Staat versucht vieles, um die Flüchtlinge wieder in Khoramschar anzusiedeln, aber sehen Sie selbst: Die Stadt ist noch weitgehend zerstört. Viele Menschen haben in Teheran und anderen Städten eine neue Existenz gefunden. Außerdem gibt es immer noch Minen.«

Zum ersten Mal sehe ich eine vom Krieg zerstörte Stadt mit eigenen Augen. In den Ruinen regt sich zwar neues Leben, und einige Straßen sind sogar voller Menschen, aber es fällt schwer, sich das alte Khoramschar vorzustellen. In der Nähe einer Moschee ist ein winziger Jahrmarkt aufgebaut, und Karussells drehen ihre Runden. Nach den Opfern gefragt, nennt Soheila unglaubliche Zahlen, und ich denke an die Berichte über Kindersoldaten auf den Minenfeldern. Sie lenkt den Wagen durch zerbombte Viertel, in denen sich die Bewohner einfachste Behausungen geschaffen haben. Die obere Etage eines zweistöckigen Gebäudes existiert nicht mehr, doch zeugen mit Pappe verkleidete Fenster und ein blasser Lichtschein im unteren Geschoss davon, dass es bewohnt ist. Die Sonne geht unter, und das ehemalige Schlachtfeld färbt sich orangerot. Ein Junge sitzt auf dem zerstörten Mauerwerk einer Behausung, und sein Blick geht in Richtung Fluss, über ein gekentertes Schiff hinweg bis tief in den Irak hinein. Dort liegt Basra, wo es nicht anders aussehen wird als hier. Ein gewaltiger Dattelbaum hat das Inferno überlebt, und seine schwarzen Palmwedel ragen wie ein Denkmal in den inzwischen violettroten Himmel. Ich lege meine Kamera auf das Autodach und versuche dieses Bild einzufangen. Erst später entdecke ich, dass der Junge in den Überresten eines Wohnzimmers saß, von dem nur noch zwei halbe Wände übrig sind.

Am Morgen ist Mohammed krank und kann nicht zur Schule gehen. Er lebt erst wieder auf, als ich zum Basar aufbrechen will. Geschickt überredet er seine Mutter, mich begleiten zu dürfen. Mein kleiner Stadtführer arrangiert die Taxifahrten und fühlt sich sehr verantwortlich für mich. Wir bummeln durch winzige Läden im Basar, und ich probiere einige Kopftücher nach der diesjährigen Mode. Als letzter Schrei gelten jene aus beinahe durchsichtigem plissiertem Stoff, die sehr knapp geschnitten sind. Bei Taji'eh gefielen mir die durchschimmernden hochgesteckten Haare besonders gut. In einer Kabine probiere ich die verschiedenen Modelle, während sich der Verkäufer als eifriger Berater erweist. Mohammed greift in die Preisverhandlungen ein und erreicht einen Nachlass. Später kaufe ich ihm eine Sonnenbrille, von der er schon lange geträumt hat.

Der Basar ist zwar nicht besonders schön, dafür aber lebendig, und ich bin zufrieden, endlich eine iranische Stadt zu sehen, die auf eine ganz normale Art ausstrahlungslos ist. Fragte mich jemand, was das Besondere an Ahwaz sei, würde ich sicher antworten: »Die Hitze.« Am Abend berichtet Mohammed detailliert über unsere Erlebnisse. Er sprudelt Geschichten über Taxifahrer und Händler hervor, die mir von ihrem Hang zum Schnapstrinken, ihrer Liebe zu deutschen Autos, ihren Zukunftsplänen bis zum großen Wunsch, diese unerträglich heiße Stadt eines Tages verlassen zu können, alles Mögliche erzählt haben. Von Taji'ehs Werkstatt und ihren schönen Holzbildern schwärmt er regelrecht. Dass sie allerdings über tausend Dollar kosten sollen, ist ihm unbegreiflich. Er ist sichtlich davon beeindruckt, was man alles an einem Tag mit einer Reisenden erleben kann. Schlimm findet er allerdings, dass Ausländer überall mehr bezahlen müssen als Einheimische, aber als erfahrener Reiseführer weiß er: »So ist es auf der ganzen Welt.«

Vor dem Zubettgehen reicht Mohammed mir sein Schulbuch: »Du kannst doch lesen. Bitte lies mir etwas vor!«

Das wird sicher kein Vergnügen, denke ich. Kaum etwas erscheint mir schwieriger als das Lesen unbekannter persischer Worte. Auf mehr als eine vage Vorstellung oder mutiges Probieren kann ich nicht bauen, wenn es um die korrekte Aussprache geht. Welch gemeine Barrieren diese Sprache doch allein schon dadurch aufstellt, dass sie auf das Schreiben der Vokale verzichtet. Richtig aussprechen kann ich ein Wort demnach nur, wenn es mir bekannt ist. Nicht selten vertraue ich auf mein Gefühl, wenn es darum geht, ein a, o, e oder u zwischen zwei Mitlauten einzufügen.

Gespickt mit unbekannten Wörtern, bringt mich die Geschichte eines jugendlichen Märtyrers aus Qom, der sein Leben freudestrahlend für den Islam »opfert«, zum wütenden Verzweifeln. Das Bild neben dem Text hält den kindlichen Schülern einen gleichaltrigen Jungen vor Augen, dessen Stirnband von seiner Verbundenheit zum Imam Hussein kündet. Mohammed hat sein Vergnügen an meinen stümperhaften Leseversuchen und scheint sich zu wundern, warum eine erwachsene Frau mit einem Kinderbuch derartige Schwierigkeiten hat.

Schließlich kann ich ihn überreden, doch lieber mit Leyla und mir »Mensch ärgere dich nicht« zu spielen. Dass dieses Spiel hier die einfache deutsche Bezeichnung »Mensch« trägt, hat mich sehr überrascht. Ob deutsche Ingenieure es in die Golfregion eingeführt haben? Als ich ständig Sechsen würfle, erzähle ich ihnen von dem deutschen Sprichwort: »Glück im Spiel, Pech in der Liebe«. Leyla beschließt daraufhin, in Zukunft nur noch verlieren zu wollen. Ob dieser Spruch wohl für mich Bedeutung hat?

Als die beiden endlich schlafen, frage ich Hamid nach den vor Märtyrerkult triefenden Themen im Schulbuch.

»Es ist nicht einfach, mit den Kindern darüber zu sprechen. Zum Glück ist der Krieg lange vorbei und damit auch die Gefahr, dass diese Gehirnwäsche sie zu so genannten freiwilligen Kindersoldaten machen könnte.«

»Es ist abscheulich, was ihnen vorgesetzt wird. Wie geht ihr damit um?«

»Die Kinder kennen das übliche Doppelleben in unserer Gesellschaft ganz genau. So läuft es doch bei den meisten ihrer Klassenkameraden ab. Zu Hause leben ja viele Familien ganz anders, als die Mullahs es gern hätten.«

»Es fällt mir sehr schwer, das alles nachzuvollziehen.«

»Damals, während des Krieges, war es riskant, den Kindern überhaupt etwas über die eigenen politischen Vorstellungen zu erzählen. Man durfte sie nicht einmal spüren lassen, dass man mit Khomeini nicht einverstanden war. Die Gehirnwäsche war viel extremer als jetzt, und die Kinder wurden von den Lehrern ausgehorcht.«

»Wonach wurden sie gefragt?«

»Worüber die Eltern sich unterhalten, ob sie jeden Tag beten, sich ausländische Videofilme ansehen und ausländisches Radio hören. Es war schrecklich. Leyla und Mohammed waren dafür zum Glück noch viel zu klein.«

Am Morgen meines Abschieds hupt es mehrmals vor dem Haus. Mohammed öffnet das Tor, und schon braust Soheila mit ihrem Renault die Auffahrt hinauf. Dann schält sie sich aus ihrem Tschador, dem Maghne, einem leichten Mantel, und ihren Schuhen. Vor mir steht eine hübsche, energische Frau mit blond gefärbtem Haar in einem indischen Kleid. Ihre kräftigen Locken werden von einer schmetterlingsförmigen Spange gehalten, die im Sonnenlicht glitzert.

»Was ist? Stimmt etwas nicht mit mir?«

»Doch ... es ist nur, du siehst so anders aus.«

»Lass uns zum Abschied noch eine Zigarette rauchen.«

»Sehr gern«, antworte ich.

Als das Taxi kommt, reicht sie mir ein Geschenk, und wir küssen uns auf die Wangen.

Ich kann die Abfahrt kaum erwarten, schaue ständig auf die Uhr im Armaturenbrett und stelle doch nur fest, dass die angekündigte Abfahrtzeit längst überschritten ist. Das Warten quält, weil die Sonne nicht nur unerträglich auf den staubigen Bahnhofsvorplatz, sondern auch direkt in den Bus hinein und auf mein schwarzes Kopftuch brennt. Die roten Plüschsitze sind ausladend und herrlich bequem, sodass mein Rahat-Platz mir überflüssiger denn je erscheint. Wann werde ich endlich den erlösenden Fahrtwind durch die halb geöffnete Scheibe spüren? Ein Blick durch den Bus lässt eine innige Zuneigung des Fahrers zu seinem Gefährt erkennen, denn neben liebevoll dekorierten Fenstern, penibel gereinigten Sitzen und weißen Schonbezügen über den Kopfstützen beeindruckt auch ein reich verzierter Samowar im Führerhaus.

Endlich geht unser Chauffeur kontrollierend die Sitzreihen entlang, vergleicht pflichtbewusst die Eintragungen auf den Fahrkarten mit seiner Passagierliste und wirft dann einen letzten Blick in die prall gefüllte Kühlbox neben seinem Sitz. Der Motor läuft ruhig, das Lenkrad gleitet durch energisch greifende Hände, und schon hüllt das ausscherende Heck die Station in eine rostrote Staubwolke und mich in das einnehmende Gefühl, auf einer großen Reise zu sein.

Vorbei an trostlosen Ladenzeilen, ölverschmierten Garagenvorplätzen und flimmernden Teerstraßen passieren wir die Stadtgrenze. Gleich beim ersten Kontrollposten steigen zwei Uniformierte in den Bus und schreiten mit ausdruckslosen Mienen durch den Gang. Wie die meisten anderen Frauen ziehe auch ich mein Kopftuch eine wenig tiefer ins Gesicht und vermeide jeden Blickkontakt. Ein junger Mann von einem der hinteren Plätze wird aufgefordert, den Beamten zu folgen und verschwindet im Wachgebäude. Was mag dort mit ihm geschehen? Was wollen sie von ihm? Würde dieses Prozedere mich nicht jedes Mal an Babaks Erzählungen über seine Angstzustände erinnern, die ihn über ein Jahrzehnt lang als politischer Aktivist mit falscher Identität begleitet haben, dann könnte ich mich vielleicht daran gewöhnen, denn schließlich vergehen auf manchen Strecken keine hundert Kilometer ohne Kontrolle. Manchmal reicht der Fahrer nur einen Zettel durch die Scheibe, doch oft inspiziert ein Beamter die Reihen, und einzelne Fahrgäste werden hinausbeordert. Angeblich handelt es sich um Drogenfahndungen, doch kann sich auf diese Art jeder unliebsame Zeitgenosse sehr schnell im iranischen Bewachungsnetz verfangen.

Das Land ist flach, und Abwechslung bieten allein die zahlreichen Ölquellen mit ihren ewig brennenden Flammen, massige Pipelines und vereinzelte Schafherden samt ihrer hitzegeplagten Hütehunde. Hin und wieder zerschneiden Hochspannungsleitungen die Endlosigkeit unter einem farblosen Himmel, dessen Blau vor der unbarmherzigen Sonne geflüchtet ist. Dann steht unverhofft ein Mercedes-Polizeiauto im vertrauten grünweißen Anstrich der deutschen Ordnungshüter am Straßenrand und wirkt wie ein Relikt aus einer anderen Welt.

Winzige Ansiedlungen aus grauen Betonquadern tauchen in all ihrer ärmlichen Hässlichkeit zu beiden Seiten des Weges auf, während bewässerte Weizenfelder sich prachtvoll in der sanften Mittagsbrise wiegen und Frauen gewaltige Lasten auf ihren Köpfen tragen. Bunte Kleider blitzen unter ihren arabischen Tschadors auf, und im nächsten Moment sehe ich eine Schäferin auf einer Pipeline sitzen und aus ihrer Wasserflasche trinken.

Langsam formt sich die Ebene zu einem Meer aus weichen Wellen, die sich in weiter Ferne zu einem gewaltigen Massiv aufbauen. Die Fördertürme verschwinden, und der Ausblick wird lieblicher. Ein altes Dorf auf einem Hügel ist von einem Dattelhain umgeben, und die kräftigen Palmwedel breiten ihre schützenden Arme über die sich eng aneinander schmiegenden Lehmmauern aus.

Schneegipfel am Horizont lassen mich aufgeregt auf dem Sitz hin- und herrutschen, und mein Herz beginnt heftig zu schlagen. Das Land der Bachtiaris liegt vor uns. Diese Landstraße von Ahwaz nach Schahre Kord zerschneidet seit einigen Jahren ein Gebiet, das seit ewigen Zeiten zu den unwegsamsten und geheimnisvollsten Gegenden des Iran zählt. Der Asphalt ist noch sehr schwarz, und an den Berghängen und Felsen zeigen sich die frischen Wunden der Bauarbeiten. Der »Franzose« hatte mir den Tipp gegeben, diese umständliche Route nach Isfahan zu wählen, und ich bin ihm dafür dankbar. Doch was mich seit Anbeginn dieser Fahrt am meisten in Spannung versetzt, ist wohl der Passagier zwischen dem Fahrer und dessen Shagerd. Dort sitzt ein stattlicher Bachtiari in typischer Nomadenkleidung. Seine umhangartige Jacke mit dunkelblauen Längsstreifen ist hell, die schwarze Hose überweit, und sein krempenloser Filzhut sitzt eng an der Stirn. Selbst die Schuhe mit den charakteristischen in die Höhe ragenden Spitzen und den aus getrockneten Bullenhoden gearbeiteten Sohlen – sie werden nur noch von wenigen Meistern gefertigt – schauen ab und an unter seinem Sitz hervor. Jetzt, da sich der Bus den ersten größeren Anstieg hinaufquälen muss, übertönt der laut dröhnende Motor die kraftvolle, melodiöse Stimme des Nomaden. Im Rückspiegel sehe ich seinen üppigen Schnurrbart und sein von kräftigen Zügen geprägtes Gesicht. Ich brenne darauf, ihn kennen zu lernen, doch leider lässt eine derart beeindruckende Erscheinung mein gesamtes Potenzial an lähmender Schüchternheit aus einem verborgenen Winkel hervortreten.

Als der Fahrer endlich eine Pause macht und vor einer Raststätte hält, ist das Durchatmen ein reines Vergnügen. Die Luft ist frisch, und die sanfte Wärme der Sonnenstrahlen umschmeichelt die Haut. Ich schaue ins Tal hinab und werfe einen letzten Blick auf die Ebene von Chusestan, wo sich in weiter Ferne der Karun durch fruchtbare Felder schlängelt. Inmitten junger Weizenähren steht ein einsamer Baum in seinem zarten Frühlingslaub, das sich durch eine feine Nuance vom Getreidegrün abhebt.

Als ich in die Raststätte gehe, sind nur noch am Tisch des Bachtiari einige Plätze frei. Ich lasse eine Lücke von zwei Stühlen zwischen uns und setze mich mit einem Gruß. Er hilft mir beim Bestellen und lädt mich zum Essen ein, doch bin ich geschickt genug, die Rechnung selbst zu zahlen. Großzügig gibt er einem fast heimlich bettelnden Jungen die unglaubliche Summe von zweihundert Tuman und schickt ihn mit einem kurzen »Boro!« – »Geh!« des Wegs. Seine Schwester lebe in Holland, erzählt er mir, und schon holt er eine Adresse aus der Hemdtasche. Ihr fehlten die Berge, schreibe sie.

Als er versteht, dass ich durch meinen Job als Sozialarbeiterin viele politische Flüchtlinge kenne, von ihnen auch die persische Sprache und schließlich dieses Land lieben gelernt habe, schaut er mir direkt in die Augen. Ich versuche, seinem Blick standzuhalten, und wünsche mir, dass er nicht aufhört, von den Bachtiaris und ihrem Leben zu erzählen.

Neben mir versucht eine junge Frau, ihr Baby zu füttern, und kämpft mit den Händen des Kleinen, der ihr unentwegt den Tschador herunterreißt. Schüchtern wendet sie sich von mir ab, als ich meine Hilfe anbiete. Es scheint, als brächte sie niemals ein Wort über ihre Lippen. Der Bachtiari bleibt nach dem Essen neben mir vor dem Restaurant stehen, und ich befinde mich nun offenbar unter seinem persönlichen Schutz. In vollen Zügen genieße ich den Wohlklang seiner Stimme, mit der er interessierte Fragen nach meinen Reiseeindrücken stellt. Fallen meine Antworten allzu knapp aus, gibt er sich keineswegs zufrieden, und schließlich rutscht ihm sogar ein »shirin« – »süß« – heraus, als ich einige anscheinend besonders komische Laute hervorbringe.

Die Hupe ertönt, und ich habe doch kaum mehr in Erfahrung bringen können, als dass sein Stamm auf dem Weg zu den Sommerweiden ist und er eine Familienangelegenheit in Ahwaz klären musste. Er fragte, ob ich unterwegs die Lastwagen mit Zeltbahnen, Knüpfrahmen und weiteren Habseligkeiten gesehen hätte. Das sei die moderne Form des Nomadentums, zumindest dort, wo es Straßen gebe. Doch die vielen hunderttausend Tiere und auch die meisten Nomaden, erzählte er mir, überquerten weiterhin zu Fuß die Berge und wanderten in den Schluchten, Tälern und Hochebenen des Bachtiarilandes auf den uralten Spuren ihrer Vorfahren.

Der Shagerd winkt den Bus aus der schmalen Einfahrt des Rastplatzes heraus und fordert vom Fahrer eine exakte Millimeterarbeit. Das Tor ist schmal und scheint eher für Kamele und Esel geschaffen zu sein. Doch schließlich sind wir bereit für den weiteren Anstieg. Die Täler werden enger, die Schluchten tiefer, und die schneebedeckten Gipfel kommen näher. Die Felder sind hier so winzig und unzugänglich, dass das Getreide nur von Hand geschnitten werden kann. Wie lange habe ich keine Wolken mehr gesehen? Hier türmen sie sich in leuchtendem Weiß übereinander und rahmen das Blau des Himmels. Und dann eine Offenbarung am Wegesrand: Ich habe das Gefühl, die Farbe Rot kennen zu

lernen. Mit unbekannter lockender Kraft und in einer unerschrockenen Intensität wiegen sich Mohnblumen – warum heißen sie
nicht Rotblumen? – inmitten eines zarten grünen Flaums, den die
Aprilsonne nährt.

Auf diesem Abschnitt kommen wir nur noch im Schritttempo voran, und die Straße scheint allein uns zu gehören. Seit Ewigkeiten
ist uns kein anderes Fahrzeug mehr begegnet. Dann müssen wir
plötzlich halten, denn eine Ziegenherde kreuzt unseren Weg. Eine
junge Reiterin sitzt kerzengerade auf einer geknüpften Satteldecke,
die farbenfroh hinter ihrem weiten blauen Rock hervorschaut. Das
Mädchen treibt die Tiere mit schrillen Pfiffen und Schnalzen zum
Laufen an. Die Zügel ihres Braunen hält sie fest in den Händen,
und aus einem durchscheinenden gelben Kopftuch schauen kräftige geflochtene Zöpfe hervor.

Ein Fluss windet sich ungestüm durch eine Schlucht, und ich frage mich nach dem Woher und Wohin der Bachtiarinomaden. Als
der Bus ruhig auf einer Hochebene dahingleitet, stellt der Fahrer
den Kassettenrecorder an. Mir kommt es vor, als träumte ich,
denn schon erhebt sich die Stimme des Nomaden und stimmt in
das populäre Lied der Exilmusiker Ebi und Dariusch ein: »Nun-o
panir-o sabzi«, das Lied von »Brot, Käse und Kräutern«, diei n
der persischen Mythologie als Basis des Lebens und als unver-
zichtbare Nahrung auch der Ärmsten gelten und in diesem Lied
zu wohlklingenden Reimen führen. Es handelt von einem Fluch,
der auf der Heimat aller Iraner lastet und Menschen den Henkern
ausliefert. Er lässt auf den Sofres der schluchzenden Liebenden
nichts als eine grausame Leere zurück. Das Leben unter den türkisfarbenen Minaretten ist fortan blutgetränkt, und die Macht des
Fluchs wird so lange wirken, bis die Menschen aus ihrer Starre
erwachen und mit vereinten Kräften dem Wirken des Bösen ein
Ende bereiten.

Überdeutlich ist die Kritik an Khomeini, der als eine Art böser
Geist aus verstaubten Märchenbüchern gesprungen ist und das
Unheil übers Land gebracht hat. Doch im Vordergrund der Verse

steht der kraftvolle Aufruf zur Veränderung und die Betonung, dass die Menschen im Iran mehr verdient haben als ein Leben unter Henkern in Mullahkleidung.

Dass sich die Reisenden trauen, dieses Lied voller Inbrunst und ohne Rücksicht auf etwaige regimetreue Fahrgäste zu singen, erfüllt mich mit Hoffnung. Als der Refrain einsetzt, stimme auch ich zaghaft ein und werde mit dem strahlenden Lächeln des Bachtiari belohnt.

Inzwischen hat der Bus gewaltige Anstiege bewältigt, und es dürfte nicht mehr lange dauern, bis wir Schahre Kord, die höchstgelegene Stadt des Iran – und das Endziel dieser Reise – erreichen. Die Landschaft ist hier oben von einer herben Schönheit, und die Vegetation hat das Stadium des frisch erwachten Frühlings erreicht. Blühende Kirsch- und Apfelbäume lassen mich die morgendliche Hitze unter Dattelpalmen vergessen.

Kaum denke ich daran, wie schön es wäre, durch diese Berge zu wandern, die frische Luft einzuatmen und der Stille zu lauschen, ergibt sich auch schon die Möglichkeit, meinen Fensterplatz mit dem Straßenrand zu tauschen. Ein ruckartiges Halten, das sofortige Abstellen des Motors und eine hektische Anweisung an den Shagerd, die Reifen mit einem Bremsklotz zu sichern, deuten auf eine längere Unterbrechung hin. Vor uns steht ein anderer Bus, der offenbar den Grund für unseren Stopp darstellt. Im Nu steigen die Reisenden aus, schlendern die Straße auf und ab oder breiten ein Sofre im Gras aus.

Unser Shagerd öffnet die Werkzeugkiste und greift nach einem gewaltigen Ringschlüssel. Es gilt, eine Reifenpanne zu beheben, und ich genieße unterdessen den Anblick weiter Täler und schroff aufragender Gipfel. Zwei Busladungen Reisende machen es sich am Wegesrand bequem; manche fachsimpeln über die Behebung des Schadens. Eine ältere Frau sitzt auf einem Felsen und raucht. Ich denke an Fereschte, die einzige Frau, die ich bisher in der Öffentlichkeit habe rauchen sehen, und nutze die Gelegenheit, der Unbekannten bei diesem fragwürdigen Laster Gesellschaft zu leisten. Sie ist mit ihrer Tochter und dem Schwiegersohn unterwegs nach Isfahan, um für den Sohn eine Frau zu holen.

»Sie holen eine Frau für ihn?«

»Ja, es wird Zeit für meinen Sohn, zu heiraten. Er ist schon dreiundzwanzig.«

»Kennt er die Frau?«

»Als Kinder sind sie sich einmal begegnet. Der Weg ist weit nach Ahwaz, aber sie ist eine gute Frau.«

Die Tochter setzt sich zu uns, und noch ehe ich mit Fragen überhäuft werde, rutscht mir ein Wunsch heraus.

»Ich würde sehr gern den Bachtiari fotografieren, aber ich traue mich nicht, ihn zu fragen.«

»Das haben wir gleich.«

Ohne mir auch nur die Möglichkeit zum Protestieren zu geben, ruft sie ihren Schwiegersohn herbei.

»Geh, und sag dem Bachtiari, die Ausländerin will ihn fotografieren«, lautet ihre knappe Anweisung.

Am liebsten würde ich vor Scham im Erdboden versinken. Warum konnte ich meinen Mund nicht halten? Als hätte sie ein Geheimnis ausgeplaudert, das niemand außer mir und einer vertrauten Freundin jemals wissen darf, fühle ich mich wie ertappt. Jeder wird sehen, wie sehr der Mann mir gefällt – schlimmer noch: er selber wird es spüren.

»Er sieht wirklich sehr gut aus«, höre ich die ältere Frau sagen.

»Uns ist er auch schon aufgefallen. Seine Kleider sind schön und vor allem sehr sauber.«

Habe ich überhaupt den richtigen Film in der Kamera? Der Himmel ist wolkenverhangen und das Tageslicht schwach. Unmöglich kann ich jetzt noch lange Vorbereitungen treffen. Und im nächsten Moment steht er auch schon in seiner ganzen Stattlichkeit vor mir und ist bereit für ein Foto. Als sei es das normalste Ereignis der Welt, stellt er sich am Straßenrand in Positur, und das wilde Gebirge bildet den passenden Hintergrund. Wären wir hier nur zu viert oder fünft, würde ich diese Situation als weniger aufdringlich empfinden, doch hinter meinem Rücken stehen mittlerweile fast zwanzig Zuschauer.

Ein Blick in die Runde verrät mir, dass offenbar nur ich es peinlich finde, ein Erinnerungsfoto von einem fremden Mann zu machen, denn schon posieren weitere Passagiere vor meiner Kamera, ja drängen sich geradezu aufs Bild. Gruppenaufnahmen von sechs oder sieben Schnurrbartträgern mit tiefernsten Mienen werden ebenso Teil dieser Fotoserie wie Vater-und-Sohn- oder Großmutter-und-Enkel-Porträts. Schließlich vertraut mir der Shagerd einen besonderen Wunsch an: Er möchte hinter dem Steuer sitzend fotografiert werden und dabei den Ellenbogen lässig aus dem Fenster baumeln lassen.

In der Ferne taucht auf der Straße etwas Dunkles auf, das sich langsam auf uns zubewegt. Nach einiger Zeit erkenne ich drei schwarze Punkte, die sich nach wenigen Minuten als drei Tschadors vor dem Horizont abzeichnen. Woher kommen die Frauen? Wohin gehen sie in dieser Abgeschiedenheit? Allmählich sind die hellen Flächen ihrer Gesichter zu erkennen. Als sie den Bus bis auf Hörweite erreicht haben, wechseln sie die Straßenseite, drängen sich eng an den Felsvorsprung und huschen ohne einen Blick an uns vorbei. Ihre formlosen Gestalten verschwinden unerkannt in der Ferne.

Auf einen Anschlussbus nach Isfahan können wir nach dieser Unterbrechung nicht mehr hoffen, doch ich vertraue auf eine anderweitige Lösung des Problems. Wäre ich nicht mit Hamid im Hotel verabredet, dann würde ich am liebsten den Bachtiari zu seiner Familie begleiten, wie er es mir vorgeschlagen hat.

Endlich ist die Panne behoben, und aus den vor einer Stunde noch fremden Passagieren sind vertraute Mitreisende geworden. Bevor die Dämmerung mir die Sicht auf die herbe Schönheit dieser Landschaft nimmt, schaue ich wie gebannt aus dem Fenster. Inzwischen ist es kühl geworden, und ein leichter Nieselregen setzt ein. An einer unscheinbaren Kreuzung auf einer fruchtbaren Hochebene steigen zwei ältere Männer aus und vollziehen – ich traue meinen

Ohren kaum – das Einladungsritual vor den gesamten Businsassen. Bevor sie die Stufen zum Ausstieg erreichen, wiederholen sie einige Male in Richtung des Fahrers und der vorderen Sitzreihen, wie sehr sie sich angeblich über Gäste freuen würden.

»Befarmaid, bia chanehe ma – wir bitten Sie, kommen Sie in unser Haus.«

Wir danken und sprechen den Abschiedsgruß. Dann verschwinden sie zwischen den nackten Zweigen unzähliger Apfelbäume auf einem einsamen Feldweg.

Hier oben hat der Frühling bisher kaum Einzug gehalten, und als die ersten Häuserreihen von Schahre Kord auftauchen, ist der Zauber der glühend heißen Ebene am Karun nur noch Erinnerung.

Plötzlich setzt eine aufgeregte Diskussion ein, denn allen Isfahanreisenden wird empfohlen, schon vor dem Busbahnhof auszusteigen und die restlichen hundertzwanzig Kilometer mit einem Taxi zurückzulegen. Abgesehen von der Familie, die die Braut abholen will, und mir scheint niemand von diesem Problem betroffen zu sein. Und schon hält der Bus, und das Grau des Abendhimmels und ein nasskalter Wind erinnern mich einen kurzen Moment lang an meine Heimat.

Auch der Bachtiari steigt aus, schwingt unversehens meine Reisetasche auf die Schulter und greift dann zu meinem Erstaunen auch noch nach einem Aktenkoffer, der ihn unvermittelt zu einem seriösen Geschäftsmann werden lässt. Nun entdecke ich auch seine goldene Uhr, die locker auf seinen Handrücken fällt. Er geht zwei Schritte vor mir: ein Bild, das ich nie vergessen werde. Sein kräftiger Rücken, der wunderschöne Umhang, meine geschulterte Tasche und sein schwungvoll getragener Aktenkoffer.

Ich rede auf ihn ein, er solle sich keine Umstände machen, doch schon gehen wir durch die frühabendlichen Straßen von Schahre Kord, und ich weiß beim besten Willen nicht mehr, wie ich ein lautes Auflachen verhindern soll.

Er setzt mich in ein Taxi, verhandelt mit dem Fahrer, gibt ihm Geld, und ich spreche plötzlich fließend Persisch und ergehe mich in Protesten, lehne ab, bedanke mich, protestiere wieder und rede und rede und lache und starre ihn an.

Er steht am nasskalten Straßenrand und winkt, und ich halte den Zettel mit einer Telefonnummer in der Hand. Sie sei von einem Geschäft an der Ecke, hat er gesagt. Der Besitzer wisse, wo das Sommerlager sei, wenn ich seine Sippe besuchen möchte.

»Vielen, vielen Dank. Gott schütze Sie, Aghaje Hassan.«

»Gott schütze Sie, Chanume Bruni.«

Verliebt in Isfahan

*E*s regnet, als hätten sich alle Wolken der Welt über dieser Stadt geöffnet. Sturzbäche rauschen Straßen hinunter, und durch die beschlagenen Scheiben des Taxis ist kaum mehr als eine Wasserwand zu erkennen. Hamid hat für mich ein Zimmer in seinem Stammhotel reserviert, dessen Lage in der edlen Tschahar Bagh, der Straße der Vier Gärten, eine luxuriöse Herberge vermuten lässt. Wie ein Kapitän auf stürmischer Fahrt bahnt der Fahrer uns einen Weg durch die Wassermassen. Dann hält er schließlich, und ein Portier in traditioneller Kleidung nimmt meine Tasche. Schon sehe ich Hamid, der in der exklusiven Lobby sicher schon seit Stunden auf mich wartet.

»Salam. Wie geht es dir? Entschuldige die Verspätung. Der Bus hatte eine Panne.«

Mit einem Anflug ungewohnter Distanz zeigt er seine Freude über meine Ankunft und erzählt von den Sorgen, die er sich seit dem frühen Abend macht.

»Wie bist du so spät noch aus Schahre Kord hierher gekommen? Der letzte Bus ist schon lange weg.«

»Das hat ein Bachtiari für mich organisiert.«

»Gut«, sagt er knapp und begleitet mich zur Rezeption.

Die umständliche Anmeldeprozedur hatte ich längst vergessen und bin auf die vielen Fragen des Hotelangestellten nicht vorbereitet. Den Grund der Reise soll ich angeben, meinen letzten Aufenthaltsort, mein nächstes Ziel, die Nummer meines Visums und viele andere Details. Leider hat Hamid dem Personal bereits von mir erzählt, ohne zu wissen, welcher Art mein Visum ist, und dabei anscheinend von so etwas wie einer »offiziellen Reise zu den ehemaligen Kriegsschauplätzen« gesprochen. Nach einigen überheblichen und ungehaltenen Bemerkungen des Angestellten an der Rezeption, der offenkundig nicht viel von allein reisenden Frauen hält, bekomme ich endlich den Zimmerschlüssel. Meinen Pass behalten sie, und der junge Mann betont noch einmal, dass ich in US-Dollar bezahlen müsse. Da ich nicht vorhabe, länger als eine Nacht hier zu bleiben, lässt mich diese Ankündigung kalt. Wenn Hamid morgen früh nach Ahwaz zurückfliegt, werde ich mir ein einfaches und günstiges Zimmer mieten. Er kann nicht ahnen, wie wenig mir dieser Luxus bedeutet und dass ich solche Hotels meistens unendlich langweilig finde. Allenfalls zu Zimmermädchen oder Kellnern kann ich eine gewisse Nähe empfinden, während mir aufgeblasene Wichtigtuer an der Rezeption und unter den Gästen schnell die Laune verderben.

Wir sitzen noch lange bei Tee und Isfahaner Süßigkeiten in der Lobby und nutzen die Gelegenheit, unter vier Augen zu sprechen. Inzwischen ist ihm klar geworden, wie gut ich mit seinem Bruder in San Francisco befreundet bin, und so will er möglichst viel über ihn wissen. Ob er noch immer politisch aktiv und ob er überhaupt noch ein richtiger Iraner sei. Am brennendsten scheint ihn jedoch die Frage zu interessieren, ob er wohl eines Tages auf einen Besuch in den Iran kommen werde.

»Ganz bestimmt«, antworte ich, »darauf kannst du dich verlassen. Es ist sein sehnlichster Wunsch.«

Wie soll ich Hamid verständlich machen, dass Exil – so lange es auch dauert – nicht gleichbedeutend ist mit verschwimmenden Erinnerungen oder gar dem Vergessen der Heimat? Sein Bruder ist einer von vielen iranischen Exilanten, die nach über einem Jahrzehnt in der Fremde ihre Wurzel gerade erst richtig wieder entdecken und pflegen wollen.

»Er hört fast ausschließlich iranische Musik. Und seit zwei Jahren lernt er sogar ein klassisches iranisches Instrument spielen.«

»Djawid und iranische Musik? Aber warum nur? Und was ist mit seinen politischen Hirngespinsten von Freiheit und Gleichheit? Ihretwegen musste er doch schließlich das Land verlassen.«

»Das eine hat vielleicht mit dem anderen nichts zu tun. Er träumt noch immer von einem freien Iran ohne religiöse Zwänge und Verordnungen; trotzdem hat er keine Vorbehalte gegen Traditionen.«

»Aber warum vergisst er uns nicht einfach und macht sich ein schönes Leben in Kalifornien?«

»Dann wäre er nicht Djawid und hätte nicht all die vielen Jahre auf finanzielle Sicherheit und ein ruhiges Leben verzichtet.«

Als außer uns beiden nur noch der skeptische Empfangschef zu sehen ist, beenden wir unsere Unterhaltung und sagen uns »Lebewohl«, denn morgen wird Hamid schon sehr früh nach Ahwaz zurückfliegen und mich nicht mehr sehen können.

Mir gefällt es ganz und gar nicht, beim Essen von fremden Leuten beobachtet zu werden, und so wird das Frühstücken beinahe zu einer lästigen Prozedur. Als einzige unbegleitete Frau ziehe ich alle Blicke auf mich, und der Kellner in seiner albernen Bachtiariverkleidung lässt es sich nicht nehmen, alle paar Minuten nach meinen Wünschen zu fragen. Dabei kann er nicht verbergen, dass er großen Spaß an meinem gebrochenen Persisch hat. Er scheint ein lustiger Kerl zu sein, und beim Hinausgehen plaudere ich ein wenig mit ihm und seinem Kollegen. Bei dieser Gelegenheit frage ich die beiden nach einem preiswerten Hotel in der Nähe, in dem ich mit Tuman bezahlen kann, und nach kurzer Beratung machen sie einen Vorschlag.

Der Kellner wartet schon auf mich in der Lobby, als ich auschecke, und führt mich ein paar Straßen weiter zu einem kleinen einladenden Hotel. Nach der gleichen umständlichen Anmeldung in dreifacher Ausführung – »eine fürs Komitee«, kommentiert der Manager mit bedauerndem Unterton – bekomme ich ein Zimmer mit Blick auf die von Bäumen gesäumte Straße.

»Gibt es noch andere Ausländer im Hotel?« Zu gern würde ich eine reisende Frau treffen.

»Ja sicher, aber nicht viele. Lassen Sie mich nachschauen.«

Er sucht in einer kleinen Pappschachtel, die sich als Passdepot erweist, nach den Dokumenten der Ausländer. Nach einer Weile fischt er zwei heraus.

»Einer kommt aus Pakistan und der andere, warten Sie ...« – umständlich blättert er in dem Pass, bis er die richtige Seite gefunden hat – » ... aus Bahrein!« Er muss selbst lachen.

»Vielen Dank, aber ich wollte nur wissen, ob vielleicht noch andere Touristen aus Europa hier sind. Sie wissen schon, solche mit Rucksack und vielen Stempeln im Pass.«

»Vor zwei Monaten war ein Engländer hier.«

Ich hätte große Lust, ein paar Weltenbummler zu treffen, um von ihren Erfahrungen in diesem Land zu hören.

Und dann beginnt endlich mein Stadtrundgang. Wohin zuerst? Von Isfahan konnte ich beim letzten Mal nur einen flüchtigen Eindruck erhaschen. Ich spüre das aufregende Gefühl, an einem besonderen Ort zu sein. Ein Kribbeln auf der Haut, das sich unter die Oberfläche zurückzieht und dort wartet, bis das Auge ein neues Wunder entdeckt. Dann bricht es wieder hervor und läuft in wohligen Schauern über den Rücken. Ein beschwingtes Gefühl in den Beinen trägt mich auf die Straße. Es ist ein strahlender Frühlingsmorgen, und nach den heftigen Regenfällen liegt eine besondere Frische und der Duft feuchter Beete in der Luft. Das hellgrüne Laub der Bäume leuchtet im Sonnenlicht. Rauschendes Wasser in den Bächen der Tschahar Bagh übertönt mühelos den Lärm der allgegenwärtigen Peykankolonnen. Die breiten Fußwege und der schöne Mittelgang unter den Platanen sind voller Menschen, und ich reihe mich ein in den Fluss der Passanten, die teils geschäftig und teils flanierend diesen Morgen genießen. Rechts hinunter geht es zum Sayande Rud mit seinen faszinierenden Brücken und links in Richtung Schah- oder Imam-Platz, wie er seit der Revolution heißt.

Es gibt so vieles zu sehen in dieser Stadt, die zweifellos zu den schönsten des Orients gehört. Sie ist das Glanzlicht der Welt persischer Kunst, und mit ihren türkisblauen Kuppeln, den fantastischen Moscheen und den zierlichen Minaretten schlägt sie jeden Besucher in ihren Bann. Die »Perle Persiens« oder auch ganz bescheiden die »Hälfte der Welt« sind gebräuchliche Beinamen für diese Oasenstadt, die ihre jetzige Ausstrahlung dem großen Baumeister und Safawidenherrscher Schah Abbas I. verdankt, der am Ende des sechzehnten Jahrhunderts von hier aus sein Reich regierte.

Ich beschließe, bei meinem ersten Bummel den großen Platz zu besuchen, bevor die Basaris Mittagspause machen und auch die silberbeschlagenen Tore der Großen Moschee ungläubigen Touristen verschlossen bleiben. Italienisches Stimmengewirr lenkt meine Aufmerksamkeit auf eine Ansammlung sonderbar gekleideter Frauen. Zwei Wochen lang hatte ich das Gefühl, die einzige Europäerin im Land zu sein, und nun bin ich neugierig auf andere Ausländer. Den Ansprüchen der Kleiderordnung kommen die Italienerinnen mit fantasievollen Umhängen, Tüchern und Schirmmützen entgegen. Eine ältere Dame trägt gar nur eine lange weite Bluse zu ihrer Jeans und ein farbenfrohes Kopftuch. Anscheinend wird Gruppenreisenden so mancher Faux-pas gestattet. Die meisten laufen jedoch in einer Art Kittel in Dunkelblau herum.
Um meine Orientierung zu prüfen, verzichte ich darauf, den Stadtplan zu benutzen. Viereinhalb Jahre sind vergangen, seitdem ich zum ersten Mal in dieser Stadt war, doch die kurze Begegnung mit ihr hat sich mir tief eingeprägt. Jetzt will ich sie neu entdecken. Bei meinen Gastgebern von der letzten Reise werde ich mich, trotz eines schlechten Gewissens, in den ersten Tagen nicht melden. Ich möchte mich allein und vollkommen unabhängig durch die Straßen treiben lassen.
Die Tschahar Bagh führt mich in Richtung des Platzes, doch muss ich mich irgendwann nach rechts wenden. Zur Sicherheit frage ich eine Frau, die ihre Sonnenbrille hebt und mir gestenreich den Weg weist. Durch eine unscheinbare Gasse gelange ich schließlich zum Meydane Imam. Ich bin so aufgeregt, als würde ich jetzt gleich eine

alte Freundin nach langen Jahren wieder sehen. Nur noch wenige Schritte, und ich bin am Ziel.

Die doppelstöckigen Arkaden mit ihren schattigen Nischen säumen den gewaltigen rechteckigen Platz, der zu den größten der Welt zählt. Ich stehe unmittelbar neben dem Ali-Qapu-Palast, dem Säulenpavillon von Schah Abbas I. an einer Längsseite des Platzes, die sich über einen halben Kilometer erstreckt. Über mir thront ein zu drei Himmelsrichtungen offener Raum, dessen reich verziertes Dach von schlanken Zedernsäulen getragen wird. Von hier aus verfolgte der Herrscher den Spielverlauf auf dem ehemaligen Polofeld. Trotz der vielen Parkbänke, der Pferdekutschen für die Touristen und des Taxistandes ähnelt der Platz noch in vielen Details jenem Feld auf der historischen Miniaturzeichnung, die Keschwar mir damals zum Abschied schenkte. Sie zeigt flinke Reiter mit Mongolengesichtern, die um einen Ball kämpfen.

Seitdem die Geistlichkeit die Herrschaft im Lande übernommen hat, rahmen Abbildungen Khomeinis und Chameinis den schönen Balkon, die allerdings deutlich kleiner ausfallen als noch vor vier Jahren. Genau gegenüber steht die Scheik-Lotfollah-Moschee mit ihrer cremefarbenen, reich geschmückten Kuppel. Sie war einst die Privatmoschee von Schah Abbas. Ein Blick nach rechts lässt mich tief durchatmen. Dort steht das wohl beeindruckendste Bauwerk persischer Architektur: die Imam-Moschee. Langsam gehe ich auf sie zu und setze mich auf einen Mauervorsprung direkt vor den prächtigen Eingangsiwan.

»Madam, Tiket!«, höre ich jemanden rufen, und so zahle ich die geforderte Gebühr. Ein alter Mann kontrolliert die Eintrittskarten. Er lässt seine Tasbieh, die typische Perlenkette moslemischer Männer, durch die Finger gleiten und grüßt auf Englisch.

»Salam. Hale schoma?«, erwidere ich auf Persisch. Sichtlich überrascht richtet er sich in seinem Stuhl auf, und wir kommen ins Gespräch. Er stellt mir die üblichen Fragen und erzählt dann von den vielen Touristen, die sich seit einigen Jahren wieder in die Stadt wagen.

»Es ist nicht so wie damals, Sie verstehen, während der Schahzeit, aber es wird immer besser. Früher gab es kaum genug Platz für alle. So viele Ausländer besuchten uns. Von überallher kamen sie. Aus Amerika, England, Deutschland, Frankreich. Und die Damen waren schick gekleidet und schön frisiert.«

Er gerät ins Schwärmen über vergangene Zeiten, »als es noch Freiheit gab«. Aber eine allgemeine Besserung der Verhältnisse ist seiner Meinung nach bereits zu erkennen.

»Wenn sich Frauen schon allein hierher trauen, dann ist nur Gutes in Sicht. In den achtziger Jahren gab es fast gar keine Touristen.«

»Ich war 1992 das erste Mal hier und habe kaum mehr als eine Hand voll Touristen in Isfahan gesehen. So viele sind mir allein heute Vormittag über den Weg gelaufen.«

»Sehen Sie, alles wird besser.«

»Inschallah!«

»Inschallah!«, erwidert er mit einem breiten Lächeln.

»Seit wann bezahlen ausländische Touristen mehr als den zehnfachen Eintrittspreis? Über tausend Tuman statt hundert.«

»Das ist ganz neu. Vorschrift, Madam. Seit ein paar Wochen. Es tut mir Leid. Entschuldigen Sie.«

Wir verabreden, dass ich die Moschee jederzeit besuchen darf, ohne ein weiteres Ticket kaufen zu müssen. Inzwischen ist auch die italienische Reisegruppe vor dem Eingang versammelt, und ich wechsle ein paar Worte mit einigen älteren Damen. Die blauen Kittel hätten sie am Flughafen bekommen, erzählen sie, weil ihre eigene Bekleidung den Vorschriften nicht genügt habe.

»Aber wir hatten uns, ehrlich gesagt, alles viel schlimmer vorgestellt«, sagt eine Frau mit lustigem Akzent in englischer Sprache. »Die Menschen sind so nett und hilfsbereit. Sie freuen sich regelrecht über Europäer. Der Kittel und das Kopftuch stören uns nicht weiter. Und diese Stadt ist einfach wunderschön.«

Das Tor mit den gewaltigen Beschlägen steht offen, und ich trete ein. Ein älterer Mann drängt mir Geschichten über die Entstehung des Bauwerks auf, und sein ständiges »Befarmaid, Chanum – ich bitte Sie, meine Dame« geht mir auf die Nerven.

»Vielen Dank! Sehr interessant, mein Herr.«

Plötzlich komme ich mir vor wie eine ganz normale Touristin, und ich fühle mich unbehaglich in dieser Rolle. Sein unablässiges Gerede in einer Mischung aus Persisch und Englisch raubt mir die Konzentration und klingt verdächtig nach Trinkgelderwartungen, wie ich sie im Iran bisher nie erlebt habe.

Jemand hat ein Fahrrad in der Moschee abgestellt, und der prüfende Blick, den mein selbst ernannter Führer dem Gefährt schenkt, deutet auf eine enge Verbindung zwischen den beiden hin. Trotz seiner schwer verständlichen Worte bin ich nicht vollkommen abgelenkt, aber das Gefühl, das Dargebotene nicht begreifen zu können, irritiert mich. Es scheint nicht der richtige Moment für den Besuch dieser ganz besonderen Moschee zu sein. Ich bin viel zu aufgeregt und traue mich kaum, die schillernden türkisfarbenen Fayencen über mir eingehend zu betrachten. Wie gut, dass ich viel Zeit habe und noch weitere Male hierher kommen kann. An dieser Stelle, neben dem Wasserbecken, hatten wir damals ein Gruppenfoto gemacht: mit Maral, die mir ihre kleine Hand reicht, und Keschwar, von Kopf bis Fuß in ihren Tschador gehüllt, sodass nur noch ihre Brillengläser aus ihm hervorlugen. Den Möchtegernführer kann ich erst abschütteln, als ich mich in das Getümmel einer Mädchenklasse begebe.

Die zwölf- bis vierzehnjährigen Schülerinnen vergessen schnell das geschichtsträchtige Gemäuer um uns herum und stellen mir stattdessen bohrende Fragen. In ihren tiefschwarzen Tschadors umringen sie mich und lauschen ungläubig meinen Antworten. Sie kommen aus Yazd und sind hocherfreut, dass ich ihre schöne Stadt kenne. Ich erzähle von meinen Besuchen der Dakhmehs, der Türme des Schweigens, vom heiligen Feuer, von der Freitagsmoschee und den faszinierenden Windtürmen.

»Finden Sie das interessant?«

»Und wie! Ich bin viele tausend Kilometer gereist, um es zu sehen.«

»Gibt es in Deutschland keine Windtürme?«

»Nein, wir brauchen keine – es ist nur ein paar Wochen im Jahr heiß. Meistens ist es ziemlich kühl, und es regnet viel.«

Darüber wollen die Mädchen aus der Wüstenstadt mehr erfahren.

»Das Land ist sehr grün, jedenfalls im Frühjahr und Sommer. Die Wälder, Felder, Wiesen, Parks und Gärten brauchen keine Qanate. Es kommt genug Wasser vom Himmel.«

»Gibt es in Deutschland auch Tschadors? Was essen die Leute? Gehen Sie in die Moschee? Sind Sie Moslemin? Verheiratet? Haben Sie Kinder?«

Mein Lebenswandel und vor allem die Essgewohnheiten befremden sie zutiefst. Ich mache mir einen Spaß und erzähle ihnen von Schweinefleisch und köstlich gebackenem Kaninchen. Bei dem Gedanken an eine tägliche Ration Kartoffeln schütteln sie sich und glauben, ich wolle sie auf den Arm nehmen. Dass ich keinen Mann habe und allein durch die Welt reise, halten sie für einen Witz. Schließlich fotografieren wir uns gegenseitig, und sie bitten mich um Autogramme mit Widmung. »In Erinnerung an einen schönen Tag in Isfahan – Bruni aus Deutschland«, schreibe ich in deutscher Sprache auf mindestens zwanzig hastig zusammengesuchte Zettel. Die Lehrerin bemüht sich, ihre Schützlinge von mir abzulenken, doch wir haben viel Freude aneinander und lachen über die verschiedenen Welten in dieser Welt.

»Ist euch nicht heiß in den Mänteln, Tschadors und Kopftüchern?«

Als gäbe es ein Geheimrezept gegen diese ewige Plage, der man in Yazd normalerweise nur neben dem Cooler oder einem Windschacht entgehen kann, schauen sie mich fragend an. Ein Leben ohne das unförmige schwarze Tuch scheint ihre Vorstellungskraft zu überfordern.

»In Deutschland trage ich kein Kopftuch und auch keinen Mantel.«

»So wie in den ausländischen Filmen?«

»Vielleicht so ähnlich. Jede Frau kann anziehen, was sie will. Es gibt auch Frauen mit Kopftüchern, aber das sind meistens ältere Damen oder Muslime wie ihr. In Deutschland leben viele Frauen aus der Türkei und auch aus dem Iran und anderen islamischen Ländern.« Nachdem wir mitten in der Moschee noch ein Eis zusammen gegessen haben, verabschiede ich mich von ihnen und setze meinen Rundgang fort. Doch an eine Besichtigung ist auch weiterhin nicht zu denken, denn schon kreuzen vier europäische Touristen meinen Weg. Die beiden Frauen tragen weite indische Kleider und locker gebundene Kopftücher. Ihre Sprache klingt fremdartig, doch grüßen sie mich auf Englisch. Es sind Slowenen, die seit zwei Wochen durch das Land reisen. Für die Einreise brauchen sie als einzige Europäer kein Visum, da es ein gegenseitiges Abkommen zwischen ihrem Land und dem Iran gibt. Warum ausgerechnet mit Slowenien, erscheint uns allen rätselhaft.

Die Moschee schließt zur Mittagspause, und meine neuen Bekannten führen mich über eine Treppe, deren Stufen zahllose Füße in den letzten Jahrhunderten tief ausgetreten haben, in ein traditionelles Teehaus mit Dachterrasse. Ich grüße den Wirt, und meine Begleiter schauen mich verwundert an.
»Worüber unterhaltet ihr euch? Kennst du ihn?«
»Das war keine Unterhaltung, sondern nur die Begrüßung.«
Da sie über keinerlei persische Sprachkenntnisse verfügen, ist ihnen dieses Ritual bisher vollkommen entgangen. Wir bestellen Tee und Gebäck, und ich höre einen der jungen Slowenen nach dem Preis fragen. Das ist mir ein wenig peinlich, denn besonders das Bezahlen unterliegt einer gewissen Prozedur, bei der sich jeder gerecht behandelt fühlen sollte. Zudem kostet Tee allenfalls ein paar Pfennige.
»Sie versuchen immer, uns mehr abzuknöpfen, wenn wir nicht vorher fragen«, erklärt mir einer der Männer. »Auch beim Taxifahren oder beim Bezahlen im Hotel müssen wir gut aufpassen. Wir können uns kaum verständigen, weil nur wenige Leute Englisch sprechen. Außerdem sind wir Studenten und haben selber nicht viel Geld.«

Der Wirt bringt den Tee, erklärt wortreich, er wolle niemanden betrügen, und entschuldigt sich für seine Landsleute, die so etwas tun. In persischer Manier reiht er Erklärungen, Entschuldigungen und Höflichkeitsfloskeln aneinander, die wenig überzeugend klingen. Als er sogar noch seinen Willen zur Opferbereitschaft verkündet, versagen meine Übersetzungsmöglichkeiten. Er ist einer der vielen Iraner, die es mit ihrer Freundlichkeit einem Gast gegenüber unangenehm übertreiben. In Lautschrift schreibe ich den Slowenen einige »Formeln« der Begrüßung, des Danks und Abschieds auf, und sie sind besonders begeistert von dem Satz »Mögen Ihre Hände niemals schmerzen!«

»Die Leute verstehen auch selten, woher wir kommen. Von Slowenien haben sie noch nie etwas gehört. Manche kennen Jugoslawien, aber wenn wir uns gar nicht mehr zu helfen wissen, dann sagen wir Bosnien. Das kennen alle, und manchmal senkt das auch den Fahrpreis im Taxi.«

Das kann ich mir gut vorstellen. Als ich das erste Mal im Iran war, wurde im ehemaligen Jugoslawien noch an wechselnden Fronten gekämpft. Jeden Abend wurde im Fernsehen das Leiden der moslemischen Brüder und Schwestern in Bosnien dokumentiert. Keine Nachrichtensendung verging ohne ausführliche Berichterstattung aus Sarajevo, Mostar, Bihad und anderen Kriegsschauplätzen. Immer wieder wurden die Ruinen zerstörter Moscheen gezeigt, immer wieder Appelle an die iranischen Zuschauer gerichtet, ihren Glaubensbrüdern und -schwestern zu helfen. In einem moslemischen Regiment in Bosnien hatten auch iranische Soldaten gedient. Mehrere hundert oder gar tausend Waisenkinder und Kriegsverletzte fanden im Iran Asyl und kamen dadurch in den fremdartigen Genuss eines Lebens unter moslemischen Vorzeichen, die sie aus ihrer Heimat nur vom Hörensagen kannten. Da für die meisten von ihnen die Religion zuvor eine untergeordnete Rolle gespielt hatte, kam es zu einer Reihe von Irritationen auf beiden Seiten. Zwangsläufig setzte sich die Erkenntnis durch, dass Moslem nicht gleich Moslem sei. Mir wurde schon damals geraten, mich als Bosnierin auszugeben, wenn ich in Schwierigkeiten geriete oder mir in einer Moschee der Einlass verweigert würde.

Irgendwie klingen die Erzählungen der Slowenen, als hätten sie ein anderes Land bereist. Als sie meine Schwärmereien über das persische Essen mit verständnislosen Blicken quittieren, beginne ich zu verstehen. Nach zwei Wochen Kebab sind sie vollkommen unzufrieden, denn die ursprünglichen persischen Gerichte werden im Iran nur am heimischen Herd mit zeitraubendem Aufwand von den Frauen der Familie zubereitet. Speisen, wie sie mir als privatem Gast geboten wurden, gibt es in kaum einem Restaurant.

Die »Bosnier« wohnen in einem richtigen Globetrotter-Hotel und zahlen nur einen Bruchteil von dem, was mein Zimmer kostet. Sie geben mir die Adresse; vielleicht werde ich sie am Abend besuchen.

Mit einem zufriedenen Lächeln auf den Lippen bummle ich durch den Basar, als plötzlich ein Mountainbike neben mir zum Stehen kommt. Verdutzt schaue ich auf das ungewohnte Gefährt in diesem orientalischen Markt und dann auf den Fahrer. Frida Kahlo, schießt es mir beim Anblick der sanft geschwungenen, zusammengewachsenen Augenbrauen durch den Kopf, doch will der Rest seines überaus männlichen Gesichts nicht zu meinem Gedankenblitz passen.

»Excuse me!«, spricht er mich an. »Darf ich Sie etwas fragen?« Und schon fragt er, ohne meine Antwort abzuwarten: »Sind Sie von hier?«

»Sehe ich so aus?«, antworte ich überrascht auf Englisch.

»Ja ... nein, ich meine, zuerst ja, aber dieser Ring«, er zeigt auf meinen großen indischen Malachit, »und diese Tasche sind nicht persisch.«

»Ich bin auch nicht persisch.«

»Ich habe Sie aus einem Geschäft heraus gesehen und mit meinem Freund gewettet.«

»Was? Gewettet? Warum?«

»Also ... wie soll ich das erklären? Ihre Kleidung, der Mantel, das

Kopftuch, die Hose und die Schuhe sehen aus, als stammten sie aus Teheran. Von weitem sieht man es Ihnen nicht an, dass Sie eine Touristin sind. Verstehen Sie? Ich habe gewettet, Sie seien Iranerin. Als ich näher kam, habe ich den Ring und die Tasche gesehen und wusste, sie sind Ausländerin. Und als ich ihr Gesicht sah, war das sowieso klar.«

Erstaunt über die exakte Beobachtung und irritiert über diese Offenheit, belustigt es mich fast, eine Wette ausgelöst zu haben. Die Art, wie er mir direkt und selbstbewusst in die Augen schaut, wirkt ganz und gar nicht iranisch.

»Um was haben Sie gewettet?«

»Entschuldigen Sie … um ein Mittagessen.«

»Und Sie haben verloren?«

»Ja, aber das macht nichts. Sie sahen wirklich iranisch aus. Jedenfalls von weitem.«

»Tut mir trotzdem Leid. Ich wusste nicht, dass ich wildfremden Menschen so ein Risiko wert bin.«

»Verzeihen Sie! Vielleicht hätte ich das lieber nicht sagen sollen.«

»Ist schon in Ordnung. Mir gefällt Ehrlichkeit. Der Ring kommt übrigens aus Indien.«

»Indien? Da habe ich den letzten Winter verbracht. In Goa. Kennen Sie Goa? Wann waren Sie in Indien?«

»Vor einigen Jahren. Sprechen Sie deshalb so gut englisch?«

»Spreche ich gut? Wirklich? Vielen Dank. Ich besuche einen Englischkurs und arbeite mit Touristen.«

»Ja, sehr gut. Ich war auch mal in Goa, aber nur ein paar Tage. Es war voller Europäer.«

»Ja, das stimmt, jede Menge Deutsche und Engländer.«

»Verstehe. Und dort haben Sie die Nächte auf unzähligen Partys verbracht und Ihre Freiheit genossen?«

»Genau, ganz genau. Darf ich Sie zu einem Tee einladen?«

Meinem Zögern folgen charmante Erklärungen über die Besonderheit des Teehauses. Er kenne viele Ausländer, und ich bräuchte keine Bedenken zu haben. Außerdem sei er der Meinung, wir sollten uns ein bisschen über Goa unterhalten, denn dort habe er die schönste Zeit seines Lebens verbracht. Neben seinem auffälligen Mountainbike aus Japan verwundert mich seine gesamte Aufmachung. Mit seinen Niketurnschuhen, den Levisjeans, einem farbenfrohen Sweatshirt und einem kleinen modernen Rucksack könnte er sich auch als amerikanischer Student ausgeben.

Enge Gassen führen uns zu einem unscheinbaren Innenhof.

»Dies war früher eine Karawanserei.«

Das Teehaus ist im traditionellen Stil eingerichtet, fensterlos, mit niedrigen Tischchen und kleinen Teppichen auf schmalen Bänken. Alte Fotos der Stadt und berühmter Persönlichkeiten aus der Zeit der Kadscharen zieren die Wände. Vor hundert Jahren sah zumindest der große Platz nicht viel anders aus als jetzt. Um den Ansprüchen der Islamischen Republik zu genügen, sind zwei unscheinbare Fotos von Khomeini und Chameini über der Tür platziert. Ich traue meinen Augen kaum, als ich auch eine Fotografie von Adolf Hitler entdecke.

»Darüber regen sich alle Deutschen auf. Für uns ist das nichts Schlimmes.«

Kurosh ist geborener Isfahani und hat viele Jahre seines Lebens im Basar verbracht. Er kennt jeden Winkel, wie er behauptet, und bietet sich mir als Stadtführer an.

Dankend lehne ich ab, doch werde ich neugierig, als er mir von einem Deutschkurs erzählt, den er seit einigen Wochen besucht. Er lädt mich ein, am Unterricht teilzunehmen, und mein Interesse ist geweckt. Wir verabreden uns für den frühen Abend an der »Sioseh Pol«, der »Brücke der dreiunddreißig Bögen«.

Ich habe mich verspätet und erreiche die Brücke erst eine viertel Stunde nach der verabredeten Zeit. Im Gewimmel der Spaziergänger höre ich plötzlich meinen Namen. Ein deutliches »Bruni« aus Kindermündern erfüllt mich mit Freude. Die Schulmädchen aus Yazd strahlen mich an und wünschen mir einen schönen Abend. Am Ufer steht Kurosh und winkt mir zu.

»Ich hatte schon Angst, Sie würden nicht kommen. Wer sind denn die Kinder auf der Brücke?«

»Meine kleinen Freundinnen aus Yazd.«

»Können die Mädchen denn Englisch?«

»Nein, aber ich spreche ein wenig Persisch.«

»Wirklich? Das glaube ich nicht. Bitte sagen Sie etwas.«

»Es ist einfacher, wenn wir uns auf Englisch unterhalten oder auf Deutsch.«

»Gehen wir in ein Café auf der anderen Straßenseite.«

»Und was ist mit dem Deutschkurs?«

»Wir haben noch eine Stunde Zeit.«

Das bekannte Problem der heranrasenden Peykans lässt mich ein wenig hilflos neben Kurosh stehen. Ich berühre seinen Arm und ziehe im selben Moment meine Hand zurück, weil mir eine derart vertraute Geste unangemessen erscheint.

»Ist schon okay, kommen Sie, ich helfe Ihnen.«

Unbefangen nimmt er meine Hand und führt mich über die Straße. Wir betreten ein modernes Café für »gehobene Ansprüche«, was leider bedeutet, dass es im Louis-quatorze-Stil eingerichtet ist. Nichts erscheint mir ungemütlicher als ein solches Café in der Stadt der traditionellen Teehäuser. Doch bin ich angenehm überrascht, als ich Musik im Hintergrund höre.

Kurosh zeigt mir sein Deutschlehrbuch, und ich amüsiere mich über die iranische Zensur. Unter einem Bild, das eine Frau beim Weinkaufen zeigt, steht geschrieben: »Die Frau kauft W...«

»Trinkst du in Deutschland Wein?«

»Ja, sehr gern.«

»In Indien habe ich Bier getrunken. Am Anfang konnte ich nur eine Flasche vertragen. Später habe ich drei oder vier an einem Abend getrunken, die ganze Nacht getanzt und unendlich viel gelacht.«

Der Kellner bringt Kuchen, und mir wird bewusst, dass ich bisher im Iran noch nie in einem derartigen Café gewesen bin. An den Nebentischen sitzen junge Männer und Frauen, die es sich leisten können, ein Vielfaches der üblichen Preise zu zahlen. Hier haben sie eine kleine Oase der Ungezwungenheit gefunden.

»Dies ist ein beliebter Treffpunkt für junge Leute. Die Besitzer fragen nicht nach irgendwelchen Papieren. Das Komitee kommt selten, und wenn es einmal auftaucht, wird der Wirt vorher gewarnt.«

»Wie funktioniert das?«

»Siehst du da draußen den Zigarettenverkäufer auf der anderen Straßenseite? Er macht dann ein entsprechendes Zeichen.«

Die Atmosphäre des Cafés versetzt mich in eine andere Welt. Kuroshs Verhalten wirkt sehr vertraut, und durch das Stimmengewirr dringt eine besondere Musik an mein Ohr. Ja, es ist wirklich jenes Violinenspiel, das mich schon so oft verzaubert hat und besondere Erinnerungen wachruft. Diesen Klängen im Ursprungsland der Melodien zu begegnen hatte ich nicht erwartet. Noch dazu am helllichten Tag in einem Café. Schließlich ist der Musiker wie so viele andere iranische Künstler zum Exil verdammt, und seine Platten müssen im Ausland erscheinen.

»Kennst du die Musik?« Kurosh hat bemerkt, wie ich entrückt lausche.

»Nur zu gut. Es ist Farid Farjad mit ›Anroozha‹, ›Jene Tage‹. Zum ersten Mal habe ich die Musik in einem orientalischen Imbiss in Berlin gehört, und sie hat mich nie wieder losgelassen.«

»Aber das sind alte persische Lieder. Hören die Leute so etwas in Deutschland?«

»Manche schon, wie du siehst. In den großen Städten leben Menschen aller Nationen, und sie bringen ihre Musik mit. Man kann in Deutschland jede Art von Musik finden. Es gibt bestimmte Bars, Diskotheken und Konzertsäle, wo Klänge aus aller Welt zu hören sind. Mir gefällt zurzeit ganz besonders Musik aus Westafrika.«

Ungläubig schaut er mich an.

»Und wie steht es mit amerikanischer Musik? Whitney Houston, Mariah Carey und Phil Collins?«

»Es gibt einfach alles, aber amerikanische oder zumindest englischsprachige Musik dominiert. Die Tophits werden von morgens bis abends im Radio gespielt. Und auf MTV laufen den ganzen Tag Videos.«

Ich muss an die schlechten Videokopien denken, die ich in Teheran sah. Jemand hatte per Satellitenempfang ein Madonnakonzert aufgenommen, die Kassette unzählige Male vervielfältigt und teuer verkauft.

Als wäre die Freiheit der Musikwahl schon der Himmel auf Erden, sagt Kurosh mit Überzeugung in der Stimme: »Genau deshalb lerne ich Deutsch und Englisch. Ich will eines Tages raus hier und in Freiheit leben.«

Der Weg zur Schule führt am Sayande Rud entlang, und ich denke an das Dorf am Fluss, in dem ich vor Jahren unvergessliche Tage verbracht habe. Dieses Wasser ist erst vor kurzem am Kuhe Schiraz vorbeigeflossen. Der Anblick der grünen Schlange mit dem türkisfarbenen Streifen in Wogen aus gelbbraunen Hügeln zeichnet sich wieder deutlich vor meinen Augen ab. Kurosh war nie dort, aber er kennt den Namen.

»Was macht eine deutsche Frau in solch einem abgelegenen Ort?«
»Reisen und fremde Menschen kennen lernen.«

Gleich hinter der Sioseh Pol ist ein Bootsverleih, und Ausflügler drängen zum Steg. Kurosh grüßt unentwegt entgegenkommende Spaziergänger und stellt mich einige Male vor. Mit einem gewissen Stolz in der Stimme betont er, dass seine Begleiterin Persisch spricht.

Bin ich wirklich hier?, frage ich mich erstaunt, als die alte Pole Chadju, die größte der vielen Isfahaner Brücken, vor einem überwältigenden Himmel auftaucht. Es beginnt zu dämmern, und das Licht wirkt wie gefiltert. Farben und Formen harmonieren in ungeahnter Weise und scheinen der Fantasie eines Träumers entsprungen zu sein. Die Silhouette der fernen Berge weicht in ihrer Färbung nur um eine feine Nuance vom Orangebraun der Brücke ab, und zusammen bilden die beiden Motive ein perfektes Arrangement. Ich muss tief durchatmen und meinen hübschen Begleiter anschauen, dessen Haut in dem warmen Licht kupferfarben schimmert. Kurosh, der an die Reize seiner Heimatstadt gewöhnt ist, scheint sich mehr an meiner Verzückung als an dem Anblick der Kulisse zu erfreuen.

»Weißt du eigentlich, wo du lebst?«

»Ja, das weiß ich sehr genau. In einem goldenen Käfig. Ich liebe dieses Land, und ich liebe Isfahan, aber ich hasse diese verdammte Islamische Republik, diese Mullahs, die mein Leben zerstören, und all diese Leute, die es einfach geschehen lassen.«

Für den Rest des Weges nehmen wir ein Taxi und erreichen nach wenigen Minuten die Schule. Eine Gruppe junger Männer steht wartend vor dem Gebäude und begrüßt Kurosh. Er stellt mich als »Verwandte aus Deutschland« vor. Ich sei Lehrerin, erklärt er. Warum hat er mich nicht vorher gefragt?, denke ich. Auch im Gebäude sehe ich ausschließlich junge Männer.

»Dies ist eine Männerschule«, beantwortet einer der Lehrer in österreichischer Mundart meine Frage. Er hat die meiste Zeit seines Lebens in Salzburg verbracht, dort studiert und unterrichtet und ist schließlich im Alter in seine persische Heimat zurückgekehrt.

»Vor der Schließung in den achtziger Jahren war dies das Goethe-Institut«, erzählt er. »Während der Schahzeit gab es gemischte Klassen, später eine räumliche Trennung, und seit dem offiziellen Verbot der Goethe-Institute ist dies eine private Sprachenschule für Männer. Unser Material kommt aber weiterhin von der Zentrale in Deutschland.«

Der Lehrer beginnt mit dem Unterricht. Alle Schüler sprechen ihm im Chor nach, so wie ich es in orientalischen Filmen gesehen habe. Wird ein einzelner Schüler aufgefordert, etwas zu beantworten, erhebt dieser sich von seinem Stuhl. Schon bald siegt die Neugier der jungen Männer, und ich werde gebeten, etwas in deutscher Sprache zu sagen. Mit Einwilligung des Lehrers versuche ich den Unterricht zu übernehmen, lasse sie die Bücher beiseite legen und übe mit ihnen eine umgangssprachliche Begrüßung. In kleinen Rollenspielen wiederholen wir einige Sätze, und schon bald herrscht eine ausgelassene Stimmung. Begeistert sprechen sie mir nach, doch sind sie noch sehr unbeholfen in der Formulierung eigener Ideen. Als ich einige Unklarheiten auf Persisch zu klären versuche, blicken mich staunende Augenpaare an. Kurosh platzt beinahe vor Freude über seine deutsche »Cousine«.

»Warum lernen Sie Deutsch?«, frage ich schließlich die jungen Männer. Da zunächst keiner antwortet, versuche ich es anders.

»Kennen Sie Deutsche? Haben Sie schon einmal mit Deutschen gesprochen?«

»Mein Vater hat ein Geschäft-Teppich.«

»Ein Teppichgeschäft.«

»Entschuldigen Sie, ja. Er hat Kunden von Deutschland.«

»Ich verstehe. Er hat deutsche Kunden. Arbeiten Sie in diesem Geschäft?«

»Ja, natürlich.«

»Ich spreche mit Tourists«, sagt ein anderer.

»Ich will arbeiten mit Besuch«, verkündet der Nächste.

»Wer war schon einmal in Deutschland?«

Als sich kein Finger regt, frage ich: »Wer möchte einmal nach Deutschland fahren?«

Zaghaft melden sich zwei Männer, und Kurosh zwinkert mir zu.

Es ist schon weit nach zehn, als der Unterricht beendet ist.

»Lass uns noch etwas zusammen trinken. Meine Freunde können uns zu einem schönen Teehaus fahren, wenn du möchtest.«

Ehe ich darüber nachdenken kann, finde ich mich mit vier jungen Männern in einem Auto wieder und frage mich, ob ich vielleicht den Verstand verloren habe. Unbehagen überkommt mich. Sollte ich nicht ein wenig mehr Vorsicht walten lassen? Doch habe ich schnell den Verdacht, dieses Unbehagen ist eher ein Tribut an Verhaltensnormen, von denen ich ohnehin nicht überzeugt bin. In Wirklichkeit fühle ich mich in dieser Gesellschaft sicher. Unvermittelt sagt der Fahrer: »Vorhin waren wir nicht ganz ehrlich zu Ihnen. Alle Jungs im Kurs wollen nach Deutschland oder in ein anderes europäisches Land. Wir wollen alle mal die Freiheit erleben. Die paar Touristen hier sind doch schon mit fremdsprachigen Stadtführern versorgt.«

Ist Isfahan wirklich nur ein goldener Käfig?

An der Pole Djubi, der so genannten Holzbrücke, steigen Kurosh und ich aus. Er nimmt meine Hand und führt mich wie selbstverständlich über die kaum befahrene nächtliche Straße. Durch eine unscheinbare Tür treten wir in ein schillernd buntes Teehaus, das versteckt unter der Brücke liegt. Wir ziehen unsere Schuhe aus und setzen uns in eine Fensternische knapp über der Wasseroberfläche. Der rauschende Fluss wird zu unserer Begleitmusik.

»Wer bist du?«, fragt Kurosh mich unvermittelt. »Warum bist du im Iran, warum sprichst du Persisch? Und warum bist du so nett zu allen?«

Ist das denn wirklich so ungewöhnlich? Ich selbst fühle mich zum richtigen Zeitpunkt am richtigen Ort und kann oft die Verwunderung, die mir ständig begegnet, nur schwer nachvollziehen. Der Wirt trägt die traditionelle Kleidung der Bachtiaris und serviert den Tee und süße Spezialitäten mit einer gehörigen Portion Charme. Er wechselt ein paar Worte mit Kurosh, die ich nicht genau verstehe.

»In einer Stunde kommt eine Gruppe offizieller Gäste, religiöse Beamte. Dann sollten wir lieber verschwunden sein.«

Mein Hotel liegt in der Nähe, und Kurosh begleitet mich den Fluss entlang. Wir setzen uns auf eine Treppe, die den Blick zur Sioseh Pol frei gibt. Es ist beinahe Mitternacht, doch das bedeutet in dieser Stadt offenbar nicht, dass es Zeit zum Heimgehen ist, wie die vielen flanierenden Leute beweisen. Nie zuvor war ich im Iran so spät noch draußen, und ich wundere mich über Pärchen, die sich an den Händen halten. Die Frühlingsnacht an diesem klaren Fluss ist angefüllt mit Reizen, die Leib und Seele erfreuen, und die Lichter der dreiunddreißig Bögen spiegeln sich im ruhig dahinfließenden Sayande Rud. Die fein gefügte Harmonie aus glitzerndem Wasser, sanften Bögen und sternenklarem Himmel erscheint mir wie die zurückgelassene Kulisse aus einem alten Orientfilm.

In der Nähe sitzt eine Familie am Sofre, und die Düfte ihres nächtlichen Picknicks kitzeln meine Nase. Sie schauen herüber und laden uns ein, zuzugreifen. »Befarmaid!« Kleine Kinder schlafen friedlich auf mitgebrachten Teppichen, die, neben einem Samowar, bei keinem persischen Familienausflug fehlen dürfen. Dankend lehnen wir ab, um uns ungezwungen weiter unterhalten zu können. In den Augen der anderen sind wir sicher ein Ehepaar.

Kurosh liebt die Musik von Phil Collins und stellt seinen Walkman mit den kleinen Lautsprechern an. Am liebsten würde ich ihn bitten, die Geräusche der Nacht nicht zu stören. Stattdessen versuche ich, die beleuchtete Brücke zu fotografieren, und meine gewagten Steintürme, die als Kamerastativ dienen, ermöglichen tatsächlich eine Wiedergabe dieser nächtlichen Szenerie. Warum sitze ich noch immer hier? Ich kenne ihn doch kaum ein paar Stunden und gehe alle Risiken einer illegalen Begegnung ein. Doch seine Nähe ist mir seltsam vertraut, und ich lehne mich ein wenig zurück.

Wie zufällig berührt er meine Hand, und ich grabe hastig nach den Zigaretten in meiner Manteltasche. Ein nächtlicher Wind kommt auf, und mein Kopftuch weht hinunter. Ich beachte es nicht. Meine Haare sind zu einem Knoten hoch gesteckt und verraten weder ihre Länge noch ob sie glatt sind oder in Wellen über meine Schultern fallen. Zum ersten Mal empfinde ich mein Haar als erotisches Geheimnis. Würde ich es gern lösen, im Wind wehen lassen und mit den Fingern durch die Strähnen gleiten? Es ist dunkel, und niemand außer uns würde es sehen – doch nein, wie komme ich auf diese Idee? Ich bin im Iran, und mein Begleiter ist Iraner, mag sein Verhalten auch noch so natürlich und zwanglos sein. Der Gedanke an eine »Entschleierung« wirkt plötzlich enorm aufregend. Dem Kennenlernen und Näherkommen würde der knisternde Moment der Entblößung, der Darbietung großer Geheimnisse folgen. Kurosh kennt weder die Form meiner Beine, die in weiten Hosen stecken und zusätzlich von einem langen Mantel verhüllt sind, noch weiß er, ob ich eine schmale Taille habe oder wie groß mein Busen ist. Kaum etwas gibt diese Kleidung preis. Eine unbekannte Erregung lässt mich in seine tiefbraunen Augen schauen, und er erwidert meinen Blick mit einem Lächeln, aus dem seine jugendlichen Lebensgeister sprühen.

»Wie schade, dass wir uns nicht in Goa begegnet sind.«

»Nein, warum? Ich finde es schön, dass du im richtigen Moment eine Wette verloren hast.«

Es wird kühl, und Kurosh legt seine Jacke um meine Schultern. Einen Moment lang spüre ich seinen Atem an meiner Wange. In meiner Tasche habe ich ein wärmendes Hemd, nur weiß ich nicht, wie ich es hier anziehen soll, und will es ihm reichen. Doch dann schlage ich es ein und wickle es wie einen Schal um seinen Hals. Er ist begeistert von der mintgrünen Farbe und dem weichen Stoff. Überhaupt scheint er alles zu mögen, was aus dem Westen kommt. In einer der Brückennischen stehen wir uns gegenüber und schauen in die glitzernde Strömung. Der schmale Bogen lässt gerade so viel Raum, dass meine Hand ihn noch erreichen kann. Kurosh berührt vorsichtig die Spitzen einer Haarsträhne, die unter meinem Kopftuch hervorlugen, und ich lasse es geschehen. Ein Lächeln huscht über mein Gesicht, doch wird mir im nächsten Moment bewusst, dass uns jemand beobachten oder gar nach der Rechtmäßigkeit unseres Beisammenseins fragen könnte. Schnell wende ich mich ab. Es sind nur wenige Schritte bis zu meinem Hotel, und wir verabschieden uns an der Tschahar Bagh.

»Wann sehen wir uns wieder?«

»Ich besuche dich morgen in deinem Geschäft.«

»Wie schön. Ich freue mich sehr darauf. Gute Nacht, schlaf gut.«

»Isfahan. Du hast dich mir von deiner schönsten Seite offenbart«, schreibe ich in mein Tagebuch. »Deine Aura gibt mir das Gefühl von Vertrautheit«.

Ich kann es kaum glauben, dass ich erst einen Tag hier bin. Die Schönheit ist überwältigend und die Begegnung mit Kurosh ein berauschendes Erlebnis, das mir den Schlaf raubt. Aus meiner Reisetasche krame ich das Buch mit dem beeindruckenden Titel »Am Hofe des persischen Großkönigs 1684–1685« hervor. Der deutsche Gesandte Engelbert Kaempfer hatte seine damaligen Beobachtungen penibel zu Papier gebracht. Wenn ich mich aus meinem Hotelfenster lehne, blicke ich über die »Vier Gärten«, die der deutsche Reisende schon im siebzehnten Jahrhundert rühmte:

»Eine ... Besonderheit des Tschahâr Bâgh ist seine Bepflanzung mit zwei Reihen dichter, hoch aufragender Platanen, unter denen der Fremde, selbst am Mittag von der Sonne unbehelligt, wie unter einem ›Grünen Dom‹ sich ergehen kann.«

Auch heute ließ es sich unter diesem Dom in angenehmer Frische wandeln, doch auf viele Genüsse, die in vergangener Zeit am Wegesrand Leib und Seele erfreuten, muss nun verzichtet werden. Gäbe es nicht die deutlichen Spuren der Architektur, wären manche Worte des damaligen Gesandten kaum nachzuvollziehen.

»Seinen besonderen Reiz erhält der Tschahâr Bâgh einmal durch den mitten auf ihm langführenden Wassergraben, der, aus behauenen Steinen errichtet, fünf Fuß breit und einen Fuß tief ist. In ihm fließt hellklares Wasser bald mit sanftem Geplätscher über steinerne Stufen, bald in geräuschloser Verteilung durch künstliche Teiche oder Becken hindurch ...: ihre erhabenen Ränder werden von Schankwirten allerorts mit Matten und Teppichen bedeckt, auf denen sich müßige Bürger niederlassen, um rauchend und trinkend den Darbietungen öffentlich auftretender Dichter, Vortragskünstler und Possenerzähler zu folgen und sich so aufs angenehmste die Zeit zu vertreiben; nur wenn es dort zu heiß wird, ziehen sie um nach den schattigen Aufenthaltsräumen der gegenüberliegenden Schenken.«

Im Gedenken an die Schankwirte vergangener Zeiten beflügelt mich zum Trost die Vorfreude auf den nächsten Tag in diesem Schmuckkästchen Isfahan.

Von weitem sehe ich das Schild über dem kleinen Laden unter den Arkaden. Näher traue ich mich nicht heran. Meine Schritte führen mich stattdessen zur Scheik-Lotfollah-Moschee. Dort setze ich mich in eine Nische und genieße die Ruhe und Kühle. Als ich einen Film in meine Kamera lege, spricht mich ein älterer Mann an.

»Sind Sie Deutsche?«, fragt er mich nach einer knappen persischsprachigen Begrüßung.

»Ja, ich komme aus Deutschland.«

»Das Urteil war richtig.«

Mein verdutztes Gesicht fordert ihn offenbar zu einer weiteren Erklärung auf: »Mykonos ... Berlin.«

Mit diesen Worten setzen er und seine Begleiterin ihren Weg fort und verschwinden in den schattigen Gängen der Moschee. Meine hinterhergeworfenen Worte »Das denke ich auch« beantworten sie mit einem Lächeln und einem Abschiedsgruß.

So direkt bin ich bisher noch nie auf den Mykonosprozess angesprochen worden. Mit einem freudigen Gefühl setze ich meinen Rundgang fort. Im Untergeschoss der Moschee stoße ich auf zwei Männer, die offenbar fest entschlossen sind, sich durch nichts von ihrer gemütlichen Teerunde ablenken zu lassen.

Schließlich stehe ich doch vor dem Geschäft, in dem Kurosh seinen Lebensunterhalt verdient. Er lässt mich nur eine Sekunde durch die Tür schauen, und schon ist er bei mir und stellt mich zwei Männern vor, die genau wie er sehr gut Englisch sprechen. Es wird Tee gereicht, und ich beobachte ein Verkaufsgespräch mit zwei britischen Touristen, die sich für einige der farbenprächtigen Nomadenteppiche interessieren.

»Lass uns gehen«, flüstert Kurosh mir zu. Und schon entführt er mich auf den Basar. Nach wenigen Minuten habe ich die Orientierung verloren und staune über die engen Gassen und die vielen kleinen Geschäfte. Durch einen schmalen, dunklen Gang gelangen wir zu einer alten Farbenmühle. Der Müller schüttet einen Sack Granatapfelschalen auf das Mahlwerk und wirft den Motor an. Ein großer Stein zermahlt die Schalen, und ein rotes Pulver vernebelt den Raum. Durch eine kreuzförmige Aussparung in der gewölbten Decke bahnt sich ein Lichtstrahl seinen Weg und beleuchtet den wilden Tanz des roten Staubs.

Früher sei ein Kamel in endlosen Runden durch dieses finstere Verlies getrabt, erzählt der alte Müller. Wir plaudern mit ihm, und bereitwillig zeigt er uns sein Lager mit den verschiedenen Rohstoffen für die Herstellung von Naturfarben. Ein Hinterhof führt zu einer kleinen Karawanserei.

»Ist sie deine Frau?«, wird Kurosh gefragt.

»Nein, eine Kundin aus dem Geschäft.«

»Aber wieso spricht sie unsere Sprache?«

Lastenträger kreuzen unseren Weg. Sie scheinen genau wie die alten Gemäuer aus einer anderen Zeit zu stammen. Das Gestell auf ihren Rücken ist aus Holz und durch teppichartige Fasermatten gepolstert. Ein gebeugter Alter mutet seinem winzigen Körper einen riesigen Stoffballen zu.

Zur Mittagszeit überrede ich Kurosh zu gegrillten Leberspießen. In der Nähe der Freitagsmoschee finden wir schließlich einen kleinen Imbiss, in dem eine Gruppe afghanischer Bauarbeiter sitzt. Die Feuerstelle bildet den Übergang zwischen Innen- und Außenraum, und ihr Rauch zieht ungehindert auf die Straße.

»Willst du wirklich hier bleiben?«, fragt er mich fassungslos. »An Orten wie diesen essen nur arme Leute. Alle starren dich an.«

»Kauf du bitte ein paar Spieße – wir essen sie hier draußen«, antworte ich. Mir läuft bei dem Geruch gegrillten Fleisches und beim Anblick der köstlichen hauchdünnen Fladenbrote das Wasser im Mund zusammen, und selbst wenn ich wollte, könnte ich jetzt nicht weitergehen. Der einzige Tisch in dem winzigen Lokal ist eine schmale längliche Tafel für sechs bis acht Personen, und die Männer müssten ihren Platz räumen, wenn ich mich dort hinsetzen wollte. Fragend schauen sie in meine Richtung. Als ich einen von ihnen anspreche, ist die Verunsicherung groß. In diese Gegend verirren sich selten Touristen. An ihrer Kleidung und den mongolisch geprägten Gesichtern habe ich ihre Herkunft erkannt und frage sie nach der Situation in ihrer Heimat. Die Taliban hätten fast alle Provinzen erobert, sagen sie. Bald sei alles verloren. Ihr Leben im Iran sei hart und entbehrungsreich, aber mit Gottes Hilfe würde sich alles richten.

»Ich wundere mich, dass dir so etwas schmeckt«, sagt Kurosh, »und überhaupt, dass du solche Läden magst. Es ist so schmutzig hier. Und dass du dich mit diesen armen Leuten unterhältst. Ich glaube, ich habe noch nie mit einem Afghanen gesprochen.«

»Dann wird es aber Zeit.«

»Wofür?«

»Dass du mit Afghanen sprichst. Es gibt einige Millionen in deinem Land.«

»Lass uns zum Fluss fahren und dort eine Mittagspause machen«, schlägt Kurosh vor. Ein kurzes Handzeichen genügt, und schon sitzen wir in einem Taxi.

»Keine anderen Fahrgäste bitte«, teilt Kurosh dem Fahrer mit und reicht ihm einen Geldschein. Er legt seinen Arm auf die Ablage hinter der Rückenlehne und zupft zärtlich an meinem Kopftuch. Warmer Fahrtwind weht durch die geöffneten Fenster, und Schatten spendende Bäume rauschen an uns vorbei. Es duftet nach Süden. Ich lehne mich zurück und schließe die Augen.

An der Uferpromenade treffen wir auf einige Holländer, die Kurosh ein paar Tage zuvor kennen gelernt hat. Er bietet ihnen Rat und Hilfe an und überreicht ihnen seine Visitenkarte. In ihrer Nähe legen wir uns auf den Rasen und rauchen eine Zigarette. Kurosh berührt fast beiläufig mein Bein.

»Bist du verrückt, mir am helllichten Tag in aller Öffentlichkeit so nahe zu rücken?«, protestiere ich und ziehe mich ein wenig zurück.

»Aber die Leute denken, wir sind verheiratet.«

»Sind wir aber nicht. Bitte bring mich nicht in solche Situationen.«

»Du brauchst keine Angst zu haben. Ich kenne in dieser Stadt fast jeden. Es wird schon nichts passieren.«

»Welch ein Trost. Vergiss nicht, dass ich Deutsche bin, und um das

Verhältnis zwischen unseren Ländern steht es zur Zeit nicht gerade zum Besten.«

»Aber was hat das mit uns zu tun?«

»Wer weiß das schon in diesem seltsamen Land. Ich habe jedenfalls keine Lust, in Schwierigkeiten zu geraten.«

Noch immer liegen wir dicht beieinander, wenn wir auch jede Berührung meiden. Seine Unbefangenheit und sorglose Ausstrahlung ziehen mich an. Er hat etwas von dem naiven Verhalten eines amerikanischen Jünglings an einem Sommertag. Seine schlanke Gestalt liegt ausgestreckt neben mir, seine Augen sind geschlossen, und die Zigarette verglüht ungeraucht zwischen den Fingern. Er ist ungewöhnlich groß für einen Iraner, und seine Haut ist sehr dunkel. Er könnte auch ein hoch gewachsener Algerier sein, denke ich, oder ein Kaschmiri? Er blinzelt mir zu, und ich spiele mit einer Haarsträhne unter meinem Tuch.

»Wie lange wirst du bleiben?«

»Ein paar Tage vielleicht. Höchstens eine Woche. Ich bin gekommen, um Freunde in Teheran zu sehen. Sie werden ab nächste Woche dort sein.«

»Iranische Freunde? Erzähl mir von ihnen!«

»Kurosh! Da hinten steht einer in Uniform und schaut in unsere Richtung!«

Kurosh blickt unauffällig zu dem Mann hinüber. Ungefährlich, winkt er ab. Das sei ein Soldat und keiner vom Komitee. Ich liege auf dem Bauch und habe meine Arme aufgestützt, um das Terrain zu beobachten. Nach einer Weile drehe ich mich um und sehe den Mann aus einer anderen Richtung auf uns zukommen.

»Der Typ will was von uns. Bitte steh auf, drehe dich nicht um, und lass uns ganz langsam und unauffällig gehen.«

»Verdammt. Er blickt zu uns herüber und macht ein Zeichen, dass wir zu ihm kommen sollen. Gehen wir! Schau nicht hin.«

»Was sagen wir, wenn er uns etwas fragt?«

»Dass wir uns in Indien kennen gelernt haben und du auf der Durchreise bist.«

»Das ist Quatsch. An den Stempeln in unseren Pässen erkennt er sofort, dass wir zu verschiedenen Zeiten da waren.«

»Dann bist du eine meiner Kundinnen.«

»Als sei es erlaubt, mit Kundinnen im Park zu liegen.«

Ich spüre einen bohrenden Blick auf meinem Rücken. Es sind noch mehr als zwanzig Schritte bis zur Straße. Mir wird heiß.

»Verflucht. Er ruft nach uns. Nicht umdrehen. Wir tun so, als würden wir ihn nicht verstehen.«

Wie gut, dass Kurosh auffällig westlich gekleidet ist. Seine enge Jeans und der kleine Rucksack sind eine perfekte Tarnung. Kaum haben wir den Bürgersteig erreicht, winkt er einen Peykan heran, der direkt vor unseren Füßen hält. Mein Herz rast. Schon sitzen wir im Fond und sind gerettet. Wie konnte ich mich in eine derartige Situation bringen? Bin ich vollkommen übergeschnappt?

»Ich habe gehört, dass ein Mann in unserer Nähe zu dem Soldaten gesagt hat, wir seien Ausländer.«

»Das war verdammt knapp.«

»Entschuldige bitte.«

»Was soll ich entschuldigen?«

»Dass wir in meinem Land nicht einmal zusammen in einem Park sitzen können und dass ich so unvorsichtig war.«

»Ich ärgere mich über meinen eigenen Leichtsinn und über dich. Wieso habe ich nur auf dich gehört?«

»Es tut mir wahnsinnig leid. Ich hätte nicht gedacht, dass er uns beobachten würde. Ich schäme mich.«

Ein Blick in sein Gesicht zeigt mir, wie unwohl er sich fühlt. Seine Augen scheinen feucht zu schimmern und seine Hand krallt sich in meine.

»Du kannst nichts dafür.«

»Warum lebe ich nur in so einem verfluchten Land?«

Den Abend verbringen wir wieder in dem kunterbunten Teehaus unter der Brücke. In der engen Fensternische sitzen wir dicht beieinander, und Kurosh legt sein Bein über meine Wade. Ein Strom fließt durch meinen Körper, und gern würde ich seine Hand nehmen. Das Rauschen des Flusses, der Geruch der Wasserpfeifen und das rötliche Licht wirken wie ein Zauber. Der Schrecken vom Mittag hat sich beinahe gelegt, und ich versuche mir einzureden, dass unsere Angst übertrieben war, als der Wirt Kurosh etwas zuflüstert.

»Er meint, ich soll lieber meine Beine von dir fern halten, weil auf der Terrasse ›Religiöse‹ sitzen, die vielleicht Ärger machen.« Ein Blick nach draußen bestätigt die Notwendigkeit dieser Vorsichtsmaßnahme. Vier elegante Bartträger mit kragenlosen Hemden und weiten Bundfaltenhosen hocken dort beisammen.

»Das sind welche von der Regierung. Ich hasse diese verdammte Islamische Republik«, bricht es aus Kurosh hervor. »Ich muss unbedingt weg hier. Vielleicht gehe ich nach Australien. Dort habe ich Freunde. Ich halte es nicht mehr aus. Letztes Jahr war ich eine Woche im Gefängnis, weil dem Komitee mein Verhalten und meine Kleidung nicht gefielen. Ich hatte mich mit einem Mädchen unterhalten, mitten auf dem Platz, nichts Geheimes, nur ein Gespräch. Ich kannte sie nicht einmal. Sie wirkte sehr betrübt, und deshalb hatte ich sie angesprochen und gefragt, ob sie Hilfe bräuchte. Später kam das Komitee und hat mich mitgenommen, weil ich ihnen sagte, es ginge sie nichts an, mit wem ich mich unterhalte. Dann haben sie meine Kleidung kritisiert. Weil ich kein Bestechungsgeld zahlen wollte und mich auch nicht unterwürfig verhalten habe, musste ich eine Woche dort bleiben. Meine Levis haben die Idioten behalten.«

Wir zahlen und gehen an den Fluss. Kurosh nimmt meine Hand, doch ich ziehe sie impulsiv zurück.

»Das kann ich nicht. Es macht mich vollkommen nervös. Hast du keine Angst, wieder ins Gefängnis zu kommen?«

»Mir ist manchmal alles egal. Sollen sie mich doch wieder einsperren.«

Stundenlang sitzen wir am Ufer und erzählen Geschichten aus unserem Leben. Manchmal lachen wir laut auf und können nicht eher aufhören, bis uns die Luft ausgeht. Es ist Donnerstag und die Pro-

menade voll nächtlicher Spaziergänger. Ein kreisrunder Licht-
schweif in der Ferne erregt meine Neugier. Er ähnelt einer Feuer-
werksspirale zu Silvester.

»Was ist das?«

Kurosh nimmt meine Hand, zieht mich hoch, und wir gehen auf
das Leuchten zu. Ein Mann steht neben einer großen Wasserpfeife
und schwingt mit schnellen Bewegungen eine Kette wie ein Lasso,
an deren Ende ein Metallnetz hängt. Brennende Holzkohlen,
durch diesen Wirbel angefacht, beginnen zu glühen. Erst dann
werden sie auf den Tabak im Pfeifenkopf gelegt. Schon bietet uns
jemand einen Zug an, und ich greife nach dem langen Schlauch
des Ghalians. Auf den Teppichen wird für uns Platz gemacht, und
wir bekommen ein Glas Tee. Leider stehe ich sofort im Mittelpunkt des Gesprächs und überlege, welche Version ich den freundlichen Leuten präsentieren soll. In solchen Momenten ist Kurosh
je nach Anlass entweder mein Ehemann, Geschäftspartner, Reiseführer oder angeheirateter Verwandter. Jedenfalls bleibt uns nichts
anderes übrig als ständig eine Geschichte anzubieten, doch haben
wir es bisher nicht geschafft, uns auf eine endgültige Fassung zu
einigen. Die wahre können wir allenfalls wohlwollenden Ausländern erzählen.

Wieder ist es schon nach Mitternacht, als ich ins Hotel komme, und
der Mann an der Rezeption findet es anscheinend ganz normal, mich nach dem Grund meines späten Heimkommens zu fragen. An Notlügen inzwischen gewöhnt, erzähle ich die Geschichte
einer englischen Reisegruppe, die im Abbasi-Hotel logiert und mich
zum Abendessen eingeladen hat.

»Haben Sie getanzt?« Nach einer Sekunde des Schweigens müssen
wir beide laut über diesen makabren Scherz lachen.

Noch spüre ich Kuroshs Hand, seinen festen Griff und die harten
Fingernägel, mit denen er sein Verlangen in meine Haut gegraben
hat. Aus seinen Augen sprach die Verzweiflung eines Sehnsüchti-
gen, der nichts weiter tun konnte, als ein geballtes Gefühl über

seine Fingerspitzen in meine Hand zu lenken. Die Nachttischlampe wirft ein schwaches Licht auf die Stelle, die er vor wenigen Minuten zum Abschied so zärtlich rauh berührte. Sie zeigt vier kleine rote Kerben, und es bedarf nur wenig Fantasie, das Bild seiner behaarten Finger, die so außerordentlich geschmeidig und fein wirken, in der gezeichneten Innenfläche meiner Hand erscheinen zu lassen. Ich fühle sie warm und voller Hingabe. Sie suchen ihren Weg hinauf bis zum Ellenbogen und streichen langsam wieder zurück, sich an warmer glatter Haut labend. Mein Blick fordert ihn auf, mit diesen schönen Händen meine Wange zu berühren und dabei seine sichelmondförmigen Augenbrauen zu heben. Ich lösche das Licht und lausche dem Echo seiner Stimme. Sein rollendes »r«, wenn er meinen Namen sagt, und das betonte »i« am Ende bringen mich zum Lachen. Mir fällt ein, wie er zum hundertsten Mal nach dem englischen Wort für »Käfig« sucht. So oft hat er betont, dass seine schöne Stadt nichts weiter sei als ein goldener ... »wie heißt das noch mal?«.

Ob ich ihm jemals einen Gute-Nacht-Kuss werde geben können? Irgendwann zwischen Wachen und Träumen höre ich ein vielstimmiges Kichern, und einen Moment lang glaube ich, meine Ohren spielten mir einen Streich und gäben noch einmal die Geräusche des Abends wieder. Doch dieser nächtliche Ausdruck der Freude wird immer heftiger und entwickelt sich schließlich zu einem hemmungslosen, ansteckenden, lauten Lachen. In der Stille der schlafenden Stadt dringt es schrill von der anderen Straßenseite durch das offene Fenster in mein Zimmer. Dort liegt angeblich eines der besten Restaurants der Stadt. Ein Geheimtipp, wie mir jemand sagte. Die Lachenden scheinen sich köstlich zu amüsieren, und ich könnte schwören, die Glücklichen befänden sich in einem Rauschzustand. Leider verstehe ich nur wenige Worte und weiß nicht, was sie so sehr belustigt und zu immer neuen Lachsalven bewegt. Schließlich treibt mich die Neugier ans Fenster. Dort unten freuen sich drei Männer und drei Frauen ihres Lebens – und ich mich mit ihnen an diesem besonderen Ort. Mit offenen Augen träume ich vor mich hin und male rosarote Bilder dieser alten Stadt an die Decke. Noch einmal sehe ich den Sonnenuntergang über dem Meydane Schah, und die Zeit scheint sich im Kreis zu drehen. Die Polospieler in ihren farbigen Trachten kämpfen vor dem Ali-Qapu-Palast um die Gunst des Herrschers, die Luft ist geschwängert vom Duft tausender Gewürze. Jede Prise, die durch die Gänge des Basars hereinweht, schenkt berauschende Kraft. Schwebt eine Miniaturzeichnung vor meinen Augen, oder habe ich diese Szene selbst gesehen?

Es ist Freitag, doch für mich erfüllt Sonntagsstimmung diesen Frühlingsmorgen. Fußgänger gehen langsamen Schrittes Richtung Flusspromenade. Ich schließe mich der gemächlichen Karawane an und genieße die wärmenden Sonnenstrahlen. Vom Ufer aus sehe ich vor einem der Brückenteehäuser einen Mann mit ungewöhnlich langen Haaren im Schneidersitz. Vor ihm liegt ein gewaltiger Haufen zerschlagener Zuckerwürfel. Ein Hammer in seiner Hand und ein kleiner Amboss zwischen seinen Beinen weisen ihn als fleißigen Zerhacker aus. Wie er da konzentriert in gerader Haltung am rauschenden Fluss vor dem Zuckerberg sitzt, weckt er meine Neugier. Ich muss unbedingt näher an ihn heran. Über eine schmale Treppe und einen kleinen Steg gelange ich schließlich zum Teehaus, und der Wirt lässt mich durch eine Absperrung zum »Zuckerhacker« vor. Ich grüße angemessen mit den Worten für Menschen, die man bei der Arbeit antrifft. »Chaste nabaschid, mögen Sie nicht müde werden!«
Einen kurzen Moment lang wendet er mir sein ebenmäßiges Gesicht zu und grüßt mit knappen Worten. Stumm sitze ich neben ihm und müsste doch etwas sagen. Er arbeitet konzentriert weiter, setzt ein großes Stück Zucker auf den Amboss und hackt mundgerechte Stücke ab. Schließlich frage ich ihn, ob es nicht schwer sei, solche Mengen Zuckerwürfel zu schlagen. Und warum dies immer noch von Hand gemacht werde. Er beschreibt die entscheidenden Qualitätsmerkmale für einen guten Zuckerwürfel, die maschinell

geformter Zucker niemals erreichen kann. Seit der Zeit des Morgengebets sitze er hier. Schließlich überwinde ich meine Scheu und frage ihn, ob ich ihn fotografieren dürfe. Er hat nichts dagegen einzuwenden, und doch fühle ich mich, als würde ich ihm etwas stehlen. An der Balustrade stehen inzwischen einige Schaulustige und wundern sich sicher über die Charedji und den Zuckerwürfelhacker. Dankend verabschiede ich mich, und der Wirt flüstert mir zu: »Er ist ein Seyed, ein direkter Nachfahre des Propheten Mohammed.«

Ich schlendere am Ufer entlang und lasse die letzten Tage Revue passieren. Beinahe lache ich laut auf bei den Gedanken an die vielen lustigen Momente. Schon kann ich unserer Flucht vor dem Sittenwächter etwas Komisches abgewinnen. Vor der Pole Chadju stehend, schaue ich in den türkisfarbenen Sayande Rud, dessen wilde Strömung von der exakten Anordnung der Bögen und Pfeiler verlangsamt und in eine harmonische Bewegung gedrängt wird; beruhigt und geteilt fließt er nun in schmalen Strängen zwischen mächtigen Mauern hindurch und erfreut mit seinem erfrischenden Nass die Spaziergänger auf den Terrassen der Brücke. Der Anblick versetzt mich in eine Euphorie, die meinen ganzen Körper erfüllt. Ein plötzlicher Stich in der Brust, und schon erscheint Kuroshs Bild vor mir. Ich versuche es zu verwischen und scheitere kläglich. Er werde auf mich warten, hat er gesagt. »Wann immer du kommst, ich bin da.«

Wie von einem Magneten angezogen wählen meine Schritte den Weg in Richtung des großen Platzes, doch bremse ich ihren Takt. Kurosh. Er gibt dem Zauber dieser Stadt etwas Unwiderstehliches. Der Fluss holt mich aus meinen Träumen zurück, und ein lächelndes Frauengesicht spiegelt meinen eigenen Gesichtsausdruck. Sie grüßt wie eine Verbündete, und ich sage im Vorübergehen: »Hi, how are you?«

Warum ist die Pole Chadju heute noch vollkommener als zuvor? Und selbst die vielspurige Straße auf der anderen Seite des Flusses wirkt nicht mehr abweisend. Fröhlich gehe ich am Ufer zurück zur

Sioseh Pol und dann die Tschahar Bagh hinauf. Dieser Teil Isfahans ist mir inzwischen sehr vertraut, und ich höre meine Schritte auf dem Pflaster klingen, als hätten sie nie einen anderen Weg gekannt.

Im Innenhof einer riesigen ehemaligen Karawanserei wartet ein Teehaus, und ich bin in der seltenen Stimmung, den geschmackvollen Luxus des Abbasi-Hotels, das nun in diesen alten Mauern residiert, genießen zu können. Die Spiegel in der wabenartigen Decke zeigen tausendfach eine beschwingte Frau in Schwarz auf roten Perserteppichen. Und auch hier, in diesen edlen Räumen, begegnet mir Vertrautheit. Als sei ich nicht mehr die fremde Frau aus dem Okzident, grüßt mich ein müßiger Gast in perfekter iranischer Höflichkeit wie eine gute Bekannte. Er führt seine Hand zum Herzen und deutet eine kurze Verbeugung an. Es ist der Wirt aus dem Teehaus unter der Pole Djubi. Ohne seine traditionelle Teehausverkleidung sieht er wesentlich würdevoller aus. Isfahan, wie werde ich jemals wieder deine Brücken, Mauern und Gassen verlassen können?

Warum nur muss die Entdeckung von Schönheit für Reisende immer Hand in Hand gehen mit dem Wissen um den baldigen Abschied? Der schmerzhafte Moment wird zwangsläufig kommen: wenn der Bus die Station verlässt, die Straßenführung gnädig einen letzten Blick auf die Minarette der großen Moschee gestattet und eine tränenfeuchte Wärme in die Augen steigt. Spätestens dann sehe ich das Bild der zurückgelassenen Oasenstadt für immer in einem goldenen Rahmen hängen.

Die Vorboten einer farbenfrohen Dämmerung locken mich in die Moschee.

»Hadsch Chanum, die Moschee schließt in wenigen Minuten.«
»Bitte lassen Sie mich hinein. Ich möchte nur einige Fotos machen. Das Licht ist jetzt so schön.«
»Basche Chanum, in Ordnung. Klopfen Sie an das Tor, wenn Sie hinaus möchten. Ich warte hier.«

Der Wärter begleitet mich ein paar Schritte, fordert die anderen Besucher zum Gehen auf und winkt mir, ihm zu folgen.

»Schauen Sie, Madam! Hier sind die berühmten Schriftfriese des Kalligrafen Ali Reza al-Abbasi.«

»Was steht dort geschrieben?«

»Es sind Stiftungsdaten des Baumeisters Ali Akbar-i-Isfahani und Segenswünsche für den Erbauer Schah Abbas I. Es hat neunzehn Jahre gedauert, diese Moschee zu errichten. Nach Ihrem Kalender ist sie 1630 fertig gestellt worden.«

Dann lässt er mich allein, und ich setze mich an die schmale Seite des großen Wasserbeckens im Innenhof der Moschee. Nur noch wenige Besucher wandeln durch das Gotteshaus. Zwei Frauen haben ihre Tschadors eng um den Körper gewunden und sitzen in einer überwölbten Nische. Das Wasser ist klar, und kein Luftzug kräuselt die Oberfläche. Was sich vor meinen Augen ausbreitet, ist für mich der Inbegriff von Harmonie. Es ist ganz still, nur hier und da erklingt ein zartes Vogelzwitschern wie ein flüchtiger Abschiedsgruß an den sich neigenden Tag. In diesem Moment bin ich bereit für die Vollkommenheit des Ortes. Die doppelstöckigen Arkaden mit ihren verschwenderischen Fayencekacheln, in leuchtendem Türkisblau und vorsichtigem Gelb gehaltene Blütenbänder und Rankendekors, die kunstvollen Schriftfriese mit ihren ausgewählten Koransuren und die exakten Umrahmungen der Bögen spiegeln sich ebenso im Wasser wie der hochaufragende Iwan im Zentrum des Bildes. Wohin das Auge auch blickt, es trifft auf vollkommene Muster glasierter Fayencen. Das Halbgewölbe mit dem dunklen, fensterartigen Einschnitt im Hintergrund lässt sein Inneres nur erahnen. Allein ein hölzernes, fein gearbeitetes Gitter wirft einen Lichtschimmer in den Iwan und erinnert an eine Welt jenseits dieser Vollkommenheit. Ein Blick in die Tiefe des Wasserbeckens ist auch ein Blick in das Himmelszelt. Das Becken mit dem Wasser der Reinigung und der Unschuld im Zentrum der Moschee ist nicht nur der Schnittpunkt der Kardinalrichtungen. Die Spiegelung zeigt auch die sonst unsichtbare vertikale Achse zwischen Nadir und Zenit. Blau in Blau, der Himmel auf Erden und die Erde im Himmel; alle Dimensionen sind vereint an diesem stillen Ort im Zentrum einer lebendigen Stadt.

»Hadsch Chanum! Haben Sie Ihre Fotos gemacht?«

Wie aus einem Traum erwacht, schaue ich in das Gesicht des Kartenkontrolleurs.

»Geht es Ihnen gut? Haben Sie Probleme? Ist alles in Ordnung?«

Ich trockne meine Augen und bedanke mich bei ihm.

»Wegen der Fotos komme ich morgen wieder. Entschuldigen Sie, dass Sie auf mich warten mussten. Und vielen Dank noch mal. Mögen Ihre Hände niemals schmerzen. Gott schütze Sie.«

»Gott schütze Sie, Madam.«

Der Basar ist mir in den letzten Tagen immer vertrauter geworden, und ich verlaufe mich nur noch selten. Erkennende Blicke der Händler und ihr Gruß mit der Hand am Herzen lassen die verwunschenen Gänge zu heimischen Orten werden. Die schnurgeraden, breiten Sonnenstrahlen, die wie Scheinwerfer ihr Licht durch die Aussparungen der gewölbten Decke werfen, verwandeln den Markt zur ruhigen Mittagszeit in eine perfekt ausgeleuchtete Bühne. Die Werkstatt von Hassan, dem begnadeten Künstler der Stoffdruckerei, ist in diesem Labyrinth zu meinem Lieblingsplatz geworden. Vor unserem ersten Besuch bei ihm war Kurosh ganz aufgeregt gewesen: »Ich führe dich zu jemandem, der dir gefallen wird, denn ich weiß, wie sehr du ehrliche Menschen, gutes Handwerk und schummrige Werkstätten liebst«, hatte er mir mit vielversprechenden Blicken angekündigt.

Über eine Holztreppe gelangten wir in den ersten Stock einer kleinen Karawanserei. Ein schmaler Balkon bildete den Zugang zu den einzelnen Werkstätten. Im ersten Lädchen saß ein Greis auf dem Boden und hielt mit seinen nackten Zehen einen Holzblock mit kunstvollem Schnitzwerk fest, der sich bei genauerem Hinsehen als Druckstock entpuppte. Der Alte arbeitete an einem Motiv der Pole Chadju.

Hassans Werkstatt liegt in der äußersten Ecke der Etage und ist kaum mehr als ein winziger Raum, der zur Hälfte mit bedruckten Decken vollgestapelt ist. Fast vierzig Jahre in diesem Handwerk haben ihn zu einem Meister der Deckendruckerei gemacht. Mit Holzstempeln, die schon sein Großvater benutzt hatte, zaubert Hassan die schönsten Motive auf Baumwollstoffe: pralle Weinreben, indisch anmutende Szenen oder auch typische Isfahaner Abbildungen. Kaum hatten wir seine Werkstatt betreten, war ich fasziniert von dem alten Mann mit den dicken Brillengläsern. Sein freundliches Gesicht strahlte vor Wärme und Intelligenz. Auf seine Frage, woher Kurosh und ich uns kennen, stockte ich und wartete auf Kuroshs Version.

»Hier können wir ganz offen reden.«

Hassan ist ein begnadeter Erzähler, und neben seinem Kunsthandwerk, das er detailliert zu erläutern versteht, ist immer wieder die schöne Zeit seiner Jugend, die »Zeit der Freiheit«, Thema seiner Schilderungen. Mitleidig klopft er dabei Kurosh auf den Schenkel.

»Was ist eine Jugend mit all diesen Verboten?«

Er schwärmt von den eleganten Touristen in den siebziger Jahren, die aus dem gesamten Iran und dem Ausland in die Stadt kamen.

»Und nun? Das Geschäft läuft schlecht. Die paar Japaner und Europäer finden kaum den Weg zu mir. Wenn Kurosh nicht manchmal eine Gruppe hierher führte, wäre ich bald arbeitslos.«

Mindestens drei Tage benötigt er für das Bedrucken eines Überwurfs von der Größe eines Ehebetts. Nie hatte ich geahnt, wie viel Arbeit in diesen Decken steckt, die ich erst durch Hassan richtig schätzen lernte.

»Und ihr beide? Wisst sicher nicht einmal, wo ihr euch ungestört treffen könnt, habe ich Recht?«

Ich traute meinen Ohren kaum, als er uns seine Werkstatt anbot.

»Am Freitagnachmittag ist kein Mensch in der Karawanserei. Ich gebe euch den Schlüssel für das Haupttor. Niemand kommt hierher.«

Längst hatte ich mein Kopftuch abgelegt und genoss diese Oase der Ungezwungenheit, saß in Hemd und Hose an Hassans Seite und versuchte mich an einem Probestück. Nicht nur die Farbmenge, der ausgeübte Druck und die richtige Portion Schwung beim Aufsetzen des Holzstempels waren, wie mir rasch klar wurde, eine Frage jahrelanger Übung. Schwieriger erschien mir die Berechnung der Muster. Wie viele aneinander gereihte Stempelabdrücke waren nötig, um ein kreisrundes Motiv von knapp zwei Metern Durchmesser zu fertigen? Die Stempel dürfen sich nicht überlappen, und eine Lücke ist nachträglich nicht mehr zu schließen. »Nach zehn Jahren hat man es begriffen«, war Hassans aufmunternder Kommentar. Seine eigenen Kinder haben kein Interesse an dieser mühsamen Handarbeit, und so ist seine Kunst vom Aussterben bedroht. Gern lässt er sich bei der Arbeit fotografieren, und ich freue mich über die schönen Motive in seiner Werkstatt. Ich wage es nicht, einen Kaufwunsch auszusprechen, und gebe Kurosh auf Englisch einen Tipp. Wie soll ich es nur anstellen, einen gerechten Preis zu zahlen? An ein normales Geschäft ist unter diesen Bedingungen nicht mehr zu denken. Aber auf keinen Fall möchte ich diese Kunstwerke geschenkt bekommen. Schließlich höre ich nicht mehr auf Hassans Worte und bestimme selbst den Preis. Weitere Decken wird Kurosh mir später nach Deutschland schicken. Die Wahl fällt mir schwer, und Hassan erläutert auf mein Drängen die verschiedenen Muster.

»Es sind ähnliche Muster, wie sie auch in Teppichen zu finden sind. Manchmal drucke ich ein Medaillon in das Zentrum einer Decke und ordne das Muster kreisförmig drumherum.«

Ich zeige auf ein tropfenförmiges, indisch anmutendes Motiv, das mir schon häufig begegnet ist. »Was bedeutet dieser Tropfen?«

»Das ist ein Palmwipfel und gleich daneben ein gebogener Palmwipfel. Die Legende besagt, dass der Prophet Mohammed einmal bei glühender Hitze durch ein schattenloses Gebiet wandern musste und sich erschöpft unter einer Palme niederließ. Diese erkannte ihn und verneigte sich vor Ehrfurcht.«

»Eine schöne Geschichte. Aber was bedeutet der winzige Palmwipfel im Innern des großen?«

»Dieses Motiv nennen wir ›Madar-e Batsche‹, ›Mutter des Kindes‹. Es soll eine Schwangere mit ihrem Kind darstellen.«

»Das höre ich zum ersten Mal«, sagte Kurosh.

»Du hast mich auch nie danach gefragt. Jedes Motiv hat eine Bedeutung. Manche sind aber so alt, dass sich niemand mehr daran erinnern kann, was sie einmal bedeutet haben. Ich habe einige Holzstempel, die über hundertfünfzig Jahre alt sind, und sie funktionieren noch immer sehr gut.«

Es ist ein sonniger Morgen, und um zehn Uhr sind wir am Haupttor des Basars verabredet. Wie vertraut mir unsere Treffen inzwischen sind. Kurosh scheint immer Zeit für mich zu haben, und auch ich verbringe nur noch wenige Stunden ohne ihn. Allein die Nächte sind erfüllt von seiner Abwesenheit. Schon von weitem sehe ich ihn eifrig gestikulierend mit dem Spielzeugverkäufer reden, der hier seinen fliegenden Stand mit Plastikflöten, Luftballons und Süßigkeiten aufgebaut hat.

»Guten Morgen. Wie geht es euch?«, grüße ich die beiden jungen Männer.

»Guten Morgen. Wie geht es dir?«, antwortet Kurosh und fügt flüsternd hinzu: »Ich habe heute Nacht von dir geträumt.«

»Wohin gehen wir? Was wirst du mir zeigen?«

»Lass dich überraschen, Azizam, liebe Freundin.«

Kurosh führt mich durch die verwirrenden Gänge des Teppichbasars. Schließlich gehen wir eine Treppe hinauf, und vor uns breiten sich Galerien mit weiteren Teppichgeschäften, Werkstätten und den Büroräumen der Händler aus. Nun haben wir, wie von einem Balkon, freien Blick auf einen gewaltigen Raum, der mit Abertausenden von Teppichen ausgefüllt ist. Ein Meer von Blütenranken, Medaillons, Bordüren und komplexen Strukturen in leuchtenden oder dezenten Farben breitet sich vor unseren Augen aus. Wie viele Hände haben die Abermillionen von Knoten geknüpft, um diese

Pracht entstehen zu lassen? Wie viele gekrümmte Rücken haben sich über verwirrende Muster gebeugt?

Ein schmaler Gang führt zu den winzigen Räumen der Teppichflicker. Ihrem Handwerk und ihrer Kunstfertigkeit ist es zu verdanken, dass beschädigte Stücke perfekt restauriert werden. Ein junger Mann grüßt Kurosh und winkt uns herein. Er sitzt auf dem Boden, und ein großer Teppich mit Brandspuren liegt auf seinem Schoß.

»Hier habe ich das Restaurieren von Teppichen gelernt«, sagt Kurosh, und ich bin beeindruckt von dieser hohen Handwerkskunst. Wir gehen durch einen weiteren Raum in ein kleines Büro. Dort sitzen Männer und trinken Tee. Ich traue meinen Augen nicht, als ich an der Wand einen Plan des Hamburger U-Bahnnetzes entdecke.

»Meine Familie hat seit Jahrzehnten ein Teppichlager in der Hamburger Speicherstadt«, erklärt mir ein älterer Herr und grüßt mich dann auf Deutsch. Er wirkt elegant und vornehm und bittet mich, ihm zu folgen.

»Er ist einer der versiertesten Teppichkenner und Sammler besonders wertvoller Stücke«, flüstert Kurosh mir zu.

Wir betreten einen großen Raum, der unsere Stimmen angenehm dämpft und in den nur schummriges Tageslicht dringt. An der Wand hängen Teppiche mit Bildmotiven, und auf dem Boden stapeln sich prachtvolle Stücke. Der Händler muss sehr wohlhabend sein, doch sein fortgeschrittenes Alter lässt Würde und Gelassenheit in den Vordergrund treten. Kein Hauch von Überheblichkeit ist zu spüren, wie ich sie bei jungen, reichen Isfahanis erlebt habe. Mir wird meine vollkommene Unkenntnis auf dem Gebiet des Teppichknüpfens bewusst, und ich bedaure sie zutiefst. Hier scheint der Garten Eden der Teppiche zu sein und dieser würdige Herr sein pflegender Gärtner höchstpersönlich.

»Welche Art von Teppichen mögen Sie?«, fragt er mich und beleuchtet den Raum mit exakt ausgerichteten Lampen. Was soll ich antworten? Wie finde ich passende Worte?

»Eher ruhige mit wenig Muster oder solche mit abstrakten Motiven. Blumen und Blütenranken wirken auf mich altmodisch«, antworte ich ihm und komme mir im selben Moment außerordentlich dumm vor.

»Schauen Sie hier, Madam. Dies ist ein Bachtiari-Teppich, der Ihnen vielleicht zusammenhanglos vorkommt, doch bei genauerem Studium können uns die Auswahl des Musters und die Anordnung der Farben und Formen sehr viel erzählen.«

Er zeigt auf einen Bachtiari-Gartenteppich aus Tschahar-Mahal, doch kann ich den Sinn der streng quadratischen Felderaufteilung nicht erfassen.

»Wir Iraner lieben Gärten über alles. Unser Land ist sehr trocken, wie Sie gesehen haben, und die Bewässerung kompliziert und aufwendig. Der Stolz eines jeden Hausbesitzers ist deshalb der Garten und seine Fruchtbarkeit. Die Bachtiaris sind Nomaden, die keine dauerhafte Bleibe und keine Gärten besitzen. Mit diesen Teppichen drücken sie ihre Wünsche aus. Die Bordüren entsprechen den Mauern, die um persische Gärten gezogen sind. Schauen Sie sich die blauen Umrandungen der einzelnen Felder an. Das sind die Bewässerungskanäle. In den Feldern finden Sie Trauerweiden, Zypressen, Granatapfelbäume und Rosen. Hier oben sehen Sie verschiedene Tiere, manchmal sogar Fische und vielleicht auch ein Haus. Verstehen Sie jetzt?«

Vor meinen Augen breitet sich die üppige Vielfalt eines fruchtbaren Gartens aus.

»Ja, ich glaube schon. Es hat etwas mit tiefer Sehnsucht zu tun, nicht wahr?«

Fast zärtlich streicht er über die blauen, zu einem Gitter verbundenen Kanäle, die das Hauptfeld des Teppichs bilden. Ich denke an die Bachtiaris und ihren unendlich langen Marsch im Frühjahr und im Herbst, an die Knüpfrahmen, die zerlegt und den Eseln aufgeladen werden, an die Frauen, die manchmal unterwegs ihre Kinder gebären. Der riesige Treck mit vielen tausend Schafen kann nicht auf sie warten, und so müssen sie sich mit der Geburt beeilen und den anderen später folgen.

»Diesen Gartenteppich habe ich von einer Sippe erworben, die bei einem schweren Unwetter drei Esel verloren hatte und dringend Geld brauchte. Normalerweise hätten sie sich von diesem besonders schönen Kunstwerk nicht getrennt. Ich werde ihn niemals weiterverkaufen. Den Frauen habe ich versprochen, ihn gut zu behandeln.«

»Und was ist mit diesem Wandteppich?«

»Das ist eines meiner Lieblingsstücke. Er ist von unschätzbarem künstlerischem und handwerklichem Wert.«

Der Teppich ist übersät mit Blumen und Vögeln, die mal in den Zweigen von Rosensträuchern sitzen und mal fliegend aus einer Blüte zu trinken scheinen.

»Das ist ein Gol-Bolboul, ein Blumen-Nachtigallen-Muster. Er ist signiert. Können Sie unsere Buchstaben lesen? Er kommt aus der Werkstatt der berühmten Isfahaner Familie Sirafian.«

»Wie alt ist dieser Teppich?«

»Er ist nicht älter als fünfzig Jahre und ein gutes Beispiel für den enormen Aufschwung der Isfahaner Werkstätten während der Pahlevi-Zeit. In vergangenen Jahrhunderten signierten nur sehr wenige Knüpfmeister ihre Arbeiten. So konnte niemand auf ihren Namen treten. Außerdem dachten sie, ihre Werke seien einzigartig und auch ohne Signatur zu erkennen.«

»Darf ich den Teppich berühren?«

»Ja, aber sicher, Madam.«

Das Stück ist so unglaublich fein geknüpft und von solcher Perfektion, dass es mir mehr wie eine Göttergabe denn wie menschengemachtes Handwerk vorkommt.

Angesichts dieser Kunst spüre ich eine Verlegenheit in mir aufsteigen. Zwar kann ich meine Hände nicht vom Material nehmen, doch muss ich meine Augen schließen, um nicht überwältigt zu werden. Der Kenner nennt mir weitere Namen großer Knüpfmeister und zeigt mir ihre traumhaften Arbeiten. Mansouri und Mohtascham bleiben mir in Erinnerung, und ich erfahre, dass es Meister gibt, die absichtlich Fehler einarbeiten: »Manch gläubige Knüpfer orientieren sich an der islamischen Lehre, die besagt, nur Gott sei vollkommen. In jeden ihrer Teppiche arbeiten sie eine kleine Unebenheit ein, etwa ein farblich abweichendes Blütenblatt, um ihren Respekt vor dem Islam zu zeigen. Solche Fehler sind nur schwer zu finden.«

Ich bin fasziniert und dankbar für diese Einführung in eine mir bisher fremde Welt.

Nach einem gemeinsamen Tee verabschieden wir uns und verabreden ein Wiedersehen in Hamburg. Als wir vor die Tür treten, schaut Kurosh mich erwartungsvoll an.

»Vielen Dank, mein Freund. Mögen deine Hände niemals schmerzen und viele Teppiche knüpfen.«

Er bemüht sich, nicht sofort loszuprusten, und kneift mir unauffällig in die Seite.

»Nein, wirklich, ich meine es ernst. Tausend Dank, dass du mich hierher geführt hast. Ich werde es nie vergessen.«

Wir schauen uns tief in die Augen, sodass wir fast mit einer Frau zusammenstoßen. Sie hält einen kleinen Seidenteppich in die Höhe und bietet ihn zum Verkauf an. Schnell hat Kurosh ausreichend Fassung zurückgewonnen, und nur noch ein glückliches Schmunzeln spielt um seine Mundwinkel, als er erklärt: »Sie ist eine Frau vom Dorf und versucht hier, ein kleines Geschäft abzuschließen.«

Ihren Tschador hält sie mit den Zähnen, damit ihre Hände frei sind für den Teppich. Das Motiv auf ihrem kleinen Werk ist den altpersischen Gedichten von Hafis oder Chaijam entlehnt. Es zeigt eine unverschleierte Frau mit langem schwarzem Haar, das üppig über ihre nackten Schultern fällt. Der rote Mund und die großen Augen sind voller Leidenschaft. Es fehlt nur noch ein Glas Wein in ihren Händen, um die Sünde zu vervollkommnen. Ich würde die Knüpferin und ihr Werk zu gern fotografieren, doch wieder hält mich das Gefühl zurück, dadurch unbefugt in eine persönliche Sphäre einzudringen.

Kurosh drängt mich fast dazu: »Später wirst du dich ärgern. Schau

sie dir an. Tief verschleiert mit dieser halb nackten Frau vor sich.
Sie wird nichts dagegen haben.«
Ich unterhalte mich mit ihr über ihr Dorf, die lange Reise mit dem
Bus in die Stadt und über das Material und Motiv des Teppichs.
Er ist leider nicht nach meinem Geschmack, doch scheint es die
derzeitige Mode sehr gut zu treffen, denn Unislamisches hat Hoch-
konjunktur.
»Ich möchte Sie sehr gern fotografieren.«
»Machen Sie ein Foto, Madam!«

Unser letzter Tag bricht an. Morgen Vormittag muss ich diese
Stadt und Kurosh endgültig verlassen. Mich überkommt das Gefühl, die Zeit vergehe im Tempo eines welkenden Geburtstags-
straußes. Jeder Morgen zeigt das näher rückende Ende liebevoll
arrangierter Schönheit, die schon bald nur noch in der Erinnerung
existieren wird. Immer wieder habe ich die Abreise verschoben,
doch nun muss ich mich endgültig lösen von diesem Ort.
Wie jeden Morgen sitze ich allein an einem Tisch des kleinen
Hotelrestaurants und bestelle Tee, Brot, Butter, Honig und Käse.
Und wie immer steht der junge Kellner in seiner weiten Hose und
dem karierten Hemd in Blickkontakt mit mir an einen Pfeiler gelehnt und wartet. Manchmal scheint es, als sei er davon überzeugt,
dass im nächsten Moment etwas ganz Besonderes passieren werde.
Als ich ihn das erste Mal ansprach, konnte er vor Schüchternheit
kaum antworten. Wie es ihm gehe, ob er ein »badscheh Isfahani«,
ein »Kind der Stadt«, sei und wie ihm die Arbeit gefalle, wollte ich
wissen. Inzwischen hat er immer Streichhölzer dabei, um mir nach
dem Frühstück Feuer für meine Morgenzigarette zu reichen. Er
kommt aus einem kleinen Dorf und hatte vorher noch nie mit
einer Ausländerin gesprochen. Als ich gestern auf Deutsch leise
über die Vorschrift fluchte, Mantel und Kopftuch am Frühstückstisch zu tragen, traute er sich sogar, nach einer Übersetzung zu
fragen. An diese Kleidung würde ich mich niemals gewöhnen können, habe ich ihm gesagt. Es kommt mir unsäglich absurd vor,

dass Frauen gezwungen werden, in dieser Montur in Restaurants zu sitzen und zu essen, besonders in den teuren an den Teheraner Prachtstraßen, wo die Eleganz von außen durch große Fenster sichtbar ist und die Kopftücher als Rahmen für perfekt geschminkte Gesichter, aufwendige Frisuren verhüllend, wie eine Farce erscheinen.

Ich suche in meiner Tasche und finde endlich das Notizbuch. Die wenigen Sätze, die ich in den letzten Tagen geschrieben habe, fügen sich zu schönen Bildern. Sie rufen Erinnerungen an lustige Momente wach, und ich muss mich bemühen, ein lautes Auflachen zu vermeiden, um den jungen Kellner nicht noch mehr zu verwirren. Dort steht: »Das Wissen um das unabwendbare Ende der Romanze mit dieser Stadt, in dieser Stadt, macht mich traurig, doch genieße ich das Dargebotene bis zur letzten Blüte. Die Abende beginnen mit berauschenden Sonnenuntergängen über dem Imam-Platz und wirken wie ein Magnet.«

Gestern Abend saß eine Engländerin verzückt am Nebentisch, die Dachterrasse des Teehauses als exklusiven Aussichtsposten nutzend, und sagte unvermittelt zu mir wie zu sich selbst: »Wer soll mir das glauben, wenn ich es zu Hause erzähle?«

Sie hatte Recht, diese Frage hatte ich auch schon oft gestellt und dazu in meinen Isfahaner Notizen vermerkt: »Mitleid für jene, die es nie gesehen haben, und größter Genuss für uns. Wie schnell ich mich doch an dieses abendliche Ritual gewöhnt habe. Ist das Schauspiel vorüber und die Seele getränkt mit dem Wissen um Schönheit und Harmonie, steigen Kurosh und ich die enge Treppe hinunter und stürzen uns in das Treiben der Menschen auf dem Platz.«

Welch ein Abend – und welch eine Nacht – liegt hinter mir! Dieser Frühstückstisch wird zur Bühne meiner Erinnerungen. Es begann vor dem Ali-Qapu-Palast. Eine Gruppe Jungen spielte dort Fußball. Mit großem Einsatz liefen sie dem Ball hinterher, und einer rief: »Hier kommt Ali Daei.«

Ich rannte ihm entgegen, versuchte ihm den Ball abzunehmen und sagte laut: »Und ich spiele in der nächsten Saison bei Arminia Bielefeld in Deutschland.«

Kurosh riss seine großen Augen noch weiter auf und konnte sich kaum halten vor Lachen, während er gleichzeitig versuchte, mit mir zu schimpfen.

»Musst du auch noch zusätzlich die Aufmerksamkeit auf uns lenken? Freu dich, dass es ein wenig dunkel ist und dich nicht jeder schon von weitem als Ausländerin identifiziert.«

Tatsächlich sehen wir nach Einbruch der Dunkelheit fast nie Touristen. Sie scheinen sich abends nicht auf die Straße zu trauen und verpassen dadurch den schönsten Teil des Tages. Um so mehr Aufmerksamkeit erregen wir dann immer. Den neugierig gewordenen Fußballern dienten als Tormarkierung zwei hochhackige Damenpumps, die sie mitten auf die Straße gelegt hatten.

»Lass uns Fotos von den Jungen machen.«

Mein Blitzgerät lockte weitere Neugierige an, und endlich war der Moment für eine ganz besondere Bilderserie gekommen. Schon seit langem wollte ich iranische Familien auf ihren kleinen Motorrädern fotografieren. Fünf Personen, die mit ihrer gesamten Picknickausrüstung den Platz erreichten, bildeten das erste Motiv, und sie lachten vergnügt in die Kamera. Vor der großen Moschee legten wir uns auf die Lauer und nahmen die vorbeirauschenden Gefährte auf. Kurosh hielt amüsiert Ausschau nach besonders reichlich beladenen Mopeds und gab mir rechtzeitig Bescheid.

Im Schutz des Halbdunkels kämpften junge Mädchen mit den Fahrrädern ihrer Brüder und radelten unsicher vom Grünstreifen in der Mitte des Platzes bis zur Scheik-Lotfollah-Moschee. Ich beobachtete sie eine Weile und erzählte Kurosh von meinen Gefühlen, als ich zum ersten Mal ein iranisches Mädchen hatte Fahrrad fahren sehen.

»Ich weiß genau, was du meinst«, erwiderte er. »Meine Schwester ist auch in diesem Alter, und ich frage mich, was aus ihr werden soll.«

Ich drückte ihm meine Kamera in die Hand und lief übermütig in die nahe gelegene Karawanserei, nahm mir Kuroshs Mountainbike und fuhr durch die verlassenen Gassen des Basars, die wenigen ungläubig schauenden Passanten freundlich grüßend. Hinter mir hörte ich Kuroshs Lachen und einige der wenigen deutschen Worte, die er konnte: »Du bist verrückt, mein Schatz!«

Und das sagte er mit seinem wunderschön gerollten »r«. Den Mantel hatte ich hochgeschoben, und der Fahrtwind im Gesicht gab mir das berauschende Gefühl von Freiheit. Es gesellte sich zu dem Anflug von Wut, der beim Anblick der unsicheren Mädchen in mir aufgestiegen war. Freiheit, welch hohes Gut! Nie hätte ich gedacht, eine Fahrradtour könne mir dieses Gefühl geben. Es war beinahe, als hätte ich es zum ersten Mal gespürt. Ich hatte das sonderbare Gefühl, nicht mehr dieselbe zu sein, als ich vom Fahrrad stieg und es Kurosh zurückgab.

»Und?«, fragte er. »Hat jemand was gesagt?«

Das war gestern Abend, und ich denke erneut an dieses besondere Gefühl. Es war wie eine Erkenntnis, die mich durchströmte, wie etwas, dass ich nie vergessen werde. Danach gingen wir gemeinsam durch dunkle Gänge in die Karawanserei, und er stellte das Fahrrad an seinen Stammplatz. Während er umständlich mit dem Schloss hantierte, blieb ich hinter ihm stehen und schaute auf seinen gebeugten Rücken. Seine Muskeln spannten sich unter dem Hemd, und sein schlanker Hals ging über in einen schönen Hinterkopf. Er schimpfte auf Persisch, schien mich etwas zu fragen, und als er sich dann endlich umdrehte, sah ich im Halbdunkel seine staunenden Augen.

»Warum antwortest du nicht?«

Ich nahm seine Hände, zog ihn nah an mich heran und versank in der Wärme eines Kusses.

Es ist beinahe elf, als ich das Notizbuch beiseite lege. Der Kellner plaudert inzwischen mit seinen Kollegen, und ich bitte ihn um die Rechnung. Gleich treffe ich Kurosh an dem Kreisverkehr vor der Brücke, und wir werden zum Busbahnhof fahren, um eine Fahrkarte nach Teheran zu kaufen.

Während ich auf ihn warte, spricht mich ein junges Paar an.

»Entschuldigen Sie, Madam. Sie wohnen doch auch in unserem Hotel, nicht wahr?«

»Ja, ich habe Sie gestern bei ihrer Ankunft an der Rezeption gesehen. Wie geht es Ihnen?«

»Wie geht es Ihnen? Geht es Ihnen gut?«

»Danke, sehr gut. Wie geht es Ihnen?«

»Uns geht es gut, danke. Ihnen auch? Wir möchten Sie etwas fragen.«

»Bitte, fragen Sie.«

»Wir würden gern ein Foto mit Ihnen machen. Wir kommen aus einer Stadt in Kurdistan. Dorthin kommen nie ausländische Touristen. Wir sind auf unserer Hochzeitsreise und würden uns über ein Foto mit Ihnen freuen.«

»Herzlichen Glückwunsch zu Ihrer Hochzeit.«

»Vielen Dank.«

Wir fotografieren uns gegenseitig und bitten einen Passanten, ein gemeinsames Foto von uns zu machen.

Kurosh kommt wie immer pünktlich, und schon sitzen wir dicht beieinander in einem Taxi. Er berührt mein Knie und fragt flüsternd, wann er es endlich zu sehen bekomme.

»Unverschämter Kerl! Wir sind hier nicht in Europa oder Goa.«

»Wie schade.«

»Und wann sehe ich deins?«

Er beginnt seine Hose hochzuschieben, und ich lache laut los. Der Fahrer schaut ohnehin mehr in den Rückspiegel als auf die Straße, aber er scheint ein umgänglicher Kerl zu sein, der nichts dagegen hat, ein verhindertes Liebespaar durch die Stadt zu fahren. An jeder Fensterscheibe in seinem Fahrzeug sind Aufkleber angebracht, die auf die vorgeschriebene Kleiderordnung für Frauen hinweisen. Am Anfang der Reise dachte ich immer, daran seien besonders eifrige Moralwächter zu erkennen, doch inzwischen ist mir klar geworden, dass damit nur den Ansprüchen Genüge getan und Kontrollen und Ärger vermieden werden sollen. Die meisten dieser Aufkleber hab ich im »Louis-quatorze-Café«, dem Treffpunkt der wohlhabenden und »sittenlosen« Jugend, gesehen.

Wie lang und schlank seine Beine doch sind, die Waden wohlgeformt und trotz ihrer Behaarung ungemein feminin. Sein ganzer Körper zeugt von einer überraschenden Feingliedrigkeit und wirkt manchmal geradezu zart. Doch er steckt voller Kraft. Einem Energiebündel gleich, verweilt Kurosh nur selten regungslos. Manchmal, wenn er etwas Interessantes sieht, das er mir zeigen will, dreht er sich im Gehen ruckartig um. Dabei hat er mich einmal fast umgerannt.

Wir erreichen den Busbahnhof. Es ist derselbe, an dem ich vor über vier Jahren allein angekommen war und niemand bereit gestanden hatte, mich abzuholen. Damals war er ganz neu gewesen, und Djawid und Keschwar hatten mich am alten Bahnhof erwartet. Der Wagen hält vor der Eingangstür, und schon stehen wir in der Halle mit den vielen Schaltern der verschiedenen Busgesellschaften. Aus allen Richtungen rufen die Ticketverkäufer Fahrtziele zu uns herüber. »Schiraz«, »Kerman«, »Yazd«, »Ahwaz!«, und natürlich »Tehran«, »Tehran«, »Tehran!«.

Sie stoßen die Namen mit einer unglaublichen Schnelligkeit und Routine hervor, die fast schon wie ein Reflex wirkt. Kurosh schaut mich mit fragenden Augen an, und schon müssen wir lachen. Das scheint ansteckend zu sein, denn die »Schreihälse« beobachten uns belustigt und warten darauf, dass wir unseren Zielort preisgeben. »Schau sie dir an«, sagt Kurosh. »Sie sehen aus wie kleine Vögel, die ihre Schnäbel weit aufgerissen haben und von ihren Eltern gefüttert werden wollen.«

Es stimmt, diese ewig geöffneten, nimmersatten Münder, die aus ihren »Nestern« in unsere Richtung schreien, erinnern an Wesen, die nicht in der Lage sind, in die weite Welt hinauszufliegen.

»Komm, wir gehen zu ›Ta'avoni Jek‹, der Busgesellschaft Nummer eins. Sie haben die modernsten Busse.«

Am letzten Tag erspare ich mir jeden Protest und die Bemerkung, dass ich alte Busse viel lieber mag. Die Fahrtkosten belaufen sich ohnehin nur auf einige Mark.

Die Buskarte in meiner Tasche hat das Gewicht einer schweren Last, doch muss meine Kraft ausreichen, sie zu tragen. Kaum sitzen wir in unserem wahrscheinlich hundertsten Taxi, fühle ich auch schon den Trost seiner vertrauten Nähe, und ich bin bereit für einen schönen, letzten gemeinsamen Tag. Sein Arm liegt wie so oft auf der Ablage hinter der Rückenlehne, und seine schlanken Finger spielen mit meinen Haarsträhnen, die sich aus dem Kopftuch befreit haben.

»Lass uns an unserem letzten Tag noch einmal in ein schickes Restaurant gehen. Ich möchte dich einladen. Sag ja, tu mir den Gefallen. Keine finstere Leberspießbude heute, bitte.«

»Wenn du so nett fragst, wie kann ich da nein sagen? Obwohl ich finde, dass du schon viel zu viel Geld ausgegeben hast.«

»Du ahnst nicht, wie gern ich das mache.«

Er nennt dem Fahrer eine Adresse, und schon stehen wir vor einem einladenden Gebäude. Der Speisesaal ist mit klassischen Miniaturmalereien dekoriert, und die Längsseite zeigt ein beliebtes altiranisches Motiv: Der genüssliche Dichter sitzt im Schatten eines Baumes und wartet auf den Kelch, den eine schöne Frau ihm mit Wein gefüllt hat.

»Da würde ich auch gern sitzen«, sage ich und deute auf die Malerei.

»Und für mich dichten?«

»Nein, ich würde dich, mein schöner Jüngling, bitten, mir den Kelch mit deinem edlen Rebensaft zu füllen.«

An einer langen Tafel in der Mitte des Raums sitzt eine ausländische Reisegruppe. Der Kellner weist uns einen Platz in einer Ecke zu. Am Nebentisch sind zwei Männer mit ihren Mahlzeiten beschäftigt. Sicher die Busfahrer der Gruppe, denke ich. Nach Geschäftsleuten sehen sie jedenfalls nicht aus, und wer sonst würde zum Mittagessen in ein teures Restaurant gehen? Kurosh setzt sich neben mich.

»Warum nimmst du nicht den Platz gegenüber?«

»Ich möchte so nah wie möglich bei dir sein, um deinen Kelch zu füllen.«

»Wir sind hier nicht allein. Es sieht ein wenig merkwürdig aus, nebeneinander zu sitzen.«

»Keine Sorge, Azizam.«

Von der Reisegruppe dringen englische Wortfetzen herüber, und ich meine einen kräftigen amerikanischen Akzent zu hören. Ich überlasse Kurosh die Auswahl der Speisen, und er sucht mit einer fast kindlichen Vorfreude verschiedene Leckereien aus. Herrliche Düfte von Kräutern, Gewürzen und Reis erfüllen den Raum, und mir läuft das Wasser im Mund zusammen. Der Kellner bemüht sich um eine steife Haltung, die wie frisch antrainiert wirkt. Seine folkloristisch anmutende Tracht scheint ihm dabei selbst nicht ganz geheuer zu sein. Doch er entspannt sich sofort, als er Kuroshs zwanglosen Isfahaner Dialekt vernimmt. »Badscheh Isfahan schoma?« Ob Kurosh ein Kind der Stadt sei, fragt er überrascht. Dann spricht er einige Empfehlungen aus und zeigt dabei ungeniert auf die Teller der beiden Männer am Nebentisch.

»Ich will nicht, dass du gehst. Bleib noch ein paar Tage. Isfahan wird leer sein ohne dich.«

»Mir wird die Stadt auch fehlen.«

»Und ich, was ist mit mir?«

»Lass uns später darüber reden. Die beiden Männer schauen ständig zu uns herüber.«

Ihre Art, uns zu beobachten, missfällt mir zutiefst, und es bereitet mir Mühe, sie zu übersehen. Doch ich versuche, mich auf diesen schönen Moment unseres letzten Restaurantbesuches zu konzentrieren.

»Glaubst du, die Reisegruppe kommt aus Amerika?«

»Warum nicht? Das haben wir gleich.«

Ehe ich noch etwas sagen kann, steht Kurosh schon an der langen Tafel und plaudert mit den Touristen. Hemmungen scheint er wirklich nicht zu kennen. Auch ich stehe auf und gehe ihm nach.

»Wir kommen aus Connecticut«, sagt eine Frau so laut, als müsste sie gegen den steifen Atlantikwind an ihrer Heimatküste anbrüllen. »Ohh, die Leute hier sind wunderbar. Soo nice, Darling. Und wenn sie hören, dass wir aus Amerika kommen, sind sie total begeistert. It's so wonderful. Haben Sie die Moschee besucht? Und Persepolis, Darling?«

Als endlich das rettende Essen serviert wird und wir an unseren Tisch zurückkehren, sind wir glücklicherweise weit genug entfernt, um unser Lachen nicht länger unterdrücken zu müssen.

»Sag nicht, du hast sie verstanden. Was ist das für ein Akzent? Woher kommen sie? Aus Kennedy ... was?«

»Connecticut, bei New York. Ich kenne das ein bisschen. Habe ich dir eigentlich erzählt, dass ich eine Weile in den USA war? Deshalb verstehe ich diesen jaulenden Akzent einigermaßen.«

»Bitte mach es nach, wenn du kannst.«

»Okay, Darling. Hast du die Brücke über den Fluss gesehen? Göttlich, sage ich dir, Darling. Und Bam? Unglaublich, tausend Jahre, ach, was sage ich, zweitausend Jahre alt. Wir haben Schiraz und Persepolis an einem Tag geschafft. Wonderful!«

»Wow, das hörte sich echt an.«

»Sie sagten, sie seien über die Schweiz eingereist. Ob sie dort auch erst ihr Visum erhalten haben? Schließlich kommen sie direkt vom großen Satan.«

»Keine Ahnung, wie das bei denen mit dem Visum läuft. Wundert es dich, dass die Iraner nichts gegen Amerikaner haben?«

»Eigentlich nicht, aber ich wundere mich, dass sie sich hierher trauen. Sozusagen in die Höhle des Löwen«, und leise füge ich hinzu: »Die beiden Typen vom Nebentisch gefallen mir nicht.«

»Langsam bekommst du Paranoia.«

»Guten Appetit!«

»Dir auch, Azizam.«

Als ich nach dem Essen noch ein wenig mit den Darlings aus Amerika plaudere, sehe ich aus den Augenwinkeln die beiden Männer auf Kurosh zugehen. Er gibt mir zu verstehen, dass wir

258

besser verschwinden sollten, und so verabschiede ich mich von der Gruppe.

Als wir im Taxi sitzen, sagt er: »Das waren ihre Busfahrer. Sie wollten wissen, ob ich dein Tourguide bin, wie ich heiße und für welche Agentur ich arbeite. Diese verdammten Kontrolleure nerven mich. Was geht es sie an, wer ich bin und wer du bist? Ich will nur noch weg hier.«

Die monotonen Motorgeräusche und das sanfte Dahingleiten des »Super-de-Luxe«-Busses schaukeln mich in einen Zustand zwischen Wachen und Träumen. Die Stimmen der anderen Fahrgäste verflüchtigen sich. Habe ich noch die Kontrolle über meine Gedanken, oder ist es schon die unbekannte Macht der Traumwelt, die mich entführt? In verworrenen Fantasien rauscht Isfahan an mir vorbei wie eine bezaubernde Landschaft an einem geöffneten Zugfenster. Viel zu schnell wechseln die Bilder, Haare wehen vor staunende Augen, die der dargebotenen Schönheit kaum trauen mögen. Liebenswürdige Mitreisende teilen die Momente der Verzückung, tapfer dem Wissen um das Ende der Etappe trotzend. Diese Reise führt zu einem anderen Ziel. Schon verschwimmt die Pole Chadju im Farbenmeer des Abendhimmels, ein schwarzer Tschador schwebt durch die Freitagsmoschee, und die Ruinen des Feuertempels einer fast vergessenen Religion scheinen nur noch Illusion zu sein. Hatten Kirchenglocken geläutet? Hatten wir einen armenischen Mokka getrunken? Wer waren die freundlichen Leute, die uns Wein anboten? Standen wir wirklich allein auf dem Balkon des Ali-Qapu-Palastes? Wer hatte uns hineingelassen, rosa Schäfchenwolken an den Himmel gemalt und Kuroshs Augen zum Funkeln gebracht? Hatte er für mich gesungen und mich im Musikzimmer des Palastes geküsst? Hatte ich ihn als kindischen Narren beschimpft? Waren seine Hände in meinen Mantel geglitten und hatten sich der gefühlten Zartheit erfreut?

Der »Super-de-Luxe« muss bremsen. Meine Augen werden von der unbarmherzigen Wüstensonne geblendet. Ein Blick nach unten, die Schachtel mit den Isfahaner Süßigkeiten in meinen Händen ist ein Beweis! Ich war wirklich dort! Die Uhr zeigt zwölf, bald sind wir in Qom. Erst vor einigen Stunden haben wir die geöffneten Schnäbel der hungrigen Vögelchen hinter uns gelassen und auf meine Abfahrt gewartet. Mintgrün steht ihm wirklich sehr gut, habe ich gedacht.

»Bitte lächle – cheese!!«, hat er gerufen und ein Foto gemacht und dann mit einer unbekannten Ernsthaftigkeit gesagt: »Ich danke dir von ganzem Herzen für diese schönen Tage.«

»Und ich danke dir.«

Dann verließ der Bus die Station. Kurosh. Er verschwimmt vor meinen Augen. Dies ist der Abschied!, schoss es mir durch den Kopf, und ich konnte nur noch auf den endgültig letzten Anblick der Minarette warten. Isfahan, du Wunderbare. Du goldener Käfig. Das schönste Bild von dir wird nicht in einem goldenen Rahmen hängen.

Warten in Teheran

Die Ankunft meiner Freundinnen aus Deutschland verzögert sich um einige Tage, und so verbringe ich die Zeit bei Farhad und seiner Familie. Es ist eine vertraute Atmosphäre und durch seine Besuche in Deutschland und dem Kennenlernen meiner Lebensart braucht es kein kompliziertes Abwägen meines Verhaltens. Weder muss ich hier stundenlang im Wohnzimmer bei Tee, Gebäck und Obst sitzen, noch ist es unangemessen, mich lang auf dem Boden auszustrecken und einfach die Augen zu schließen. Hier habe ich freien Zugang zum Samowar; was bei allen anderen mir bekannten Familien unmöglich wäre, denn ein Gast wird üblicherweise rundherum bedient.

Die Frühlingssonne brennt an diesem Tag mit ungeahnter Kraft, und mit Hilfe von Farhads Sohn kokeln wir auf dem Balkon mit einem Brennglas. In Sekundenschnelle bringen wir Zeitungspapier zum Brennen, und begeistert und auch neidisch angesichts der allzeit sicheren Sonnenkraft beobachte ich die intensive Strahlung. Warum sich fast die gesamte Familie hinter dicken Vorhängen verschanzt, bleibt mir als Norddeutsche wohl ein ewiges Rätsel. Erst am Nachmittag wird es auch mir zu heiß, und ich setze mich zu den anderen auf das riesige Ehebett. Auch zu sechst haben wir es hier bequem. Mahwash hält einen gekreuzten Faden zwischen den Fingern ihrer rechten Hand und zieht ihn mit der linken in die Länge. Mit schnellen ruckartigen Bewegungen rollt sie ihn über Mithras feine Gesichtsbehaarung, die ihre Lippen nach innen gezogen hat und die Haut unter ihren Nasenflügeln strafft. Unglaublich flink wiederholt Mahwash ihre gekonnten Griffe, und schon sind alle Spuren eines Damenbarts beseitigt. Es scheint nicht einmal zu schmerzen, obwohl mir schon der Gedanke an diese Prozedur die Tränen in die Augen treibt. Gespannt warte ich auf weitere Enthüllungen in Sachen Körperpflege. Reihum befreien Mithra, Mahwash und Mahnaz sich von ungeliebten Haaren im Gesicht und an den Armen. In Ermangelung ausreichend behaarter weiblicher Schenkel soll Farhads üppiges Beinhaar mir zur Demonstration einer besonderen Wirkung dienen. Zur Haarentfernung rührt Mahnaz ein schwefelhaltiges Pulver an und streicht damit eine kleine kreisrunde Stelle an Farhads Wade ein. Nach wenigen Minuten sterben seine langen schwarzen Haare ab und können mühelos von der Haut gewaschen werden.

Dann machen sich die Schwestern daran, Farhads Nasenhaare zu stutzen, seinen Hals auszurasieren und seine Ohrbehaarung zu bearbeiten.

Einzig meine Augenbrauen erfordern ein wenig Aufwand, und Mahwash zupft sie mit einer Pinzette in Form. Aus dem Augenwinkel sehe ich Mahnaz mit halb fertig geschminkten Lippen aus dem Bad kommen. Sie deutet auf den rotbraunen Stift in ihrer Hand und fragt mich: »Ich darf doch, oder? Er ist so schön cremig.«

»Klar, wenn er dir gefällt.«

»Die Qualität ist einfach besser als unsere.«

Farhads Mutter bringt uns Tee und schmunzelt über die illustre Runde, die sich in ihrem ehemaligen Ehebett vergnügt.

»Ach, hätte euer Vater nur sehen können, wie sich hier vier hübsche Frauen mit seinem jüngsten Sohn und dem Neffen einen gemütlichen Nachmittag machen. Was hätte er wohl dazu gesagt?«

Auch sie findet noch ein wenig Platz auf dem Bett, und langsam vernebelt der Rauch vieler Zigaretten den Raum.

»Erzähle uns von den Männern und der Liebe in Deutschland. Wie lernt man sich zum Beispiel kennen?«

»Die Chancen für einen Flirt im Taxi stehen jedenfalls ziemlich schlecht«, erkläre ich und erzähle von der deutschen Unsitte, nie mehrere einander fremde Fahrgäste mitzunehmen.

»Ich glaube sogar, in meinem Land wird weniger geflirtet als hier.«

»Was? Wieso? Wie kommst du darauf?«

»Na ja, vielleicht sind deutsche Männer schüchterner, oder sie haben Angst, etwas falsch zu machen. Oder sie beachten Frauen einfach nicht.«

»Ich dachte immer, wenn alles erlaubt ist, dann dreht sich das halbe Leben um Liebe und Sex«, sagt Mithra mit einem vieldeutigen Blick zu Farhad.

»Ach, weißt du, wenn man machen kann, was man will, dann fehlt auch der Reiz des Verbotenen.«

»Ich kann mir das alles nicht vorstellen. Auf euren Straßen laufen halb nackte Frauen herum, im Fernsehen wird Sex gezeigt, und da soll der Reiz fehlen?«

»Jedenfalls gibt es hier bestimmt ganz andere Reize, die nicht unbedingt schwächer sein müssen«, wage ich mich beinahe bis zu einer Enthüllung meines Abenteuers vor.

»Außerdem sind die deutschen Männer auch bei weitem nicht so zuvorkommend wie die iranischen. Man muss schon Glück haben, wenn sie einem die Tür aufhalten.«

»Was? Das ist ja schrecklich.«

»Und im Bus oder in der U-Bahn bietet kein Mann einer Frau seinen Platz an, es sei denn, sie ist alt und gebrechlich.«

Solch ein rüdes Verhalten können sie einfach nicht fassen.

»Und da heißt es immer, wir werden von unseren Männern in jeder Hinsicht unterdrückt und wie Dienstboten behandelt.«

Farhad betont, sie könnten mir ruhig glauben, dass die deutschen Männer sich ungehobelt verhalten. Und was die Freizügigkeit betreffe: Sie führe keineswegs zu ständigen Sexorgien. Bei seinem Besuch in Deutschland habe er mitbekommen, wie gut ich mich auf diesem Gebiet auskenne.

»Ist das etwa eine Anspielung?«

»Nein, nein. Ich habe doch selbst gesehen, wie unfreundlich manche Männer dort sind, und außerdem weiß ich, wie sehr du orientalische Höflichkeit zu schätzen weißt. Ich habe das Gleiche übrigens auch schon von iranischen Frauen gehört, die in Deutschland leben«, fährt Farhad fort, um möglichst lange bei diesem für ihn so ergiebigen Thema zu verweilen. Seine Frau hatte des öfteren scherzhaft geäußert, dass sie keineswegs von den Schilderungen seiner Deutschlandbesuche überzeugt war.

An diesem Nachmittag können er und sein Neffe sich in der Rolle iranischer Gentlemen sonnen.

Am Abend rufen Behnusch und Bahare mich aus Hamburg an.

»Es tut uns wahnsinnig leid, aber unsere Abfahrt verzögert sich noch einmal. Wir kommen erst nächste Woche. Meine mündliche Prüfung hat sich verschoben.«

»Wie schade. Viel Glück bei der Prüfung! Und macht euch keine Sorgen. Ich kann mich schon beschäftigen.«

»Wirklich? Ist alles okay bei dir? Bleibst du bei Farhads Familie?«

»Ich weiß noch nicht. Vielleicht reise ich noch ein wenig im Land herum. Aber wenn ihr kommt, werde ich in Teheran sein.«

Am nächsten Morgen habe ich Mühe, mich aus dem Bett zu wälzen. Mein Körper fühlt sich schwer und unförmig an. Das ständige Essen und die fehlende sportliche Betätigung machen mich auf eine unbekannte Art träge und unzufrieden. Meine wöchentliche Joggingration von zwanzig Kilometern erscheint mir hier wie ein exotischer Traum. Wo könnte ich laufen, wo meine Gymnastikübungen machen und wo mit dem Fahrrad umherfahren? Plötzlich kommt mir eine Idee. Nargez sitzt am Frühstückstisch, gießt sich heißen Tee in eine tiefe Untertasse, legt sich ein Stück hausgeschlagenen Zucker zwischen die Zähne und beeilt sich mit den heißen Schlucken. Es wird Zeit für sie, sich auf den Weg zur Schule zu machen, und ich erwische sie gerade noch rechtzeitig.

»Guten Morgen, Nargez. Wie geht es dir? Hast du gut geschlafen? Geht es dir gut?«

»Guten Morgen, Bruni. Danke, mir geht es gut. Wie geht es dir? Alles klar?«

»Danke, mir geht es gut. Sagtest du nicht, du hast heute Sportunterricht?«

»Ja, genau, in der vierten Stunde. Warum fragst du?«

»Glaubst du, ich könnte vielleicht mitkommen?«

»Mitkommen? Wohin?«

»In die Schule, ich meine in den Sportunterricht. Ich würde gern
sehen, was ihr so macht.«

»Nichts Besonderes. Es ist unser erstes Jahr Sportunterricht. Aber
es wäre toll, wenn du zugucken würdest. Ich frage meine Lehrerin.«

»Wann soll ich da sein?«

Zur verabredeten Zeit warte ich vor dem Schulhof und wundere
mich über das kleine Gebäude. Die Privatschule hat nur jeweils
eine Klasse pro Jahrgang und liegt in einem bevorzugten Teheraner
Stadtviertel. Das Schulgeld bedeutet eine große Belastung für die
Familie, aber auf keinen Fall soll Nargez eine staatliche Schule besuchen, weil die Klassen angeblich zu voll, der Unterricht dürftig
und die Mitschüler schlecht erzogen seien.

Die Direktorin ist sehr streng mit schwarzem Maghne und Tscha-
dor bekleidet und thront hinter einem voluminösen Schreibtisch.
Ein gewaltiges Khomeiniporträt hängt drohend über der verhüllten
Frau. Irgendwie erinnert sie an ein kleines Mädchen, das beim
Anziehen den Arm in das falsche Ärmelloch gesteckt hat, dadurch
im Kleidergewirr festsitzt und gerade mal ihr Gesicht befreit hat.

»Gehen Sie ruhig mit in den Unterricht, Miss«, sagt sie in geübtem
Englisch und nutzt die Gelegenheit, mir einige interessierte Fragen
zu stellen. Sie selbst hat in den siebziger Jahren zwei Semester in
England studiert und liebt Europa, wie sie betont.

Ein Bus bringt uns zur Sporthalle, und die kichernden Mädchen
auf den hinteren Bänken erinnern mich an meinen eigenen Lieblingsplatz bei derartigen Ausflügen, wobei ich meistens in der Nähe
der frechsten Jungen saß.

Die Lehrerin kontrolliert, ob das Gebäude »männerfrei« ist, und
schon gehen wir in einen Umkleideraum und ziehen uns um. Mein

helles Haar findet allseits viel Beachtung, und meine Adidas-Sport-
hose würde ich am liebsten jedem der Mädchen schenken. Die
auffälligen Druckknöpfe an den Hosenbeinen wären hier offenbar
der letzte Schrei, und Nargez scheint überaus zufrieden mit dem
Auftreten ihrer ausländischen »Tante« zu sein.

Der vertraute Geruch einer Sportstätte liegt in der Luft, und ich
kann mich nicht mehr bremsen, als wir endlich die Halle betreten.
Ich beginne herumzutoben, Räder zu schlagen und übe den Handstand. Ich freue mich über jeden Sekundenbruchteil, in dem meine
Füße durch die Luft schwirren. Doch dann halte ich einen Moment
lang inne und blicke in viele entgeisterte Augenpaare.

»Was machen Sie da, Chanum? Wie machen Sie das?«

Als sei ich die Hauptattraktion einer wagemutigen Trapezgruppe
unter einer Zirkuskuppel, treffen mich neiderfüllte Blicke.

»Wieso? Was ist? Das ist doch nur ein krummer Radschlag.«

Unbeholfen versucht sich eines der Mädchen an einem Handstand, doch halten ihre ungeübten Arme den Druck nicht aus und
geben sofort nach. Einer anderen scheint es an ein Wunder zu
grenzen, dass sie die eigenen Füße über den Po in die Höhe heben
kann.

Nun erscheint die Lehrerin im Mantel und mit lockerem Kopftuch,
und ein militärisch anmutendes Aufwärmtraining beginnt. Nach
ihrem Kommando wird jede Übung zehnmal wiederholt. Zehn
Kniebeugen, zehn Ausfallschritte, zehn Hüpfer.

Bei einer Art Völkerballspiel überkommt mich eine mir inzwischen
schon geläufige Traurigkeit, als ich die kraftlosen Würfe der Mädchen und ihr ungeschicktes Ausweichen beobachte. Nur zweien
scheint das Rund des Balls und die ungeheuren Möglichkeiten, ihn
zu beherrschen, vertraut zu sein. Sie jagen mich erst schüchtern
und dann, als sie mein Vergnügen daran bemerkt haben, immer
heftiger und mit großem Elan über das Spielfeld. Ich genieße mein
keuchendes Atmen und den Schweiß auf der Stirn.

Am Abend übt Nargez ununterbrochen den Handstand an der
Wand. Ich staple einige Kissen auf und gebe ihr Hilfestellung. Als

sei sie auf ein Geheimnis gestoßen, das bisher unentdeckt in ihrem zwölfjährigen Körper geschlummert hat, freut sie sich an der eigenen Kraft und dem Zusammenspiel von Willen und Muskeln und am Trainieren einer verborgenen Fähigkeit.

Schiraz und die Höhle

*K*urosh. Er geht mir einfach nicht mehr aus dem Kopf. Ständig denke ich an unsere Streifzüge durch den Basar, als seien die quirligen Gassen mit ihren runden Bögen hinter dem silberbeschlagenen Tor unsere ureigenste und nun für immer verlorene Welt. Ich höre sein Lachen und ertappe mich dabei, wie ich mir durchs Haar streiche und an seine sanften Hände denke. Bei jedem Klingeln des Telefons schrecke ich hoch und hoffe auf eine Nachricht von ihm. Längst habe ich mich entschieden, ihn noch einmal zu sehen, und werde ein Treffen in Schiraz vorschlagen, in der Stadt der Rosen, die jetzt im Frühjahr von duftenden Orangenblüten erfüllt sein wird. Auf Maschad, die Pilgerstadt im weit entfernten Osten, für die ich einen Flug gebucht habe, werde ich leichten Herzens verzichten, und meine Gastgeber werden sicher auch Verständnis zeigen, wenn es mich noch einmal in die Ferne zieht.

Es ist eine russische Maschine, die die Hochebene überfliegt und mich an meinen ersten Fernflug nach Kuba erinnert. Die dröhnenden Geräusche der Iljuschin hatten mir damals den Angstschweiß auf die Handflächen getrieben. Kalt und feucht rutschten sie immer wieder von den Sitzlehnen, an denen ich mich krampfhaft festhalten wollte. Dieser Flug nach Schiraz dauert zum Glück nicht lange. Doch in welcher Art von Flugzeug ich auch sitze, ich hasse das Fliegen, hat es doch nur sehr wenig mit Reisen zu tun. Tausend Kilometer in etwas mehr als einer Stunde. Dabei fällt mir einer der unzähligen Mullahwitze ein, die Madjid mir damals erzählt hat. Leider sieht keiner der Mitreisenden so aus, als hätte er Interesse, sich von einer Ausländerin einen Mullahwitz erzählen zu lassen, und so schmunzle ich bei dem Gedanken an seine lustige Erzählweise in mich hinein. Es geht dabei um den als naiv geltenden, einst designierten Khomeininachfolger Montazeri. Auch er sitzt eines Tages in einem Flugzeug von Teheran nach Schiraz und überrascht sein Begrüßungskomitee nach der Landung mit den Worten: »Hätte ich gewusst, dass ich nur eine Stunde bis nach Schiraz brauche, wäre ich zu Fuß gekommen.«

In Teheran hatte ich mich vorsorglich bei Freunden nach einem Hotel erkundigt, in dem häufiger ausländische Reisende logieren und wo die Kontrollen möglicherweise nicht so streng sind wie üblich. Meine Strategie sollte darin bestehen, möglichst zu verheimlichen, dass Kurosh und ich zusammengehören. Es sollte so wirken, als seien wir uns vorher nie begegnet. In der Stadt könnten wir uns dann treffen und die Tage gemeinsam verbringen. Im Hotel jedoch sollte gar nicht erst der Verdacht entstehen, wir hätten ein illegales Verhältnis. Inzwischen ist Moharram, der Trauermonat, angebrochen, und mir fallen gut gemeinte Ratschläge iranischer Freunde in Deutschland ein.

»Fahre niemals während des Ramadan oder Moharram in den Iran«, hatten sie gesagt, »dann ist es dort besonders schlimm.« Ausnahmsweise wollte ich diesen Rat befolgen, doch der Mykonosprozess und das mehrmalige Verschieben meiner Reise hatten mir einen Strich durch die Rechnung gemacht. Nun also bin ich nicht nur in den fragwürdigen Genuss antideutscher Demonstrationen gekommen, sondern werde auch noch Moharram und zusätzlich den iranischen Wahlkampf live miterleben, was ich als sehr spannend empfinde. Fast bedauere ich, nicht auch noch einige Tage in der Zeit des Ramadan hier sein zu können. Farhad hat mir erzählt, dass dann nicht nur unzählige Verbote gelten, die das Essen und Trinken betreffen, sondern auch nicht in der Öffentlichkeit geraucht werden darf. Er hat mir während einer Autofahrt einmal vorgeführt, wie er im Fastenmonat seine Zigaretten neben dem Schaltknüppel platziert und sich zum Ziehen unauffällig nach unten beugt, während er gleichzeitig versucht, den Rauch wegzufächern. Letztes Jahr hätte er dabei fast einen Unfall verursacht, weil seine Frau gleichzeitig den Kopf nach unten gebeugt habe und sie dabei schmerzhaft zusammengestoßen seien.

Die einzige Veränderung, die mir in den letzten Tagen im Zusammenhang mit Moharram aufgefallen ist, sind die zahlreichen Frauen mit Handschuhen. Trotz des warmen Frühlingswetters suchen sie auf diese Art ihre lackierten Fingernägel zu verbergen. Meine Gastgeberinnen verzichten zudem auf leuchtend roten Lippenstift und wählen dezentere Farben. Am letzten Donnerstag, dem Tag vor dem Wochenende, als besonders viele Leute – und somit auch Komitees – unterwegs waren, zogen sie vorsichtshalber Strümpfe an, denn manchmal werden nackte Knöchel bemängelt. Mir rieten sie, meinen Mantel bis zum untersten Knopfloch zu schließen, das ich meistens offen lasse, um etwas mehr Bewegungsfreiheit zu haben.

Aber Teheran ist nicht Schiraz, und ich bin gespannt, wie sich der Trauermonat dort bemerkbar machen wird. Weit genug entfernt von der Hauptstadt ist es jedenfalls.

Die Berggipfel tief unter uns tragen zu dieser Jahreszeit eine strahlende Schneemütze, und die Täler leuchten in einem frischen Grün. Bis in den Mai hinein zeigt die Sonne Erbarmen mit den zarten Halmen und lässt dem frischen Flaum noch eine befristete Chance zum Gedeihen.

Die Maschine setzt auf, und gleich werde ich bei Kurosh sein. Auch wenn seine Stimme jetzt ganz klar in meinem Ohr klingt und ich mich schon auf seinen typischen Akzent freue, habe ich Schwierigkeiten, mir sein Gesicht in aller Deutlichkeit vorzustellen. Sind seine Lippen voll und wohlgeformt oder eher schmal und ohne Schwung?

Vor der Sicherheitsschleuse bemängeln zwei Beamtinnen mein unzulänglich gebundenes Kopftuch, das zu viel von meinem Hals unbedeckt lässt. Offenbar ist er ein höchst verführerisches Körperteil, und ich überlege, ob sie mich vor Männerblicken schützen wollen oder die Männer vor diesem Anblick. Ich entschuldige mich für meine Unachtsamkeit, und sie nutzen die Gelegenheit zu einem freundlichen Smalltalk über das Woher und Wohin und wünschen mir eine gute Reise.

Ich gehe hinaus in die Wärme des Südens und sehe ihn auf dem Parkplatz warten. Er strahlt über das ganze Gesicht, und ich würde ihm am liebsten in die Arme fallen. Stattdessen graben seine Finger sich in meinen Arm, und ich deute einen Kuss an.

»Azizam, mein Schatz!«

»Wir müssen verrückt sein.«

»Ich liebe es, mit dir verrückt zu sein. Wie war der Flug?«

»Hätte ich gewusst, dass er nur eine Stunde dauert, wäre ich gelaufen.«

»Dass du solche Witze kennst! Wer hat dir das wieder erzählt? Azizam, du hast mir so gefehlt.«

»Du mir auch.«

»Ich habe alles arrangiert, ein Hotel gebucht und dem Manager erzählt, wir seien Geschäftspartner.«

»Was? Aber warum? Ich dachte, wir wollten gemeinsam entscheiden, wie wir am besten vorgehen.«

»Ich habe im Bus einen netten Mann kennen gelernt. Er hat mir von dem Hotel erzählt, und es scheint auch in Ordnung zu sein. Es ist nicht ganz billig, aber zentral gelegen.«

Immer lernt er irgendwo irgendwelche netten Leute kennen, denke ich. Hoffentlich geht alles gut.

»Geschäftspartner? Für welche Art von Geschäft, wenn ich fragen darf?«

»Irgendetwas mit Tourismus, habe ich gesagt.«

Es ist nun unmöglich, noch nach einem anderen Hotel zu suchen. Nach der Registrierung wird eine Kopie des Anmeldeformulars an die selbsternannte Sittenpolizei weitergeleitet, und ein Hotelwechsel würde sicher sofort ihre Aufmerksamkeit erregen. Wieder ist es seine Unbekümmertheit, die mich überrascht, ein wenig ärgert, aber gleichzeitig fasziniert. Ob das Leben in einem derart repressiven Staat seine Bürger, besonders die jungen, die nichts anderes erlebt haben als die herrschenden Verhältnisse, automatisch zu risikofreudigen »Spielern« macht, zu Herausforderern des Regimes?

Kurosh ist, genau wie ich, erst ein Mal in Schiraz gewesen, doch liegt sein Aufenthalt an diesem Ort bald zehn Jahre zurück. Auch mir fällt es schwer, mich zu erinnern, zumal ich damals kaum länger als drei Tage in der Stadt war und davon die meiste Zeit im Umland. Jetzt hingegen haben wir genügend Zeit, Schiraz kennen zu lernen und auf den Spuren berühmter Dichter wie Hafis und Saadi zu wandeln. Und selbstverständlich werden wir eine der größten und beeindruckendsten iranischen Sehenswürdigkeiten besuchen: Persepolis, die »Stadt der Perser« in der Nähe von Schiraz.
Das Hotel ist groß und komfortabel und nur ein paar Schritte vom Basar entfernt. Zwischen unseren beiden Zimmern liegen zwei Etagen und übersichtliche Flure. Nachdem ich die neugierigen Fragen des Empfangschefs ertragen und mein Gepäck im Zimmer abgestellt habe, machen wir uns auf zu einem ersten Stadtbummel. Es ist ein wenig ungewohnt, dass wir in diesen Gassen nicht ständig auf Bekannte von Kurosh stoßen und keiner der Taxifahrer im Vorüberfahren mit einem kurzen Hupen grüßt. Als der Abend dämmert, nehmen wir einen Wagen zum Koran-Tor, einem tausend Jahre alten Stadttor, in das zum Schutz der Ansiedlung ein Koran eingemauert worden ist. Oberhalb des reich verzierten Tores liegen in einer steil aufragenden Felswand einige Teehäuser, und wir folgen dem Weg bis zum letzten Lokal, das in einer Höhle liegt. Es ist mit kleinen Bänken und Tischchen eingerichtet, und von der Terrasse aus bietet sich uns ein grandioser Blick über das Lichtermeer der Stadt. Hier nun sind wir ein Ehepaar, das in Deutschland lebt und auf Urlaubsreise in der Heimat des Ehemannes weilt. Nicht viel anders als in Isfahan sind wir auch hier sehr schnell mit müßigen Teetrinkern und Ghaljumrauchern im Gespräch. Auf die vielen Fragen an Kurosh zum Leben in Deutschland muss er sich allerdings noch ein wenig besser vorbereiten. Wir

machen Pläne für die nächsten Tage, bekommen zahlreiche Tipps von Einheimischen und freuen uns auf die Stadt.

Als wir unterhalb des Koran-Tors am Straßenrand auf ein Taxi warten, beobachten wir zwei junge Mädchen. Sie stehen an einem öffentlichen Telefon ganz in unserer Nähe und kichern in der vertrauten Albernheit erregter Gemüter auf Bräutigamschau. Es dauert eine Ewigkeit, bis sie sich endlich trauen, eine Nummer zu wählen, und dann brechen sie den ersten Versuch doch ab. Verschwörerisch werfen wir ihnen Blicke zu und ermutigen sie damit, noch lauter zu kichern. Plötzlich taucht ein Mann aus der Abenddämmerung auf, geht geradewegs auf die beiden zu und scheint sich auf sie stürzen zu wollen. Er erhebt seine Stimme, ich verstehe kaum ein Wort, doch dass es sich um wüste Beschimpfungen handelt, ist mehr als deutlich.

»Was sagt er? Was will er?«, frage ich Kurosh.

»Dieser verdammte Mistkerl«, stößt er hervor. Jede persische Höflichkeit vergessend versucht Kurosh zu übersetzen und geht gleichzeitig auf den Mann und die Mädchen zu.

»Er ist einer von diesen Scheißkontrolltypen.«

»Vom Komitee?«

»Nein, er macht es aus eigener Überzeugung. Wegen solcher Idioten ist unser Leben so schwer. Er regt sich darüber auf, dass die Mädchen lachen und keinen Tschador tragen.«

»Was geht ihn das an?«

»Sag ich doch, er ist ein verdammter Idiot. Er meint, sie sollten an Imam Hussein denken und trauern statt lachen. Es kotzt mich an.« Wir erreichen die drei, woraufhin sich der Mann, weitere Beschimpfungen ausspuckend, entfernt.

»Alles klar?«, fragt Kurosh die Mädchen.

»Ja, er geht schon. Wir haben gesagt, er soll uns in Ruhe lassen. Ich glaub nicht, dass er noch weiteren Ärger machen wird«, sagt eine der beiden.

»Soll er doch in die Moschee gehen und an Hussein oder sonst wen denken.« Kurosh kann seine Erregung kaum bremsen.

»Er ist doch schon weg, beruhige dich.«

»Es macht mich noch wahnsinnig, dieses ewige Trauern um irgend-welche Leute, die vor Hunderten von Jahren gestorben sind. Typen wie der da sollten besser die heutigen Toten, die in den Kerkern und Folterkammern, beweinen.«

Neben uns hält ein Wagen, ein Pärchen steigt aus, und wir übernehmen ihre Plätze im Taxi.

»Einen schönen Abend noch«, wünschen wir den beiden Mädchen.

»Ihnen auch. Good bye. Have a nice time in Iran!«

Später im Fahrstuhl wünschen wir uns mit einer flüchtigen Berührung unserer Wangen eine gute Nacht. Ich steige aus, und er fährt weiter in die vierte Etage. Es schmerzt, ihn in meiner Nähe und doch so unendlich weit entfernt zu wissen. Mein Zimmer wirkt trotz seiner hübsch bedruckten Decken und der reich verzierten Kommode wie ein ungastlicher Ort und ist einzig erfüllt von seiner Abwesenheit. Nur sein Geruch ist noch in meiner Nase und der herzförmige Schwung seiner Lippen vor meinen Augen. Das Qibla-Zeichen an der Wand, das jedem Gast die Gebetsrichtung nach Mekka zeigen soll, ist schon ein wenig vergilbt und löst sich von der bräunlichen Tapete. Der kleine Teppich mit dem Gebetsstein liegt auf dem Nachttisch, und ich lege ihn dekorativ auf das kleine Tischchen unter dem Fenster.

Am Frühstückstisch spielen wir zwei engagierte Geschäftspartner, und ich erzähle ihm von einem Tourismusprojekt in Sevilla, das zwar nur in meiner Fantasie besteht, mir aber die Gelegenheit gibt, ihm vor allen Leuten von meiner Liebe zu blühenden Orangenbäumen vorzuschwärmen.

»Lassen Sie uns zum Bagh-e Narandjestan, zum Orangengarten, fahren, Chanum«, schlägt er vor und reagiert damit genau so, wie ich es mir erhofft habe.

Eine Gruppe russischer Ingenieure grüßt zum Abschied, und ich

274

frage mich, wie sie es in einem Land ohne Wodka aushalten können.

»Entschuldige, aber irgendwie gehst du komisch. Stimmt was nicht, Azizam?«

»Ich hab Schmerzen in den Muskeln, aber wie heißt das auf Englisch? Wir nennen es Muskelkater. Wie der Kater am Morgen nach zu viel Alkoholgenuss.«

»Wie bitte? Ich verstehe überhaupt nichts. Kater, ›Gorbe‹?«

»Ich war vorgestern im Sportunterricht, mit der Tochter einer Freundin, und jetzt tut mir alles weh.«

»Wo warst du?«

»In der Schule. Ich wollte mich unbedingt mal wieder bewegen. Ich werde noch ganz steif vom ewigen Rumsitzen und Essen und Teetrinken. Hattest du eigentlich Sportunterricht in der Schule?«

»Natürlich, wir haben Fußball, Volleyball und alles Mögliche gespielt. Noch mal bitte, du hast am Sportunterricht einer zwölfjährigen Bekannten teilgenommen? In der Schule?«

»Ja, ist das so merkwürdig?«

»Nein, überhaupt nicht, das gehört zum üblichen Touristenprogramm deutscher Reisender. Aber ist schon okay, ich beantworte lieber deine Fragen. Einmal im Jahr gab es immer einen ganz besonderen Lauf in unserer Stadt. Den gibt es, glaube ich, in jeder Stadt. Ich war ziemlich gut, und einmal hätte ich fast einen Preis gewonnen.«

»Was für ein Lauf?«

»Eine Art Straßenlauf.«

»Auch für Mädchen?«

»Natürlich nicht. Als ich sechzehn Jahre alt war, ging der Lauf über eine Distanz von acht Kilometern. Ich erinnere mich noch sehr gut daran, denn es war während des Krieges. Zu der Zeit marschierten sehr viele sogenannte freiwillige Jugendliche in den Krieg.«

»Aber was hat das mit deinem Lauf zu tun?«

»Unser Lauf fand am Nachmittag statt. Am selben Vormittag waren wieder Hunderte von diesen jungen Soldaten durch die Straßen marschiert und von der Bevölkerung verabschiedet worden. Sie gingen zum Märtyrerfriedhof, das war die übliche Strecke. Unser Lauf führte später am Tag in dieselbe Richtung. Wie gesagt, ich war ziemlich gut.«

»Na klar, bei den Beinen. Du liefst also vorne.«

»Genau. Am Straßenrand hatten sich viele Leute versammelt. Wir trugen Trikots mit Nummern, wie richtige Sportler. In der Nähe unserer Nachbarschaft erkannte ich plötzlich eine alte Frau. Sie stand im Tschador vor ihrem Haus, schluchzte erbärmlich und rief mir Worte des Abschieds zu. Es war schrecklich.«

»Ich verstehe nicht ganz.«

»Sie dachte, wir gehören zu den freiwilligen Soldaten und ziehen in den Krieg und kommen nie wieder zurück. Es war furchtbar, so viele junge Menschen sind damals gestorben. Sie rief mir zu: ›Kuroshjan, möge Gott dich schützen und dein Leben lang sein.‹ Dann haben auch noch andere Frauen geweint.«

»Was hast du gemacht?«

»Ich bin zu ihr und habe ihr von dem Lauf erzählt, meine Startnummer gezeigt und versucht, sie zu beruhigen, aber sie schluchzte umso mehr. Sie hat mich, glaube ich, nicht verstanden. Sie war wie in Trance und hat immer nur von Schahids, du weißt schon, Märtyrern gesprochen.«

»Und du hast die Chance auf einen Sieg verpasst.«

»Wer weiß, ob ich wirklich so gut war. So bin ich jedenfalls Zehnter geworden.«

Es ist schon sehr warm, als wir gegen Mittag durch einen Torweg in den blühenden Garten gehen. Eine sanfte Brise entfacht den Duft der Orangenblüten, als sei eine fast erloschene Glut erneut aufgeflammt. In tiefen Zügen atmen wir ihn ein und setzen uns schließlich in einen höher gelegenen, offenen Raum im großzügigen Gartenpavillon. Der Kachelschmuck und die spiegelverzierte Deckendekoration lassen von einem müßigen Tag an diesem schattigen Plätzchen träumen. Ein Gärtner fegt einen Teppich aus weißen und roten Blüten zusammen, legt unvermittelt seinen Besen zur Seite und holt eine gebogene Schere aus der Tasche. Dann beugt er sich über einen prachtvollen Rosenbusch, schaut prüfend über die Knospen und schneidet schließlich eine prachtvolle Blüte heraus. Er kommt direkt auf mich zu, reicht mir die Rose und schenkt mir ein zahnloses Lächeln.

Erfrischt und belebt vom Duft unzähliger Orangenblüten verlassen wir den Garten und gehen durch die staubigen Straßen eines einfachen Stadtviertels. In einem winzigen Lokal, das eher einem provisorischen Ausschank ähnelt, bestellen wir zwei Becher mit Trinkjoghurt. Der junge Verkäufer schaut beim Schöpfen des Getränks weniger auf das blaue Plastikfass als auf uns. Woher wir kommen, wohin wir wollen und wie es uns in seiner Stadt gefällt, will er wissen. Er strahlt über das ganze Gesicht, schaut mich direkt an und will offenbar, dass ich ihn mit meinem Akzent erfreue. Eines kann er jedoch nicht ganz begreifen, und schließlich fragt er Kurosh danach.

»Wie kommt es, dass ich Ihre Frau verstehe, wenn sie mit mir spricht, und dass ich auch Sie, mein Herr, verstehe, aber kein Wort begreife, wenn Sie beide miteinander sprechen?«

Unfähig, auch nur ein Fünkchen Höflichkeit zu wahren, prusten wir los, und Kurosh erzählt etwas von einer Geheimsprache aus dem fernen Europa, die Englisch genannt werde. Beim Anblick des klebrigen blauen Behälters ekelt es mich zum ersten Mal vor dem Genuss eines Getränks, und ich reiche Kurosh meinen Becher.

»Aber ich dachte, du liebst diese schmutzigen Verschläge.«

»Bei Milch ist es etwas anderes als bei halbverbranntem Kebab. Das Plastikfass raubt mir den Appetit.«

Wir gehen die Straße entlang und amüsieren uns noch über die sympathische Naivität des Verkäufers, als sich direkt neben uns ein Tor öffnet und ein großer Raum sichtbar wird. Meine Neugier lässt mich einen Blick hineinwerfen, und unverhofft schaue ich in das schöne, gealterte Gesicht einer Frau in Schwarz. Sie sitzt auf dem Boden, und vor ihren angewinkelten Beinen hat sie ein riesiges Tablett platziert, auf dem sie Reiskörner ausliest. Mit flinken Handbewegungen findet sie die schlechten, dunklen Körner und jedes noch so kleine Steinchen und schiebt das Ungenießbare an die Seite. Angezogen von ihrer Erscheinung trete ich ein. Erst jetzt wird sie meiner Anwesenheit gewahr und schaut mich freundlich an. Ich grüße sie und sehe im selben Moment eine Gruppe von Männern auf dem Boden sitzen und an einer Wasserpfeife ziehen. Wir befinden uns in einer kleinen Gemeindemoschee, wie uns erst jetzt deutlich wird, und die Frau bereitet den Reis für das nächtliche Moharrammahl. Einer der Männer erhebt sich, grüßt wortreich und führt uns, nachdem ich Fragen nach den Essensvorbereitungen gestellt habe, in einen zeltähnlichen Unterstand auf den Bürgersteig vor der Moschee. Dort verbergen sich aus Ziegelsteinen errichtete Feuerstellen und gewaltige Kochtöpfe, die hier blitzsauber geputzt auf ihre Bestimmung warten. Endlich lerne ich ihre Verwendung kennen, hatte ich mich doch schon in den Isfahaner Kupferschmiedegassen gefragt, was mit all den mächtigen Behältern wohl geschehen mag.

Gleich neben dieser improvisierten Großküche parkt ein reich geschmückter, spiegelfunkelnder Wagen, der sich bei genauem Hinsehen als Aufbau eines Lastwagenanhängers erweist. Die Dekoration, eine Mischung aus religiösen Insignien und üppigem Kitsch, erinnert an die katholischen Prozessionen während der Semana Santa in Spanien und, ein wenig mehr sogar, an Karnevalsumzüge.

Doch das Gefährt dient einer besonderen schiitischen Prozession, die in diesen Tagen abgehalten wird. Moharram ist der erste Monat des islamischen Kalenders, und die Feierlichkeiten, im eigentlichen Sinne Trauerfeierlichkeiten, die hier zelebriert werden, dauern zehn Tage und enden mit dem Ashurafest.

Noch immer die Rose in der Hand haltend, die mir der Gärtner geschenkt hat, gehe ich zurück in die Moschee und wechsle ein paar Worte mit der schönen, alten Frau. Sie sagt, ich solle am Abend wiederkommen und von dem besonderen Essen zu Ehren des Imam Hussein probieren. Kurosh macht ein Foto von uns, und überrascht spüre ich ihren flüchtigen Kuss auf meiner Wange.

Wir nehmen ein Taxi und fahren nochmals zum Hafisgarten, wo wir wegen der anderen ausländischen Touristen, die sich dort aufhalten, relativ ungestört plaudern und Tee trinken können. Durch ein kleines Tor führt der Weg zu einer Treppe und weiter zu einem überdachten Rundgang. Dort hat ein Händler auf einem Tisch Gedichtbände von Hafis, Saadi und Chaijam in verschiedenen Sprachen ausgestellt.

Doch unser Blick wird angezogen von Hafis' monumental überbautem Grab, das in der Mitte eines ummauerten Innenhofes thront. Tag und Nacht stehen Menschen an der kunstvoll verzierten Grabplatte und gedenken des vor über sechshundert Jahren verstorbenen berühmtesten Dichters ihres Landes.

Ein schmaler Torbogen führt schließlich in den Garten, wo an kleinen Tischen Ghaljums geraucht und Tee getrunken wird. Wir suchen uns einen schattigen Platz und lassen uns auf eine teppichgepolsterte Bank sinken.

»Woran denkst du?«, fragt Kurosh, nachdem wir eine Weile schweigend nebeneinander gesessen haben.

»An die Gezeiten.«

»An was?«

»An Ebbe und Flut und ob es eine Verbindung zum arabischen Kalender gibt.«

»Wie bitte?«

»Die arabischen Monate wandern durch das Jahr, nicht wahr?«

»Genau. In jedem Jahr beginnen die Monate zehn Tage früher als im vorangegangenen.«

»Das heißt, Ramadan und Moharram und all die anderen Monate liegen nie im selben Zeitraum?«

»Nein, nie. Aber was ist mit den, wie heißt das noch mal … Gezeiten?«

»Auch sie wandern durch die Tage. Das hat etwas mit dem Mond zu tun. Und der arabische Kalender ist doch auch ein Mondkalender.«

»Es lohnt sich nicht, weiter darüber nachzudenken.«

»Und warum nicht?«

»Weil die Araber uns den Islam gebracht haben, und der hat hier alles kaputt gemacht. Und ihren verdammten Kalender brauchen wir auch nicht. Wir haben unseren eigenen. Ohne die Araber wäre alles besser.«

Ähnliche Standpunkte hatte ich schon häufiger gehört. Wie einfach es doch ist, die Schuld an einer unbefriedigenden Situation auf ein anderes Volk oder eine aufgezwungene Religion zu schieben. Kaum nachvollziehbar bleibt mir die Vorstellung, dass man sich dabei auf eine Gesellschaftsform beruft, die seit über tausend Jahren nicht mehr existiert. Doch tatsächlich sind die vorislamischen Epochen im Bewusstsein sehr vieler Iraner überaus präsent. Arabische Kultur und Sprache erfahren viel Ablehnung und werden automatisch mit den verhassten Machthabern des Regimes gleichgesetzt. In der Schule ist Arabisch die erste Fremdsprache, doch scheint niemand sie zu beherrschen. Niemand außer den Nachhilfelehrern, die in den Häusern der Mittel- und Oberschicht ein- und ausgehen und unwillige Mädchen und Jungen mit ihren Aufgaben quälen.

Der Kellner bringt uns eine Wasserpfeife und Tee, und wir machen es uns in einer überwölbten Nische des Gartens bequem. Neben einer Gruppe von älteren Männern, die genüsslich am Ghaljum ziehen, plaudern einige Touristen mit ihrem iranischen Tourguide. In einer Ecke sehe ich eine Europäerin allein an einem Tisch sitzen und in ein Büchlein schreiben.

»Ob sie auch allein unterwegs ist?«

»Wer?«

»Die Frau dort in der Ecke.«

»Warum fragst du sie nicht einfach? Ich bleibe solange hier sitzen.«

Er hat Recht, denke ich. Warum frage ich sie nicht einfach?

»Nein«, sagt sie, »ich habe mich nur einen Nachmittag von der Gruppe getrennt. Wir sind seit vier Tagen im Land und mit einem Truck unterwegs von Indien nach Syrien.«

Michelle kommt aus der Schweiz, und ich freue mich über ihren Dialekt. Sie berichtet mit großem Erstaunen von ihren bisherigen Erfahrungen im Iran. Sie hatte sich alles ganz anders vorgestellt.

»Es kommt mir hier im Vergleich zu Pakistan sehr europäisch vor. Die Landstraßen sind breit und ohne Schlaglöcher, die Städte sauber und die Menschen sehr offen. Und vor allem kann ich hier als Frau auch allein auf die Straße gehen, ohne belästigt zu werden.«

Sie könne es kaum fassen, sagt sie. Gestern Abend habe sie sich sogar völlig unbehelligt mit ihrer Freundin einen Kinofilm angesehen. »Und überhaupt: Überall sieht man Frauen. Auf der Straße laufen sie auch einzeln herum, in Büros und Banken arbeiten sie, sind gebildet und schauen neugierig in die Welt.«

»So hatte ich es mir damals, bei meiner ersten Reise, auch nicht vorgestellt. Aber wie gefällt dir die Stadt und dieser Garten?«

»Alles wirkt so beruhigend auf mich, und endlich am Grab von Hafis zu stehen ist sehr beeindruckend. Mein Freund ist Iraner, und zu Hause in Zürich liest er mir oft Gedichte von Hafis vor.«

Hafis – es dürfte schwer sein, einen Iraner zu finden, der seine Lyrik nicht kennt. Seine zahllosen Gedichte sind im »Diwan« zusammengestellt und finden sich beinahe in jedem iranischen Haus, wo der »Diwan« manchmal gleich neben dem Koran – oder sogar stattdessen – einen Ehrenplatz hat.

»Ich habe eine kleine Auswahl übersetzter Gedichte dabei«, überrascht uns Michelle. »Ich wollte sie unbedingt hier im Garten lesen.«

»O ja, Hafis auf Deutsch«, sagt Kurosh. »Wie sich das wohl anhört?«

»Such du doch eines aus und lies es für deinen Freund«, schlägt Michelle mir vor.

Suchend blättere ich in dem kleinen Büchlein mit den »Ghaselen«, wie die von Hafis am häufigsten verwandte Gedichtform genannt wird. Dort finde ich beinahe auf jeder Seite die bekannten Lobsprüche auf den Weingenuss sowie zahlreiche Beispiele der besonderen erotischen Poesie Hafis'. Deutlich kommt in dieser kleinen Sammlung auch seine freimütige Kritik an der orthodoxen Geistlichkeit zum Tragen. Obwohl er selbst Lehrer an einer theologischen Hochschule war und den gesamten Koran auswendig vortragen konnte – wie sein Name bezeugt –, schien ihm sehr daran gelegen, die Treue zum Glauben nicht mit der Abkehr von den Sinnesfreuden gleichzusetzen.

Endlich finde ich ein passendes Gedicht und muss daran denken, wie mir schon hundertfach bezeugt wurde, dass Hafis' geniales Spiel mit der Vieldeutigkeit der blumigen persischen Sprache im Grunde unübersetzbar ist. Zwar seien wir nicht am Ende von Ramadan, sondern am Beginn von Moharram, sage ich, doch würde ich trotzdem gern das folgende Gedicht vorlesen:

> Saghi, bring Wein herbei,
> der Fastenmonat ging vorüber;
> reiche den Becher, denn die Jahreszeit
> für guten Ruf ging vorüber!
> Vorüber ging die teure Zeit,
> komm, lass uns bedenken,
> was uns das Leben
> ohne Becher eingebracht!
> Kann man denn, wie Aloe,
> immer brennen in der Reue Glut?
> Bring Wein herbei, unstillbare
> Sehnsucht soll uns nicht verzehren!
> Preisgeben will ich mich dem Rausch,
> bis ich nur noch das Tor bin,
> durch das die Bilder ziehn!
> Dass die Neige in deinem Becher
> mich beglücke, bete ich

in der Schenke vom Morgen
bis in die Nacht!
Es hat ein Duft, der dein Bote ist,
dies Herz belebt, das erstorben war!
Der Frömmler in seiner Hochmut
fand nicht die rechte Bahn,
doch der Zecher in seiner Bedürftigkeit
fand das Paradies!
Alles bare Geld des Herzens
gab ich hin für Wein,
doch offenbar war es geschwärzt,
drum war es vergeudet!
Hafis, was nützt Belehrung,
fand doch nie den rechten Weg
der Verirrte, dessen Gaumen
nur den süßen Wein gekostet!

Nach einer Weile des Schweigens sagt Kurosh: »Ich habe nur das
erste Wort verstanden, und alles andere hörte sich überhaupt nicht
nach Hafis an.«
»Wir tragen Gedichte in einer ganz anderen Melodie als die Perser
vor«, erklärt Michelle, »und die unterscheidet sich vollkommen
von eurer Art.«
»Trotzdem vielen Dank.«
»Jetzt bist du dran, Kurosh. Sag uns eins auf!«
Und tatsächlich, wie so viele Iraner, rezitiert er aus dem Stegreif ein
langes Ghasel.
»Bravo!« applaudieren wir.
»Aber fragt bitte nicht nach einer Übersetzung.«
»Wir haben es auch so verstanden«, schmunzelt Michelle.
Beim Abschied schlägt sie uns vor, sie am Abend in ihrer Herberge
zu besuchen, und wir nehmen die Einladung dankend an.

Schnell erreichen wir die angegebene Adresse und finden Michelle im einfachen Speisesaal eines kleinen Hotels. Zwischen den Globetrottern aus Europa, Australien und Nordamerika fallen wir nicht auf, und selten konnten wir uns so ungezwungen verhalten wie hier. Dieser einfache, fensterlose Raum mit den kleinen Holztischen und den grellen Neonröhren an der Decke strahlt für uns den Charme einer Oase der Freiheit aus. Wir lernen Michelles Gruppe ein wenig kennen und geben ihnen Tipps für ihr nächstes Reiseziel, Isfahan. Bei meinen Erzählungen über die verwunschenen Gänge des Basars überkommt mich eine ungeheure Sehnsucht nach der Stadt am Sayande Rud. Doch bevor die Reisenden in den Genuss ihrer Schönheit kommen, werden sie morgen zu den Ruinen von Persepolis fahren. Schnell hat Kurosh sie davon überzeugt, wie gut es für sie wäre, ihn und mich als landeskundige Begleiter mitzunehmen, und so verabreden wir uns für den frühen Morgen im Hotel. Den ganzen Abend über schaut nicht einer der Hotelangestellten neugierig zu unserem Tisch, wie wir es üblicherweise kennen, sodass wir uns hemmungslos anschauen und an den Händen halten.

Die Stadt wird derweil von der Stimmung eines besonderen Feiertages in Atem gehalten, und immer wieder bahnen sich fremd klingende Trommelschläge einen Weg zu uns. Fast scheint es, als gäbe es heute Nacht nichts Unwichtigeres, als dem fragwürdigen Verhältnis zweier Liebender nachzuspionieren. Später stehen Kurosh und ich in einem Flur so nah beieinander, dass ich das Pochen seines Herzens spüre und meine Lippen den Weg zu seinen suchen.

Doch schließlich tauschen wir bereitwillig die Ungezwungenheit des Hotels mit dem pulsierenden Lärm der Gassen und verabschieden uns vom bunten Völkchen der rastlosen Reisenden.

Als wir morgens um acht im komfortablen Truck der Weltenbummler sitzen, haben wir in Sekundenbruchteilen den Vorhang vor unserer Scheibe geschlossen und schmiegen uns aneinander.

284

»Ihr Ärmsten«, sagt Michelle, »jetzt verstehe ich, was ihr gestern über euer anstrengendes Versteckspiel erzählt habt.«

Zärtlich küsst Kurosh meine Wangen. Ich öffne den Knoten meines Kopftuches, und er streift es sanft herunter. Umständlich löst er die Haarspange und ordnet die Strähnen. Ich genieße seinen Duft so nah bei mir und finde eine Quelle des Wohlgefallens in einer Mulde unterhalb seiner Schulter.

»Erzählt uns was über Persepolis, ihr beiden Iranspezialisten«, drängt schließlich der englische Fahrer mit den unglaublich langen, blonden Haaren.

»Spielverderber!« sagen wir wie aus einem Munde und schauen in verständnislose Gesichter, als wir uns nach einigen Minuten noch immer lachend auf unseren Sitzen krümmen.

»Also gut«, sagt Kurosh, als er schließlich seine Fassung wiederfindet, und ich hoffe, dass von unserem gestrigen Gespräch und dem Nachlesen im Reiseführer genügend Informationen hängen geblieben sind. Im Grunde genommen interessiert er sich nicht besonders für die Zahlen und Fakten der persischen Geschichte. Immer wieder erstaunt es ihn, wenn ausländische Touristen sich die komplizierten Namen der Achämenidenkönige merken können oder gar die antiken Darstellungen auf Steinreliefs zu deuten verstehen.

»Wisst ihr, woher mein Name kommt?«, fragt er mit einem Blick in die Runde.

»Nein, sag es uns«, fordert Michelle ihn auf und scheint zu ahnen, dass nun endlich der Vortrag über Persepolis beginnt.

»Kurosh war der erste der Achämenidenkönige.«

»Ach ja, natürlich, Kurosh ist die persische Variante von Kyros«, sagt der Fahrer.

»Ich habe sozusagen einen ganz berühmten Namen, echt persisch.«

»Erzähl etwas von deinem berühmten Vorfahren!«

»Kurosh hatte Krösus besiegt und damit auch alle griechischen Städte. Leider komme ich mit der europäischen Zeitrechnung immer durcheinander, aber ich glaube, es war um 500 vor Christus oder etwas früher. Er hat das erste persische Weltreich gegründet.«

»Und er hat die Juden aus babylonischer Gefangenschaft befreit. Daraufhin haben sie in Jerusalem den von Nebukadnezar zerstörten Tempel wieder aufgebaut«, sagt eine andere Frau und hält ihren Lonely-Planet-Reiseführer in die Höhe.

»Jedenfalls war es schon nach zweihundertzwanzig Jahren zu Ende mit dem Reich der Achämeniden.«

»Was ist denn nun mit Persepolis?« drängt der Fahrer.

»Dariusch – oder Darius, wie ihr ihn nennt – ist ein entfernter Nachkomme Kuroshs. Er ließ ›Takht-e Djamschid‹, den ›Thron Djamschids‹, wie Persepolis auf Persisch heißt, im fünften Jahrhundert vor eurer Zeitrechnung bauen. Besonders gewaltig – und eigentlich kaum zu fassen – ist die Apadana, der gigantische, alles überragende Thronsaal. Er ist streng quadratisch und hat jeweils sechzig Meter Seitenlänge und vor allem die unglaubliche Höhe von fünfundzwanzig Metern.«

»Steht der Thronsaal etwa noch?«, fragt jemand.

»Nein, natürlich nicht, aber auch die Überreste zeugen noch von der beeindruckenden Macht der Achämenidenkönige. Der Saal war einst das Sinnbild der Herrschaft über die Welt, erschaffen durch die Genialität lydischer Architekten, den Einsatz Tausender Arbeiter und dank der Kraft der Natur, die riesige Zedern wachsen ließ. Nur dieses Holz war geeignet, das Dach des größten Thronsaals zu tragen, den der Orient je hervorgebracht hat.«

Die Apadana ist auch der Fundort der silbernen und goldenen Gründungsurkunden von Persepolis. Irgendwo im Thronsaal hatte Darius, der berühmte Nachfolger von Kyros, sie in einer Steinkiste in das Fundament einmauern lassen, wo die Dokumente bis ins zwanzigste Jahrhundert unberührt ihre Botschaft hüteten. Ein deutscher Archäologe, Professor Friedrich Krefter, hat diesen königlichen Schatz schließlich im September 1933 gehoben.

»In meinem Reiseführer ist der Text der Gründungsurkunden aufgeführt. Soll ich vorlesen?«, fragt Michelle.

»Ja, mach schon!«, rufen einige.

»Also, der Text ist dreisprachig, in altpersischer, elamischer und akkadischer Keilschrift, verfasst.«

»Wir wollen die englische Version«, ruft der Fahrer.

»Blödmann. Ruhe jetzt! ›Darius, der große König, König der Könige, König der Länder, Vischtaspas Sohn, der Achämenide. Es kündet Darius, der König: Dieses Reich, das ich besitze, von den Skythen von jenseits Soghdiens an bis nach Kush (Äthiopien), von Indien bis nach Sparda (Lydien), übertrug mir Ahura Mazda, der größte der Götter. Ahura Mazda möge mich und mein Königshaus beschützen.‹«

Kurosh erzählt ihnen auch von der Zerstörung des Palastes 330 vor Christus durch Alexander den Großen, der angeblich die Macht der Achämeniden ein für alle Mal durch ein gewaltiges Feuer zerstört wissen wollte. Ob es sich dabei um die grausame Rache für die Zerstörung der Akropolis hundertfünfzig Jahre zuvor gehandelt hat oder gar nur um einen tragischen Unfall im Eifer eines Saufgelages nach dem Sieg, beschäftigt noch heute den Forschergeist und wird für immer Gegenstand von Mutmaßungen bleiben.

Der Truck erreicht die Ebene von Marv Dascht, und in einer kleinen Ortschaft bleiben die Menschen am Straßenrand stehen und winken unserem bunten Gefährt und den sonderbaren Reisenden zu. Wenige Kilometer vor Persepolis entdecken wir die Dächer zirkusähnlicher Zelte, die noch heute von der »größten Feier« des zwanzigsten Jahrhunderts zeugen, einer Feier, die der Schah 1971 anlässlich des zweieinhalbtausendjährigen Jubiläums des Kaiserreiches hier abhielt. Hatte er sich in den sechziger Jahren bereits den Titel »Licht der Arier« zugelegt, da sich auch der altiranische Herrscher Dariusch Arier nannte, so sollte am Fuße der Ruinen von Persepolis seine unantastbare »Herrlichkeit« glanzvoll zur Schau gestellt werden. Zu den Gästen zählten der Kaiser von Japan, die Könige von Belgien, Griechenland, Marokko und Nepal, der amerikanische Vizepräsident und Hunderte andere Honoratioren: Die »Welt« feierte den Schah von Persien. Nicht nur französischer

Champagner floss in Strömen, sodass der verschwenderische Luxus die immense Summe von dreihundert Millionen Dollar verschlang.

Mit den Globetrottern streifen wir schließlich durch die Ruinen und sind froh, dass die laute Hupe, die schon nach zwei Stunden zur Weiterfahrt mahnt, nicht uns beiden gilt.

Der Truck lässt Kurosh und mich in einer Staubwolke zurück, und nur undeutlich bleiben winkende Arme aus geöffneten Fenstern zu erkennen.

Jetzt können wir die gewaltige Anlage auf einer riesigen, künstlich angelegten Terrasse in Ruhe erkunden.

Noch einmal gehen wir zur Paradetreppe. Kurosh nimmt den rechten und ich den linken Flügel, und gleichzeitig fangen wir an, erst flüsternd und dann immer lauter, die Stufen zu zählen; hundertsieben, hundertacht, hundertneun, hundertzehn, hundertelf! Begeistert von ihrer flachen und bequemen Bauart, die es auch Pferden und Kamelen ermöglichte, die Treppe ohne Mühen zu ersteigen, laufen wir noch einmal hinauf und wieder hinab. Hundertelf angenehme Schritte, die zu den Ruinen des ersten Weltreiches von diesen Ausmaßen führen.

Auf unserem Rundgang gelangen wir zur Osttreppe der Apadana, wo im gleißenden Licht der Mittagshitze Steinreliefs vom Aufmarsch der Völker aus den dreiundzwanzig unterworfenen Provinzen künden. Jedes Jahr zum Neujahrsfest kamen die Gesandten mit ihren Tributen und bildeten eine Prozession, die hier wunderschön und detailliert für alle Zeit in den Stein gemeißelt ist. Meine Hand streicht über den Spitzhut eines Skythen und die Höcker eines Kamels. Ein Meder erweist dem König zum Nourouz, dem Neuen Tag am 21. März, seine Ehre durch das Geschenk prachtvoller Pferde.

Ein Würdenträger aus Elam führt einen gezähmten Löwen als Gabe bei sich. Armenier, Babylonier, Phönizier, Parther, Inder und viele andere reihten sich ein in diese Prozession.

Und über allem thront das Symbol Ahura Mazdas, die geflügelte

Sonnenscheibe, flankiert von zwei Fabelwesen. Die Achämeniden waren Anhänger Zarathustras, und so findet sich das Abbild Ahura Mazdas, des Schöpfers aller Dinge, an vielen herausragenden Stellen der Palastruine.

Unser Blick bleibt schließlich wie gebannt auf einem sich mehrfach wiederholenden großen Steinrelief haften, der Darstellung vom Kampf des Frühlings gegen den Winter in Gestalt eines Löwen und eines Stiers. Der Löwe, Symbol der Sonne, schlägt die scharfen Zähne in seinem weit aufgerissenen Maul in den Schenkel des Stiers, der sich wild aufbäumt. Dieser Sieg über den Mond markiert gleichzeitig das Ende des Winters und den Beginn des neuen Jahres. Der Aufmarsch der Völker und das Nourouzfest konnten beginnen.

Vage erinnere ich mich an die Existenz eines Restaurants in der Nähe von Persepolis, und tatsächlich, nach einem schweißtreibenden Fußmarsch erreichen wir den Schatten spendenden Garten.

»Als sei es nur für uns gebaut«, kommentiert Kurosh die leeren Tische und den trockenen Swimmingpool.

»Sagst du das, weil du nicht schwimmen kannst?«

»Verdammt, dir darf man auch nichts erzählen. Ich meine natürlich die romantische Lage.«

Offenbar werden hier normalerweise nur ganze Busladungen abgesetzt, die aber heute ausgeblieben sind. Nur an zwei Tischen sitzen japanische Touristen mit ihrem Tourguide. Gestärkt machen wir uns Stunden später auf den Weg nach Naqsh-e Rostam, zu den Felsengräbern der Großkönige. Ich hatte Kurosh so viel davon vorgeschwärmt, dass er sie unbedingt sehen wollte.

»Damals kam ich mir so winzig vor, als ich vor der gewaltigen Felswand stand. Der Taxifahrer musste ein Foto von mir machen, damit man mir das zu Hause auch glaubt.«

Auf der Abbildung stehe ich als unscheinbarer schwarzer Strich vor der imposanten Kulisse mit den vier Gräbern, die in schwindelnder Höhe mit Säulenvorhallen und Fassadenschmuck verziert sind. Sie ragen über zwanzig Meter empor, und unwillkürlich fragt man sich, wie sie überhaupt zu erreichen sind, denn der Fels ist steil und hat keinerlei Vorsprünge oder gar Stufen.

Nun stehen wir vor diesem Meisterstück achämenidischer und der nachfolgenden sasanidischen Steinmetzkunst. Auf Flachreliefs wird von den Siegen untergegangener Weltreiche erzählt, und das frische Frühlingsgras setzt sich lebendig von der jahrtausendealten Gräberstadt ab. Die wenigen Besucher gehen staunend durch das Tal, und ein paar übermütige Studenten versuchen, zu einem der Gräber zu gelangen.

»Damals war ich allein mit dem Fahrer hier, und es war ein bisschen unheimlich.«

»Wie bist du überhaupt darauf gekommen, hierher zu fahren? Ich kenne dieses Tal nur aus irgendwelchen Geschichtsbüchern.«

»Für deutsche Touristen ist kein Weg zu weit und keine Sehenswürdigkeit zu abgelegen. Vor uns ist kein antiker Steinbrocken sicher. Lass mich sehen, ob in meinem Gedächtnis auch etwas haften geblieben ist.«

Ich dränge Kurosh zu einem gewaltigen Steinrelief und beginne im Ton einer Reiseführerin zu dozieren. »Hier sehen Sie ein Relief, das den Sieg des sasanidischen Königs Schapur über den römischen Kaiser Valerian im dritten Jahrhundert unserer Zeitrechnung darstellt.«

»Stimmt das, oder hast du es gerade erfunden?«

»Es stimmt. Wirklich.«

Überraschend treffen wir auf ein junges iranisches Ehepaar, das wir aus dem Teehaus am Koran-Tor kennen. Sie sind Zarathustragläubige und leben seit ihrer Kindheit in Kanada.

»Dieses Land ist wie ein Museum. Wir haben meine Großmutter in einem Dorf bei Yazd besucht, und sie lebt wie in längst vergangenen Zeiten«, sagt die Frau, nachdem wir ein wenig miteinander geplaudert haben.

»Seid wann waren Sie nicht mehr im Iran?«

»Es ist das erste Mal seit damals. Seit meiner Kindheit.«

»Gefällt es Ihnen?«

»Ja, schon«, sagt sie, »aber alles ist so fremd. Ich weiß nie, wie ich mich benehmen soll. Immer habe ich Angst, etwas falsch zu machen. Einmal bin ich von einer Gruppe Männer angesprochen worden. Es war auf der Insel Kisch. Das hat mich so nervös gemacht, dass ich mir eine Zigarette angesteckt habe.«

»Und das hat sicher noch alles verschlimmert.«

»Ja, natürlich. Ich glaube, sie dachten, ich sei eine Prostituierte oder so.«

»Ausländerinnen begegnen die Leute irgendwie anders, könnte ich mir vorstellen. Sie rechnen automatisch damit, dass ich mich merkwürdig benehmen könnte. Die Einheimischen denken doch, Sie sind Iranerin, oder?«

»Ja, aber sie merken schnell, dass etwas nicht stimmt mit mir. Sie wissen auch nicht so recht, wie sie sich mir gegenüber verhalten sollen.«

»Werden Sie wiederkommen?«

»Ganz bestimmt.«

Wir gehen zusammen zur »Ka'ba-e Zardoscht«, zum »Zarathustrawürfel«, dem gewaltigen dreistöckigen Quaderbau, der als Feuertempel vor der Gräberstadt steht. Hier war einst der Ort des heiligen, nie verlöschenden Feuers, und der imposante Bau sollte es vor Verunreinigungen schützen.

»Warum sie dieses Heiligtum nicht sichern, ist mir ein Rätsel«, sagt der Mann. »Schauen Sie, die jungen Leute klettern in den Felsen umher und versuchen sogar, in den Feuertempel zu gehen. Sie haben keinen Respekt vor unserer Geschichte.«

Die beiden bieten uns eine Mitfahrgelegenheit nach Schiraz an, doch sind uns zwei dunkle Schatten am Ende des Tals aufgefallen, die unser Interesse geweckt haben, und so wollen wir noch bleiben.

»Aber wie kommen Sie aus dieser Abgeschiedenheit zurück nach Schiraz?«

»Es wird sich etwas finden. Vielen Dank nochmals und gute Reise.«

Wir gehen auf die seltsamen Gebilde zu und erkennen beim Näherkommen zwei Nomadenzelte. Frauen sitzen in ihrem Schatten und schauen zu uns herüber.

»Lass uns zu ihnen gehen«, schlage ich vor. »Ich würde gern mit den Nomaden sprechen.«

»Hoffentlich verstehen sie überhaupt Persisch. Ich habe keine Ahnung, welchem Volk sie angehören. Vielleicht sind es Luren.«

Wir gehen zu den Frauen und begrüßen sie.

»Die Frau ist eine Ausländerin«, sagt eines der Mädchen zu den anderen, nicht wissend, dass ich sie verstehen kann.

»Ja, ich komme aus Europa. Leben Sie in diesen Zelten?«

In dem kleinen Lager sind fünf Frauen und mindestens ebenso viele Kinder anwesend, und alle versammeln sich um uns.

Die Frauen tragen einfache, weite Röcke und farbige Blusen oder auch Baumwollshirts mit modischem Aufdruck. Es sieht aus, als hätten sie viele Meter desselben, synthetischen Stoffes gekauft und sich daraus ihre Kleidung genäht. Ihre Gesichter sind sonnenverbrannt und die Hände rau und aufgesprungen. Sie ziehen sich trotz Kuroshs Anwesenheit keinen Tschador über, sondern zeigen weiterhin ungeniert ihre Körperformen. Ein solches Verhalten habe ich nicht erwartet, zumal wir beide Fremde für sie sind.

Eine Staubschicht liegt auf ihrer Haut, und einem Kind läuft die Nase, sodass der Schmutz über seiner Lippe verschmiert. Sie breiten einen Teppich aus und schüren das Feuer für den Teekessel. Unser Kommen hat ihre Arbeit an einem Sonnenschutz unterbrochen, den sie aus Reisig flechten.

Ungezwungen sitzen wir bei den Frauen, und Kurosh übt sich als Übersetzer, denn ich kann ihren starken Akzent kaum verstehen. Meinen Worten können sie ohne Übersetzung folgen, und sie lachen über meine Aussprache. Wenn ich sie nicht verstehe, dann reden sie laut auf mich ein, aber ich nehme es ihnen nicht übel, dass sie mich offenbar für etwas »schwer von Begriff« halten.

»Ich glaube, sie wollen, dass du dein Kopftuch abnimmst.«

Und so zeige ich mein Haar und ziehe meinen Mantel aus.

»Welch angenehme Überraschungen hier in der Wüste. Von jetzt an bestimmst du ganz allein die Reiseroute«, kommentiert Kurosh meine Entschleierung.

»So ist es freier«, sage ich, und sie lachen.

Kurosh macht Fotos von den Frauen und mir, während sie uns das kleine Lager zeigen.

Auf einfachen Holzgestellen trocknen sie Käsekugeln, die wie Kieselsteine aussehen. Farsaneh, vermutlich die Betagteste von allen, auch wenn ich es niemals wagen würde, ihr Alter zu schätzen, gießt Milch in eine Tierhaut. Dann pustet sie kräftig in den Schlauch, bis er sich stramm aufbläht und die Form einer Ziege annimmt. Die vier Enden, an denen sich einst die Läufe befanden, sind mit Bändern zugeknotet. Sie hängt das »Käsefass« an ein Holzgestell und schüttelt die Milch darin, die in Bewegung bleiben muss, um schließlich zu gerinnen und zu einer käseartigen Masse zu reifen.

»Wo sind Ihre Männer?«, frage ich.

»Mit den Schafen unterwegs. Sie kommen bald zurück.«

Die Frauen zeigen mir unterdessen, wie sie Wolle spinnen. Offenbar sind sie damit unentwegt beschäftigt, denn neben einem Vorrat an geschorener Wolle liegen unzählige Stränge fertig gesponnener Fasern. Geschickt bringen sie die Rolle zum Tanzen und ziehen gleichmäßige Fäden. Meine jämmerlichen Versuche, es ihnen nachzumachen, rufen größte Belustigung hervor.

»Später färben wir die Wolle, aber die Farben werden jedes Jahr teurer«, klagt eine der jungen Frauen.

»Das Knüpfen ist keine sehr einträgliche Arbeit«, beantwortet sie meine neugierigen Fragen.

Ein gerade fertig gestellter farbenfroher kleiner Teppich, den sie mir zeigt, wird kaum mehr als fünfzig Dollar einbringen, wie Kurosh für mich ausrechnet.

»Einen Monat habe ich fast jeden Tag daran gearbeitet. Bald brauchen wir auch ein neues Zelt.«

»Was wird das kosten?«

»Die Bahnen müssen aus Ziegenwolle sein, und das ist sehr teuer.«

»Ungefähr dreihundert Dollar, wenn ich sie richtig verstanden habe«, sagt Kurosh, und wundert sich, was ich noch alles fragen will.

Aus der Ferne hören wir plötzlich das Blöken einer Schafherde, und laute Rufe treiben sie auf das Lager zu.

»Sie kommen!«

Farsaneh schürt das Feuer, und ein kleiner Junge öffnet das Gatter eines winzigen Geheges.

»Was sie wohl mit dem Stall vorhaben?«, überlegt Kurosh. »Die Herde ist doch viel größer.«

Die Männer grüßen uns, und ich schaue in dunkle, tief zerfurchte Gesichter. Eine hektische Geschäftigkeit bricht aus, und wir beobachten, wie die Lämmer unter großem Geschrei von ihren Müttern getrennt werden. Die Ruhe des Tals ist einem Spektakel aus Blöken, Schnalzen und Pfiffen gewichen. Schon bald stehen auch wir inmitten der Herde, und Kurosh greift nach einem Lamm. Ich mache es einer Frau nach und halte die Herde davon ab, an die Zelte heranzukommen.

Wir trinken noch gemeinsam einen Tee, danken der Sippe für ihre Gastfreundschaft und lassen uns dann von einem bezaubernden Abendhimmel zurück zur Gräberstadt führen.

Die Studenten haben soeben ihre Zeichenblöcke beiseite gelegt, und so kommen wir gerade rechtzeitig, um sie nach einer Mitfahrgelegenheit zu fragen. Der Architekturprofessor höchstpersönlich gewährt uns zwei Plätze und doziert über die Grundzüge altpersischer Architektur.

Für die fünfzig Kilometer bis nach Schiraz brauchen wir eine knappe Stunde, in der das Farbenspiel des Himmels alle nur vorstellbaren Töne präsentiert. Dem Abschied vom Tag folgt der Empfang durch einen dunkelblauen, sternenklaren Nachthimmel.

Als wir die Stadt erreichen, habe ich noch den Geruch von Schafen in der Nase und fühle mich mehr als nur staubig. Doch statt bis

zum Hotel zu fahren, lassen wir uns beim ersten großen Verkehrs-
stau von den Studenten absetzen.

Die Straßen sind voller Menschen, und die Prozessionszüge aus
den Gemeindemoscheen streben dem Schah-Tscheragh-Mausoleum entgegen. Aus allen Richtungen mahnen Trommelschläge
mit einem ungewohnten, fast klagenden Ton, der in seiner
Fremdheit etwas Durchdringendes und Kämpferisches hat. In
Schwarz gekleidete Männer ziehen vorüber, und nach einer Weile
bestimmen die Trommelschläge auch meinen Gang. »Yahh Hussein, Yahh Husseeiin«, rufen die Männer wie aus einem Munde.
Dann ertönt es laut und wehmütig: »Kerbala, Kerbalah«, ein Ruf,
der an den Ort der entscheidenden Schlacht des Imam Hussein
und seiner kleinen Gefolgschaft erinnert. Eisenketten prasseln im
Gleichklang auf die Schultern der Männer, die sich aus Liebe
zum getöteten Imam geißeln und für die Schuld der verweigerten
Gefolgschaft büßen. Hinter einer Gruppe von Trommlern erscheint eine Art Vorsinger auf einer mobilen Minibühne und rezitiert im Sprechgesang Verse, die von den Nachfolgenden wiederholt werden. In gemächlichem Takt setze ich, vorsichtig, doch
entschlossen auftretend, einen Fuß vor den anderen. Ich werde
Teil der Menschenmenge am Straßenrand, die diesen finsteren
Zug begleitet.
Immer wieder tasten meine Augen suchend über die Menschenan-
sammlung, aber ich kann beim besten Willen keine anderen Ausländer mehr entdecken. Obwohl Schiraz für iranische Verhältnisse
gut besucht ist, bleibe ich jetzt, auf dem Höhepunkt der be-
deutendsten schiitischen Trauerfeierlichkeiten, als einzige Nicht-
moslemin übrig, fühle mich ein wenig verloren und spüre eine
gewisse Unsicherheit in mir aufsteigen. Meine Kamera habe ich tief
in der Tasche verborgen. Auch Kurosh scheint sich in seinem mintgrünen Kordhemd unbehaglich zu fühlen. Fast ausnahmslos sind
die Menschen zum Zeichen ihrer Trauer in Schwarz gekleidet, und
er sticht wie ein bunter Hund aus der Menge heraus. Auffallend

viele junge Frauen, unter deren Tschadors oder dunklen Mänteln eine festliche Garderobe hervorblitzt, stehen in Gruppen beieinander. Viele sind dezent geschminkt und werfen mehr als nur verstohlene Blicke auf die vorbeiziehenden Kettengeißler. Manchmal ist ein Kichern aus ihrer Mitte zu vernehmen, und der eine oder andere junge Mann lässt seine Brust noch weiter schwellen.

»Dies ist die Nacht, in der die meisten Telefonnummern ausgetauscht werden«, erläutert Kurosh, als er bemerkt, wie aufmerksam ich die Teenager beobachte. Fliegende Händler haben alle Hände voll zu tun, ihre schweren Holzwagen mit Pistazien, Kürbiskernen und Mandeln durch die Menschenmenge zu bewegen. Sie laufen den Prozessionszügen voran und hoffen auf ein gutes Geschäft. Kinder rennen aufgeregt durch das Halbdunkel, und in ihren glänzenden Augen spiegelt sich die besondere Atmosphäre dieser Nacht. In einer engen Gasse kommt es plötzlich zu einem Stau, und Leiber drängen aneinander. Der Zug sitzt fest, und schon bald spricht es sich herum, dass einer der bunt leuchtenden Wagen am Werbeschild eines kleinen Supermarktes festsitzt. Doch zum Glück ist die elektrische Leitung zum Anhänger mit dem laut dröhnenden Generator nicht unterbrochen, und die krönenden Schriftzeichen, die den Namen Alis, des Gebieters der Gläubigen, bilden, blinken weiterhin im leuchtenden Rot einer Lichtorgel.

Kurosh schaut ungläubig auf das farbenfrohe Spektakel und sagt erstaunt: »So etwas gibt es in Isfahan nicht. Dort geht es viel dunkler und trauernder zu. Das hier erinnert mich ein wenig an Indien.«

Wir haben den Supermarkt erreicht, und eine Gruppe kräftiger Männer beratschlagt über die Beseitigung des Hindernisses. Auch sie tragen schwarze Hemden und Hosen und haben sich Palästinensertücher wie Schärpen um die Hüften gebunden. Bald richtet sich das Interesse der Umstehenden auf mich. Betrachten sie mich vielleicht als störende Ungläubige?, schießt es mir durch den Kopf. Gern würde ich mich unter einem Tschador verstecken, doch die mich treffenden Blicke sind wie gewohnt freundlich, und schnell komme ich mit den Leuten ins Gespräch. Ein Hüne führt Kurosh und mich zu einer gewaltigen »Alam«, einer »Standarte«, die während des Umzugs von starken Männern getragen wird. Ein stabiler Ledergurt mit einem trichterförmigen Schaft ermöglicht es den Trägern, das schwere Gewicht der mehrere Meter breiten Standarte zu bewältigen. Auf stilisierten Metallschwertern, die mit ihren abgerundeten Spitzen zum Himmel zeigen, sind in üppig dekorativer Schrift die Namen der zwölf Imame eingraviert.

Drei junge Männer helfen unserem neuen Bekannten beim Anheben der Last, und er schafft es tatsächlich, die vielen hundert Kilo einige Meter weit zu tragen.

»Das ist aber doch nichts gegen die Last, die der Imam Hussein bei Kerbala tragen musste. Wir Schiiten haben ihn damals im Stich gelassen, sodass er nur zweiundsiebzig Männer um sich versammelt hatte. Nicht einmal Wasser hatten sie und haben trotzdem ihren Kampf gegen die ungerechte Nachfolge unseres Propheten Mohammed, Gott hab ihn selig, nicht aufgegeben.«

Der freundliche Hüne erläutert mir in groben Zügen die Geschichte der schiitischen Passionsspiele, und so bekommen die laut tönenden »Kerbala, Kerbalahh«-Rufe einen tieferen Sinn. Denn für die Schiiten ist Kerbala, das zu Husseins Zeit im Jahre 680 eine winzige Ortschaft im heutigen Irak war, der Dreh- und Angelpunkt ihres Glaubens, der Kern eines gottgewollten Heilsplanes, dessen Verheißungen den Anhängern des gemarterten Imams zuteil werden. Als ich meine Kamera hervorhole, stellen sich sogleich mehrere junge Männer vor die Standarte und bemühen sich um ein Gesicht, das dem Ernst der Prozession angemessen ist. Bald verabschieden wir uns und setzen unseren Weg in Richtung der lockenden Trommelschläge fort. Unverhofft stehen wir vor einem Jüngling, der eine Trommel vor seinen Bauch gespannt hat und sich mit wilden Schlägen in Trance zu spielen scheint. Bei genauerem Hinsehen erkenne ich auf seinem T-Shirt das Emblem von Metallica, einer Heavy-Metal-Band. Wir bemühen uns, nicht laut loszulachen, denn um uns

herum sehen wir viele ergriffene Gesichter, die dem westlichen
T-Shirt keine Beachtung schenken.

Nach einer Weile taucht aus der Menschenmenge eine riesige Tafel
mit kunstvollen Schriftzügen auf. Der gewaltige Rahmen besteht
aus feinen persischen Einlegearbeiten. Edles Holz bildet den Hintergrund für die Lobpreisungen zu Ehren des Imam Hussein. Ergriffen marschieren langsamen Schrittes drei junge Männer in
Schwarz vorweg und ziehen stolz den Wagen mit der gewaltigen
Tafel. Ihre Palästinensertücher sind akkurat um die schmalen Hüften gebunden und die Hosen perfekt gebügelt. Selbst ihre Haare
wirken, als seien sie soeben im Frisiersalon gelegt worden. Ich löse
mich von Kurosh, finde mich im nächsten Moment mitten auf der
Straße wieder und spreche die drei an. Mehr als nur eine Sekunde
lang wenden sie sich vom Ernst ihrer Mission ab und geben mir zu
verstehen, dass sie mit einem Foto einverstanden sind. Sie posieren
regelrecht vor der Kamera, und ich verliere gänzlich meine Scheu
gegenüber diesen angeblich zum Märtyrertod bereiten Männern.
Mit einem befremdenden Funkeln in den Augen legen sie ihre
Eisenketten eindrucksvoll über die Schultern. Ich verhalte mich
möglichst ruhig und versuche, meiner Stimme einen ehrfürchtigen
Klang zu geben. Der Blitz meiner Kamera erweckt das Interesse der
Umstehenden, und schnell mache ich die Straße wieder frei. Wir
verabschieden uns mit knappen Worten, und ich sehe Kurosh in
der Menge nach mir suchen.

Im nächsten Moment hat uns eine Gruppe Jugendlicher, die am
Straßenrand sitzt, zu Tee und Wasserpfeife eingeladen. Dankend
nehmen wir an, und ich fühle mich vollkommen geborgen und
beinahe eingebunden in die Menge der Gläubigen, Prozessionsteilnehmer und Schaulustigen. Nun scheinen die Trommeln im
Rhythmus meines eigenen Herzens zu schlagen, und ein kribbeln-
der Schauer durchströmt meinen Körper.

»Lass uns weitergehen«, drängt Kurosh schon nach kurzer Zeit.

»Warum denn? Ich habe meinen Tee noch nicht ausgetrunken.«

»Die Typen hier gefallen mir nicht.«

»Was meinst du damit?«

»Sie haben schlecht über dich geredet.«

»Was haben sie gesagt?«

»Ich habe gehört, wie einer meinte, er würde gern ›Sighe‹, du weißt schon, diese ›Ehe auf Zeit‹, mit dir eingehen.«

»Und das findest du so schlimm? Als Frau bin ich ganz andere Aussprüche gewohnt. Was glaubst du, was Frauen in Europa von fremden Männern auf offener Straße direkt ins Gesicht gesagt wird?«

»Lass uns gehen.«

»Okay, aber willst du nicht selber eine Sighe?«

Er kneift mir schmerzhaft in die Seite, und ich kann ein Aufschreien kaum unterdrücken.

Wir folgen dem Zug zum Mausoleum, dem Grabmal eines Bruders des in Maschad bestatteten Imam Reza. Eine nervöse Spannung liegt in der Luft, und im Hintergrund sehe ich zahlreiche Patrol-Geländewagen der Komitees. Eine gewaltige Menschenmenge hat sich vor dem Mausoleum versammelt, und sicher sind dies nicht nur treue Anhänger eines Islam nach der Prägung der Machthaber im Land. Die Moharramfeierlichkeiten stimmen in vielen Punkten nicht mit den Vorstellungen der Geistlichen überein. Besonders der volksfestartige Charakter ist ihnen ein Dorn im Auge.

Am Eingang zum Mausoleum werden wir schroff abgewiesen, und Kurosh macht einmal mehr die Erfahrung, dass er als Ausländer betrachtet wird. Vielleicht ist das in dieser Situation sogar ein Vorteil, denn jeder Iraner sollte wissen, welche Kleidung in diesen Tagen die angemessene ist.

In den Wirren der Revolution 1978 fand Moharram im Dezember statt, und der Schah, dessen Macht in den letzten Zügen lag, verhängte eine Ausgangssperre. Nichtsdestotrotz zogen gleich am ersten Abend junge Männer in Leichentüchern durch die Straßen und zeigten damit ihre Todesbereitschaft an. Angesichts der zunehmenden Zahl der Prozessionsteilnehmer wurde die Regierung immer machtloser.

Während der entscheidenden neunten und zehnten Nacht wurden schließlich Umzüge unter der Bedingung erlaubt, dass sie diszipliniert zu verlaufen hatten. Die religiöse Opposition bereitete diese Nächte sehr sorgfältig vor und brachte in Teheran angeblich mehr als eine Million Menschen auf die Straße. Einen Monat später verließ der Schah den Iran und kehrte nie zurück.

Es ist nach Mitternacht, als wir gemeinsam ins Hotel gehen und noch eine Weile mit den Männern an der Rezeption plaudern. Kurosh verabschiedet sich und nimmt den Fahrstuhl in die vierte Etage, und ich bestelle einen Tee und setze mich vor den Fernseher. In den staatlichen Programmen laufen seit Tagen fast ausschließlich Übertragungen von Moharramprozessionen aus den verschiedensten Städten. Langsam gewinne ich den Eindruck, die schiitischen Glaubensbrüder im Libanon und in Pakistan gingen wesentlich temperamentvoller an die große Sache des Leidens und Büßens als die Iraner.

Schließlich bitte ich um meinen Schlüssel und wünsche dem Portier eine gute Nacht. Der Fahrstuhl hält in der zweiten Etage, und ich nehme die Treppe bis in den vierten Stock. Seine Tür ist offen, und schon stehe ich im Zimmer.

»Ich habe eine Überraschung für dich«, grüßt er mich mit beinahe kindlicher Aufregung. »Setz dich auf das Bett und mach es dir bequem. Willkommen übrigens in meinem Zimmer.«

Aus der hintersten Ecke des Kleiderschranks kramt er schließlich eine Flasche hervor.

»Das ist Wein.«

»Bist du total übergeschnappt?«

»Aber ich möchte so gern mit dir trinken, für dich singen, dir Gedichte aufsagen und mit dir tanzen. Es gibt niemanden in diesem ganzen verdammten Land, mit dem ich es lieber täte.«

Mein Herz beginnt heftig zu schlagen. Wie warnende Boten klingen die Moharramtrommeln aus der Ferne und dringen durch das geöffnete Fenster. Alkohol, eine verbotene Beziehung zu einem moslemischen Mann, und das alles in einer fremden Stadt. Niemand könnte uns hier helfen.

»Warum sagst du nichts, Azizam? Freust du dich nicht?«

Ein Blick in seine dunklen Augen unter den wohlgeformten Frida-Kahlo-Brauen beendet meinen Kampf mit der Vernunft, und ich muss schmunzeln.

»Das Öffnen ist dann wohl meine Sache. Davon verstehen Iraner nichts.«

Als würde er in ein Geheimnis eingeweiht, schaut er mir beim Entkorken der Flasche zu. Der winzige Korkenzieher an meinem Messer erfüllt diesen Zweck glücklicherweise ohne Probleme. Er muss ein Vermögen für die Flasche bezahlt haben. Wo er ihn wohl aufgetrieben hat?

»Verstehen Iraner wirklich nichts von Wein?«

»Doch, natürlich. Ich habe nur einen Scherz gemacht. In einem der besten Hotels in Hamburg ist der Weinexperte ein Iraner. Aber du hast sicher noch nie eine Flasche geöffnet, oder?«

Ich fülle die Teegläser, und wir prosten uns zu. Kurosh verzieht sein Gesicht, als hätte ihm jemand Hustensaft eingeflößt. Doch er zwingt sich sofort wieder zu einem Lächeln.

»Lass uns tanzen, Azizam.«

Aus den winzigen Lautsprechern klingen die Lieder von Dariusch. Ich stehe auf, schiebe einen Stuhl beiseite und überlasse meinen Körper dem Takt der Melodie. Ich führe seine Hand an meine Taille und spüre seinen Atem an meinem Ohr. Wie warm und wohltuend diese Nähe ist. Mein Kopf lehnt an seiner Schulter, und ich höre, wie er leise mitsingt. Einen Moment lang wende ich mich ab, drehe ihm den Rücken zu und schaue über meine Schultern. Meine Arme heben sich wie von selbst, und ich wiege mich in den Klängen der Musik. Kurosh kommt ganz nah an mich heran, seine Hand gleitet sanft über meinen Bauch und schiebt mein Hemd nach oben. Ich fühle seine haarige Brust wohlig über meinen Rücken streichen. Ein zarter Biss in mein Ohr lässt mich Halt an seinen festen Schenkeln suchen.

Auch als das letzte Lied verklungen ist, denken wir nicht daran, uns zu trennen, und tanzen in die Stille der Nacht.

»Nun-o, Panir-o Sabzi ...«, singt Kurosh in mein Ohr, und ich stimme ein: »to biesch as in miarsi – du hast mehr als das hier verdient.«

»Sing bitte ein Lied aus deiner Heimat für mich.«

»Aber ich kann doch gar nicht singen.«

»Das stimmt nicht. Tu mir den Gefallen. Singst du denn nie, wenn du mit Freunden zusammen bist?«

»Nein, nie, aber einverstanden. Ich werde es probieren. Ein deutsches Lied, sagst du? Lass mich überlegen ... der ganze Text fällt mir aber nicht ein, nur der Refrain.«

»Mach schon, Azizam.«

»Über den Wolken
Muss die Freiheit wohl grenzenlos sein.
Alle Ängste, alle Sorgen,
Sagt man, blieben darunter verborgen.
Und dann würde, was uns groß und wichtig erscheint,
Plötzlich nichtig und klein.«

»Afarin, bravo. Ich habe alles verstanden. Es handelt von Azadi – Freiheit!«

Später kommt er noch in den fragwürdigen Genuss eines traurigen plattdeutschen Liedes. ›Een Boot is noch buten‹, singe ich und erzähle ihm vom blanken Hans und den ungestümen Nordseewellen, dem Wind und den weiten Stränden.

Dann sind es Gedichte von Chaijam, die Kurosh in einem wunderschönen Rhythmus aufsagt. Sie zu hören bereitet mir wohlige Schauer. Von den Wonnen des Trinkens und Liebens handeln sie, und ganz sicher hätte es den genialen Dichter erfreut, sie fast tausend Jahre nach ihrer Entstehung als Versüßung einer Nacht zweier Sünder zu wissen. Hatte er nicht gesagt: »Nimm dir in dieser eitlen Welt den Teil des Genusses, der dir gebührt«?

Chaijams geniales Schaffen war über alle Maßen geprägt von seiner besonderen Hingabe zum Wein. Ihm wird es zugeschrieben, das Jenseits auf ganz besondere Weise gegrüßt zu haben. »Wenn es unser Schicksal ist, als Staub zu enden, dann soll dieser zu einem Gefäß gebrannt werden, zu einem Pokal, und die Liebenden werden aus ihm trinken, mit ihren Lippen an unseren Schädeln lecken.«

»Rrrrrrrr!!!«

Ein schrilles Klingeln zerreißt unsere Nacht. Seine Hand sucht den Hörer. »Bale?«

Ich werfe ihm Hemd und Hose zu.

»Dschanam?«, fragt er den nächtlichen Störenfried mit der freundlichsten aller Bezeichnungen, und ich werde wütend auf seine unterwürfige persische Art. Ein Blick auf die Uhr – es ist halb zwei.

Drei Griffe: Hose, Mantel, Kopftuch. Ich schlüpfe in meine Schuhe und öffne die Tür.

Zwei Männer, die blanke Überraschung angesichts meiner islamischen »Tracht« im Zimmer eines fremden Mannes weit nach Mitternacht. Zum Glück keine Uniformierten, denke ich. Nur die ach so netten Hotelangestellten.

Ich versuche, meine Angst mit Haltung zu verbergen. Kerzengerade stehe ich im Gang und frage mit betont gefasster Stimme: »Gibt es ein Problem?«

»Folgen Sie uns bitte.«

Wir gehen die Treppe hinunter, und ich rede pausenlos und möglichst unverfänglich auf die beiden Männer ein. Erzähle etwas von einer geschäftlichen Unterredung und entschuldige mich, sollte ich etwas Falsches getan haben. Ihre Schweigsamkeit macht mich nervös und innerlich auf das Schlimmste gefasst. In der zweiten Etage muss die Entscheidung fallen. Wir biegen in den Flur zu meinem Zimmer ein, und ich krame geräuschvoll nach meinem Schlüssel. Noch immer traue ich der Situation nicht, doch sind auch hier keine Uniformierten in Sicht.

»Darf ich Ihnen noch etwas bringen? Tee, Coca-Cola?«, fragt der Portier.

Er will Geld, schießt es mir durch den Kopf, Schweigegeld. Doch ich traue mich nicht, ihm etwas anzubieten. Was wird passieren? In Gedanken sehe ich mich auf einer Polizeistation sitzen. Was wird es kosten, mich freizukaufen?

Nun bin ich allein im Zimmer und atme tief durch. Was soll ich nur machen? Was wird geschehen? Regungslos sitze ich in Mantel und Kopftuch auf meinem Bett. Ich denke an Kuroshs verdutztes Gesicht, als ich in Windeseile in geordneter Kleidung vor ihm stand, und muss darüber lachen. Er hatte den Hörer noch in der Hand und sagte etwas wie »Ja, sie ist hier«, »Ja, ich werde sie hinausschicken«.

Wie schön er doch singen kann! Und ich summe noch einmal die Melodie des Dariusch-Liedes. Als es klopft, steigt mir eine furchtbare Hitze ins Gehirn. Sie sind es, sie kommen.

Er ist es, und die Angst steht ihm ins Gesicht geschrieben.

»Bist du wahnsinnig, hierher zu kommen?«

»Aber ich muss doch wissen, was sie mit dir gemacht haben. Lass mich rein.«

»Nein, auf keinen Fall. Lass uns morgen reden. Bestimmt beobachten sie uns. Mir kommt alles so absurd vor. Ich glaube, sie wollen Geld.«

»Ich werde hinuntergehen und mit ihnen sprechen.«

»Wir sehen uns morgen. Bitte sei vorsichtig.«

»Ich küsse dich, Azizam.«

»Gute Nacht.«

Am Morgen ist der Speisesaal gut besucht, doch hat Kurosh einen abseits stehenden Tisch reserviert und wartet bereits auf mich.

»Guten Morgen, Azizam. Wie geht es dir? Hast du gut geschlafen?«

»Dir auch einen guten Morgen! Frag lieber nicht, wie es mir geht. Hast du letzte Nacht noch mit ihnen gesprochen?«

»Ja, du musst dir keine Sorgen machen. Es wird schon nichts geschehen.«

»Wie fühlst du dich?«

»Wenn ich an deine weiche Haut denke, dann fühle ich mich himmlisch.«

»Es war schön mit dir. Bis zu diesem schrecklichen Klingeln.«

»Ich weiß nicht, ob ich wütend oder traurig bin wegen gestern Nacht. Vielleicht ist es eine kräftige Mischung aus beidem. Warum können zwei Menschen wie wir, die erwachsen sind und sich gern haben, nicht einmal ein Hotelzimmer teilen?«

»Warum fragst du mich? Es ist dein verdammtes Land.«

»Aber hier war es früher doch auch mal anders. Schau dir doch die Miniaturbilder an, oder denk an Chaijams Gedichte oder an das, was Hassan erzählt hat. Diese Gesetze sind so lächerlich und verlogen. Es ist nicht zum Aushalten. Jetzt werde ich wirklich alles versuchen, um hier rauszukommen.«

»Ich kann auch an nichts anderes denken als an diese verdammten Regeln. Für die meisten Menschen spielen sie vielleicht kaum eine Rolle. Sie würden es vielleicht auch unmoralisch finden, was wir gemacht haben, aber das kann doch kein Grund für eine Verfolgung sein. Allein die Anmaßung, darüber zu gebieten, welche zwischenmenschlichen Beziehungen legal und welche verboten sind, macht mich total wütend.«

»Ach, rege dich nicht auf, Azizam. In zwei Wochen bist du zurück in der Freiheit.«

»Vielleicht. Wenn alles gut geht.«

»Weißt du, was ich manchmal denke? Für mich bist du die Freiheit. Deine Art, dein Mut und deine Kraft, dich in diesem fremden Land zu bewegen, können nur in einem Leben in Freiheit gewachsen sein.«

»Wie meinst du das?«

»Für dich ist Schüchternheit ein Fremdwort. Dein Blick ist immer nach vorn gewandt. Du nimmst dir, was du willst. Nimmst dir Abenteuer und Vergnügen. Und das ist gut so.«

»Ich weiß nicht, ob ich dich richtig verstehe.«

»Du nimmst, ohne wehzutun, und gleichzeitig gibst du auch. Und das alles als Frau. Durch dich habe ich gespürt, was Freiheit bedeutet. Und es macht mich traurig.«

»Traurig?«

»Ja, weil sie so unerreichbar scheint in meiner Welt.«

Planlos gehen wir durch die Straßen und stehen schließlich vor den Toren des Basars. Ungläubigen sei heute der Zugang verwehrt, sagt man mir schroff ins Gesicht. Ein berühmter Mullah hält angesichts des Wahlkampfes eine Rede. »Einer von Nuris Leuten«, teilt uns jemand mit. Schwarze Tücher, die eine Einsicht verhindern, und grüne Fahnen künden von einem befremdlichen Ritual. Unauffällig schlüpfe ich hinter einen Vorhang und sehe Hunderte tief verschleierter Frauen auf dem Boden hocken. Wie ein schwarz glänzender Fluss bei Nacht, der seinen Weg durch eine Felsenschlucht sucht, wiegen sich ihre Körper in gebeugter Haltung und unter geheimnisvollem Murmeln im Hauptgang des Basars. Sie alle werden sicher den konservativen Kandidaten wählen, der jeden keimenden Ruf nach Veränderung und Freiheit jäh ersticken wird. »Lass uns gehen«, sage ich zu Kurosh, »aber wenn es möglich ist, mach bitte noch ein Foto von den betenden Frauen. Mir ist das zu riskant. Sie sind hier anscheinend nicht gut auf Ungläubige zu sprechen.«

Die schwarzen Tücher der Frauen deprimieren mich. Schweigsam sitzen wir schließlich stundenlang im Teehaus bei der Höhle, und schon am frühen Abend versuche ich zu schlafen. Doch der nächtliche Vorfall mit den Hotelangestellten löst eine unangenehme und hartnäckige Nervosität in mir aus. Schritte im Flur lassen mich aufhorchen und mein Herz vor Angst höher schlagen. Am liebsten würde ich auf der Stelle abreisen und den kontrollierenden Blicken der Angestellten für immer entfliehen. Doch das hieße auch, mich von Kurosh zu trennen. Schließlich rede ich mir ein, dass sie uns kein verbotenes Verhältnis nachweisen können, selbst wenn sie jetzt noch an einer Verfolgung interessiert wären. Bereue ich vielleicht etwas? Hätte ich mich anders verhalten sollen? Was, wenn das Komitee letzte Nacht an unsere Tür geklopft hätte? Tatsächlich gibt es solche Überraschungsbesuche, und der Portier hatte Kurosh gesagt, er habe Angst, durch einen unverhofften Kontrollgang der Sittenwächter selbst in Schwierigkeiten zu geraten. Es war ihm offensichtlich lieber, eigenhändig für einen geordneten Ablauf unter seinem Dach zu sorgen und jedem Gast den moralisch einwandfreien Schlafplatz zuzuweisen. Bevor meine Unruhe weiter wächst und mir die Laune gänzlich verdirbt, mache ich Kurosh am nächsten Tag einen Vorschlag.

»Lass uns aus der Stadt verschwinden und noch zwei ungestörte Tage verbringen, ehe ich zurück nach Teheran muss.«

»Aber wohin sollen wir gehen? Es ist doch überall das Gleiche. In einer kleineren Stadt wird es vielleicht noch schlimmer sein.«

»Wir fahren zu den Schäfern, die wir bei Persepolis kennen gelernt haben.«

»Was? Du meinst, zu den Nomaden? In die erbärmlichen Zelte?«

»Ja, genau. Sie fragen uns nicht nach irgendwelchen Papieren, und wir können draußen im Gras schlafen.«

»Draußen? Bist du noch ganz bei Verstand?«

»Versteh doch! Ich halte es hier nicht mehr aus. Ich muss raus aus diesem Hotel, sonst werde ich verrückt. Jedes Geräusch macht mich nervös. Ich komme mir vor wie eine gejagte Verbrecherin.«

»Aber wie stellst du dir das vor?«

»Morgen früh zahlen wir gleich nach dem Frühstück die Rechnung, lassen den Portier ein Taxi zum Flughafen bestellen und fahren tatsächlich aber mit dem Bus nach Marv Dascht.«

Um die Mittagszeit erreichen wir die bewässerte Ebene und nehmen für die letzten Kilometer bis zu den Felsengräbern ein Taxi. Vor einem kleinen Laden an der staubigen Straße lassen wir den Fahrer halten, und ich beginne mit einem Großeinkauf.

»Was hast du vor?«, fragt Kurosh überrascht.

»Wir können nicht mit leeren Händen bei den Zelten ankommen. Die Schäfer haben für sich selbst kaum genug.«

»Du erstaunst mich immer wieder.«

Der Platz, an dem die beiden Zelte noch vor ein paar Tagen standen, ist leer. Die gigantischen Steinreliefs an der Felswand mit ihren Geschichten von den Kämpfen und Siegen untergegangener Königreiche müssen in diesem Moment vergeblich auf unsere würdigenden Blicke warten. Wortlos suchend schauen wir über die Ebene. Wo mag die Sippe geblieben sein? Wo die fünf Frauen mit ihren kleinen Teppichrahmen, wo die vielen Kinder und wo die vierschrötigen Männer mit den rauen Händen und der dunklen, sonnenverbrannten Haut? Keine Schafe, keine Esel und keine bellenden Hunde weit und breit. Der Taxifahrer hat eine Idee. Und tatsächlich: Am Ende des engen Taleinschnitts, der direkt an die Ruinen von Persepolis stößt, tauchen die schwarzen Zeltbahnen auf. Er biegt von der Straße ab und fährt durch steiniges Gelände bis nahe an das Lager. Ich erkenne Farsaneh, die im Schatten ihrer einfachen Behausung sitzt und Wolle spinnt.

Schon jetzt freue ich mich darauf, ihr die Fotos zu zeigen, die wir in aller Eile noch am Vormittag haben entwickeln lassen. Kurosh hatte ihnen bei unserem Besuch großmütig versprochen, sie ihnen zukommen zu lassen. Wie er es anstellen wollte, Nomaden ohne festen Wohnsitz die Bilder zu schicken, sollte sein Geheimnis bleiben und hatte fast einen Streit zwischen uns ausgelöst.

Doch das Schicksal hat uns zurückgeführt, und nachdem sich der aufgewirbelte Staub gelegt hat, erkennt uns auch Farsaneh, steht auf und kommt uns entgegen.

Der Taxifahrer grüßt zum Abschied, und Mohammed entfacht das Feuer für den Teekessel.

»Wir bringen die Fotos«, sage ich, und erst in diesem Moment fällt mir auf, welch gute Erklärung dies für unseren Besuch darstellt.

Farsaneh wischt sich den Staub von den Händen, und schon scharen sich sämtliche Familienmitglieder um sie. Es setzt ein großes Gelächter ein, bei dem jeder schon gespannt auf das nächste Foto wartet. Einen kurzen Moment lang scheinen die Frauen zu überlegen, ob Mohammed mein unbedecktes Haar sehen darf. Auch er lacht über die vielen Aufnahmen aus einer Welt, die er täglich vor Augen hat. Warum ich ihren Esel fotografiert habe, wird ihm sicher ein ewiges Rätsel bleiben. Doch die Porträtaufnahmen scheinen ihm zu gefallen, und er dankt überschwänglich für unsere weite Anreise von Schiraz. Ob sie sich wohl fragen, warum wir so viel Gepäck dabei haben?

Unterdessen versucht der kleine Hussein mir beizubringen, wie ich mit der Steinschleuder möglichst weit und gezielt werfen und dadurch die Schafherde in die gewünschte Richtung treiben kann.

Hoch über der Ebene sitzen wir am Eingang der Höhle und können die Aussicht kaum fassen: Uns zu Füßen liegt Persepolis. Aus der Ferne trägt der Wind den Klang der Moharramtrommeln aus Marv Dascht herüber. »Yahh Hussein, Yahh Husseeiin« und »Kerbalah, Kerbalahh«-Gesänge werden vom »Kuhe Rahmat«, unserem »Berg der Gnade«, aufgefangen, der den steil aufragenden Abschluss der weiten Ebene bildet. Die Milchstraße zerschneidet das klare Himmelszelt, und die Schatten der jahrtausendealten hohen Säulen der »Stadt der Perser« erzählen Geschichten eines untergegangenen Weltreiches. Die Höhle, vor unwirklich langer Zeit in den Fels geschlagen, diente einst den königlichen Wachen als Aussichtsposten. Und nun soll sie Kurosh und mir Schutz vor verhängnisvoller Entdeckung gewähren. Nur die Sippe der Schäfer kennt unser Versteck, und ich freue mich auf die erste und einzige gemeinsame Nacht. Welch ein Tag liegt hinter uns!

Am frühen Abend waren wir tatsächlich allein in den Palast gelangt. Die Vorboten einer berauschenden Dämmerung hatten unseren Leichtsinn entfacht; unter einem Himmel dieser Farbe konnte einfach kein Unglück geschehen. Wie eine Lieblingsmelodie, die zum Tanzen auffordert, lockten uns die Zeugen der Vergangenheit, die, in sanfte Farben getaucht, jeden Moment ihr Antlitz wechselten. Bald waren sie orange, dann ockerfarben, schließlich rosa und später violett wie der Himmel. Die Anlage war längst geschlossen und die wenigen Touristen zurück nach Schiraz gefahren. Wir saßen vor den Zelten der Schäfer, als drei wachhabende Uniformierte auf ihrem Rundgang einen Abstecher in unsere Richtung machten. Mein Herz begann heftig zu schlagen. Nicht einmal hier konnten wir ungestört sein. Ohne einen Blick in ihre Richtung blieb ich bei den Frauen sitzen. Sie würden es nicht wagen, sich diesem Zelt zu nähern. Ich drehte ihnen den Rücken zu, vielleicht würden sie mich dann nicht als Ausländerin erkennen. Eine der Frauen machte eine abweisende Bemerkung über die Eindringlinge und richtete ihr Kopftuch. Im Schatten der hochgespannten Zeltbahnen taten wir so, als ginge uns ihr Besuch nichts an. Kurosh blieb in gebührendem Abstand bei den Männern sitzen, während Mohammed auf die Soldaten zuging. Nach einer Weile riefen sie Kurosh zu sich. Sein Blick sollte mir Aufmunterung schenken und suchte doch gleichzeitig Rat und Kraft. Gleich würden sie ihn ausfragen, alles wissen wollen über den Grund unseres ungewöhnlichen Besuchs. Was würde er ihnen erzählen? Sie waren zu weit entfernt, als dass ich ihre Stimmen hören konnte. Welche Geschichte würde er präsentieren? Wir hatten nichts abgesprochen. Ob sie unsere Ankunft beobachtet hatten? Sie konnte kaum unbemerkt geblieben sein. Das Taxi hatte auf der Schotterpiste Staub aufgewirbelt, und unser sonderbares Gepäck – Rucksack, Reisetasche, riesige Wassermelonen, prall gefüllte Tüten und Stapel frischen Brotes – sahen nicht nach einem Familienbesuch bei Nomaden aus. Ob sie mit ihren Ferngläsern beobachtet hatten, dass der Wagen ohne uns zurückgefahren war? Als sich Kurosh endlich von den Männern verabschiedete und sich uns wieder zuwandte, war sein Gang locker und sein Blick sorglos.

»Sie sind nett, keine Sorge, es sind einfache Soldaten, sprich auch du mit ihnen«, forderte er mich mit einem unbeschwerten Lächeln auf.

Nach einer Unterhaltung voller Höflichkeiten, Halbwahrheiten und Fantasiegeschichten, wobei sie mich offen anschauten und ihre Freude über meine Sprachkenntnisse und den lustigen Akzent nur notdürftig verbargen und kaum noch den Anschein einer hochoffiziellen Wache bewahrten, führten sie uns zu einem Durchschlupf in der nördlichen Befestigungsmauer des Palastgeländes.

Persepolis gehörte uns. Ich schließe meine Augen und sehe uns noch einmal durch die »Stadt der Perser« streifen. Wir folgen der Mauer bis zum »Tor aller Länder«, bewacht von geflügelten Stieren mit Menschenköpfen, dämonischen Wesen gleich, die dem Bösen den Eintritt verwehren und nur das Gute hereinbitten. Über einen Vorhof gehen wir in die Apadana. Ich fühle Kuroshs Atem in meinem Haar, und seine Hand berührt meinen Arm. Mein Blick gleitet die gigantischen Säulen empor zum Himmel. Ist es immer noch derselbe wie vor zweieinhalbtausend Jahren?, frage ich mich. War dieses Firmament Zeuge der Zerstörung des Palastes durch Alexander den Großen? Hatten lodernde Flammen diesen Himmel erhellt und die Pracht der Achämeniden für immer zerstört? Plötzlich komme ich mir ganz winzig vor, und dieser Moment erscheint mir wie eine bedeutungslose Episode im Weltenlauf. Wer bin ich? Und vor allem: Wo bin ich überhaupt? Das immer gleiche Gefühl des Unbegreiflichen angesichts antiker Zeugnisse unserer Vorfahren. Wie hatten sie die Welt erklärt und welches Regelwerk erschaffen? Was sagen uns neugierigen Suchenden der heutigen Zeit diese antiken Ruinen, zerbrochenen Krüge, fein gearbeiteten Haarspangen und verformten Goldmünzen, die unter Mühen aus ihren Verstecken ans Tageslicht befördert und dem Forschergeist ausgeliefert werden?

Was hat das untergegangene Reich der Achämeniden mit uns zu tun? Verwirrt klettere ich auf eine umgestürzte Säule. Wie hatten sie es damals nur geschafft, dieses gewaltige Bauwerk auf einer künstlichen Terrasse mit einer Fläche von über einem halben Quadratkilometer zu errichten? Welch geniale Techniker hatten Wege gefunden, die Schwerkraft zu besiegen? Wie viel Blut war geflossen, wie viele Leiber waren unter der Last tonnenschwerer Steine zerquetscht worden?

»Azizam, ist es nicht fantastisch?«

»Ich kann kaum glauben, dass ich mit Kyros höchstpersönlich und bei Sonnenuntergang durch den Thronsaal schreite.«

Ein zerborstener Stierkopf, einst krönendes Kapitel in zwanzig Metern Höhe, vor Jahrhunderten zu Boden gestürzt, blickt mit kaum gebrochenem Stolz geradewegs in meine Augen. Seine wohlgeformte Nase ist noch warm von der kräftigen Frühlingssonne des ausklingenden Tages. Die hochgestellten Ohren sind größer als meine Hand, und ich lege einen Daumen in ihre angedeutete Öffnung und bilde mir ein, einen zarten Haarflaum zu fühlen. Ich reiche kaum an die Hörner des Stiers, die hoch aufragend in den Himmel weisen.

Eine Eidechse flüchtet vor den abendlichen Eindringlingen und sucht Schutz hinter einem Felsblock. Neben einer Darius-Darstellung, die den Herrscher auf seinem Thron sitzend zeigt, versuchen wir uns mit Selbstauslöser zu fotografieren. Wie klein wir neben dem Kronprinzen und den Lanzenträgern doch wirken.

Glücklich gehen wir zum Hinterausgang, als einer der Soldaten uns über einen Lautsprecher mahnend dazu auffordert, doch machen wir übermütig noch einen Umweg zum Felsengrab von Artaxerxes II. Welch ein Ausblick! Die Stadt der Perser ist in Rosaviolett getaucht, und der Himmel scheint von einem glücklichen Kind mit ausgelassenen Pinselstrichen bemalt zu sein. Da ahnen wir noch nicht, welchen Ausblick uns erst das Nachtlager bescheren wird.

Endgültig ließen uns die Wachen erst davonziehen, nachdem ich mit ihnen für ein Erinnerungsfoto posiert hatte. Da standen wir im sanften Abendlicht, und die Welt schien in Ordnung zu sein. Ihre langen, weißen Schulterkordeln mit der Trillerpfeife waren ihre einzige »Bewaffnung«, und zwischen den Fingern ließ einer die Perlen seiner Tasbieh gleiten. Zum Abschied wünschten sie uns eine gute Fahrt nach Schiraz. Mit welchem Auto, fragten sie sich hoffentlich nicht.

»Azizam, träumst du?«

Ich schrecke auf. »Nein, ich war nur noch einmal dort unten mit dir.«

Jetzt in der Nacht sind die beiden eckigen Zelte der Schäfersippe kaum sichtbare winzige Schatten. Wie eine Spielzeugbehausung steht das Lager einsam vor dieser prächtigen Kulisse des »Takht-e Djamschid«, des »Throns von Djamschid«. Nach einer Weile verschluckt die Dunkelheit jedes Detail, und nur das nicht enden wollende Blöken der Schafe verrät dem suchenden Auge den Lagerplatz.

Vor wenigen Stunden, nachdem wir die Lämmer von ihren Müttern getrennt und in das Gehege gesperrt hatten, saßen wir beisammen und teilten uns mit der Sippe ein einfaches Abendessen. Es war das erste Mal, dass ich kein üppig gedecktes Sofre vorfand. Wie gut, dass wir Proviant mitgebracht hatten. Besonders die frischen Kräuter riefen große Begeisterung hervor. Sie scheinen wirklich sehr arm zu sein, und ihr größter Schatz besteht aus einem alten Moped und natürlich den Tieren. Alles im Leben dieser Familien dreht sich offenbar um die Schafe. Sie bestimmen den Rhythmus des Lebens. Ihre prall gefüllten Euter wollen gemolken werden, und es gilt, die Milch zu verarbeiten und den Käse zu trocknen. Sobald die Tiere das Gras im Umkreis des Lagers abgefressen haben, ziehen die Schäfer mit ihren Zelten weiter. Am einundvierzigsten Tag nach Neujahr wird das üppige Fell geschoren. Das beinahe hundertjährige Oberhaupt der Familie erklärte uns mit brüchiger Stimme, das sei schon immer so gewesen und werde auch immer so bleiben. Bald sei es auch in diesem Jahr wieder soweit. Die Haut des Alten ist dunkelbraun und ledern, verbrannt von der erbarmungslosen Sonne auf seinen schattenlosen Wanderungen zu den Weideplätzen.

Nach dem Abendessen stellte Kurosh seinen Walkman an, und verwundert schauten sie auf den kleinen Apparat, der so laut und deutlich die beliebten Lieder von Gugusch spielte. Ein kleines Mädchen fing an zu tanzen, und wir klatschten im Rhythmus dazu.

Als es um die Frage unseres Nachtlagers ging, machte Mohammed einen Vorschlag und nahm Kurosh beiseite. Er zeigte zur Felswand hinüber, und Kurosh nickte begeistert.

Inzwischen ist es sicher bald Mitternacht, und der steile Aufstieg steckt uns noch in den Knochen. Mohammed hat uns den beschwerlichen Pfad heraufgeführt, und von seiner Frau sind wir mit Matten und Decke versorgt worden, die Kurosh sich wie ein Packesel aufgeschnürt hatte. Ohne eine Lampe anzuzünden, nur vom schwachen Mondlicht beleuchtet, sind wir hinaufgeklettert. Einen großen Stock haben sie uns auch in die Hand gedrückt und etwas von Wölfen gesagt. Der Einstieg zur Höhle liegt versteckt und erforderte meine gesamten Kletterkünste. Mohammed muss viele Male hier geschlafen haben, denn auch in der Enge und Finsternis platzierte er die Schlafmatten exakt zwischen spitzen Felsvorsprüngen. Er kannte den besten Platz für das Kopfkissen oberhalb einer Mulde und die winzige Nische für unsere Petroleumlampe. Mit wem er sich hier wohl getroffen hat? Auch Kurosh schien diese Frage zu beschäftigen, denn er machte auf Englisch Andeutungen über den charmanten Schäfer, während ich mit diesem eine Abschiedszigarette rauchte. Mohammed sagte, er sei Mitte Dreißig, doch fiel es mir schwer, in seinem tief zerfurchten Gesicht einen Mann in meinem Alter zu erkennen. Nur seine unglaubliche Kondition und seine kräftigen Muskeln ließen ihn jung erscheinen. Er sprang Felsen hinauf, die ich mühsam und unbeholfen erklettern musste, und seinen Schritten zu folgen brachte mich an die Grenze meiner Kraft. Bevor unser Freund sich an den Abstieg machte, steckte ich ihm unauffällig ein Päckchen Zigaretten in die Jackentasche.

Die Höhle ist perfekt für ein gemütliches Nachtlager zu zweit. Sie ist in der Mitte wohl über drei Meter hoch, genauso breit und sicher fünf Meter lang, doch ohne nennenswerte ebene Flächen. Der Schein des Petroleumlichts ist von außen nicht zu sehen, denn gleich hinter dem tropfenförmigen Eingang hat die Höhle einen Knick, der sie zu einem guten Versteck macht.

Kaum war Mohammed in der Dunkelheit verschwunden, glitt Kurosh auf einen Vorsprung unterhalb der Höhle und zog sich fast vollständig aus, kletterte dann übermütig in den Felsen umher und rief etwas von »Freiheit« – noch nie habe er sich in seinem eigenen Land mit kurzen Hosen blicken lassen können. Dann nahm er den Stock und spielte einen steinzeitlichen Höhlenmenschen. Sein improvisiertes Schauspiel handelte von Adam und Eva, und bald bogen wir uns vor Lachen. Irgendwann fragte ich ihn, ob es im Paradies auch so etwas wie ein Badezimmer gebe, und er führte mich zu einer Stelle, die für eine bescheidene Abendtoilette ausreichen musste. Sparsam goss er mir das kostbare Wasser über meine schmutzigen Hände, und ich verscheuchte Gedanken an ein gewaschenes Gesicht.

Trotz »Adams« ansteckender Euphorie bleibt mir auch jetzt, neben ihm vor dem Eingang unserer Höhle, ein Fünkchen Misstrauen gegenüber diesem Ort. Auch Stunden später lassen mich die Aufregung über unseren »Adlerhorst« und die Beunruhigung über die Ereignisse der letzten Tage nicht schlafen. Ich bilde mir ein, die Soldaten würden sich Gedanken machen und schließlich den Weg zu uns finden. Wenn sie jetzt kämen, gäbe es keine Erklärung, kein Leugnen, kein Entkommen mehr. Ein Mann und eine Frau, Seite an Seite in einer einsamen Höhle. Ich würde nicht einmal meinen Mantel finden, geschweige denn das Kopftuch. Müsste ihnen quasi entblößt entgegentreten. Klare Wachheit löst sich in dieser Nacht mit unruhigen Träumen ab.

Erleichtert vernehme ich schließlich die aufkommende Unruhe der Schafe und das Bellen der Hunde im Tal. Ohne Kuroshs festen Schlaf zu stören, krieche ich zum Ausgang, klettere die steile Wand bis zum Felsvorsprung hinunter und genieße das Schauspiel der Morgendämmerung. Noch vor Sonnenaufgang entfacht Mohammed ein Feuer, und der ferne orangefarbene Schein der Flammen macht mich froh. Die nächtliche Besorgnis wird durch den Anflug des neuen Tages vertrieben.

Lavendelfarbenes Licht am Horizont kündigt seine strahlende Wiedergeburt an, und das himmlische Farbenspiel dringt in meine Seele. Die abwartende Unbewegtheit der Ebene vor dem ersten Sonnenstrahl lässt keinen Zweifel daran, dass dieser Tag und dieser Ort Teil eines unendlichen Kreislaufs des Lebens ist, dessen hellster Bote seit Urzeiten jeden Morgen im Osten erscheint.

Ich atme tief durch, fühle mein Haar auf den Schultern, umschlinge meine nackten Beine mit Armen, die bis zum Ellenbogen von persischer Sonne gebräunt sind.

Ein quälender Eselsschrei klingt wie der Weckruf für alle Langschläfer im Tal. Gleich werden wir hinabsteigen, einen Morgentee trinken und uns dem Schutz des Lagers unterstellen. Die Sonne wird uns wärmen und diese Höhle zur Erinnerung werden.

Der Flughafen von Schiraz holt mich endgültig zurück in die moderne Welt. Der Abschied steht unmittelbar bevor, doch ich kann und will einfach nicht glauben, dass ich mich gleich von Kurosh trennen soll, vielleicht sogar für immer. Ich muss allein in dieses Flugzeug steigen und werde in kaum mehr als einer Stunde durch die hektische Teheraner Rushhour fahren. Ich bin unendlich traurig, und würde Kurosh mich nicht unentwegt mit seinen Scherzen über meine schmutzige Kleidung aufheitern, könnte ich in Tränen ausbrechen. Mein Äußeres hat inzwischen auch den kleinsten Rest großstädtischer Gepflegtheit verloren. Hände und Arme sind mit einer Schmutzschicht bedeckt, meine Schuhe von der Bergwanderung zerschrammt und staubig, und der Mantel ist mit Joghurt- und Milchspuren übersät. Wenn ich den gleichen Geruch wie Kurosh an mir trage, dann wird sich Iran Air wahrscheinlich zum ersten Mal vor die Aufgabe gestellt sehen, eine deutsche Schäferin an Bord zu begrüßen. Als könne er Gedanken lesen, schnuppert mein Schäferkollege dezent an meinem Hals, schaut mich mit sanften Augen an und versucht zu blöken.

»Du sahst so schön aus mit dem Lämmchen auf deinem Arm, Azizam.«

»Und du erst mit dem Zicklein. Ich hatte das Gefühl, du könntest ewig dort draußen bleiben.«

»Könnte ich auch. Es war das erste Mal, dass ich überhaupt mit Nomaden in Berührung gekommen bin. Vielen Dank für diese Tage.«

»Ich danke dir.«

Noch einmal sehe ich die Frauen vor mir, wie sie am Morgen den Esel sattelten, ihm Kanister aufspannten und zur großen Kreuzung nach Marv Dascht gingen, um Wasser zu holen. Das Baby ließen sie in einer Wiege zurück und legten gegen die Fliegen einen leichten Tschador über sein Gesicht. Kurosh und ich hatten Mohammeds Sohn noch ein Weilchen beim Bergauftrieb der Schafe begleitet. Mit Hilfe seiner Steinschleuder wies er den Tieren den Weg. Heimlich steckten wir der Sippe einige Geldscheine in die Babywiege und gingen dann unseres Weges.

»Ruf mich morgen an. Ab zehn Uhr bin ich wieder im Geschäft. Lebe wohl, Azizam.«

»Lebe wohl, Kurosh.«

»Werden wir uns wieder sehen?«

»Ganz bestimmt.«

Abschied vom Orient

*T*eheran befindet sich inzwischen in einer Art Wahlfieber. Schon auf der Fahrt vom Flughafen waren mir gestern die vielen Plakate aufgefallen. Unzählige Bretterzäune vor den Baustellen sind mit den Abbildungen der Spitzenkandidaten beklebt. Eindeutig überwiegt hier, im weltoffeneren Norden, das Konterfei von Chatami gegenüber dem von Nuri. Viele Geschäfte haben sein Bild in ihren Schaufenstern ausgestellt, und auch von den Heckscheiben vieler Autos schaut der mild lächelnde Mullah mit dem schwarzen Turban in das hektische Treiben der Großstadt. Gegen Abend gibt es sogar regelrechte Konvois seiner jugendlichen Anhänger, die hupend die Africa Avenue auf- und abfahren und dabei lautstark »Chatami, Chatami« rufen und seine Plakate aus den Fenstern halten. Heute Vormittag im Stadtbus diskutierten Farhad und ein anderer Fahrgast darüber, ob sie sich überhaupt an den Wahlen beteiligen sollten. Für Farhad stand dies außer Zweifel, schließlich wollte er Chatami wählen. Der unbekannte Mann jedoch war der Überzeugung, er würde mit seiner Wahlbeteiligung die Existenz des diktatorischen Regimes der Islamischen Republik anerkennen. Lieber nehme er die Nachteile in Kauf, die aus einer Nichtbeteiligung resultieren könnten, als dass er die Spielregeln dieses Staates akzeptiere.

Ich fragte, welche Nachteile sich denn ergeben könnten und ob es sich nicht um geheime Wahlen handle.

»Doch, schon, aber jeder bekommt im Wahllokal einen Stempel in den Ausweis. Für bestimmte Jobs und Anträge bei Behörden ist es ein Nachteil, wenn man den Stempel nicht vorweisen kann.«

Der Wahltag am 28. Mai ist nah und wird auch mein Abreisetag sein. Bezüglich der Wahlergebnisse hoffe ich, dass meine Freunde mit ihrem Pessimismus Unrecht behalten werden. Mir jedenfalls scheinen die Anhänger einer liberalen Wende keineswegs chancenlos zu sein. Vielleicht ist die Frage wichtiger, ob ein Chatami-freundliches Ergebnis auch eine korrekte Anerkennung finden wird. Genau wie die Gefolgsleute Chatamis sehne ich mich inzwischen fast unbändig nach Freiheit, wobei es für mich ein Zurück zu einem bekannten Lebensgefühl sein wird, das mir in dieser Intensität allerdings zuvor nie bewusst war. Doch für die jungen Menschen, die nichts anderes als achtzehn Jahre Islamische Republik erlebt haben, muss Freiheit eine Empfindung von Sehnsucht sein, Sehnsucht nach etwas verlockend Unbekanntem. Ihnen ist nichts als die allgegenwärtige Kontrolle, Unterdrückung, Entrechtung und Bevormundung bekannt.

Ich überquere die Africa Avenue, und ein Blick auf das spärliche Zeitschriftenangebot im Kiosk lässt meine eigene Sehnsucht wachsen. Immerhin gibt es hier inzwischen einige kritische Zeitungen, und freudig überrascht blättere ich erst in einer Frauen- und dann in einer Filmzeitschrift, die mit ihren Berichten weit über das hinausgehen, was die strenge Mullahlinie fordert. Der Kiosk liegt in der Nachbarschaft einiger ausländischer Vertretungen, und so finden sich in der Auslage sogar fremdsprachige Zeitschriften. Ich lasse mir eine *Newsweek* reichen, und nachdem mir bewusst wird, was ich dort sehe, kann ich ein Auflachen beim besten Willen nicht mehr unterdrücken. Auf dem Titelblatt lächelt die streng zensierte jugendliche Jeanne Moreau von einem Foto aus dem Jahre 1957. Nach einem kurzen Moment stimmt der Kioskverkäufer in meine Belustigung ein. »Blättern Sie weiter, es kommt noch besser«, rät er mir in geübtem Englisch.
Die Ausgabe mit der Titelstory zum fünfzigjährigen Jubiläum des Filmfestivals in Cannes zeugt wahrlich von kniffliger Handarbeit beim Übermalen tiefer Dekolletés berühmter Schauspielerinnen.
Jeanne Moreau im Badeanzug war nicht nur die Oberweite mit

dicken Filzstiftstrichen übermalt worden, sondern zusätzlich hatte man, vermutlich aus »Sicherheitsgründen«, ein Stückchen Papier über den anzüglich zur Schau gestellten Körper geklebt. Auch Brigitte Bardot, die auf einer Fotografie von 1953 verführerisch unschuldig vor der Kamera posiert, ist arg verunstaltet worden, doch hat der eifrige Zensor einen Teil ihres Schenkels ausgespart. Der Verkäufer erfreut sich an meinem Vergnügen und scheint auch meine beinahe entsetzten Ausrufe gut verstehen zu können. Selbst der Ausschnitt des Abendkleids von Liz Taylor fand keine Gnade und war nur mehr ein schwarzer Balken. Dafür durfte Sophia Loren ihre unbedeckten Arme zeigen, und in der Aufregung war sogar der Sprung einer unziemlich gekleideten Schönheit in einen Swimmingpool im Jahre 1960 unzensiert geblieben.

»Das ist der Job von Kriegsveteranen«, klärt der Verkäufer mich auf. »Sie müssen sich jede ausländische Zeitschrift vornehmen und die Fotos zensieren.«

»Es gibt sicher unangenehmere Jobs in der Islamischen Republik.«

»Da haben Sie Recht. Was machen Sie in Teheran? Arbeiten Sie in einer Botschaft?«

»Nein, ich bin Touristin und schon fast auf dem Heimweg zu all den unzensierten Fotos und Zeitschriften.«

»Gefällt es Ihnen im Iran?«

»Ja, ich hatte eine sehr schöne Zeit hier.«

»Würden Sie gern bleiben?«

»Nein, entschuldigen Sie, aber niemals könnte ich hier leben.«

»Wer kann das schon?«

»Geben Sie mir bitte die *Newsweek*, als Erinnerung sozusagen.«

»Grüßen Sie die Freiheit von mir!«

»Wird gemacht. Auf ein Wiedersehen in einem freien Iran.«

»Inschallah.«

»Inschallah.«

Ich freue mich, die wenigen verbliebenen Tage in der Umgebung vertrauter Freunde zu verbringen. Es ist schön, dass Bahare und Behnusch schließlich doch noch rechtzeitig vor meiner Abreise in Teheran angekommen sind. Sie sind zwei der wenigen iranischen Freunde, die unbehelligt in ihre Heimat reisen können. Ihre Jugend und eine enge familiäre Bindung zu einem angesehenen Geistlichen haben sie bis heute davor bewahrt, in ernsthafte Konflikte mit dem Regime zu geraten.

Im Gegensatz zu den anderen Exilanten, deren politisches Engagement – und in Folge ihr anerkannter internationaler Flüchtlingsstatus – schon den Gedanken an einen Besuch im Iran in das Reich verträumter Fantasien zwingt, pendeln die beiden wohlhabenden Schwestern zwischen den Welten. Doch jenen, denen es nur dank kostspieliger Beziehungen oder beschämender Kniefälle gelungen ist, sich vor Verfolgung und Kerkern zu retten, jenen, die wertvolle Jahre ihres Lebens in Angst und Schrecken oder sogar unter Folter und hinter Gittern verbracht haben, wird der Weg in die Heimat so lange versperrt bleiben, wie die Henker der islamischen Diktatur die Macht in ihren blutigen Händen halten. Unsägliches Leid ist in ihr Leben getreten, während andere sich mehr oder minder eingerichtet und Nischen der Ungezwungenheit im System der Theokratie gefunden haben.

Am Nachmittag habe ich Behnusch und Bahare vom Flughafen abgeholt. Es dauerte ungewöhnlich lange, bis die beiden in der Ankunftszone erschienen.

»Ist alles in Ordnung?«, fragte ich. »Ihr seht ein wenig mitgenommen aus.«

»Alles okay, nur die übliche iranische Nerverei.«

»Was ist passiert?«

»Sie haben unser Gepäck durchsucht und einiges konfisziert.«

»Was denn?«

»Bücher und Zeitschriften, das Übliche halt.«

»Aber das Schlimmste ist, dass sie meine Musikkassetten in die ›Mikrowelle‹ gesteckt haben«, sagte Bahare.

»In die Mikrowelle?«

»Na ja, in dieses Ding, das aussieht wie ein Mikrowellenherd und innerhalb von Sekunden alle Aufnahmen löscht. Diese Idioten.«

»Was? Davon habe ich noch nie gehört. Was hattest du denn für Musik dabei.«

»Du weißt schon, meine Hausmarke, lateinamerikanische fetzige Sachen. Wie soll ich es zwei Monate ohne diese Herz- und Seelenmusik aushalten?«

»Muss in den Ohren der Kontrolleure wohl nach Sünde pur geklungen haben.«

»Anscheinend. Schade um die tollen Aufnahmen.«

Endlich konnten die beiden Schwestern mir ihr zweites Zuhause in einem exklusiven nördlichen Vorort Teherans zeigen. Im großzügigen Haus wird mir ein eigenes Zimmer zur Verfügung gestellt, und ihr Bekanntenkreis wird mir einen weiteren Einblick in die westlich orientierte Mittel- und Oberschicht gewähren.

Im Haus wimmelt es von anderen Schwestern, Brüdern und Cousins. Am Abend soll in der Nähe eine Party stattfinden, und in der Hoffnung, mich von den Gedanken an meinen Schäfer ablenken zu können, nehme ich die Einladung dankend an.

Es gibt Alkohol, im Fernsehen laufen die neuesten Videoclips, wir tanzen, und ich denke an unsere Höhle. Schließlich berauscht der Whisky mich ein wenig, und der Morgen graut bereits, als Reza und Karim die unglaublichen Geschichten ihrer Jugend erzählen. Zwar haben sie kaum die Dreißig erreicht, doch scheinen ihre Erlebnisse aus einer weit entfernten Vergangenheit zu stammen.

Ein Freund der Familie setzt mich mit den ersten Sonnenstrahlen bei den Schwestern zu Hause ab, denn ein Taxi hätte ich mit meinem Zigaretten- und Whiskygeruch nicht nehmen können.

Mittags kommt Bahare an mein Bett.

»Du bist spät gekommen. Es war schon hell. Glaubst du mir jetzt endlich, dass ich nicht auf die langen Nächte in Hamburg angewiesen bin, um zu feiern?«

»Die Party war unglaublich. Warum bist du so früh gegangen?«

»Ich war müde und habe, ehrlich gesagt, die Nase voll von diesen Exzessen. Aber was meinst du mit unglaublich?«

»Unglaublich extrem. Ich hätte nicht gedacht, dass es so etwas hier gibt. Du hast zwar oft davon gesprochen, aber vorstellen konnte ich es mir nicht so recht.«

»Haben sie viel getrunken?«

»Und ob, wie in Chicago während der Prohibition, und auch viel getanzt und wirklich unverschämt geflirtet. Es gab auch ein paar Jungs, die Breakdance aufgeführt haben.«

»Ja, ich kenne das. Sie übertreiben es total. Als sei jede Party die letzte ihres Lebens. Haben sie dich wenigstens in Ruhe gelassen?«

»Ja klar, alle haben sich gut benommen. Für die Kosmetikindustrie muss die Teheraner Highsociety das Eldorado sein.«

»Ich hasse diese übertrieben geschminkten Gesichter und die albernen Sonnenbrillen, die sie auch nachts tragen.«

»Sei doch nicht so zickig. Reza und Karim haben mir übrigens von einer Wette erzählt.«

»Von welcher Wette?«

»Na ja, nicht direkt von einer Wette, eher von einem Wettbewerb oder einer Abmachung.«

»Sie haben dir von diesem Wahnsinn erzählt?«

»Sag nicht, es stimmt wirklich. Ich habe ihnen kein Wort geglaubt.«

»Was haben sie erzählt?«

»Wie soll ich sagen? Es ging darum, wer die meisten Frauen innerhalb eines Jahres ins Bett bekommt.«

»Nein, ich kann es einfach nicht glauben. Sie haben es dir wirklich erzählt, diese Idioten? Wie seid ihr darauf gekommen? Haben sie Zahlen genannt? Und überhaupt, musst du immer alle Leute bis auf den letzten Rest ausquetschen?«

»Tut mir Leid, aber ich habe kaum nachgehakt. Ich habe mich wirklich zurückgehalten. Sie waren von selber so offen. Reza hat angeblich vierunddreißig und Karim zweiunddreißig Frauen in einem Jahr ins Bett gekriegt. Stimmt das etwa?«

»Ich war nicht dabei, aber es kann schon sein. Sie waren besessen von diesem Wahnsinn. Fuhren ständig mit ihren Motorrädern herum auf der Suche nach Frauen. Es war krankhaft.«

»Aber das kann doch nicht wahr sein. Wie ist das möglich? Gibt es so viele willige Frauen? Und was ist mit der Jungfräulichkeit und dem ganzen Kram?«

»Alles ist möglich. Und Jungfernhäutchen können zur Not wieder eingesetzt werden. Und hier gibt es auch untreue Ehefrauen, Geschiedene und viele Witwen. Aber ich verstehe nicht, wie sie es dir erzählen konnten. Ich ärgere mich über die beiden.«

»Ich sagte ihnen, dass ich vielleicht eines Tages ein Buch über meine Iranreisen schreiben werde. Sie waren total begeistert und meinten, ich müsse ihre Story unbedingt erzählen, weil dann alle iranischen Spießer schockiert wären und behaupten würden, so etwas gebe es nur im dekadenten Westen.«

»Es stimmt! Es ist eine Schande, was sie gemacht haben. Ich bin auch schockiert.«

»Ich finde es ziemlich übel, aber vielleicht war das nur eine Reaktion auf all die Verbote in diesem Land.«

»Vielleicht, aber haben sie dir auch erzählt, dass einmal etwas schief gegangen ist?«

»Was heißt schief gegangen?«

»Reza hat ein Mädchen geschwängert.«

»O nein! Was ist aus ihr geworden?«

»Na ja, wie soll ich sagen? Sie kannten sich ja kaum, und heiraten wollten und konnten sie auf keinen Fall. Sie kam aus einer religiösen Familie. Es hat fast vier schreckliche Monate gedauert, bis sie einen Arzt für die Abtreibung gefunden hatten. Es war furchtbar. Und wahnsinnig teuer. Es hat ihn vollkommen ruiniert.«

»Und war sicher sehr gefährlich?«

»Ich dachte, wir enden alle im Gefängnis.«

»Was hattest du damit zu tun?«

»Ich war damals für ein halbes Jahr in Teheran, weil unsere Mutter krank war. Sie haben das Mädchen hierher gebracht. Es ging ihr sehr schlecht. Diese verdammten Idioten. Sie dachten, das ganze Leben ist ein Spiel. Danach sind sie etwas schlauer geworden.«

»Ich kann es nicht fassen.«

»Ach, weißt du, es gibt viele von diesen unglaublichen Geschichten. Es gibt keine so genannte heile Welt, keine Moral, die für alle gleichermaßen Gültigkeit hat. Nicht hier und auch nicht in Deutschland. Die einen denken, der Westen bringe das Verderben, und die anderen glauben, wir hier lebten noch im Mittelalter. Nichts von alledem stimmt.«

»Vielleicht stimmt auch beides.«

»Ich bin es Leid, darüber nachzudenken. Es führt zu nichts, und wer nicht begreifen will, dem kann man auch nichts erklären.«

Es sind nur noch wenige Tage bis zu meinem Abflug, und ich denke an die vergangenen Wochen wie an einen fernen Traum. Isfahan mit seinem »gebärenden Fluss«, Schiraz, die Nomaden und unsere Höhle.

Das Telefon klingelt, und ich zucke zusammen.

»Es ist für dich. Irgendein Teppichgeschäft aus Isfahan«, ruft Bahare, und mein Herz schlägt bis zum Hals.

»Bale?«

»Azizam, ich muss dich sehen.«

»Wer ist dran, bitte?«

»Geh mit dem Telefon in ein anderes Zimmer.«

»Quatsch. Die Frage war ein Scherz. Seit wann bist du Teppichhändler?«

»Was sollte ich denn sonst sagen?«

»Meine Freunde wissen schon von dir.«

»Hast du etwa alles erzählt?«

»Natürlich nicht alles. Das mache ich vielleicht später in Deutschland. Wie geht es dir?«

»Ich will dich sehen, bevor du fliegst. Du fehlst mir so.«

»Du mir auch. Ich kann dich aber nicht hierher bitten.«

»Wir treffen uns in der Stadt.«

»Aber wo bist du?«

»Ich bin noch in Isfahan, aber in einer Stunde geht ein Flug. Sag ja! Ich bin schon im Flughafen. Nur diesen einen Nachmittag.«

Wir wollen uns vor der Post am Basar von Tadjrisch treffen. Ich bin etwas zu früh dort und schaue suchend in die Menge. Die Telefonzellen sind von Teenagern blockiert, die ständig den Minibus des Komitees im Blick behalten. Er steht ganz in der Nähe in einer Parkbucht, und die Insassen beobachten von dort aus die sittenlose Jugend. Ungeduldig warte ich auf Kurosh und wundere mich derweil über zwei junge, in Tschadors gehüllte Mädchen mit auffallend geschminkten Gesichtern. Warum tragen sie den Tschador, wenn sie offensichtlich nicht mit ihren Reizen geizen wollen? Wie soll eine deutsche Reisende das nur alles verstehen?

Dann endlich. Von der anderen Straßenseite trifft mich ein Augenpaar; wie Pfeile, in denen die ganze Kraft des Schützen gebündelt ist, zielen sie auf mich. Einer dringt in mein Herz, ich suche Halt, greife nach einem unsichtbaren Schild und wappne mich. Noch ein letzter Peykan, dann ist der Weg frei. Finger graben sich in meinen Arm: »Azizam«. Ein Kuss liegt in der Luft. Lachen, Fältchen um wache Augen und ein vertrautes Nach-oben-Schauen. Wie groß er doch ist!

»Du hast mir so gefehlt. Der Basar ist voller Erinnerungen, und der Fluss gibt mir keinen Trost.«

Reisende sollten sich nicht verlieben, geht es mir durch den Kopf.

»Du solltest dein Herz nie an eine Reisende verlieren.«

»Dein Ratschlag kommt zu spät, Azizam.«

»Du hast mir auch gefehlt.«

»Wohin, Azizam? Teheran ist deine Stadt.«

»Nach Darband. Dort interessiert sich hoffentlich niemand für uns.«

Im Taxi greife ich nach seinen Händen, lehne mein Gesicht an seine Schulter und spüre warmen Atem auf meiner Stirn. Doch wenn ich meine Augen schließe, sehe ich ein startbereites Flugzeug in Richtung Okzident. Was soll aus uns werden?, denke ich. Werde ich ihn jemals wieder sehen? Werde ich dieses Land jemals wieder sehen? Wie das Spiel mit dem Feuer erscheinen mir unsere letzten Begegnungen, und ich will mich nicht verbrennen. Ich habe Angst vor jeder Art von Wunde. Nein, ich glaube nicht, dass ich zurückkomme. Nicht, solange es keine Freiheit gibt. Neben uns sitzt ein anderes Pärchen und nutzt die vertrauliche Atmosphäre für einen flüchtigen Kuss. Der Wagen quält sich den Anstieg hinauf, wendet am Ende der Straße, und der Fahrer wünscht uns allen einen schönen Abend.

Wir lassen die vielen Lokale mit den bunten Dekorationen und den leckeren Kebabspießen hinter uns, steigen über wacklige Holzbrücken und wandern die Schlucht hinauf. Der Weg windet sich unzählige Male, und bald sind wir ganz allein. Übermütig folgen wir einem ausgetretenen Pfad. Ich knote meinen Mantel über der Hüfte und klettere auf einen Felsen. Noch ein Stück höher, und die Schlucht gibt einen Blick auf die Stadt frei. Ruhig und endlos erstreckt sich das Häusermeer und wirkt harmlos wie ein Binnensee, der keine wahren Stürme kennt. Hier oben gibt es nur das ungezähmte Rauschen eines übervollen Frühlingsbaches, der sich einen Weg durch die Felsenschlucht bahnt.

Ohne viele Worte gehen wir weiter. Vor uns sehen wir ein Dorf, und einzig dieser schmale Pfad bringt uns dorthin. Treppen und Gassen führen zu den wenigen Häusern und Hühnerhöfen. Zwei Frauen sitzen oberhalb eines kleinen Gebäudes auf einem Felsen und lassen sich von den letzten Sonnenstrahlen des Tages wärmen. Die Schlucht liegt schon lange im Schatten, und bald machen wir uns auf den Rückweg.

Endlich taucht das erste Ausflugslokal auf. Der Weg führt durch die offene Gaststube. Wir setzten uns auf eines der typischen, teppichbedeckten Holzgestelle, ziehen unsere Schuhe aus und bestellen Tee.

»Übrigens hat Hassan mir ein Geschenk für dich mitgegeben.«
»Hassan? Ein Geschenk? Für mich?«

»Keine von seinen bedruckten Decken, falls du das denkst.«

»Was ist es denn? Zeig schon! Wieso schenkt er mir was?«

»Wie soll ich sagen? Also, er meinte: ›Gib es ihr, sie wird es mögen.‹ Es ist kein übliches Geschenk für eine fremde Frau.«

»Fremde Frau? Was meinst du damit?«

»Na ja, er hat gesagt, dies sei früher ein beliebtes Hochzeitsgeschenk zwischen entfernten Cousinen gewesen, oder so ähnlich.«

»Hochzeitsgeschenk?«

»Also, hier ist es.«

Zum Vorschein kommt ein schöner, handflächengroßer, verzierter Lavastein, dessen Palmwipfelform sich angenehm zwischen Daumen und Zeigefinger schmiegt. Die Oberfläche ist in Silber gefasst und zeigt ein Blüten- und Vogelmotiv.

»Was ist das?«

»Ein Sangepa.«

»Sangepa? Fußstein?«

»Wie soll ich es erklären? Ich weiß nicht, wie die Haut unter den Füßen auf Englisch heißt.«

»Ach so, ich verstehe. Ein silberverzierter Hornhautstein. Er ist wunderschön. Vielen, vielen Dank. So etwas habe ich noch nie gesehen.«

»Ich auch nicht. Hassan sagte, es gibt nicht mehr viele davon, und er wird dir gefallen.«

»Er hat Recht. Er sieht aus wie ein Geschenk für das ganze Leben.«

»Das sagte er auch. ›Er hält ein ganzes Leben.‹ Außerdem meinte er, du seist ständig auf den Füßen, in allen Gegenden der Welt unterwegs.«

»Tausend Dank, und grüße Hassan ganz besonders von mir. Der Stein ist wirklich sehr schön, und meine Füße haben es nötig.«

Kurosh schaut mir tief in die Augen, und sein sonst so fröhliches Lachen zeigt einen traurigen Zug.

»Wie soll es nur weitergehen mit uns, Azizam? Ich kann an nichts anderes mehr denken.«

»Ich weiß es nicht.«

Er nimmt meine Hand, und unwillkürlich schaue ich zum Wirt und zu den anderen Gästen hinüber, die aber keine Notiz von uns nehmen.

»Sag mir etwas Schönes, Azizam. Etwas Schönes über mein Land. Du scheinst es besser zu kennen als viele von uns.«

»Wie kommst du denn darauf?«

»Manchmal kann ich mir kaum vorstellen, dass du eine Ausländerin bist. Du bist nicht wie eine Fremde.«

»Und durch dich habe ich dieses Land noch viel besser, viel tiefer kennen und lieben gelernt.«

»Lieben? Wirklich?«

»Ja, aber es ist eine verbotene Liebe.«

»Nicht nur für dich.«

»Aber du wolltest etwas Schönes hören. Erinnerst du dich an unseren Besuch im Teppichbasar bei dem großen Meister?«

»Natürlich, er hat übrigens nach dir gefragt und lässt dich grüßen.«

»Danke. Als er über die Teppiche sprach, da dachte ich, dieses ganze Land hat etwas von einem wunderschönen Teppich.«

»Wie meinst du das?«

»Iran ist wie ein buntes Muster aus vielen Knoten.«

Schweigend sitzen wir beieinander, und jeder Augenblick bringt den Abschied näher.

»Azizam, ich muss dich wieder sehen. Egal wo.«

»Bitte überstürze nichts. Wenn du dein Land wirklich verlassen willst, dann mache dir vorher einen genauen Plan. Es ist nicht leicht in der Fremde.«

»Vielleicht können wir uns eines Tages in der Türkei treffen oder in Indien. Für diese Länder brauche ich kein Visum.«

»Ja, vielleicht.«

»Wann, Azizam? Ich werde kommen.«

Ein Fotograf macht ein Polaroidfoto von uns, und Kurosh malt ein Herz auf die Rückseite. Wir essen wunderbaren Kebab, lehnen uns in die Kissen zurück und rauchen ein Ghaljum. Unser Blick folgt dem ungestümen Fließen des klaren Baches.

»Wir sehen uns wieder, ich weiß es.«

»Inschallah.«

»Inschallah.«

Weit nach Mitternacht sitzen wir in einem Taxi, unserem letzten. Er nimmt mein Gesicht in beide Hände und schenkt mir einen Abschiedskuss.

Der Morgen erwacht, und ich bin dankbar für zwei verständnisvolle Vertraute in meiner Nähe. Ich gebe den Schwestern ein Zeichen und schleiche mich aus dem Haus. Bahare und Behnusch werden schon die passenden Erklärungen für mein einsames Umherstreunen finden. Selbst wenn ihre Mutter sie löchert und beschimpft wegen ihrer Unhöflichkeit einem Gast gegenüber, kann ich mich auf plausible Ausreden für ihre deutsche Freundin verlassen.

Meine Tasche ist gepackt. Heute Nacht geht mein Heimflug, und eine Mischung aus unbändiger Vorfreude und größtem Bedauern verwirrt meine Seele. Ziellos wandere ich durch die Straßen der Nachbarschaft. Das frische Frühlingslaub der Platanen legt ein Muster über das Viertel, und auf den Wegen treiben leuchtende Sonnenstrahlen ein Wechselspiel von Licht und Schatten. Ein Windstoß entfacht dieses Treiben, und die abgedunkelte Welt tief unter dem Blattwerk scheint vor den hellen Pfeilen der Sonne Reißaus zu nehmen. Wie ein Fischernetz im Flug, kurz vor dem Versinken im Meer, wiegt sich das Muster vor meinen Schritten. Die nächste Brise bringt neues Leben in das Spiel und ist erfüllt von dem Duft zarter Zitronenblüten, die sich über eine Gartenmauer stehlen. Am Ende der Straße liegt der Palast der gestürzten Schahdynastie. Als würde die Stadt noch immer auf ein Gebot des Schweigens hören, bleibt hier oben von dem ächzenden Atmen des Molochs nur eine ferne Ahnung übrig.

Auf der Suche nach belebteren Wegen schlage ich die Richtung zum kleinen Basar nach Tadjrisch ein. Schon bald tauchen die ersten Geschäfte auf. An einer Straßenecke stehen halbwüchsige Jungen mit Sonnenbrillen und modischer Hip-Hop-Kleidung. Der

Schritt ihrer Hosen reicht zwar nicht ganz so tief wie bei ihren westlichen Vorbildern, doch ist der Wille dazu deutlich zu erkennen. Sie sehen wirklich »hip« aus oder besser »rap« mit gerolltem »r«, wie das neupersische Modewort für alles Derartige heißt.

Das Postamt taucht auf. Wie schön es doch war, Kurosh gestern gesehen und gespürt zu haben. Aus der amerikanisch anmutenden Pizzeria von nebenan strömen vertraute Düfte. Ich denke an das leckere Eis, das Farhad mir neulich spendiert hat. Das kleine Geschäft mit den unbekannten Süßigkeiten muss irgendwo hier in der Nähe sein. Auf den breiten Fußgängerwegen versammeln sich grüppchenweise Teenager auf der Suche nach ein wenig Abwechslung. Sie haben, wie offenbar alle ihre Altersgenossen, einen Gesichtsausdruck, der verbergen soll, dass sie in diesem Moment mit dem wichtigsten Ereignis ihres Lebens beschäftigt sind.

Endlich sehe ich von weitem das Schild des Eiscafés, als mir zwei Frauen entgegenkommen. Mit hoch erhobenen Häuptern, tiefschwarz umrahmten Augen und perfekt geschminkten Lippen trotzen sie jeder äußerlichen Zurückhaltung und führen ihre Schönheit spazieren. Ihre Mäntel sind nach der neuesten Mode in hellen Naturtönen längs gestreift. Passende Tücher haben sie sich wie Schals locker über den hoch toupierten Haaransatz gelegt. Ich schaue der Größeren direkt in ihr ebenmäßiges Gesicht, und sie antwortet mit einem blitzenden Lächeln. Voller Stärke und mit kerzengeraden Rücken schreiten sie vorüber, und ihr Wimpernaufschlag strahlt Unantastbarkeit aus. Die Kraft der Schönheit verlangt es, mich nach ihnen umzudrehen, und so darf ich mich zusätzlich an einem langen, geflochtenen Zopf erfreuen.

Einen Wecker müssen wir uns in dieser Nacht nicht stellen. Die wenigen Stunden bis zu meinem Abflug weit vor Morgengrauen verbringen Bahare, Behnusch und ich unter freiem Himmel auf ihrer Terrasse.

»Lass uns fahren«, dränge ich schließlich um zwei Uhr, »ich will nach Hause.«

»Was sind denn das für Töne? Hast du etwa schon genug von unserem schönen Land?«

»Nein, überhaupt nicht, aber ich muss über vieles nachdenken. Außerdem habe ich so etwas wie Heimweh. Ich kannte dieses Gefühl bisher kaum.«

»Das ist doch schön, oder? Heimweh ist doch etwas ganz Tolles. Ich habe es ständig.«

»Ich weiß nicht. Ja, vielleicht schon, aber es ist ein merkwürdiges Heimweh oder, besser gesagt, eine Art Sehnsucht.«

»Wonach sehnst du dich?«

»Ihr dürft aber nicht lachen, wenn ich es sage.«

»Nun sag endlich, wird ja wohl nicht so schlimm sein.«

»Nach gepiercten Frauenbäuchen, nach Männern in knapp sitzenden Jeans mit ihrem Liebsten an der Hand, nach bettelnden Punks, vorlauten Kindern und …«

»Moment, Moment, was ist denn in dich gefahren? Kommt es noch schlimmer? Du und Piercing?«

»Ihr solltet doch nicht lachen! … nach Radfahrerinnen, Skaterinnen, Joggerinnen, nach sich küssenden Liebespaaren am Elbstrand …«

»Okay, okay, lass mich weitermachen! Nach dunklen Limousinen, aus denen türkische Bässe dröhnen, nach prall gefüllten Zeitungsständern und wunderbaren Kinofilmen.«

»Nach Schwarzbrot und Mohnbrötchen.«

»Nach Miniröcken und Rotwein.«

»Das Leben ist schön!«

»Dein Kopftuch ist falsch herum«, prustet Bahare los.

»Solange es kein links getragener Tschador ist. Außerdem wird es das letzte Mal mit diesem verdammten Ding sein. Kommt schon, es geht los.«

»Kennst du die Bedeutung eines links getragenen Tschadors etwa auch, du deutsche Spionin?«

»Wäre ich sonst eine neugierige Reisende?«

»Wer hat es dir erzählt?«

»Mithra, aber ich glaube es nicht so recht.«

»Was denn?«

»Na ja, dass es eine Art Erkennungszeichen für eine bestimmte Dienstleistung ist.«

»Soll angeblich in Maschad üblich sein, wegen der vielen Pilger.«

»Meine Güte! Und ich dachte, ich fliege zurück ins sündige Hamburg. Habe ich euch eigentlich erzählt, dass ich damals, bei meiner ersten Reise, in Schiraz im Schah Tscheragh meinen Tschador prompt falsch herum trug?«

Die beiden biegen sich vor Lachen.

»Im Schah Tscheragh? Es ist echt besser, wenn du zurück nach Hamburg fliegst. In zwei Monaten kommen wir nach. Bis dahin ist hoffentlich Hochsommer und der Strand vor lauter Sündern kaum zu sehen.«

»Bestimmt!«

Warum nur habe ich Iran Air gebucht? Wieso musste ich mir diese Erfahrung unbedingt antun? Meydane Azadi, der »Platz der Freiheit«, verschwindet tief unter uns, und es geht Richtung Westen. Schon zweimal hat die Stewardess über Lautsprecher darauf hingewiesen, dass auch in der Luft die Regeln der Islamischen Republik gelten und dabei extra die Kleidervorschriften erwähnt. Wenn ich es recht verstanden habe, hat sie auch »im Namen Gottes« gesagt. Ob das wohl alles mit rechten Dingen zugeht? Ich schließe meine Augen, sage im Geiste allen Freunden da unten ein Lebewohl. Und nicht nur den Freunden, allen liebenswerten und warmherzigen Menschen, denen ich auf meinen Reisen begegnet bin. Den flüchtigen Bekannten, und war unser Zusammentreffen auch noch so kurz. Ich denke an die schöne alte Frau in der Gemeindemoschee, spüre ihren Kuss auf meiner Wange und sage ihr noch einmal »Gott schütze Sie«; Farsaneh, Mohammed und ihrer Sippe mit der wettergegerbten Haut und dem Geruch nach Schafen gilt mein Abschiedsgruß; ohne sie hätten Kurosh und ich keine schützende Höhle gefunden und nur schwerlich unsere einzige gemeinsame Nacht erleben können.

Und ich denke an die Menschen im heißen Chusestan; schon in wenigen Wochen wird die Ebene am Karun noch stärker glühen und Soheila mit ihrer erdrückenden Kleidung wohl kaum noch vor die Tür gehen. Hassan, der Bachtiari, erscheint vor meinen Augen; er wird mit seiner Sippe inzwischen das Sommerlager aufgeschlagen haben.

Ich sehe die Frauen aus dem Zugabteil vor mir – Taji'eh ist jetzt in Kuwait und geht ihren Geschäften nach – und Abolfazl, der mich mit seiner »Seksieh-Geschichte« so sehr zum Lachen brachte, und den schüchternen Kellner aus meinem Hotel in Isfahan und den Zuckerwürfelzerhacker unter der schönen Brücke am Fluss.

Weit oberhalb der Stadt liegt das Dorf am Sayande Rud. Diese Reise war nicht lang genug, um den Familien der drei Freunde einen erneuten Besuch abzustatten. Aber ich weiß sie wohlauf. Viele der jüngeren Mädchen sind inzwischen verheiratet, und Maral ist auch kein Kind mehr.

Wieder war ich nicht in Maschad, aber es mag mir verziehen werden, denn ich bin weit davon entfernt, eine Pilgerin zu sein.

Farhad, er wird weiterhin an Ramadan heimlich rauchen müssen und sicher nie erfahren, wie eine schöne Moschee von innen aussieht. Ich grüße ihn und seine Familie ein letztes Mal.

Vom Anfang bis zum Ende meiner Reisen haben sie mir die Türen zu ihrem Haus und zu ihren Herzen offen gehalten. Farhad werde ich in Deutschland wieder sehen, aber die anderen? Bestimmt kann Nargez inzwischen ein Rad schlagen. Sie alle werden mir fehlen. Und auch die Schönheit der Basare, Moscheen, Karawansereien und Gärten; es wird schwer werden, sie weit entfernt zu wissen. Ich habe die Flamme des heiligen Feuers der Zarathustragläubigen erblickt, die Ruinen von Persepolis in sternenklarer Nacht betrachtet, pralle Granatäpfel vor Überreife platzen und ihre lockende Frucht darbieten sehen, mich von der Kühle der Windtürme erfrischen lassen und die Farbe Rot kennen gelernt. Iran – so schön und schrecklich zugleich.

Ich meine, Kuroshs Duft zu riechen, und schaue nicht mehr aus dem Fenster.

Irgendwann falle ich in unwirkliche Träume von warmen Wüstenwinden über der Nordseeküste.

Ein kurzer Ruck weckt mich auf. In Frankfurt scheint die Sonne.

Noch im Durchgang von der Maschine zur Halle, ziehe ich das Kopftuch herunter, löse mein Haar, ziehe den Mantel aus und atme tief durch. Nie wieder soll mir jemand vorschreiben, was ich anzuziehen habe. Ein improvisiertes Wahlbüro hier im Flughafen gibt den Passagieren die Möglichkeit, an den heute stattfindenden Parlamentswahlen teilzunehmen. Ein Stück Islamische Republik auf deutschem Flughafenboden. Ein Bistro verlockt mich an diesem frühen Morgen zu einem Wodka. Wann habe ich das jemals zuvor getan? Es ist Frühling, und zu Hause werde ich ein kurzes Sommerkleid und die Lieblingssandalen vom letzten Jahr hervorholen, mich in ein Café setzen und in aller Öffentlichkeit rauchen, Chianti trinken und an die Ferne denken.

Glossar

Sofre: Stoff- oder Wachstuch, das zum Essen auf dem Boden ausgebreitet wird.

Namaz: Islamisches Gebet.

Hadsch: Pilgerfahrt nach Mekka.

Chanum: »Frau«, wird mit oder ohne Namen als Anrede benutzt.

Agha: »Herr«, wird mit oder ohne Namen als Anrede benutzt.

Hadsch-Chanum: Ehrenbezeichnung, ursprünglich für eine Frau, die die Pilgerfahrt nach Mekka gemacht hat.

Shagerd: Schüler, Lehrling, Gehilfe, aber auch Bezeichnung für den Assistenten in Überlandbussen.

Charedji: Ausländer/Ausländerin.

Nourouz: »Neuer Tag«, der erste Tag des neuen Jahres am 21. März.

Qanat: Unterirdisches Bewässerungssystem.

Seyed: Angeblicher Nachfahre des Propheten Mohammed.

Marg bar …: »Nieder mit …«, Schlachtruf bei Kundgebungen.

Rahat: Bequem, angenehm.

Mihrab: Gebetsnische.

Qibla: Gebetsrichtung nach Mekka.

Pasdaran: Revolutionswächter.

Maghne: Kapuzenartiges Kopftuch, das neben dem Haar auch Hals und Kinn verdeckt.